普通高等教育应用型人才培养“十三五”规划教材

素质教育类

# 中国传统文化指要


顾　问◎曾德昌　李云峰

主　编◎曹晓宏

副主编◎马　粼　刁国庆　王翼祥

编　委◎赵晓梅　杨　涛　洪丽霁

审　订◎张文勋



西南交通大学出版社

·成都·

图书在版编目（CIP）数据

中国传统文化指要 / 曹晓宏主编. —成都：西南交通大学出版社，2017.6
普通高等教育应用型人才培养“十三五”规划教材
ISBN 978-7-5643-5272-1

Ⅰ. ①中… Ⅱ. ①曹… Ⅲ. ①中华文化－高等学校－教材 Ⅳ. ①K203

中国版本图书馆 CIP 数据核字（2017）第 025777 号

普通高等教育应用型人才培养“十三五”规划教材

中国传统文化指要 | 主编 曹晓宏 | 责任编辑 梁 红
封面设计 严春艳

印张 18 字数 323千
成品尺寸 170 mm×230 mm
版次 2017年6月第1版
印次 2017年6月第1次
印刷 成都勤德印务有限公司
书号 ISBN 978-7-5643-5272-1

出版发行 西南交通大学出版社
网址 http://www.xnjdcbs.com
地址 四川省成都市二环路北一段111号
西南交通大学创新大厦21楼
邮政编码 610031
发行部电话 028-87600564 028-87600533
定价 45.00元

课件咨询电话：028-87600533

# 弁　言

曹晓宏

“文化”是一个含义极广的概念，由于其内涵和外延的不确定性，导致对这一概念所下的定义历来莫衷一是。“文化”一词在我国的出现，至迟可追溯到西汉。刘向《说苑·指武》中有这样几句话：

> 圣人之治天下，先文德而后武务。凡武之兴，为不服也，文化不改，然后加诛。

这里所说的“文化”是与“武力”相对的教化。更早在《易·贲卦》(《彖传》)中也有这样的句子：

> 观乎天文，以察时变；观乎人文，以化成天下。

句中所谓“人文”“化成”，孔颖达在《周易正义》中解释说有两个内容：一是指典籍，二是指礼仪风俗。这样，“文化”一词在古代的含义，当指文化教化、礼乐典章，这一认识一直延续至近代。然而我们今天使用的“文化”一词，其含义与古代不尽一致，它是19世纪末期通过日文转译从西方引进的。当时，人们并没有专门为它下过定义，只是根据自己的需要和理解去使用它。

“文化”一词，英文、法文都写作Culture，它是从拉丁文中演化来的，拉丁文Cultura含有耕种、居住、练习、留心或注意等意项。19世纪中叶，一些新的人文学科如人类学、社会学、民族学等在西方兴起，文化的概念从而发生了变化，逐步成为概括以上新兴学科的具有现代色彩的重要术语。最早把文化作为专门术语来使用的是被称为“人类学之父”的英国人泰勒，他在 1871 年发表的《原始文化》一书中给文化下了定义：

> 文化是一个复杂的总体，包括知识、信仰、艺术、道德、法律、风俗以及人类在社会里所得的一切能力与习惯。

自此以后，不少西方学者纷纷给文化下过定义，以致形成了上千种关于文化的定义。

而在中国，“文化”一词的含义也十分广泛，读书写字、修养、文学、艺术、文博、图书、考古学、民俗、礼仪、民族、宗教等都可称做文化。如此说来，“文化”的含义似乎有些不可捉摸，但有趣的是，模糊语言往往同样能够准确地表达事物。比如“文化”这一概念，我们与其试图精确地界定其内涵、外延，不如从集合的角度对这一概念的范围作一个限制。这样，我们将发现，文化虽然看似包罗万象，但正如很多专家所认为的那样，大致可归纳出三个方面的含义，即观念形态、精神产品、生活方式，包括人们的世界观、思维方式、宗教信仰、心理特征、价值观念、道德标准、认知能力以及从形式上看是物质的东西，但透过物质形式能反映人们观念上的差异和变化的一切精神的物化产品，此外，“文化”也还包括人们的衣食住行、婚丧嫁娶、生老病死、家庭生活、社会生活等诸多方面的因素。需要说明的是，构成文化的各因子之间总是有着千丝万缕的相互联系，我们学习和研究文化，必须将其作为一个有机的整体，不仅要考察它内部的各构成因素，更要努力探寻它们之间的内在联系。

众所周知，中华民族之所以是一个伟大的民族，最重要的一点就是它在改造自然世界、创造物质财富的同时，还创造了辉煌灿烂的文化，为世界人类的进步和发展做出了巨大的贡献，中国文化的许多成分具有世界性的意义。中国传统文化有着强大的生命力，它既深刻地影响着我们的民族，也影响着世界。越是中西方文化碰撞交融的时代，我们越是有必要认真研究我们的传统文化，同时，也要认真地研究西方文化，我们必须用开放的眼光和科学的态度去整理和研究我们自己的文化遗产，描绘其真实面貌，扬弃其糟粕，弘扬其优秀内核，进一步发展自己的民族文化，只有这样，才可能参与国际文化的交流和竞争。

我们在长期开设中国传统文化专题选修课的基础上，组织编写了这本《中国传统文化指要》，目的在于让高校广大师生深入了解和探寻中国传统文化，为进一步推进素质教育，提高高校师生人文素养服务。该书涵盖了中国传统文化的一些重要方面，如：中国文化的起源与发展阶段，中国文化的基础类型、基本精神、价值系统，中国哲学与传统文化，宗教与中国传统文化，中国文化与传统艺术形态，中国文化与传统艺术精神，中国古代天文、历法知识，中国古代各种制度及各种礼仪习俗，中国文化与西方文化的差异等内容。在编写此书的过程中，我们参阅并借鉴了大量时贤的著作和文章，并提出了一些编写者自己的见解，使得该书内容比较充实、稳妥。我们的愿望是使该书不仅为高校师生、中等学校师生和广大文学爱好者学习和研究中国传统文化提供一个有益的参考，并且以自己的努力，为社会主义新文化的建设提供一砖一瓦。

2017 年 2 月

# 目 录

# 第一章　中国文化的起源及其发展阶段

## 第一节　中国文化的起源与中华民族的形成

### 一、中国文化与中华民族的起源

“中国”“华夏”等词的出现及其含义的演变，是与中国形成并发展为统一的多民族国家的历史进程紧密联系在一起的。正是在这一历史发展演变的过程中，中华民族和中国文化得以产生、形成和发展。

“中华”一词，出现于魏晋时期，南北朝时已普遍使用。《晋书·刘乔传》中记载：“今边陲天备豫之储，中华有杼轴之困。”至南北朝，裴松之在《三国志·蜀志·诸葛亮传》注中评论说：“若使（亮）游步中华，骋其龙之，必不出曹操诸谋士之下。”“中华”实际上是一个复合词，由“中国”与“华夏”复合而成，其时主要是地域概念，专指中原，也包括王朝管辖的郡县地区，由此而产生的民族概念，主要是指汉族。同时，“中华”一词也具备文化概念，一般是指古人所称“礼乐冠第”的中原文化。

为“中华”赋予政治含义，可追溯至明代朱元璋。他在1367年北伐后发布的告谕中提出了“驱逐胡虏，恢复中华”的口号，调动了被元朝压迫的汉族及各族人民的积极性，同时，对蒙古、色目人甚至元朝皇室采取了宽容政策，而非刻意渲染民族仇恨，这也从一个方面反映出统一的多民族国家的政治概念。使“中华”的政治概念更为明确的，则是以近代孙中山为代表的革命志士。他在同盟会纲领中提出了“驱除鞑虏，恢复中华”的口号，进而在“三民主义”中明确提出了“民族主义”，其斗争对象直指封建专制帝制和外来的帝国主义侵略，实质上是把握了当时社会主要矛盾是整个中华民族与帝国主义、人民大众与封建专制统治的矛盾，而并非单纯的满汉矛盾。他指出：

"革命宗旨，不专在排满，当与废除专制，创造共和并行不悖。"[①]正因为如此，由孙中山先生倡导的革命才能赢得全国各族人民的支持，也使"中华"一词的政治内涵更为明确。

"民族"的含义在古代往往同种族、族类、部落混同。斯大林对民族的含义做出过科学的阐述："民族是人们在历史上形成的一个有共同语言、共同地域、共同经济生活以及表现于共同文化上的共同心理素质的稳定的共同体。"[②]中华民族的称谓出现于我国近代后期，最初是指中国的主体民族，即汉族。随着反对帝国主义侵略斗争的深入，各少数民族对中华民族的认同感不断加强，已自觉认识到自己是属于中华民族的一部分。如 1904 年藏族人民反抗英国入侵，同仇敌忾、不畏牺牲来维护中华民族的主权等一系列斗争，都反映出各民族在反帝反封建斗争中已自觉地结成不可分割的整体。纵观中国整个历史发展过程，各个民族共同劳动、共同发展，其间亦产生战争与纠纷，但和平交往是发展主流，在统一与分裂割据状态中由纷争而接近乃至融合，逐步结成一个统一的多民族国家。至清朝乾隆年间，中国各地都已置于中央政权直接管辖之下，标志着中国统一的多民族国家的确立和古代民族联合过程的完成。这些民族无论后来是兴旺发达，抑或是消融消灭，尽管情况各异，但都对开拓中国疆域、创造中国文化以及缔造统一的多民族国家的历史做出过自己的贡献。他们的历史，是古代中国历史的有机组成部分，他们更是中华民族形成发展过程中不可缺少的重要一员。

在中华各民族共同创造中华民族历史与文化的漫长过程中，汉民族，即华夏族起了主导作用，因而成为中华民族的主体民族。滋生于中华大地之上而不断发展丰富的中国文化，其主体也是指汉民族所创造的文化。然而，各地区其他民族以其创造性的劳动实践也为中国文化增添了多姿多彩的内容，从而使中国文化既具有统一性，又具有多元性和区域性发展的特征，并且在多元文化汇集交融中使以中原地区为主体的中国文化不断勃兴壮大，具备了更强大的辐射力。

## 二、中国文化形成的地理基础

中华大地地处亚洲东部，太平洋西岸，周边受高山、沙漠和海洋的阻隔，与其他文化区的联系受到天然的限制，这种独具特色的地理环境就成为中华民族创造自己历史与文化所依托的自然条件，因而也形成了独特的文化结构

① 冯自由：《中华民国开国前革命史》（中卷）第 2 页。

② 斯大林：《马克思主义和民族问题》，《斯大林全集》（第二卷），第 294-295。

和民族特色。

我国四周多为高大山系和海洋，这成为我国与周边联系的天然屏障，内部形成相对独立的单元，这是中国文化赖以形成发展的地理基础的一个显著特征。亚洲大陆以帕米尔高原为界，东部为我国的新疆和河西走廊地区，虽然汉代已形成丝绸之路沟通西域，但大漠戈壁、山路崎岖，在整个古代制约着与中、西亚等地区的进一步联系；西南则有世界最高的喜马拉雅山脉，成为中国与南亚的天然分界；横断山脉的大江大河与热带丛林，阻碍着与东南亚地区之间的交往。我国北部地区多为草原与沙漠，虽地势较为平坦，但从贝加尔湖至外兴安岭一线以北气候严寒，人烟稀少，与此线以南往来甚少。东部从黑龙江沿海到东南沿海，海岸线长达两万余公里，唐宋以来海上交通日益发达，但中华民族并未因此向海洋纵深发展。正是由于我国周边地理环境的特殊性，既在地理上构成相对独立的单元，也在很大程度上形成了中华民族强大的向心力，使中国文化具备了内聚性特征。

我国地理环境的另一个显著特点，是自西向东地形呈现阶梯状，落差巨大。青藏高原平均海拔 4 000 米以上，为第一阶梯；蒙古高原、黄土高原、云贵高原以及其间分布的一些盆地，海拔下降到 2 000 米以下，为第二阶梯；其余以东地区平均海拔 500 米以下，为第三阶梯。这种背靠欧亚大陆，东南面向太平洋的地形，受季风影响明显，而且由于地域辽阔、地形复杂，形成多种不同气候。东部第三阶梯湿润多雨，第二阶梯除云贵高原外多为干旱和半干旱气候，青藏高原则以高寒为特点。从南北地区气候差异来看，我国南北地跨 30 多个纬度，自南向北呈现出热带、亚热带、暖温带、中温带、寒温带递变，距今几千年乃至更遥远的年代气候固然与今天有所不同，但总体上从南向北平均气温逐步递减的规律并没有根本性的改变。

东西雨量递减，南北气温递减的气候，加之不同的地形地貌，大体上可以把我国划分为东西两大部分。东部人口密集，属农业区；西部地广人稀，主要是草原游牧区，其间也分布着小块河谷与绿洲农业区。这种地形多样、气候多样的地理环境差异，也导致农业区与游牧区泾渭分明但又互相依赖、互相补充。秦岭淮河以南，以稻作农业为主；以此至秦长城一线是以粟、黍为代表的旱地农业区；秦长城以西以北则主要是草原游牧区和渔猎区。不同的经济结构造成了地区发展的不平衡，同时农牧两大类型经济和文化的相互渗透与结合也不断加强。由于我国内部地理环境的多样性，为繁衍生长于这片辽阔大地上的中华各民族提供了不同的自然条件，因而中华民族在生产实践中所创造的中国文化就呈现出多元性和互补性特征。

## 三、中国文化形成的社会背景

任何文化都有其特定的生长土壤，都与一定的社会政治结构、经济结构相联系。中国文化有自己特定的生长土壤，这与中华文明的起源发展以及我国社会特殊的经济结构和政治结构密切相关。

在漫长的历史发展进程中，不论是朝代演变、政权更迭，抑或是内乱纷争、外族入侵，统一的多民族国家的形成与发展始终成为主流，中华民族的统一性和整体性，是在中国形成统一的多民族国家的过程中，客观地存在着、发展着和巩固着。中国文化正是在这种社会大背景中形成和发展的。

中国自秦汉以来的历史，是统一的多民族国家由发端到确立的历史。春秋战国时期，诸侯争霸，客观上是谋求统一的一种表现，也为统一奠定了基础。秦灭六国，开启了统一的多民族国家初步形成的先河，不仅奠定了中国疆域的基础，而且所采取的如“书同文”“车同轨”等一系列在政治、经济、文化、军事等方面巩固统一的措施，对后世产生了深远影响。汉承秦制，全面继承秦朝的国家基本制度和思想文化的同时，使统一的多民族国家进一步发展。汉初，匈奴首领冒顿建立单于国家，历经数十年，完成对北方游牧部落的统一，成为统一的多民族游牧军事国家，中国历史上出现了北部游牧地区统一与南部农业地区统一的两大政权对峙的局面，这种区域性的局部统一为大一统准备了条件。经过汉初的“休养生息”，至汉武帝时对匈奴转为战略反攻，经几十年战和交替，匈奴归汉合为一家，与此同时，通西域，平南越，开发西南夷，使统一的多民族国家疆域不断扩大。

三国两晋南北朝时期，中国历史进入封建国家分裂时期，同时也是民族大融合时期。北方居民开始大量向南迁移，江南得到开发。在战争与对峙中各民族的交往不断增强，游牧民族与农业民族之间的相互影响日益加深。北魏孝文帝的改革，其诸多措施对隋唐所实行的制度产生了重要影响，而穿汉服、说汉语、改汉姓、与汉人通婚等措施又深深地打上了汉族文化的烙印。

隋唐是我国封建社会的繁荣和鼎盛时期。隋朝完成了国家的统一，政权并立对峙的局面不复存在，所进行的一系列政治经济改革，为封建社会的发展起到了承前启后的作用。唐朝前期，推行均田制、租庸调和府兵制等政策法令，对恢复发展经济和巩固国家统一起了积极作用，同时统治者又吸取了隋亡的教训，励精图治，社会比较稳定。在这个基础上，出现了 100 多年社会经济持续发展时期，我国封建社会出现了前所未有的盛世景象。唐朝的繁荣奠基于贞观时期，而全盛于开元时期，这一时期也是我国多民族统一国家发展的重要时期。唐朝边疆居住的少数民族主要有北方的突厥、回纥，西南的吐蕃、南诏，东北的靺鞨等，当时这些民族的政治、经济、文化都有一定的发展，与唐朝的关系有战有和，但总体上唐与边疆各族的关系比以前更加密切。以吐蕃与唐朝关系为例，唐太宗时期，文成公主人藏，嫁给吐蕃赞普松赞干布，带去了中原先进的生产技术和文化，为吐蕃的发展起了重要促进作用；唐中宗应尺带珠丹请求，把金城公主嫁给他，这进一步加深了唐与吐蕃的和亲结盟关系。唐朝的疆域东临大海，西达威海，东北至外兴安岭、库页岛一带，南及南海，北到今蒙古以北地区。其时，边疆少数民族地区进一步得到开发，各族人民的联系不断加强。

五代十国，辽、宋、夏、金、元时期，中国历史发展再度出现大分裂局面，同时也为民族进一步大融合创造了条件。五代十国是唐朝后期藩镇割据的继续。此时，北方契丹族兴起，建立了政权；西南方战争较少，长江流域经济得到发展；周世宗的改革，为北宋结束分裂割据局面创造了条件，而北宋的建立，则完成了中原地区和南方的基本统一。与北宋并存的少数民族政权主要有契丹族建立的辽，党项族建立的西夏，以及后来取代辽的女真族建立的金，这些少数民族政权与北宋的关系不仅有战争与议和，更有各民族之间联系的加强。金灭北宋，南宋建立，我国历史上又出现南北对峙的两大政权，西夏仍继续存在。这一时期，南方经济赶上并超过北方，从而完成了经济重心的南移，其中南北生产技术的交流起到重要作用，而且北方的经济也得到恢复和发展。金建立后，受封建经济影响，女真族逐渐封建化，这就带来了北方各族人民与汉族的逐渐融合。

元朝的统一，结束了辽、宋、夏、金时期几个政权并立的局面，从而奠定了元、明、清数百年长期统一的基础，促进了我国多民族统一国家的发展。随着蒙古贵族的南下和元朝的建立，其统治范围从经济、文化比较落后的地区，扩展到封建经济、文化高度发达的中原和江南地区，蒙古贵族不断汲取汉族封建统治阶级的经验，逐步实行“汉法”巩固其统治。元朝结束了五代以来长达 370 多年的政权并立局面，实现了全国的大一统。元朝的疆域，“北逾阴山，西及流沙，东尽辽东，南越海表”①。边疆少数民族地区都统归于中央政府的管辖之下，加强了中央与地方、中原与边疆的联系，许多内地汉族人民迁往边疆，为当地的开发做出了贡献；许多边疆地区的少数民族，包括蒙古族在内，大批迁入中原和江南，同汉族杂居相处，进一步促进了民族的融合。

明清时期，是我国封建社会逐步走向衰落的时期，而统一的多民族国家

①《元史·地理志序》。

正是在这一时期得以最终形成和确立。明初君主专制统治空前强大，使封建专制集权政治在明朝发展到一个新的阶段，清朝前期，封建专制主义中央集权进一步加强，同时，平定三藩之乱、统一台湾、抗击沙俄侵略我国东北地区的斗争、加强对蒙古和新疆的统治、加强对西藏的管理、对西南少数民族地区实行“改土归流”等，都是维护国家统一和巩固疆域的重要措施。清朝的康乾时期，中央政府对少数民族地区的管辖关系进一步加强，使统一的多民族国家出现了新景象。清朝的疆域北接西伯利亚，南至南沙群岛、西至葱岭、巴尔克什湖，东至鄂霍次克海和库页岛，是一个幅员广阔、国势强大的统一的多民族封建大国。在清朝统一的政权下，50 多个民族间的经济文化联系不断加强，边疆地区得到了进一步的开发，我国统一的多民族国家得到巩固。

从中国历史发展进程可以看出，我国的疆域由秦汉奠定基础，以后虽经多次由统一到分裂，再统一再分裂，经隋唐发展至元明清，终使统一的多民族国家完全得到确立与巩固。历朝历代，无论是汉族还是其他少数民族为统治民族，中国始终是多民族国家，并且每次分裂之后都是更高度的统一。由秦汉所确立的国家制度，虽不断发展变化，但基本制度与文化传统延续相承，中国统一是各民族共同的心愿。特别是中央对边疆民族地区管辖制度和政策日趋完备，边疆民族的作用发挥得日益显著，使中华民族在政治上的统一越来越得到加强和巩固。在统一的多民族国家形成和发展的这种社会背景下孕育而生的中国传统文化，不仅体现着同一性和多元性特征，而且具备了延续性和稳定性的特质，这就使中国传统文化在面对外来文化时，因强大的民族凝聚力而表现出坚韧的拒异性。

中国传统文化形成、发展的社会背景的另一方面，是中国传统文化的发展、成熟、定型基本上是在漫长的封建社会中完成的，因此就不可避免地带有浓厚的封建性色彩，随着封建专制主义统治的不断强化，这种影响也会随文化传统的积累而愈加深厚。在封建社会发展历程中，阶级和民族的矛盾斗争此起彼伏，不同阶级、阶层、民族的人出于自身的利益莫不对民族文化传统加以因革损益，作为文化表征之一的民族共同心理素质由于是在长期封建社会中凝聚而成，它既具有浑厚、质朴、勇于进取等特性，也有因循、保守等惰性。正因为中国传统文化具有封建性因素，才使传统文化中的精华与糟粕更为混杂，这也是今天批判地继承传统文化所必须认真面对的一个问题。

# 第二节　中国文化的发展阶段

## 一、中国文化的萌芽期

一般认为，中国文化的形成，开始于史前，即从传说中的文明时期开始。根据已经发现的大量考古发掘材料，在华夏辽阔大地上，至少 200 万年以前就留下了祖先的遗迹。在旧石器时期已孕育出江、河文化，在新石器时期又出现了草原文化和华南文化，这些原始文化与我国的史前文化相承接，对于中国传统文化的形成产生了意义深远的影响。但从严格意义上看，这些原始文化和史前文化应当是指广义的文明概念，并非专指由共同精神、心理状态、思维方式和价值取向等精神成果总和的观念形态的文化概念，把文化与文明混同，显得不够严密。因而中国文化的萌芽期应从有了观念形态意味的天命神权思想以及作为中国文化哲学思想标志的阴阳五行产生的殷周时期开始。

殷周时期，具有浓厚的宗教色彩，这一时期，先是以天命神权的宗教世界观占统治地位，然后是"以德配天命""敬德保民"思想的出现，这一时期可作为中国文化的萌芽期。

受生产和自然科学水平发展的限制，宗教迷信观念占据支配地位，殷人头脑中充满了宗教迷信观念，可以说殷代是天神至上的时代。殷人认为，人死后其灵魂仍然存在，继续关心、影响着世间之事。卜辞中记载"乙保黍年""大不察于帝"[①]，即先王保佑粮食丰收，先祖大甲不配于帝，把人事与死人的灵魂和上天相联系。又如"今二月帝不令雨"，"帝令雨足年？帝令雨弗其足年？"[②]是说不下雨是帝的命令，一年中雨水足与不足，也取决于帝的命令，帝以超人间的力量成了人间的主宰。由此可见，殷人对先王的服从，是以对上天的服从为原则的。除了"天命""帝"之外，还出现了"德"的概念，《尚书·盘庚》篇中："肆上帝将复我高祖之德，乱越我家"，此"德"也是以"上帝"的旨意为行为准则的。殷人行事以先王的法令制度为不可动摇的原则，而先王的法令制度则是以上天的意志为原则，这是一种以祖先崇拜和天神崇拜为价值取向的粗浅的王权神授理论和宗教信仰。

---

① 董作宣：《殷墟文字乙编》。

② 郭沫若：《卜辞通纂》。

周代统治者继承并发展了殷代的天命神权思想，并引入“德”的范畴来解释王朝更迭、人事盛衰等社会现象。周统治者宣称受上天之命替代商朝，并通过对殷商灭亡的教训进行总结认识到，要得“民心”，就必须施行“德政”，因而提出了“敬德”的思想。其具体内容一是敬天，即借上天的权威维护统治阶级内部团结，二是“保民”，即调整统治策略，给人民一点恩惠，巩固其统治。“敬天”与“保民”二者结合，即“以德配天”的实现。周人对于天人关系，是在天神思想笼罩下，意识到尽人事以待天命，这已反映了主体意识的初步觉醒。

西周时期，出现了对中国文化影响深远的阴阳、五行思想。殷周之际，原始阴阳五行学说开始形成。成书于西周初年的《易经》，是一部卜筮之书，书中所谓“八卦”，由“—”和“— —”两个符号排列组合而成，虽没有称为阴阳但已蕴含着“阴”和“阳”的意味，它试图以代表两种不同性质原理的符号以及排列组合的变化来解释自然界和人类社会的现象，这是用理论思维的方式来认识世界，可以看做是哲学思维的开始。五行说最早见于《尚书·洪范》，所谓金、木、水、火、土，已不再是单纯的日常生活中的具体物质，而是五个范畴或五种类别，这正是理论思维的开端。西周末年，阴阳五行说有了新发展，已开始用阴阳五行来解释自然现象和社会现象，并将自然现象与社会现象联系起来看待。

殷周时期的天命神权思想、敬德保民思想以及阴阳五行思想尽管还缺乏严密完整的体系和系统的论证，但对后来的中国文化的发展则产生了深刻的影响。

## 二、中国文化的奠基期

随着社会生产力的发展，随着社会制度由奴隶制向封建制转化，思想文化领域空前活跃。春秋战国时期出现了诸子蜂起、百家争鸣的盛况，各家相互批判，相互借鉴吸收，不断渗透融合，形成了中国文化的基本形态，为中国文化的进一步发展奠定了坚实的基础。

诸子百家学说中，墨、儒、道、法影响最甚。儒家学说以孔孟为代表，从亲亲有术的原则出发，在血缘关系基础上，分别以亲疏远近展开自己的理论。孔子的思想核心为“仁”，谓之“仁者爱人”，并以礼为行为规范，仁礼结合，形成了仁礼一致的体系，无论是政治理念还是道德修养，都体现着鲜明的政治和伦理色彩。孟子进一步发展完善了“仁”的学说，将其具体化为仁政说和性善论，更反映出伦理本位的人本主义思想。儒家讲求入世，重视现实的社会人生问题，强调人道而非天道。

以韩非为代表的法家，一切着眼于现实的功利，强调“严刑峻法”，讲求“争于气力”，这是法术势相结合的政治思想和统治权术以及人与人之间不可调和的利害关系所致。法家对于社会人生问题方面的探讨，同样是重人道而轻天道。

道家则讲求“出世”，寻求超脱，由对自然的观察，对天道的探讨，而引发人事，进而把人事系于天道之下，老子云：“人法地，地法天，天法道，道法自然。”[①]以老庄为代表的道家，其基本方针是“全生避害”，以超然的态度对待人世的纷争，他们尊重“天道”，崇尚“自然”，倡导“无为”，在基本人生态度和政治理想方面，与儒家相悖，体现出超逸的风格。

“世之显学，儒墨也”[②]，墨家“尚力”“尚同”，主张“兼爱”“非攻”“节用”，遵从“天志”，典型地反映了小生产者、小私有者的性格。他们尚力非命，义利并举，其政治伦理观念带有明显的功利色彩，然而他们所大力倡导的“天志”观和尚同思想，又体现着浓厚宗教色彩的天道观，他们认为，天主宰支配了人的命运，从而天道重于人道。

儒法道墨四家学说观点在政治主张、伦理观念、天人关系等方面各执一词，在价值取向上也迥异其趣，但四家在相互争辩中相互吸收渗透，共同构筑了中国文化的基本精神。无论儒法重人道，还是道墨重天道，关注现实的社会人生问题却是共同的，儒家以仁、礼谋求社会的和谐，墨家则通过兼相爱、交相利达到天下尚同；墨家尚力、尚同，与法家相通，而重义、讲仁又与儒家趋近；墨法重功利，都主张通过自己的力量改造社会，改变其社会地位；道家追求精神完美，要超脱一切是非、物我，达到“天地与我并生，而万物与我为一”[③]的精神境界，与儒家重义轻利的情趣交相辉映；儒、墨、法在人生价值观念上都主张积极进取，有所作为。诸子学说既泾渭分明，又异曲同工，在社会经济不断发展、国家统一趋势增强的社会背景下，思想文化交锋交融，在这一过程中逐步形成了共同的精神物质，即社会历史责任感、自强不息、讲求道义、注重整体利益、强调个体价值等，这正是中国文化的基本精神，一经形成，便对民族的社会心理和价值观念发生了深刻的影响。

春秋战国时期，思想文化在社会变革中发展，经过诸子百家在争鸣中不断完善、整合，构筑了中国文化的基本精神，因而这一时期成为了中国文化的奠基时期。

---

①《老子》二十五章。

②《韩非子·显子》。

③《庄子·齐物论》。

## 三、中国文化的定型期

秦汉时期，是中国文化的定型期，这一时期的文化，带有制度化、模式化和程序化的特征。

秦灭六国，建立了封建专制的中央集权的国家，创立了较为完整的政治、经济、文化统治制度；汉承秦制，继承并发展了秦的各种制度。

秦统一后，运用国家权力，使封建土地所有制得以最后确立，为封建国家的政治结构、文化发展奠定了经济基础。秦始皇时“使黔首自实田”措施实质上是从法律的角度肯定了封建土地所有制在全国的确立。汉初实行释放奴婢的措施，至文帝、景帝时多次“减田租”，其目的都是为了维持和巩固封建土地所有制，这些措施实行的结果，是地主土地所有制得到巩固和发展。地主土地所有制是封建私有土地的主要成分，它制约着自耕农土地的发展，并进而影响着封建经济结构以及政治结构的运行。秦汉时期确立的封建土地所有制，成为此后两千年封建社会的根本经济制度，并成为封建社会政治制度、思想文化制度的基础。

在封建土地所有制基础上，秦汉统治者建立了为中央集权统一国家服务的官僚政治制度、思想文化制度和伦理道德规范。

秦朝确立了高度的中央集权制，皇帝享有至高无上的权力，“天下之事无大小皆决于上”[①]，形成个人专断。同时王位世袭，国家观念实质是“家天下”。汉代还从宗法制上着眼，使“嫡长子继承制”成为君主世袭的原则。

秦汉时期的封建官僚政治体系，以“家天下”为原则，实行军、政、监察分权又相互牵制，以维护皇帝权威。如秦朝在中央设“三公九卿”，在地方设“守、尉、监”，各司其职又相互制约，这种官僚体系既有利于地主阶级的统治，又从制度上保证了皇帝的专权独断，为以后历代封建帝王所继承。

秦统一后，实行“书同文，行同伦”，利用国家政权力量，从文字、人的心理状态和伦理规范方面，促成统一的民族文化的凝聚和形成。汉武帝时期，董仲舒顺应社会时代潮流，提出“大一统”思想，逐步形成了适合民族心理素质的思想文化制度。董仲舒主张建立文官制度，使人才培养方式发生变革，促进官僚系统进一步完善；从社会伦理规范出发，提出“三纲五常”的说教；为统一思想，提出“罢黜百家，独尊儒术”，使后世以儒为主的文化模式得到了制度上的保障。

秦汉时期所形成的经济制度、官僚政治制度、文化制度以及伦理规范，

---

①《史记·秦始皇本纪》。

成为后世的楷模，为中国文化的发展构建了成熟的框架和规范。

## 四、中国文化的转型期

从清代到五四运动，是中国封建文化的衰败时期，也是中国文化的转型期。

明清之际，封建社会已走向衰落，在封建土壤上孕育滋生的封建文化，也呈现衰败之象。以黄宗羲、顾炎武、王夫之为代表的一批启蒙思想家对封建专制主义和封建蒙昧主义进行了尖锐的批判。他们反对传统的“重本抑末”，主张“工商皆本”，抨击科举制度，主张设立学校、吸收自然科学的成果，批判宋明理学，注重经世致用。对封建制的批判，宣告了封建文化的没落和寻求建立新的思想文化体系的开始。

五四新文化运动，是中华民族在内忧外患的情况下对传统思想文化进行批判的救亡与启蒙的民族自救运动。它以科学和民主为旗帜，批判旧思想、旧文化，提倡新思想、新文化，一批具有初步共产主义思想的人将马克思主义介绍到中国。此时，其他如国粹派、全盘西化派也极力宣传自己的观点主张，各家各派都试图用自己的思想方法构建新的文化体系。

从清代以来，中国社会在没落的封建制中挣扎前行，旧的思想文化体系已不能适应社会发展的需要，中国文化进入到了转型期。

然而，封建文化根深蒂固，依然固守着自己最后的领地。至中华人民共和国成立之前，中国传统文化所赖以生存发展的社会经济结构并没有根本性的改变，阶级矛盾和民族矛盾不断激化，中国社会的救亡图存运动如火如荼。在这种历史条件下，没有也不可能建立一个具有现代意识的视野广阔并独具民族特色的新的思想文化体系。

# 第二章 中国文化的基本特征及基本精神

## 第一节 中国文化的基本特征

受中国社会历史发展进程的影响，在社会经济结构和政治结构以及地理环境的制约下，中国文化的主体内容、理想人格、价值取向、社会心理和思维方式都鲜明地体现着有别于其他文明古国文化而独有的特点。作为中华民族精神表征的中国文化，可以从不同的角度认识和总结其特点，这方面，各种观点论述颇多，这里仅就中国传统文化的发展和内在构成的特征略作分析。

### 一、绵延坚韧

中国文化是绵延不绝的、具有极强生命力的文化体系，英国历史学家汤因比认为，在近6000年的人类历史上，只有中国文化是长期延续发展而从未中断过的文化。世界其他文明古国的文化，都出现过大幅度“断层”，甚至盛极而亡，唯有中国文化，历尽沧桑，饱受磨难，于起伏跌宕中传承不辍，在数千年发展中，各代均有斐然成就。[①]

中国文化是在特定的环境中产生、形成和发展起来的。相对独立而又复杂的地理环境，使民族分布与文化分流出现了天然的地域，为中国文化形成主流凸现与多元互补特征创造了自然条件。伴随着统一的多民族国家形成的“大一统”历史进程，国家政权虽累有更迭，或间有盛衰，但民族间的融合从未中断，在民族的迁徙、聚合和战争冲突中，出现了一次又一次的文化融合和文化交流高潮，形成了博大精深的中国文化，并绵延不断地向前发展。

在这特定环境中共同劳动、生活而形成的中华民族，在创造自身历史文化的同时也形成了共同的心理素质、共同的思想情感、共同的精神气度和处

① 冯天瑜：《中国文化史纲》。

世待人的方式，构成了完整的民族集合体。汉族与周边少数民族频繁交流，相互影响，既吸收周边民族文化共同组成中华民族文化，又使周边各族受其影响不断融合，同时又保留各自文化固有的特点，从而使中国文化呈现出同一性与多样性相结合的景象。

中国文化体现了中华民族的共同心理素质，是整个民族精神面貌的表现，这些精神风貌是文化传统中最富有活力的财富，对民族的生存和发展起着不可估量的深远影响，因而具有全民性。中国文化由此不仅具有坚强的“内聚性”，而且对于外来的文化具有“拒异性”，在免受外民族的心理、精神影响方面，有力地维系着中华民族的独立性。中国自西汉以来，中外文化交流日益频繁，外国的宗教、乐舞、雕塑、建筑等不断输入，这些外来的文化艺术不仅没有侵蚀中国文化，反而变成中国文化的养分和血肉。中国文化这种“内聚性”与“拒异性”的结合，产生了对外来文化的强大的消化力。

## 二、人文传统

在中国文化中，人是宇宙万物的中心，“人为万物之灵”“人与天地参”等观念，将人推崇到很高的地位，这是中国文化的价值系统和内在精神的基石，中国文化形成一种“敬鬼神而远之”的“重人生、讲人世”的人文传统。

传统的天人合一思想强调了天人之间的统一性与合理性，一方面，用“人事”附会“天命”，把人的行为归依于“天道”;另一方面，又把人自身的伦理、情感贯注于“天道”，“天”成了理性和道德的化身，同时也成了人们实现道德理想的手段。以儒道两家思想为主干的中国文化，从儒家的诚心正意、格物致知、修齐治平到道家的修道积德，都强调以道德实践为首位，即使道家主张对现实的超越，但关注的依然是人性的自由，“出世”也是返朴归真的自然回归。宋明理学中的“存天理，去人欲”，则更是以道德理想的践履为目的。中国古代哲学、史学、文学、艺术等各个领域无不以人为核心，乐以成德，文以载道，追求人与自然的和谐，这些都体现出鲜明的人文特征。

在以人为本的中国文化中，道德色彩无处不在，人伦观念贯穿于天地万物之中，人的存在、人的价值，都被放在特定的伦理关系中进行考察并实现。政治上的君臣关系，家庭中的父子、夫妻、兄弟关系，社会生活中的朋友关系，构成五伦，每一个人都处于这五种伦常关系中，遵循着特定的行为规范，如君仁臣忠、父慈子孝、夫敬妇从、兄友弟恭、朋友有信，因此产生了相应的道德规范，每个人依此规范，在社会中扮演一定的角色，履行一定的义务，相互联系，相互制约，维系着社会的正常运转，实现着各自的人生价值。

中国文化中这种道德的人本主义，把道德实践提到至高的地位，以道德修养代替宗教信仰，极大地丰富了中国文化的人文精神。然而，这种重人伦、强调道德理性的人文传统却使中国文化的视野局限于社会历史领域，忽视了对自然界的认识和改造，妨碍了人们对自然科学的研究探讨。

## 三、伦理本位

中国文化形成和发展的重要社会根基，是以血缘关系为纽带的宗法制度，它在很大程度上决定了中国的社会政治结构及其意识形态。由氏族社会遗留下来，又在文明时代得到发展的守法传统，使中国一向高度重视伦常规范和道德教化，从而形成以“趋善求治”为目标的“伦理型文化”。

从社会性质来看，中国古代社会是宗法制的农业社会，由于中国社会在跨入文明时代的门槛时，社会变革并不彻底，走的是维新改良道路，从而使民族血缘关系以及由此决定的血缘心理得以存续，并被统治者利用，成为作为整个社会基本结构的家庭之间联系的纽带，也成为人们心理沟通和感情认同的基础。孟子曰：“天下之本在国，国之本在家。”[①]由家庭而家族，再集合为宗族，组成社会，进而构成国家。这种家国同构、家国一体的色彩渗透到中国社会生活的最深层。宗法制在西周已经完备，并成为社会结构的稳定因素之一，影响了此后整个中国古代社会。宗法制的形成以及守法观念在社会的弥漫，创造出相应的行为规范，君臣、父子、夫妻、兄弟，必须遵循各自的行为准则，并不断加以认同，成为普遍的社会心理。独立的个人在群体中首先要考虑的是个人的责任和义务，以内在的伦理道德修养来约束自己，规范自己的行为。

作为中国文化核心的中国古代哲学，笼罩在守法氛围之中，必然以孝悌的伦理关系为依托，着眼于解决宗法伦理问题。历代哲学家对天地人的探究，始终带有浓厚的伦理色彩。汉代大儒董仲舒讲天有善恶之心，宋明理学“存天理，去人欲”之说，都是将自然和社会纳入伦理范畴，孔子“仁者爱人”的思想更是充满了伦理精神。以“三纲”“八目”为人生哲学的儒家思想是以对道德的自我追求和完善为宗旨，而道家不为境累、不为物役的精神境界，实质上是对人性自由的追求，向往个体价值的充分实现。“君为臣纲，父为子纲，夫为妻纲”的“三纲”与“仁”“义”“礼”“智”“信”的“五常”，最终成为封建社会伦理精神的核心。这些思想观点相互影响渗透，使中国哲学蕴含了浓郁的伦理色彩。

---

①《孟子·离娄上》。

## 第二节 中国文化的基本精神

中国文化的基本精神，实质上就是中华民族的民族精神的集中体现，它反映在中华民族的价值取向、思维方式、社会心理等方面。

### 一、天人合一

天人合一问题，是关于人与自然的统一问题。天人合一思想强调人与自然的统一，道德理性与自然理性的一致，充分显示了中国文化中对于主客体之间、主观能动性与客观规律性的辩证思考。

“天人合一”是中国文化的核心——中国哲学的基本命题，中国哲学以“究天人之际”为根本目的，而主张天人协调、天人合一的思想则处于哲学思想的主导地位。这一命题最早集中出现在《易传》和《中庸》中，西周的“以德配天”思想就是当时这一思想的明显表现，指出人与自然界要相互适应、相互协调。面对严峻的自然界，人们不得不思考大自然的意义和自己在大自然中的位置，对大自然的敬畏在中国并未上升为认识本体，人始终是主要的，人的道德始终未发展成为神的宗教。古代思想家以人为中心，探求宇宙和人生、自然界和精神界的合一关系，最终使客体人格化、物的世界伦理化，并将协调人际关系的行为准则和价值尺度等伦理道德原则，超越出人道范畴，上升为世界本体，从而成为自然、人、社会共同遵循的普遍原则。

作为中国文化主干的儒道两家都主张“天人合一”。儒家以人为中心，认为：性命之学，认为性善来源于天命，所谓“天命之谓性”，把天当做人性的最终保证，具有至高无上的权威，实际上是把人性与天道合二为一，宇宙成为人性之源。道家则把天看做自然，人只是自然发展过程中的产物，人不能脱离自然，只能顺应自然并效法自然，即“人法地，地法天，天法道，道法自然”[①]。儒道两家“天人合一”的思想内涵虽各有不同，但在讲求人与自然的协调和谐方面却是相统一的。可以看出，中国文化中“天人合一”的思想肯定了人是自然界的一部分，并把人的属性强加于天，用“天”——实质上是人格化的天，证明人性就是天道，用主观解释客观，以“人道”解释“天道”，又用“天道”证明“人道”的合理性和权威性，从而证明“人”与“天”都共

①《老子》二十五章。

同遵循着伦理道德原则。

“天人合一”既是世界观，又是方法论，也是处理各种关系的基本原则。由于“天人合一”思想把伦理道德作为自然、人、社会共同遵循的普遍规律，因此认识的客体对象变成认识的主体，对客体的探求也转变成主体自身道德观念的反省，把人类社会的道德原则推广到自然界，就要求人们对自然界的行为符合这种原则。中国文化中“天人合一”的思想，不仅强化了伦理本位的特色，体现了以人为中心的人本主义精神，而且把天、地、人看做统一整体，从全局考虑，不执着于一偏，表现出浓厚的整体观念，并在天人协调中主观能动性的发挥上高扬主体意识，注重发挥主体的能力。

## 二、刚健有为

《易传》称：“天行健，君子以自强不息”“天地之大德曰生”，这是对中华民族刚健有为、自强不息精神的集中概括和生动写照。

与自然宇宙的发展变化相适应，人的思想精神也应当生生不息，天体运行，健动不止，人的活动也应当敬法王，刚健有为，自强不息。从战国到清代，历时两千余年，这种思想深入人心，其刚健有为、自强不息的观点，为全社会所接受，产生了强烈的激励作用。“盖西伯拘而演《周易》；仲尼厄而作《春秋》；屈原放逐，乃赋《离骚》；左丘失明，厥有《国语》；孙子膑脚，《兵法》修列；不韦迁蜀，世传《吕览》；韩非囚秦，《说难》《孤愤》；《诗》三百篇，大抵圣贤发愤之所作为也。”[①]这段有名的记载，反映了中华民族愈是遭受挫折，愈是奋起抗争的精神状态和坚忍不拔的意志。

正是这种刚健有为、自强不息的精神，推动了中国社会和文化的发展，不仅在民族兴盛时起到巨大的积极作用，而且在民族危难之际，总是激励中华民族以不屈不挠的精神不息奋争。杜甫“出师未捷身先死，长使英雄泪满襟”；陆游“王师北定中原日，家祭无忘告乃翁”；岳飞“壮志饥餐胡虏肉，笑谈渴饮匈奴血”；文天祥“人生自古谁无死，留取丹心照汗青”；顾炎武“天下兴亡，匹夫有责”……这些诗句正是无数仁人志士崇高的人格和中华民族高尚的民族气节的生动写照，以高度的自信自尊表现出强烈的自强精神，集中体现了为崇高理想和民族强盛竭力奋斗的不懈追求。

中国文化中刚健有为、自强不息的精神，增强了民族的凝聚力、向心力，培育了中华民族自立自强和不畏强暴的反抗精神，是中华民族愤然前行的精神力量，也成为中国文化的优良传统。

① 司马迁：《报任安书》。

## 三、贵和尚中

注重和谐、崇尚中道，是中国文化的基本精神之一。具有人文传统的中国文化把协调天人关系放在首位，必然强调和谐。西周末年史伯强调以不同元素相配合，才能使矛盾均衡统一，收到和谐的效果，只有“和”，才能“生物”，收到“丰长而物归之”的效果。春秋时期，晏婴用“相济”“相成”的思想丰富了“和”的内涵。孔子主张“礼之用，和为贵”，强调以“礼”为标准的和谐，而作为达到与保持和谐的手段，就必须“尚中”，通过对尚中原则的认识实践，去实现人与人之间、人道与天道之间的和谐，因此“中庸之为德，其至矣乎”[①]。对“中庸”的解释，宋明理学认为：“不偏之谓中，不易之为庸；中者天下之正道，庸者天下之定理。”“中者，不偏不倚无过不及之名；庸，平常也。”[②]其核心就是思想行为适度和守常，反对偏激，以理节情，以此达到人与人之间的和睦相处，从而在社会政治生活中建立等级分明的礼治秩序。道家追求人与自然的和谐，也提出了无为而治的中道观，主张小心谨慎，反对盲动冒进，“不为天下先”。

儒道两家贵和尚中的思想对中国社会和民族心理产生了深刻的影响。秦汉以后，中国封建社会步入正轨，这种思想既适应了大一统的政治要求，又迎合了宗法社会的伦理情感需要，从而成为民族情感心理的共同原则。其表现施之于政治，则是裁抑豪强，均平田产、权利，从而扩大农业社会——宗法社会的基础；施之于文化，则是在多种文化相汇时，异中求同，万流共包；施之于风俗，便是不偏颇，不怨尤，内外兼顾；奉行中庸的理想人格，则是温良谦和的君子之风[③]。贵和尚中思想作为普遍的思维原则和心理品质，使人们注重和谐，维护整体，谦让宽容，这对于民族精神的凝聚、人际关系的和睦、社会的和平稳定有着积极作用，但同时也抑制了竞争观念和道德的生长，影响了中国社会的进步与发展。

## 四、求实务实

中国文化由于具备人文传统，因而它重视实际，讲求实用，追求事功，而轻浮华，贬空谈，表现了黜玄想而务实际的精神。

中国先哲指出：“华而不实，耻也。”中国古代的伦理政治以及文化传统中的伦理特质，抑制了宗教的泛滥，使中国文化面向现实，重视人生，关注

---

①《论语·雍也》。

② 朱熹：《中庸集注》。

③ 冯天瑜：《中国文化史纲》。

现实生活中问题的解决。孔子主张“学而时习之”“知之为知之，不知为不知”，就是求实精神的反映；荀子否认生而知之，强调后天学习对人的知识才能养成的重要性．这是实事求是的认识而产生的结果。著《神灭论》的王充，对厌弃人生追求来世的有神论持坚决反对的态度，更是重实事、疾虚妄的表现。道家虽大力宣扬虚无缥缈的“道”，但仍不失求实精神，老子认为“知人者智，自知者明”，庄子“析万物之理”，都体现了道家的求实精神。后来的黄老学说与时迁移、应物变化更是这种精神的体现。从功利主义原则出发的法家，反对“前设”，注重“参验”，针对乱世主张严刑峻法，奖励耕战，而非用空洞说教训导人，这也正是执着于现实的求实务实精神。

求实精神必然表现为务实态度。中国古典文学作品是现实生活的反映，文学中现实主义传统就源于求实务实精神。传统史学坚持信史直录，如刘知几“善恶必书，使骄君贼臣知惧”，不惜牺牲生命而秉笔直书的史学家不乏其人，也是中国文化求实精神的表现。人们从日常生活和伦理关系以及政治活动中表达自己意愿，实现自身的价值，反对不切实际的清谈玄想。古代中国，王权高于神权，神权服务于王权就是一个很好的例证。求实务实的精神也深刻地影响着民族心理，造就了中华民族朴实无华、稳重踏实的性格特征。

中国文化中的求实务实精神，推动了中国古代社会和文化的独立发展，促成了中华民族优秀心理品质的形成，但也应该看到，求实务实精神长期以经验理性为基础，缺乏实证科学精神，偏重实惠和功利，忽视对自然的研究，在一定程度上又影响了科学的发展。

# 第三章　中国传统文化的价值系统

价值系统与价值观有着密切的联系。价值观是人们对于各种人生目的、意义以及体现这种目的、意义的社会行为进行评价和取舍的态度和观点。具体而言，价值观总是奠基于人的历史需要，体现了人的理想，蕴含着一般的评价标准，形成了一定的价值取向，外化为具体的行为规范，并作为稳定的思维定势、倾向、态度，影响着广义的文化演进过程。不同时期的文化创造，总是受到特定价值观的影响，文化本身在某种意义上也可以看作是价值理想的外化或对象化。从社会的运行到个体的行为，文化的各个层面都受到价值观的内在制约，因此可以说，价值观在文化中处于核心地位。一般来说，价值观是由一系列价值原则组成的。价值原则凝集了人们对善恶、美丑的最基本的看法。这些相互关联的价值原则，构成了文化的价值系统。

中国传统文化在其历史发展过程中，通过天人、群己、义利等关系的规定，逐渐展示了自己的价值观念，并在儒、道、墨、法、佛诸派的价值原则中取得了自觉的理论形态。以儒家的价值原则为主导，不同的价值观念相拒而又交融，相反而又互补，形成了中国传统文化内涵丰富的价值系统。

## 第一节　人文与自然

天人合一思想是中国哲学的主要内容。注重天人关系，是中国传统文化的显著特点。早在先秦，天人之辩便已成为百家争鸣的中心议题之一。在这里，“天”即广义的自然，“人”则指人的文化创造及其成果。因此，天人之辩即自然与人文之辩。通观中国文化史，正是自然与人文之辩成为传统文化价值系统的逻辑起点。

## 一、人文取向与人道原则

人文取向是中国哲学在天人关系上表现出来的一种价值取向，它主要回答人在自然宇宙间的地位问题。中国哲学史上，除少数人之外[①]，多数哲学家都认为人在天地中占有重要的位置。尤其儒家，是较早对这一问题作了自觉思考的学派之一。按照儒家的观点，自然是一种前文明的状态，人应当通过自然的人文化即超越自然的状态，以达到文明的境界。以孔子来说，他从"仁"的思想出发指出："鸟兽不可与同群，吾非斯人之徒与而谁与？"[②]认为鸟兽是自然的存在，"斯人之徒"则是超越了自然状态而文明化了的人，即具有道德属性的人。作为文化的创造者，人不能倒退到自然状态，而只能在文化的基础上彼此结成一种社会的联系。在这里，对鸟兽与"斯人之徒"的区分，已包含着对人文价值的肯定，这与儒家的肯定人事、注重现实的理性精神是一脉相通的。

在儒家看来，"斯人之徒"是作为类的人。超越自然不仅表现在形成文明的群体，而且以个体的人文化为目标。对个体来说，自然首先以天性的形式而存在，而自然的人化则意味着化天性为德性，也就是使人具有社会性。强调个人道德、修养的儒家，与注重群体的文明化相应，一再强调个体也应当由自然的天性提升为人化的德性。儒家认为，就天性而言，人与一般禽兽并没有太大的区别。人如果仅仅停留于这种本然的天性，则也就意味着把人降低为禽兽，而超越了自然状态的人就远非如此了。正因为如此，最早精辟清晰地指出人在自然中有着突出地位的荀子认为："水火有气而无生，草木有生而无知，禽兽有知而无义。人有气、有生、有知且亦有义，故最为天下贵也。"[③]"气""生""知"皆为一种自然的规定或属性，"义"则超越了自然而表现为一种人文化的观念，人之为人，并不在于具有气、生、知等自然的禀赋，而在于通过自然禀赋的人化而形成自觉的道德意识，正是这种人化的过程，使人不同于自我原对象而具有了至上的价值，从而"最为天下贵"。以上观点，儒家从群体关联与个体存在两个方面，对人文价值作了双重确认，它对后世产生了深远影响。

基于这种理念，儒家提出"仁"的观念，作为文明社会基本的价值原则。何谓"仁"？孔子说："仁者，爱人。"一般认为，这是对"仁"的含义的基

① 《庄子·外篇》认为："吾在天地之间，犹小石小木之在大山也"，视人为渺小不足道的、卑微的。

②《论语·微子》。

③《荀子·王制》。

本界定，其体现出来的是一种朴素的人道原则。当马厩失火被焚时，孔子所问的是："伤人乎？"而并不打听火灾是否伤及马[1]。这里体现的，便是一种人道的观念：相对于牛马而言，人更为可贵。因此，失火时应首先关心人。当然，这并不是说牛马是无用之物，而是表明牛马作为与人相对的自然存在只具有外在的价值（表现为工具或手段），唯有人才有其内在价值（本身即目的）。这种人道原则体现了儒家基本的价值取向。孟子由仁学引申出"仁政"，要求以德行仁，反对用暴力的方式来压服人。即便在具有神学色彩的董仲舒儒学体系中，同样可以看到内在的人道观念。董仲舒虽然将"天"神化为超自然的主宰，但同时又一再强调人"下长万物，上参天地""最为天下贵"[2]。他还认为，天地之产生万物，乃是为了"养人"。换言之，一切以人的利益为转移，在神学的形式下，人依然处于价值关怀的中心。

在天人关系上，墨家的看法与儒家固然存在着不少差异，但也有相近的一面。和儒家一样，墨家对自然的状态与人文的形态作了区分，认为处于自然状态中的动物，有羽毛作衣服，有水草作食物，故既不事农耕，也无需纺织。人则不同："今人与此异者也，赖其力者生，不赖其力者不生。"[3]"力"泛指人的活动。在墨家看来，正是通过这种活动，人超越了自然状态中的动物，而建立起文明的社会生活，这里内在地蕴含着化自然为人文的要求。为了使文明社会的程序得到稳定，墨家提出了"兼爱"的原则。按墨家之见，社会之所以产生争乱，主要便在于社会成员不能彼此相爱，若天下之人能兼相爱，就可以消弭纷争，彼此相亲，国与国之间也可以化干戈为玉帛。"兼爱"观念所体现的，同样是一种人道原则。在注重人道原则这一点上，儒墨确实有相通之处。当然，儒家所强调的"仁"，是以孝悌为体，它更多地受到宗法血缘关系的制约；墨家的"兼爱"则超越了宗法关系，它所体现的人道原则在某种意义上具有更普遍的内涵。

儒家所揭示的人道原则，在已逐渐中国化的佛教那里也得到了某种回应。作为宗教，佛教认为天（自然）与人均虚幻不实，而视彼岸世界为真实的存在。不过，在论证成佛根据时，佛教常常强调人道胜于天道。人尽管也是宇宙中的一名，但其地位却高于其他的存在，在"六道"说中，人便被列于一般动物（畜生）之上。佛教的终极目标固然是要超越现实的人生，但这种超越本身要通过人的自觉活动来完成，所谓由"迷"到"悟"，便意味着从自在状态到自为状态。这样，作为实现终极目标的环节，广义的"人化"过程亦

①《论语·乡党》。

②《春秋繁露·天地阴阳》。

③《墨子·非生上》。

得到某种肯定。与以上趋向相联系，佛教提出了慈悲为怀、普度众生的要求，这种教义尽管具有浓厚的宗教色彩，而且其所慈、所悲的对象也相当宽泛，但是，其中无疑已添入了某种深切的人道观念，在对人的关怀上，它与儒家的仁义、墨家的兼爱显然有一致之处。从一定意义上说，佛教的慈悲观念既表现了对儒墨人道原则的吸纳与适应，又从一个侧面强化了中国文化注重人道原则的传统。

以儒家为主干，融摄佛道智慧的理学，也强调人文化的重要性。朱熹认为："天之生物，有血气知觉者，人兽是也；有无血气知觉而但有生气者，草木是也；有生气已绝而但有形质臭味者，枯槁是也。是虽其分之殊，而其理则未尝不同；但以其分之解，则其理之在是者不能不异。故人为最灵，而备有五常之性，禽兽则昏而不能备，草木枯槁则又并与其知觉者而亡焉。"[①]此种观点与荀子的说法大体上有相似的地方，不过荀子只是认为"义"是人之为人的关键性的标准，并不认为"义"是人之性。而朱熹则认为，只有人具有仁义理智信五常之性，人与禽兽不同，所以宇宙中"人为最灵"。在《四书集注·孟子》里，朱熹进一步提出"天地之性人为贵"，从天人关系的角度肯定了人的内在价值。由此出发，理学家提出了"民胞物与"的观念；"民吾同胞，物吾与也……尊高年，所以长其长；慈孤弱，所以幼吾幼"[②]。这里充满了泛爱的理想、人道的温情，人与人之间亲如手足，尊长慈幼成为普遍的行为准则。理学所津津乐道的所谓"仁者与天地万物为一体"，也表现了同样的情怀。需要指出的是，理学尽管对墨、佛等颇为批评，但其"民胞物与"的观念却与墨、佛等展示了相近的文化精神，它在一定意义上表现为儒家的"仁"、墨家的"兼爱"和佛家的"慈悲"等之融合。可以说，正是通过这种融合，传统的人道原则获得了更丰富具体的内涵，并成为一种稳定的价值定势。

## 二、无以人灭天

相对于儒墨诸学突出人道原则，"道法自然"的道家在天人关系中则把关注的重点放在自然（天）之上，由此形成了一种异于儒墨的价值取向。

在儒墨的视域里，将自然（天）视为前文明状态，强调自然应当人文化，认为自然只有在人化之后，才能获得其价值。道家则认为，自然本身便是一种完美的状态，而无需经过人化的过程。就对象而言，"天地有大美而不言，

① 朱熹：《答余方叔》。
② 张载：《西铭》。

四时有成法而不议，万物有成理而不说”[①]，即自然过程是和谐而有规律的，蕴含着一种内在的美。同样，最高的社会境界（“至德之世”）也存在于前文明的时代：“夫至德之也，同与禽兽居，族与万物并。”道家在这里称颂的自然，显然是一种广义的自然状态。儒家一再对人与禽兽之分作了严格辨析，要求由野而文；道家则将“同与禽兽”视为“至德之世”，这一分一合，表现了不同的价值趋向。显然，在道家对前文明时代的赞美中，自然状态实际上被理想化了。

从自然状态的理想化这一基本前提出发，道家对人化的过程及其结果（文明）往往持批评和否定的态度。在他们看来，自然作为一种完美的状态有其内在的价值，人化的过程不仅无益于自然之美，而且总是破坏这种理想状态。庄子说：“牛马四足，是谓天；落（络）马首，穿牛鼻，是谓人。故无以人灭天。”[②]认为一切人化的过程都是对自然之美的破坏。

人化过程不仅表现为驾牛服马（对自然对象的作用），而且展开于社会过程本身，对后者，道家作了更多的批评。按道家之见，文明社会带来的并不是进步，而往往是祸乱和灾难：“民多利器，国家滋昏。”[③]“大道废，有仁义；智慧出，有大伪。”[④]认为工具的改进，固然增加了社会的财富，但同时也诱发了人的好利之心，并导致了利益的纷争和冲突。文明的规范诚然使人超越了自然，但仁义等规范的标榜，也常常使人变得虚伪化。“窃钩者诛，窃国者为诸侯。”[⑤]显然，道家之论在深刻中也显示出了片面性。历史地看，文明的发展往往是以二律背反的形式展开，它在推动社会进步的同时，也常常带来某些负面的后果，道家的上述批评，多少意识到了这一点。不过，由强调文明进步的负面意义而否定文明，显然又走向了另一极端。

自然的人化既然只具有负面的意义，因此道家主张从文明回到自然。《老子》提出“见素抱朴”的命题已表现了这一意向，庄子更具体地提出了回归自然的要求：“故绝圣弃知，大盗乃止；擿玉毁珠，小盗不起；焚符破玺，而民朴鄙；掊斗析衡，而民不争；殚残天下之圣法，而民始可论议……攘弃仁义，而天下之德始玄同矣。”[⑥]在这里，一切人文的创造，从知识成果到治国手段，从度量工具到社会规范等等，都被列入摒弃之列，目的是为了回到一

①《庄子・知北游》。
②《庄子・秋水》。
③《老子》第五十七章。
④《老子》第十八章。
⑤《庄子・胠箧》。
⑥《庄子・胠箧》。

种天人玄同的自然境界。

道家将自然状态理想化，反对以人文创造去破坏自然环境，无疑表现了一种消极倾向。但从价值观上着，其中亦有值得注意之处。就人与自然的关系而言，道家主张无以人灭天，包含着一种尊重自然的要求：人的文化创造不应无视自然之理，化自在之物为为我之物的过程不能偏离自然本身的法则。道家强调“法自然”，在一定意义上表现了对尊天理的注重。在“庖丁解牛”的著名寓言中，庄子以生动的语言描绘了庖丁解牛的过程，其一举一动、游刃有余的熟练技巧几乎已达到了完美的境界，而庖丁之所以能如此，便是因为他在活动过程中始终“依乎天理”“因其固然”，即人为完全合乎天道。在颇受道家思想影响的魏晋思想家那里，这一观念得到了更明确的表述：“则天成化，道同自然”[①]，“故圣人达自然之恬，畅万物之情，故因而不为，顺而不施”[②]。依据这种理解，天与人并不呈现为一种对立、紧张的关系，二者本质上融合无间。就天人关系而言，过分强调人化过程的合目的性，往往容易导致人类中心的观念，并且内在地蕴含着忽视自然之理的可能性，循乎天道的自然原则对于化解这种观念，避免天人关系的失衡，有其不可忽视的意义。

广义的天人之辩还涉及天性（nature）与德性（virture）的关系问题。儒家孟子一派认为德性即是天性的内容，荀子一派则认为德性是天性的改造。相对于儒家注重天性的改造，道家更强调对天性的顺导，所谓“无以人灭天”，亦意味着反对戕害人的自然本性。在道家看来，自然的本性体现了人的本真状态，人为地塑造则如同络马首、穿牛鼻那样，抑制了人性的自由发展，并使人失去了本真的状态。作为文明社会的主体，人当然应超越天性而培养德性，但是如果将德性的培养仅仅理解为天性的否定以至泯灭，那么，德性对主体来说便会成为一种异己的存在，并容易趋于虚伪化。儒家从主体存在的角度肯定了人文的价值，但过分地强调对天性的改造，又往往使德性的培养成为一个“反于性而悖于情”[③]的过程，由此形成的德性，并不是真正健全的人性。德性作为人化的成果，属于当然。当然的外在形式是社会的规范（当然之则）。天性与德性的对立，往往导致当然对自然的否定，其逻辑结果则是使当然之则成为一种外在的强制，后来理学家的所谓“天理”，便带有这种强制的性质。总之，自然的人化一旦等同于悖逆天性，则难免导致人性的扭曲和当然之则的异化，而道家反对无条件的“灭天”，对于化解天性与德性、当然与自然的紧张确实也有一定意义。

---

①《王弼集》，第626页。

②《王弼集》，第77页。

③《荀子·性恶》。

需要指出的是，如在其他领域一样，在天人关系上，儒家的价值取向在传统文化中占有支配性的地位。其影响无论正面的或负面的，皆在中国文化的发展历程中显现出深深的烙痕。儒家要求化自然为人文，并以人道作为社会的基本原则，这符合历史发展的主流，无疑有其积极的应予肯定的意义。但是，儒家所强调的超越自然，主要是指化天性为德性，其目的在于达到道德上的完美，其化自然为人文的要求，是从追求伦理道德上的“至善”之目的出发的。这种价值追求，使儒家的人道原则先天带有狭隘和片面的特点。在主张提升天性为德性的同时，正统儒家只注重对“善”的强调，而往往忽视了对“真”——作为客体的自然界的探索与改造，并相应地表现出了某种重人文轻自然、重道轻器的趋向。中国科技发展滞后，原因很多，但重人义轻自然的文化传统无疑是一个主要的原因。道家虽然崇尚自然，追求本真天性，但其自然原则，由于历史视角的残缺及缺乏积极改造、作用于自然界的内容，因此不足以抑制儒家轻自然的消极倾向。

## 第二节 群己关系的定位

天人之辩讨论的主要是主体自我与外部自然的关系，把目光由天人之际转向社会本身，群体与个体的关系如何定位，便成为传统价值体系必须予以解答的问题。

### 一、修己安人

儒家是最早对群己关系进行了讨论的学派之一。按照儒家的看法，每一个体都有自身的价值，所谓“人人有贵于己者”[①]，便是对主体内在价值的肯定，从这一前提出发，儒家提出了“为己”和“成己”之说。“为己”与“为人”相对。所谓“为人”，是指迎合他人以获得外在的赞誉，其评价标准存在于他人，个体的行为完全以他人的取向为转移。“为己”则指自我的完善，其目标在于实现自我的内在价值，即“成己”。

作为主体，自我不仅具有内在的价值，而且蕴含着完成和完善自我的能力。儒家所理解的“为己”和“成己”，主要是德性上的自我实现。在儒家看来，无论是外在的道德实践，还是内在的德性涵养，自我都起着主导的作用。

①《孟子·告子上》。

主体是否遵循伦理规范，是否按仁道原则来塑造自己，都取决于自主的选择及自身的努力，而非依存于外部力量。所以孔子说："为仁由己"[①]，"我欲仁，斯仁至矣"[②]。正是在这个意义上，儒家强调求诸己，而反对求诸人："君子求诸己，小人求诸人。"[③]儒家的重要经典《大学》进一步以自我为本位，强调从君主到普通人，"壹是皆以修身为体"，进而则指出"人旨可以为尧舜"[④]。儒家的上述看法，从道德涵养的目标（"为己"、"成己"）和道德实践、德性培养的方式上，对个体的价值作了双重肯定。

在儒家看来，自我的完善并不具有排他的性质，相反，根据人道的原则，个体在实现自我的同时，也应当尊重他人自我实现的意愿，所谓"己欲立而立人，己欲达而达人"[⑤]，就表明了这一点。如上价值则往往被更简要地概括为成己而成人：一方面，自我的实现是成人的前提；另一方面，主体又不能停留于成己，而应由己及人。后者在某种意义上构成了自我完善的更深刻的内容：正是在成就他人的过程中，自我的德性进一步完善。

"成己"与"成人"的联系，意味着使个体超越自身而指向群体的认同，追求个人价值与社会价值的双重实现。事实上，在儒家那里，成已往往以安人为目的，孔子便已提出"修己以安人"[⑥]的主张。"修己"即自我的涵养，"安人"则是社会整体的稳定和发展。道德关系上的自我完善（"为己"），最终是为了实现广义的社会价值（群体的稳定和发展）。后者所确认的，乃是一种群体的原则。这种原则体现于人和人的关系，便具体化为"和"的要求。所谓"礼之用，和为贵"[⑦]，"天时不如地利，地利不如人和"[⑧]等，即表现了这一价值取向。"和"的基本精神是建立人与人之间相互尊重、相互信任的关系。从消极方面看，"和"意味着化解人间的冲突与紧张，消除彼此的相争；就积极方面看，"和"则是指通过共同的理想和相互沟通，达到同心同德、协力合用。这种"和"的观念，对中国传统文化产生了深刻的影响。

群体认同的更深刻的意蕴，是一种责任意识。按儒家之见，作为主体，自我不仅以个体的方式存在，而且总是群体中的一名，并承担着相应的社会责任。他固然应当"独善其身"，但更应"兼济天下"。在成己而成人、

①《论语·颜渊》。
②《论语·述而》。
③《论语·卫灵公》。
④《孟子·告子下》。
⑤《论语·雍也》。
⑥《论语·宪问》。
⑦《论语·学而》。
⑧《孟子·公孙丑下》。

修己以安人等主张中，已内在地蕴含了这一要求。正是在这种责任意识的孕育下，逐渐形成了“先天下之忧而忧，后天下之乐而乐”的价值系统，构建成了一种“风声雨声读书声声声入耳，家事国事天下事事事关心”的普遍社会心理，这对拒斥自我中心主义、强化民族的凝聚力，无疑具有十分重要的意义。

## 二、重视个体生命，追求个性自由

相对于儒家而言，道家对个体予以了更多的关注。与自然状态的理想化相应，道家所理解的人，首先并非以群体的形式出现，而是表现为一个一个的自我，从这一基本前提出发，道家将自我的认同提到了突出的地位。老子曾指出：“自知者明。”[①]“自知”即认识自我，它既以肯定“我”的存在为前提，又意味着唤起“我”的自觉。在群己关系上，道家的价值关怀着重指向作为主体的自我。

儒家讲“为己”“成己”，实际上已包含着对个体原则的确认，不过，儒家所谓“为己”“成己”，主要是德性上的自我完成，即意味着自觉地以仁义等规范来塑造自我。而在道家看来，以这种方式达到的自我实现，并不是真正的自我认同，相反，它往往将导致对个性的抑制：“待钩绳规矩而正者，是削其性者也。”“自虞氏招仁义以挠天下也，天下莫不奔命于仁义，是非以仁义易其性与？”[②]如果说，仁义构成了自我的普遍的即社会化的规定，那么，与仁义相对的“性”，则是指自我的个体性规定。道家对仁义与性作了严格区分，反对从普遍的仁义规定、同化自我的内在之性，其侧重之点显然在自我的个性品格。在道家那里，自我首先是一种剔除了各种社会化规定的个体。

作为从社会规范中净化出来的个体，自我不同于德性的主体，而主要体现为一种生命的主体。与儒家注重于德行的完善有所不同，道家对个体的生命存在表现出更多的关切。在他们看来，个体之为贵并不在于其有完美的德性，而在于他是一个独特的生命主体，对个体价值的尊重，主要就是保身全生。道家对个体处世方式的设定，正是以此为原则：“为善无近名，为恶无近刑，缘督以为经，可以保身，可以全生，可以养亲，可以尽年。”[③]不是德性的升华，而是生命的完成，构成了自我首要的价值追求。为了“养其身，终

---

①《老子》第三十三章。

②《庄子·骈拇》。

③《庄子·养生主》。

其天年”，主体即使“支离其德”（德性上不健全），也应给予理解和宽容[①]。

除了生命存在之外，自我还具有独特的个性，道家反对以仁义易其性，便已蕴含了对个性的注重。在道家看来．仁义等规范所造就的是无差别的人格，而个性则以多样化为特点。道家对逍遥的追求，实际上已包含着崇尚个性的价值取向。在他们看来，逍遥主要是一种精神境界，其特点是摆脱了各种外在的束缚，使个体的本性得到自由的伸张。道家的这种观念在中国文化史上产生了重要的影响。魏晋时期，嵇康、阮籍等反对以名教束缚自我，要求“舒其意，逞其情”[②]，其中的基本精神，就是道家注重个性的原则。他们正是以逍遥作为自己的理想：“谁言万事难，逍遥可终生。”[③]李贽在晚明提出性情不可以一律求，反对将自我的精神世界纳入单一的纲常规范，也是为了伸张个性原则。

应注意的是过分强调群体认同，往往容易忽视个体原则，并导致自我的普泛化。相对于此，道家关注个体的生命存在和独特个性，无疑有助于抑制这种趋向。不过，由于过分强调自我认同，道家又或多或少弱化了群体认同。他们强调保身全生，固然肯定了个体的生命价值，但对个体承担的社会责任却不免有所忽视。在反对个体普泛化的同时，道家也排斥了兼善天下的社会理想。对个性逍遥的追求，使道家更多地转向了主体的内在精神世界，这种价值趋向往往容易导向自我中心主义。事实上，《老子》便以“成其私”作为主体的合理追求。道家一系的杨朱，进而走向唯我主义：“杨子取为我，拔一毛而利天下，不为也。”[④]尽管自我中心主义并没有成为中国文化的主流，但其历史影响却始终存在。在道家思想一度复兴的魏晋，由自我认同而趋向自我中心，已经成为一种相当普遍的现象。阮籍、嵇康等不满于名教的束缚，要求个性的自由伸张（“舒其意，逞其情”），由此而将“超世而绝群，遗俗而独往”[⑤]视为理想境界，把群体认同推向了边缘。成书于魏晋时代的《列子》，以更极端的形式拒绝一切社会的约束，主张个体的独往独来：“亦不以众人之观易其情貌，亦不谓众人之观不易其情貌。独往独来，独出独人，孰能碍之？”[⑥]这种个体至上的价值观念，往往很难避免自我与社会的对抗，其消极作用是显而易见的。

①《庄子·人间世》。
② 阮籍：《大人先生传》。
③ 阮籍：《咏怀诗三十六》。
④《孟子·尽心上》。
⑤ 阮籍：《大人先生传》。
⑥《列子·力命》。

## 三、群体原则的强化

儒家主张由成己而兼善天下，道家从自我认同走向个体的逍遥，二者在群己关系上各有侧重。从中国文化的主流看，儒家所突出的群体原则显然得到了更多的确认。如前所述，墨家提出了“兼爱”的原则，从天人关系看，它体现的是一种人道的精神；就群己关系而言，它又渗入了一种群体认同的要求。和儒家一样，墨家财群体予以了更多的关注，“兴天下之利，除天下之害”是其基本的主张。墨家学派摩顶放踵，席不暇暖，为天下之利而奔走，也确实身体力行了上述价值原则，正是由于强调群体认同，墨家进而提出了“尚同”之说。“尚同”含有群体沟通之意，其核心则是下同于上：“上之所是，必皆是之；所非，必皆非之。”[①]墨家虽然注意到个体的社会认同，但将社会认同理解为服从最高意志，则又弱化了个体的社会认同和独立人格，在上同而不下比的原则下，个体的价值被淹没在统一的意志中。也许正是有鉴于此，后来荀子批评墨家“有见于齐，无见于畸”[②]。

在法家那里，群体原则得到了进一步的强化。墨家重兼爱，法家尚暴力，二者相去甚远。但在群己关系上，法家的主张却颇近于墨家的“尚同”。强调君权至上，是法家的基本特点，“法”“术”“势”在某种程度上均服务于君权，是君主驾驭天下的不同工具。按法家之见，君主即整体的化身和最高象征，个体则总是离心于整体：“匹夫有私便，人主有公利。”[③]直言之，君权的合理性，就在于它代表了整体的利益。这既是对君权的论证，又渗入了整体优先的原则。而以公私来区分匹夫（个体）和君主（整体的象征）. 则表现出对个体的贬抑。以君主为象征的所谓“公”，本质上是一种马克思所说的虚幻整体。对法家来说，个体与这种整体始终处于一种不相容的关系之中，“私行立而公利灭矣”[④]。在二者的对立中，法家的价值取向是“无私”，“明君使人无私”[⑤]，所谓“无私”，并不是一般地杜绝自私行为，而是在更广的意义上使个体消融于君主所象征的抽象整体中。也正是从这个前提出发，法家强调以“法”来控制个体的言行：“言谈者必轨于法”[⑥]，“夫立法合者，以废私也”[⑦]。“法”代表着与君主相联系的统一意志。这里固然包含着以“法”来维护既定程序的

①《墨子・尚同上》。
②《荀子・天论》。
③《韩非子・八说》
④《韩非子・五蠹》。
⑤《韩非子・引言三》。
⑥《韩非子・五蠹》。
⑦《韩非子・诡使》。

意思，但“必轨于法”“以法废私”的要求，却也使主体的个体性和独立思考等泯灭于恢恢法网，这种以君主（虚幻整体的象征）之“公”排斥自我之“私”的价值原则，已带有明显的整体主义的性质。

相对于墨家，佛教对群己关系的看法则更为复杂。作为宗教，佛教以走向彼岸为理想的归宿，它所追求的首先是个人的解脱，表现为一种疏离社会的趋向，佛教以出家为修行的方式，也体现了这一特点。从一方面看，佛教无疑淡化了个体的社会责任，但另一方面，佛教又主张自觉地普度众生，大乘佛教甚至认为，个人的解脱以众生的解脱为前提，没有众生的解脱，个人便难以真正达到涅槃之境。佛教提出“六度”，其中之一即布施度，它的内容不外是造福他人。这些观念，已表现出某种群体关怀的趋向，它在中国佛教中得到了进一步的发挥。东晋名僧慧远便指出：“如今一夫全德，则道洽六章，泽流天下，虽不让王侯之位，固已协契皇极，大庇民生矣。”[①]在这里，“出家”的意义似乎主要已不是个人的解脱，而是福泽众生（“泽流天下”“大庇民生”）。尽管这里不无调和儒佛之意，但其中也确实流露出了对群体的关怀。它表明，在中国传统文化中，即使是追求出世的佛教，也在相当程度上渗入了群体的意识。

从历史上看，墨、法、佛教并没有成为中国文化的主流，然而，在群己关系上，其认同群体的趋向与占主导地位的儒家价值观有颇多契合之处。事实上，儒家所注重的群体原则，在其衍化过程中，也多方面地融入了墨法等各家的观念，并呈现出不断强化的趋势。在宋明新儒学（理学）那里，便不难看到这一点。理学并不否定个性完善的意义，所谓“治天下有本，身之谓也”[②]，继承的便是儒家修身为本的传统。不过，理学往往又把自我主要理解为一种纯乎道心的主体：“必使道心常为一身之主”[③]，“只是要得道心纯一”[④]。道心是超验天理的内化，以道心规定自我，主体实质上已是“大我”的一种化身。而以个体形式出现的自我，则是必须否定的：“己者，人欲之私也。”[⑤]由自我的普遍化，理学进而提出了“无我”的原则，要求“大无我之公”[⑥]，所谓“无我”，不外是自觉地将自我消融于抽象的“大我”之中。这种看法注意到了个体的社会化以及个体所承担的社会责任，抑制了自我中心的价值趋向，

①《答桓太尉书》，《弘明集》卷一二。
② 周敦颐：《通书·家人睽复无妄》。
③《朱子语类》卷六十二。
④《朱子语类》卷七十八。
⑤ 朱熹：《大举成问》。
⑥ 朱熹：《西铭论》。

但以“无我”为指归，不免又漠视了个体的存在。事实上，缺乏个体规定，纯乎道心的我，与仅仅满足于一己之欲的我，表现的是两个不同的极端，两者都很难视为健全的主体。

综上所述，从群己关系看，儒家在肯定“成己”的同时，又较多地强调了对群体的认同；道家则更注重个体的自我认同，二者分别突出了价值观念上的群体原则与个体原则。随着中国文化的演进，儒家的群体原则逐渐与墨家的“尚同”观念、法家的“废私”主张等相融合，不断得到强化，并取得了支配的地位。作为传统价值的主导方面，群体原则确实包含了一些合理的内容，但毋庸讳言，它的过分强化，也有负面的作用。在群体至上的观念下，个体的存在价值、个性的多样化发展、个人的正当权利等等，始终未能得到应有的确认。道家虽然提出了个体认同的要求，但其一开始便包含着自身的缺陷，因此注定只能是一种微弱的呼声，而难以得到普遍的回应。这样，中国传统价值系统便不可避免地具有重群体、轻个性的特征。

## 第三节　义与利的价值取向

前面论述的群己定位，在本质上总是涉及具体的利益关系。这种利益有个体之利与整体之利之分，如何以普遍的规范来协调二者关系呢？传统文化中引入了“义”的范畴，由此形成了义利之辩。义者宜也，含有应当之意，引申为一般的道德规范（当然之则）。利则泛指利益、功效等等。从价值观上看，义利之辩首先关联着道义原则与功利原则以及二者的相互关系。

### 一、义以为上

义利之辩，在中国历史上历来受到高度的重视，先哲对此多有论说，其中，儒家从“求仁”“达礼”的目的出发提出的义利观极具代表性，对中国传统价值观产生了深远的影响。

儒家历来重视义利问题，辩义析利是儒家的重要特征之一。程颢说：“天下之事，唯义利而已。”[①]朱熹认为：“义利之说，乃儒者第一义。”[②]在总结借鉴他人的有关论述并经数代哲人的努力下，儒家逐渐形成了一套完整的义利

① 程颢：《河南程氏遗书》卷十一。
② 朱熹：《与延平李先生书》。

观。其中,“义以为上”的道义原则影响着儒家在义利关系上的根本价值取向。

根据儒家的观点，义作为当然之则，本身便具有至上的性质:“君子义以为上。”[1]这里确认的，首先是义的内在价值——“义以为上”作为“君子”的重要价值取向所显现出来的价值。而君子作为儒家的人格理想，其地位仅次于圣人，是“文质彬彬”的有德之人。后来的宋明理学进一步通过义与天理的沟通，对义的内在价值作了论证:“义者，天理之所宜。”[2]“理”具有普遍必然的品格，义所以具有至上性，即在于它体现了“理”的要求。

义一旦被赋予内在价值，便同时成为评判行为的主要准则。在儒家看来，人的行为即便未能达到实际的功效，但如果行为本身是合乎义的，也同样可以具有善的价值，所谓“惟义所在”便表明了这一点。

肯定“义”的内在价值，并不意味着儒家完全排斥功利，否定“利”在现实生活中的重要意义。孔子到卫国，并非仅仅关心那里的道德风尚如何，相反，他开口便盛赞该地人口众多。当子路问他“既庶矣，又何加焉”时，孔子明确回答:“富子。”[3]“庶”(人口众多)和“富”在广义上均属于利的范畴。按儒家之见，利并不是一种绝对的恶，从社会范围来看是如此，就个人而言也是这样。孔子曾说:“富与贵，是人之所欲也”，而“贫与贱，是人之所恶也”[4]。甚至还表示“富而可求也，虽执鞭之士，吾亦为之”[5]。他又曾说:“因民之利而利之”[6]，非常明确地肯定了利的正当性。孟子也曾讲过与孔子类似的话:“富，人之所欲”,“贵，人之所欲”[7]。到荀子和董仲舒那里，二人皆明确认为人人皆有求义与求利之心，二者都不可或缺，“义与利，人之所两者也，虽尧舜不能去民之欲利”[8],“天之生人也，使人生义与利，利以养其体，义以养其心”[9]，他们都充分肯定了利的重要性。

但是，在儒家的整个价值体系里，利固然不可一概排斥，可利的追求始终必须处于义的制约之下。儒家认为，物质需要虽是基础价值，但却非最高价值和唯一价值，个人利益必然要受制于一定的社会准则，并且必然被超越。正是在这个意义上，孔子在讲了“富与贵，是人之所欲也”之后，紧接着说:

---

①《论语·阳货》。
② 朱熹:《论语集注·里仁》。
③《论语·子路》。
④《论语·里仁》。
⑤《论语·述而》
⑥《论语·尧曰》
⑦《孟子·万章上》。
⑧《荀子·大略》。
⑨《春秋繁露·身之养重于义》。

"不以其道得之，不处也。"[1]这里的"道"，即义。他强调"见利思义""义然后取"[2]，反之则"不义而富且贵，于我如浮云"[3]。对此，孟子也多有论述。他说，食、色固是人的天性、本能，但是，如果以"紾（扭转）兄之臂而夺之食"的方式求食，以"逾东家墙而搂其处子"的方式得妻，则显然是应受到谴责，不能被允许的[4]。孟子还说："行一不义，杀一不辜，而得天下，皆不为也。"[5]荀子也认为："义则不可须臾舍也。为之，人也；舍之，禽兽也。"[6]视"义"为人与兽的分界线。

一般而言，利首先与个人或特殊集团相联系，而个人（或特殊集团）之利往往并不彼此一致，因此，如果片面地以利作为行为的唯一准则，就不可避免地将导致社会成员在利益关系上的冲突："若切于好利，蔽于自私，求自益以损人，则人亦与之力争，故莫肯益之，而有击夺之者矣。"[7]为了解决这种状况，先哲提出了利在义中，义利统一的观点。早在春秋时期，前人便从义为利之本的认识，引出"义以生利"说[8]。他们曾一再说："言义必及利"[9]，"夫义所以生利也"[10]。就是说，义与正当利益并不排斥，相反，义中便包含了正当利益。所以，循义而行必然得利，而违义终将失利，这两者是统一的。此说为后来的宋儒所拥护，并作了发挥，强调"利者，义之和也"[11]。朱熹认为，义所达到的和谐状态便是利。他分析说："义便有分别"，即义所维护的乃是等级地位的差别、区分。这种等级区分是"截然而不可犯的"，看上去"似不和"。但是，只有作这样的区分，才能使人人"名得其分""名得其所""你得你底，我得我底"而不相侵越，使整个社会处于和谐、安定的状态。而一旦社会处于和谐状态，便可做到人人皆利，自家自然得到应得之利。他说："只万物各得其分便是利。君得其为君，臣得其为臣，父得其为父，子得其为子，何利如之……利便是义之和处。"[12]朱熹之说虽然是针对维护封建等级制的根本利益而言的，但利在何处的观点，应该说是对"义以为上"观的一种理论

①《论语·里仁》。
②《论语·宪问》。
③《论语·述而》。
④《孟子·告子下》，
⑤《孟子·公孙丑上》。
⑥《荀子·劝学》。
⑦《二程集》第917-918页。
⑧《左传》成公元年、二年；《国语·晋语一》。
⑨《国语·周语下》。
⑩《国语·周语中》。
⑪《左传》襄公九年；《周易·乾·文言》。
⑫《朱子语类》卷六十八。

阐扬。与利不同，“义”作为当然之则，它超越了个人的特殊利益，具有普遍性的品格，因此能对特殊的利益关系起某种调节作用。

儒家的“义以为上”观在中国历史上所产生的影响是复杂的。从积极的方面而言，儒家突出“义”的普遍制约，反对唯利是求，试图以道德理性、道德准则去节制个人利益，协调群己矛盾，这对于避免利益冲突的激化，维护社会的稳定，具有重要的意义。再者，“义以为上”的观念在培养崇高的道德节操等方面，有其不容否认的意义。儒家强调，利虽是人生的基本需求，但却不是最高的价值，人生应有超乎利之上的更高追求，即对义（当然之则）的恒久追求，主张“惟义所在”。而在中国历史上，“惟义所在”的律令，往往则具体化为“富贵不能淫，威武不能屈”的道德追求，并出现了不少舍生取义的志士仁人，“人生自古谁无死，留取丹心照汗青”就是一种典型写照。

然而，“以义制利”的要求与“义以为上”的观念相结合，往往又导致了对功利意识的过度压抑，“正其谊（义）不谋其利，明其道不计其功”（《汉书》卷五十六，《董仲舒传》）便是对此的一种极端化表述。按儒家的看法，利固然不可一概否定，但追求、计较功利之心则不可有。“一有谋计之心，则虽正谊明道亦功利耳。”[①]这样，合乎义的利虽然得到了某种容忍，但功利意识（“谋计之心”）则完全处于摒弃之位。也就是说，功利的观念完全不容许进入动机的层面。这种看法注意到了功利意识的片面强化将对行为产生消极的导向作用。历史地看，技艺的进步、经济的发展、政治结构的调整等，最初往往直接或间接地受到功利追求的推动。反之，功利意识的过分压抑，则常常容易弱化社会的激活力量。从这方面看，儒家以道义原则抑制功利原则，又明显地带有负面的导向作用。

## 二、功利的取向

儒家之外，贵义尚利的墨家是对义利关系作过认真考察的一个学派。跟儒家一样，墨家对义十分注重，认为“万事莫贵于义”[②]，但二者对“义”的理解又颇为不同。儒家强调义的内在价值，并由此剔除了义的外在功利基础。在儒家那里，“义”以礼为最高标准，认为凡符合于礼的言行即是义，而“利”为私利，对其的追求必然会妨碍义的实行。相对来说，墨家更侧重义的外在价值。按墨家的观点，“义”应以“利”为内容、目的和标准。墨家认为，义之所以可贵，主要就在于它能带来功利的效果：“义，利也。”[③]这种界定蕴含

① 王阳明：《与黄已成书》。

②《墨子·贵义》。

③《墨子·经上》。

着如下观念，即当然之则（“义”）应当建立在功利的基础之上，“义”本身已内在地蕴含着功利的原则。

从义基于利的前提出发，墨家将功利原则视为评判行为的基本准则。仁固然不失为善的品格，但仁并不仅仅表现德性的完善，它最终必须落实于现实的功利行为：“仁人之所以为事者，必兴天下之利，除去天下之害，以此为事者也。”[①]作为基本的价值原则，兴利除害同时为社会生活提供了具体的范导。墨家之“尚贤”“尚同”“节葬”“节用”“非攻”等主张，无一不是以功利原则为终极根据。如尚贤使能之所以合理，首先在于“天下皆得其利”[②]，即使是亲子关系，也同样不能离开功利的基础：“孝，利亲也。”[③]在墨家那里，功利追求的合理性得到了普遍的确认。

从价值观上看，墨家突出功利原则，以“利”作为行为的价值标准，对儒家失之抽象的道义原则作了扬弃。就此而言，墨家肯定功利追求的合理性，多少有助于价值范导上的重新调整，显然有其积极的意义。但是，以功利追求为基本的价值原则，其缺陷也是显而易见的。尽管墨家把利首先理解为天下之利，视“利天下”为“义”的内容、目的和标准，使其功利原则有别于狭隘的利己原则，但是，将“义”界定为“利”，显然又对义的内在价值有所忽视。事实上，义固然有其功利基础，但作为人的尊严、人的理性力量的体现，它又具有超功利的一面，忽略这一点而完全以功利作为权衡标准，就容易使社会失去健全的价值追求，并使人本身趋向于工具化。因此，墨家的功利观有其偏颇之处。照墨家的看法，理想的社会关系是彼此交相利：“利人者，人亦从而利之。”[④]这种关系本质上具有互为工具的性质，而在彼此谋算、相互利用中，人与人之间往往难以避免紧张和对抗，结果走向墨家倡导的“兼爱”的反面。

较之墨家，法家赋予功利原则以更极端的形式。在法家看来，追求功利是人之本性：“名与利交至，民之性。”[⑤]因此，人与人之间的关系，皆以利益为纽带，表现为赤裸裸的利害关系。就君臣关系而言，二者“利异”，因而“君臣异心……害身而利国，臣弗为也；害国而利臣，君不为也”[⑥]。法家由此认为：“臣尽死力以与君，君垂爵禄以与臣市，君臣之际，非父子之亲，计数之所出也。”[⑦]彼此间完全是一种利益交换的关系。同样，一般人之间的关系也

①《墨子·兼爱中》。
②《墨子·尚贤下》。
③《墨子·经上》。
④《墨子·兼爱中》。
⑤《商君书·算地》。
⑥《韩非子·饰邪》。
⑦《韩非子·难一》

莫不如此。“舆人成舆则欲人之富贵，匠人成棺则欲人之夭死也，非舆人仁而匠人贼也，人不贵则舆不售，人不死则棺不卖，情非憎人也，利在人之死也。”[①]至于“医善吮人之伤，含人之血”，也并非出于博爱之心，而是“利所加也”[②]。推而广之，父子、夫妇之间，也都无不“用计算之心以相待”。这种普遍的、赤裸裸的利益关系，使道德规范的作用失去了现实的基础。对法家来说，当社会成员之间完全相互利用、彼此算计时，“行义”（遵循道德原则）只会带来消极的后果：“行义示则主威分，慈仁听则法则毁。”[③]因此，假如说墨家在重利的同时还有尚义的一面，法家则对义更直接地持取消和否定的态度。

义利兼顾，这应该是一个社会良性运行的判断标准之一，法家极端重利的观点有明显的局限性。“义”作为当然之则，一旦被抛弃，功利原则便成了唯一的范导原则。就行为的评判而言，确定其价值的标准，并非动机端正与否，而是行为产生的实际功用：“夫言行者，以功用为之的彀也。”[④]在此，善恶的评价已为功利的权衡所取代。于是，君主治国，应利用人们趋利的本性，以功利作为激励手段——既然“利之所在民归之”，故治天下时应导之以利，“赏莫如厚，使民利之”[⑤]。与墨家一样，法家的如上价值固然有见于功利观念在社会运作中的一些积极作用，并进一步扬弃了道义原则的抽象性，但是，以功利为社会行为的准则和目的，必将导致功利意识的过度膨胀，并使人的价值追求走向歧途。在导之以利的原则下，人在双重意义上趋于工具化：个人既是实现君主意志的工具，又是外在功利的附庸，从而主体被异化了。同时，尽管法家最终将个体之利纳入以君主为代表的“公处”，但重利弃义的结果是利益计较的公开化和合理化，由此形成的社会自然很难避免紧张和冲突。为了解决人们趋利而生的争斗，法家提出了“唯法而治”的观点，这非但协调不了冲突，反而加剧了冲突，崇法尚利的秦代在极短的时间内就灭亡了，从中便暴露了法家的若干致命的缺陷。

儒家的道义原则与墨法的功利原则构成了中国传统价值观在义利关系上的不同取向，二者有所长也有所短。就总体而言，儒家的道义原则始终居于正统地位，对中国传统文化的影响也更为明显。但墨法的功利原则也以不同的形式渗入其中，二者相反相融，使传统价值体系呈现出复杂的形态。

---

①《韩非子·备内》。
②《韩非子·备内》。
③《韩非子·八经》。
④《韩非子·问辩》。
⑤《韩非子·八经》。

# 第四节　儒道的人格理想

对人格理想的规定，是传统价值观念的逻辑终点。作为对中国传统文化影响最大的儒家和道家，其价值观的差异导致了二者对人格理想的不同设定，具体来说，儒家注重对内圣的追求，道家则强调逍遥的境界。

## 一、“内圣”的追求

一般认为，内圣外王是儒家一贯奉行的人格理想和实现王道政治的经世路向。所谓内圣，是对人完善的内在学识修养的指称；所谓外王，是指在内在的理想人格实现的基础上，把圣人的王道理想在社会生活和国家政治中体现出来，实现治国、平天下的圣王理想。两者在孔子学说中互为表里、浑然一体，但是在孔子之后开始发生了离异。孟子侧重发展了“内圣”的一面，成为儒家理想派的代表；荀子侧重发展了“外王”的一面，成为儒家现实派的代表。宋明时期，理学继承和发展了思孟学派的“内圣”之学。由于理学在后期封建社会中的正统地位和巨大影响，“内圣”之学逐渐成为儒家道统的正脉。

在儒家看来，“内圣”首先表现为善的德性，这种德性是人先天所具有的，“人之初，性本善”①。而善又以广义的仁道精神为其内容。作为原始儒学的理论核心，“仁”的含义首先为给他人以关怀、爱护，即“爱人”“泛爱众”，从积极方面讲就是“己欲立而立人，己欲达而达人”②，从消极方面讲则为“己所不欲，勿施于人”③。“仁”的另一含义是从道德准则与道德自觉的角度而言的。从道德准则来说，孔子倡导的恭、宽、信、敏、惠，后来儒家一再强调的仁、义、礼、智、信等，皆从不同的方面展示了内圣的品格，可视为其理想人格的内在规定。道德自觉是儒家内圣学说的重要内容，这主要表述为所谓的“克己复礼为仁”④，“克己”即以仁来净化自我，提高自我的道德修养。

儒家的人格理想除了仁德之外，还包括“知”的规定，“仁且智，夫子既

①《论语·雍也》。
②《论语·雍也》。
③《论语·颜渊》。
④《论语·颜渊》。

圣矣”[①]，而且其认为二者是紧密相连的：“未知，焉得仁？”[②]按儒家的看法，“知”是一种理性的品格，如果主体缺乏这种品格，则往往会受制于自发的情感或盲目的意志，从而很难达到健全的境界。只有通过理性升华，才能由自在走向自为，形成完善的人格，并赋予行为以自觉的性质，最终臻至内圣的境界。《大学》强调“欲修其身者，先正其心；欲正其心者，必诚其意；欲诚其意者，先致其知”，便概括地表现了儒家的这种内圣路向。知具有如此重要性，因此儒家十分重视对于知（智）的培养，曾专门有所论述，其中最简洁的概括便是《大学》中所说的“好学近乎智”，强调勤学对于智的重要意义。

值得注意的是，在突出理性原则（知）之时，儒家也正显示出了理性的态度，往往将知涵盖于仁道之下，譬如孔子就把“知”主要理解为“知人”。所谓知人，就是对社会人伦的体察。孟子更明确地指出：“仁之实，事亲是也；义之实，从兄是也；智之实，知斯二者弗去是也。”[③]因此，“知”的功能便在于把握仁义等当然之则，并在行为中自觉加以贯彻。理性本身从而取得了某种伦理化的形式。这对于避免理性走向歧途，抑制人格的异化产生了不容忽视的意义。

然而，理性的伦理化也就意味着理性的狭隘化、片面化。由于强调的是主体内在的修养，伦理性主导地位的确立，对外界事实的认知往往被置于边缘的地位，在儒家眼中，“知人”往往比“知物”重要。孔子强调“君子不器”，便流露出对认知理性的轻视。这种倾向在宋明理学中表现得更为突出。理学家严格区别“德性之知”与“见闻之知”，褒扬前者贬斥后者，对道德理性之外的认识行为多采取贬抑的态度，认为“大端惟在复心体之同然，而知识技能非所与论也”[④]。这种忽视认知理性或技术理性的观点，历史证明，这不仅不利于人格的全面发展，也阻碍了我国科技的发展。

与“内圣”相联系，儒家的人格理想还讲究“外王”。在儒家那里，精神境界的提高与外在事功的建立，二者间存在着内在的逻辑关系，内圣是外王的根据，外王是内圣的自然结果，“修己”与“安人”、“安百姓”是统一的。历史上，儒家的某些代表人物突出强调“外王”的观点，如荀子便认为，理想的人格应当具有“经纬天地而裁官万物”的本领。陈亮心目中的理想人格则为“推倒一世之智勇，开拓万古之心胸”的堂堂正正之人，也就是“有救时之志，除乱之功”的英雄。但是，综观儒家的价值取向，“内圣”始终处于

①《孟子·公孙丑上》。
②《论语·公冶长》。
③《孟子·离娄上》。
④ 王阳明：《传习录》。

主导地位，外王事功不过是其逻辑的必然结果，从其“修—齐—治—平”的人生设计中不难看出，修身是本，是达到内圣之境的关键，是治国平天下等外王的逻辑起点。而“壹是皆以修身为本”的纲领，明确地使内圣具有了本体的地位。内圣压倒外王的趋向到宋明理学那里进一步加剧，理学家视“惩忿窒欲，迁善改过”的“醇儒”为理想的人格典范，贬斥外在的事功。“向内便是入圣贤之域，向外便是趋愚不肖之途”[①]。这种片面的观点，必然将一定程度上弱化理想人格的实践品格，使儒家的“内圣”追求日趋空疏，流于狂诞。

## 二、“逍遥”的境界

与儒家的“内圣”追求不同，道家的人格理想讲求的是主体“逍遥”境界的获得。在道家的理论范畴中，逍遥指的是人在摆脱名缰利索的束缚后，回复到自然的“本性”，与无限、永恒的自然合为一体，人格得以独立，精神获得了充分自由的一种状态。它可以说是道家思想的理论核心。

在道家看来，远古的“至德之世”，人无欲而素朴，不争名逐利，不知何谓政教礼义，按照自然本性生活着：“织而衣，耕而食”[②]，自然天成而不受文饰和干涉，而后世的尧、舜等“圣人”却破坏了人的自然本性，对其施以仁义礼教，使人如同马遭受到“橛饰之患”“鞭筴之威”一样，真常之性被扭曲、毁损，自我处于分裂、不自由的状态，与自然相对立。道家认为这是后人的悲哀，由此倡导“逍遥”的境界以回复本真之“我”。

要达到“逍遥”的境界，显然并非是一件容易的事。庄子在《逍遥游》一文中，形象而系统地描述了这一理想境界的获得过程。

首先应摆脱自傲之类的情感束缚。庄子认为，生物生存各有自己的特殊条件，如果脱离了自己的条件而盲目攀比，就将陷入苦恼之中，而不能进入惬意、顺其自然的逍遥境界。蝉和小鸟自诩自己的灵巧而讥笑大鹏的拙笨，就犯了自视甚高的毛病，不自觉地陷自己于苦恼之境，是“小知不及大知”，“小年不及大年”，不明白“大小之辨”的道理。这类现象触目皆是，诸如“知效一官，行比一乡，德合一君，而征一国者”[③]，在庄子眼中，皆也多有小鸟讥笑大鹏之嫌。显然，这种考虑生存条件的观点注意到了外在条件的客观性，对人的精神自由的追求行为给予了肯定，但较之儒家“知其不可而为之”的精神，其忽视条件的可变性与人的主观能动性的一面，则是一目了然的。

①《朱于语类》(卷一一九)。
②《庄子·马蹄》。
③《庄子·逍遥游》。

摆脱了自儆的羁缚，并不意味着就能达到逍遥的境界，庄子认为还须跨越“有待”的阶段。宋荣子“举世而誉之而不加劝，举世而非之而不加沮”①，超越了世俗是非毁誉的标准，把真我的存在和外界的物议划分开来，孑然独遣生命；列子“御风而行，泠然善也”②，超出一般人所斤斤计较的富贵利禄（“彼于致福者未数数然也”）。二人都已异于常人，然而在庄子看来，他们还没有彻底摆脱对自身生存条件的依赖，对誉与非的区别和赖风而行，说明其还“犹有所待”，没有真正进入自由的境界。

那么，何谓真正逍遥的境界？庄子认为是“无待”的境界，即无待于世俗之物的境界。这种境界为：“若夫乘天地之正，而御六气之辨（通“变”），以游无穷者，彼且恶乎待哉！故至人无已，神人无功，圣人无名。”③做到无已、无功、无名，即达到了逍遥的境界。这里所谓的“至人”“神人”“圣人”，三者名异实同，《庄子》一书中互用互替，是道家理想人格的代称。至人“不以心捐道，不以人助天”④，顺从与遵循自然之道。他化除了物我的界限，融入了天地之中与万物为一体，即所谓的“天地与我并生，而万物与我为一”⑤。在这种精神和宇宙一体化，自我与他人他物相感通、相融合中，人从世界的拘限中超脱出来，而获得了大解放，“独与天地精神往来，而不傲倪于万物”⑥，人格达到了一种逍遥之境。道家的这种看法显然打上了过于抽象的烙印，但无可否认，它同时也多少注意到了理想人格应该具有的自由属性，而人格的自由之境则以合规律性为前提。从这个意义上说，道家“逍遥”境界的倡导，对儒家的“内圣”追求进行着某种程度的纠偏。一般来说，“内圣”追求的是以外在的仁德来塑造主体，而仁德一旦虚伪化，便会导致内在之“我”（内在的人格）与外在之“我”（人格在社会中的展现）的分裂，亦即形成二重人格，使人格异化。而“逍遥”的境界具有的自由精神，则有助于抑制人格的异化。

纵观中国文化史，儒道互补已成为其突出的特征之一。“寄沉痛于悠闲”的“逍遥”境界与强调修身的“内圣”追求，二者构成了中国人人格的两极，往往在同一主体身上体现出来。不过，由于儒家在中国传统文化上的主导地位，使“内圣”追求在我国的人格理想中扮演着主角。按其本义，“内圣”主要表现为一种道德理想，以“内圣”为追求的目标，即意味着将伦理学意义

---

①《庄子·逍遥游》。
②《庄子·逍遥游》。
③《庄子·逍遥游》。
④《庄子·大宗师》
⑤《庄子·齐物论》。
⑥《庄予·天下》。

上的“善”视为最高价值。这种价值对中国传统文化产生了多方面的影响，从传统政治结构到个体行为，都在不同程度上包含着某种伦理化的倾向，伦理化成了中国传统文化的特征之一。儒家这种价值观对精神境界的升华固然不无积极意义，但如前所述，伦理价值的过度强化，同时也产生了负面的效应。就社会领域而言，在道德完善成为主要目标的背景下，政治结构的变革往往被忽视；就人与自然的关系来说，对道德的高度重视，却往往伴随着把对自然的认识与作用置于视野之外的弊端，由此又形成一种重道轻器的传统。由此观之，以德性对理性的支配为出发点，善的追求与“道”的涵盖相互交错，构成了传统价值体系的显著特点。

总之，历经数千年的发展，中国传统的价值观呈现为一个十分复杂的系统，涉及多重价值关系，交错着多重价值内容，在儒、道、墨、法等名家名派那里获得了自觉的理论形态。其中既有诸多精华，也有不少糟粕，需要我们用科学的态度加以扬弃，以利于解决中国现代化建设中产生的时代课题。

# 第四章 中国传统文化与哲学

中国哲学是与西方哲学、印度哲学并称的世界三大类型的传统哲学之一，它致力于探究天人关系和古今历史演变的规律，尤其重视哲学与伦理、政治的联系，形成了自己独具特色的自然观、历史观、人性论、认识论和方法论。中国传统哲学是中国古代自然知识、社会知识、思维知识的概括和高度凝练的总结，其内在精神渗透于华夏民族社会生活的方方面面，对中国传统文化的发展有着巨大影响。

## 第一节 中国古代哲学的思想传统

### 一、早期儒家思想

儒家是孔子（前 551—前 479 年）所创立的我国古代的一个重要学派。在先秦诸子百家中，它高居“显学”的首席，在漫长的封建社会一直是上层建筑及其意识形态的正统思想，也是中国传统文化的主流。

儒的名称在商代即出现，是对一种宗教职业人员的称呼，在当时政教合一的社会中主管与迷信掺杂在一起的古代天文、地理知识和礼仪规则，据其出身和教养的高低不同，可分为“君子儒”“小人儒”两种。在春秋时代，儒已不再是与政治结合的教职人员，而成为以传授礼仪知识谋生的自由职业者，后来发展为对一般学者的通称。孔子是中国历史上第一位进行公开教学的大教育家、大儒，他把古代为贵族专有的礼仪和其他各种知识传播到民间，并整理了诗书礼乐一类的古代文化资料，成为儒家经典。孔子的学说是继承与发展西周社会“以德配天”文化传统的产物，其基本特征是以“仁”为核心，以“礼”为行为规范，以“天命”为哲学根据的理论体系。孔子的部分学生相继设教讲学，逐渐形成儒家学派。自春秋末世到秦朝建立，孔、孟、荀是儒家的三位主要代表。孔子死后，儒分为八派，称为儒家八派。其中对后世影响最大的是经曾子、子思三传至孟子的一支，被尊为儒家正宗；孙氏之儒即以荀子为代表的一派，与子思、孟子的思想在若干方面差别很大，对时人也颇有影响。在后来整个封建社会里，统治者兼用荀子和孟子儒家，秦始皇运用法家之学统一天下，焚书坑儒，使儒学受到严重打击，但秦“二世而亡”，汉武帝从董仲舒之言，罢黜百家，独尊儒术，儒学开始正式居于统治地位，儒学以经学的形式得到广泛传播。经学大师董仲舒借用道家哲学，在儒学中融入阴阳五行思想，通过注解儒家经典阐述维护封建等级制度的“三纲五常”理论，宣扬“君权神授”思想。魏晋时代玄学盛行，多数玄学者仍尊崇孔子为最高的圣人。隋唐时代，佛学昌盛，儒释道三教并尊，但政治法度还是儒家的理论。继先秦儒学、两汉经学之后，儒学演变发展的第三个重要形态是宋明理学，这是迎合赵宋王朝重建封建统治秩序的需要而产生的，是一种以儒释道三教合一为特征的新儒家，把人的自我完善放在最重要的位置，强调“存天理、灭人欲”，对人与人之间的相互关系作了深入研究，提出一系列重要的道德规范和修养方法。它不同于孔孟停留于伦理道德的说教，也不似董仲舒那种简单粗糙的神学目的论，而是汲取了佛道两家的某些思维方法，构成了具有严密的思辨结构的唯心主义思想体系。理学的出现，确立了儒家发展的最终形态。后代儒者虽对它各有损益，却再不能改变它的基本趋向。清代儒学称朴学，其在发展过程中，又演变为汉学，但却不同于汉代的经学。近代的新儒家因受西学的影响，也有自己的特点。

纵观中国两千多年的学术史，从来就没有一成不变的儒学，就儒家内部来说，有性善、性恶的对峙，有心学、理学的分歧，有义利、王霸的论辩，有今文、古文的争斗，有所谓天人相通、天人相分的对立，有理在气先和心外无理的论争等，但作为一个学派，就其目的、功用、宗旨用结构来看，可以说是一个以教化伦理道德为核心的学派，诸儒者的思想有共同之处，主要表现在以下五个方面：

第一，儒家祖述尧舜禹，把先王之道作为治政经世的旗帜。儒家学者自孔子始，都认为上古时代的尧舜禹汤文武等都是圣明之君，其伟大人格足以为万世垂范，希望君主们能够修己、恤民、礼让，实行贤人政治。以德政、礼治君临天下。

第二，以六艺为法。《周礼》载，“六艺”即礼、乐、射、御（驭）、书、数，是中国古代正统教育的内容。汉代以后六艺演变为指六经，即《诗》《书》《礼》《乐》《易》《春秋》，是儒家六部主要经典。儒家崇尚六艺只是个教本问题，实际是崇尚周以来的传统文化，而六艺是传统文化的负荷者。

第三，崇尚礼仁。儒家在道德原则问题上提出了以“仁”为核心，以礼为规范的独特的结构体系。孔子言：“不学礼，无以立”，要求人们都按一定的礼制规范行事[①]，主张以礼治国，以礼区分君臣、父子、贵贱、亲疏之别。儒家的礼讲的是人际关系的行为规范，其核心是分贵贱、上下、等级。从儒家经典的“三礼”来看，礼包括社会的礼节仪式、道德准则、政治制度、法律准则及其理论阐述等，从礼的最主要、最基本的意义看，是指由“仁”所贯穿的一个庞大的道德准则体系。仁是礼的中心，是礼赖以产生的价值目标；礼是仁的具体体现，是由仁所产生的德目。仁讲的是处理人际关系的精神指导，可归纳为克己、复礼、爱人，具体又包括忠、孝、节、义等规范，恭、宽、信、敏、惠和温、良、恭、俭、让等德目。由礼仁为中心，形成了一个包括各种不同层次、不同等级、不同领域的道德规范网络。

第四，仁、义、礼、智、忠、孝、信、爱、和、中等，是儒家共同的基本范畴和概念。尽管不同的儒者对这些概念内涵的理解有很大差异，但他们都离不开这些范畴和概念，这些范畴和概念构成了儒家特有的思想外壳。

第五，宗师孔子，以解释所尊奉的经书为任务。儒家内部流派众多，常相互排斥，但都以孔子为祖师。在不断论争中，孔子的地位日益上升。儒家以解释自身经典为要务，始于孔子，他在鲁国办学，以讲解西周以来的典籍《诗》《书》《礼》《易》《乐》为宗旨，晚年又编修鲁国历史《春秋》，为儒家创建了思想基础。战国儒学大师孟子和荀子，都以阐发经书和孔子学说为己任，其对经书之释，成为汉代经学的来源之一。历代儒学家，无一不以阐发儒家的经书为宗旨，以解释经书建立自己的思想体系。魏晋玄学家何晏著《论语集解》，王弼著《周易注》，虽融入老庄观点，亦是阐发儒家经典。清代汉学家进行文字训诂和考证，也以儒家经典为主。总之，一部儒学史，可以说是一部经学史。

与其他学派相比，儒学有自己独有的思想特质，可概括为现实主义。即肯定自然和社会，对现实世界不采取回避态度，对现实生活采取积极的立场，其论宇宙和人生、理想，其思维方式及治学方法，都以此为中心展开。具体表现在：其一，儒家重现世，轻彼岸。儒学总是关心或重视人间的生活，而不追求或向往死后或来世的幸福。此种现实主义人生观，始于孔子，如关于鬼神，孔子说：“未能事人，焉能事鬼？”“未知生，焉知死？”[②]认为应致

①《论语·季氏》。
②《论语·先进》。

力生人之事。孟子提出修身立命说，荀子提出无神论，否定宿命论。宋明清的儒家都批评了道教的神仙说和佛教的来世说及无生说。其二，儒家提倡伦理教化和道德修养，以调整人际关系，并以圣人为人格的最高标准。儒家宣扬的封建道德，虽然成了禁锢人们头脑和压迫下级的工具，但其倡导的道德如公私之辩、修身为本说等，也有积极的因素，培育了一大批有正义感的知识分子和仁人志士。儒学重视人的思想教育，认为人靠理性的自律可以处理好人际关系，无需求助于外在的压力或超自然的力量，这也是现实主义的表现之一。其三，儒家各派都将社会看作集合体，个人总是生活在群体之中，或为家族或为国家或为天下之一员，群体受损，个人生活也就失去了保障，故儒学总是置家、国、民族的利益于首位，要求个人服从群体利益。但人群又不同于兽群，内部又分为许多层次。个人作为群体的一员，各有位置，各尽其责，才能有序地从事生产和生活。例如，孔子提出的"正名"说就是要求君臣父子等，各守其分位，维系群体生活的安定，此即"克己复礼为仁"[①]。儒家以群体利益为公，以个人的追求违背群体利益为私，尖锐批判了佛道两家的出世主义。虽然儒家的人伦或群道具有维护封建等级制和束缚个性的意义，但其强调整体利益的群体观，也培育了人们的爱国主义意识和许多可歌可泣的民族英雄，并从爱家、爱国而引出爱人类的"大同"说，所谓"大道之行也，天下为公"[②]。其四，儒家尊理性，重经验。孔子提出"学而不思则罔，思而不学则殆"[③]，此处"思"即指理性活动，"学"指感性经验。《中庸》概括为"博学之，审问之，慎思之，明辨之，笃行之"五个层次，《大学》又提出"致知在格物"，即同外物接触而获得知识。其五，儒家提倡参天地、育万物。儒家作为封建时代知识文化的传授者，在我国教育史上占有重要的地位。孔子作为古代教育家的先驱，不仅提倡德育，且以文化知识教育学生，后来的儒者在传授文化知识方面也贡献颇丰，这是佛道两家所不能比拟的。孔孟虽反对学生参加农业生产劳动，但并不反对学习技术，如"六艺"，他们都认为人类应掌握自然现象变化的规律。荀子则提出"制天命而用之"的口号，认为人类可以参与天地万物的变化，成为自然界的主人。《中庸》提出："尽人之性，则能尽物之性；能尽物之性，则可以参天地之化育。"汉代以后的儒学更是发挥了这一传统，提倡参天地、育万物，而且发展为人定胜天说。当然，儒学内部关于人同自然的关系，也有长期争论，表现为是否承认自然规律有客观实在性。唯心派主张人为自然立法，如王守仁的"穷

①《论语·颜渊》。
②《礼记·礼运》。
③《论语·为政》。

理”说；唯物派主张人在认识自然规律即“天道”的基础上，改造自然给予的东西，如王夫之“相天说”。但两派都不逃避自然或因循自然，都不同于佛道两家企图摆脱自然规律的约束而追求超自然的彼岸世界。所以儒家的“人与天地参”的思想，在某种意义上培育了中国历代自然科学技术家的世界观，即认识自然从而控制自然，为人类生活造福，为其发明研究提供了重要的思想基础。

## 二、早期道家思想

道家与儒家、佛教同为中国古代哲学的思想之根，因其以“道”为世界的本原或本根而得名。“道家”之称是从西汉思想家司马谈《论六家要旨》开始的，道家自《老子》成书始创，至庄子而形成学派，与儒、墨鼎足而立。战国时还有四个与道家思想接近的道家别派：杨派，宋钘、尹文派，彭蒙、田骈、慎到派，黄老学派。汉初黄老之学曾一度超越儒学之上成为统治思想。汉武帝“罢黜百家，独尊儒术”后，道家虽再未获得高于儒家的位置，但它已经形成一种颇具特色的思想文化体系，与主流派儒学相互补充、相互渗透、相互对峙，长期绵延不绝。汉末从道家黄老之学中衍生出道教。此后道家和道教既有差别又互相纠结，与儒、佛三教并立成为中国中世纪社会三大精神支柱之一。魏晋时期，老庄之学吸收儒家，脱胎为玄学，其思想与风范使士人趋之若鹜，近代学者称之为新道家。唐初，在统治者力倡下，老子被尊为“太上玄元皇帝”。此后，道家再未形成大的学术派别，未能出现大的道家学者，但道家精神仍时刻在社会实际文化生活中产生着巨大的影响力。

先秦道家的代表人物是老子和庄子，道家学说也称“老庄之学”。“道”是道家思想体系的核心，是道家哲学的最高范畴，“合于道”是所有道家学者追求的最终目标。“道”有以下几层含义：第一，道家的宇宙本体论认为，“道”是世界的本原，“道”先于天地生，自古以存。“道生万物”，是天地万物统一共存的基础，万物的性能依赖道而正常发挥。“道”无形无象，不可感知，以潜藏的方式存在，只能意会不能言传，“道可道非恒道”，“无为无形，可传而不可受，可见而不可得”[①]。第二，“道”是事物发展变化的规律，“道”的法则及运动形式是宇宙间最理想、最完善的存在模式。这个法则就是“自然”，这个运动形式就是一种封闭式的往复循环。《老子》云：“夫物芸芸，各复归其根。归根曰静。静曰复命。复命曰常。”“周行而不殆”“人法地，地法天，

①《老子》。

天法道，道法自然”[①]。天、地、人直接或间接效法“道”，故都效法“自然”。第三，“道”最基本的运动规律是“反”，“反”的含义包括两方面，一是向其对立面转化，进行自我否定；二是返本还原，循环往复。“道”及其所生万物会向对立面转化，是因为“道”是“无”“有”对立的矛盾统一体，由“道”而生的万物“负阴而抱阳”[②]，是阴阳矛盾对立的统一体。例如，“祸兮，福之所倚；福兮，祸之所伏。”[③]在“祸”“福”内部都包含着自我否定的因素，这种因素发展的结果，必然使事物向其反面转化。道家的学说是一个博大精深的客观唯心主义哲学体系，也包含着朴素的辩证法思想。

道家在先秦时期是作为儒家的对立面存在的，其伦理思想是一种无为的人生哲学和“超善恶”的道德学说，主张“为我”的杨朱和主张“情欲寡浅”的稷下、黄老之学，是这种伦理思想的支派。老子认为，“无”是万物的本原和本性，“有”生于“无”。“有”是暂时的，天地且不能长久，何况区区人事。无知之人常为“有”而沾沾自喜，最终却是一无所有，“为者败之，执者失之”[④]。因此，应守住“无”，而反对“有”。“无”表现于世事便是无为。天道自然无为，为人道的基本要求在于顺乎天道，遵从事物发展的必然趋势，不做人为的干扰、征服和破坏。天道的无为不掺杂任何人的因素；人道的无为并非无任何作为，而是人要参与和行动，要因势利导，随俗而变，使事物自然发展。人道的无为实为某种合乎自然的有为，使事物在人的作用下不知不觉地朝更完善和美好的方向演变，而随意违背事物发展的本来规律，强加干涉，往往会收到适得其反的效果。人应该以“道”为法，清静无为，朴素自然，保持无知、无欲、无争的状态，这是人性之“常然”。世俗所谓仁、义、孝、慈等道德法规和规范，不过是废弃“大道”，丧失“素朴”的结果，它们会“攖人之心”“逆物之情”，诱使人们追名逐利。尤其是“礼”，更是“忠信之薄，而乱之首”，是人类道德蜕化的结果和表现。因此，老子主张“绝圣弃知”“绝仁弃义”“绝巧去利”，不断减损知识和欲望，而“复归于婴儿”。庄子更是倡言彻底破除俗见成心，使人的精神超出一切世俗的利害是非习惯，达到绝对自由状态。庄子认为功利观念、礼教观念、是非观念、生死观念极大地束缚着人们的心灵，使人们为物质所役使，不得自主自在，精神不得安宁。庄子提出用逍遥论破除功利观念，用无为论破除礼教观念，用齐物论破除是非观念，用气化论破除生死观念，使人的精神得到飞越式的提升，超脱现实，达

①《老子》。

② 任继愈：《老子新译》（修订本）。

③ 任继愈：《老子新译 · 五八章》

④《老子》。

到与宇宙合一的高度，从而把人精神空间扩展为无限，任其自由驰骋飞翔。老庄的这种脱俗离世精神，发展出《淮南子》的兼容并包的文化观，魏晋玄学的贵无贱有和贵虚轻实以及越名教而任自然的社会人生观，乃至《列子·杨朱》篇的鄙视一切传统价值的过逸之言。道家的伦理思想中，还包含着保全自身的处世方法。老子提出贵尚柔静的思想，说“弱者道之用”，道作为创生万物的原动力是内在的持续不断的，道不强制生成万物而万物自生自成，这便是柔弱。“坚强者死之徒，柔弱者生之徒”，世间万物包括人都是生时柔软，死时僵枯。水是至阴至柔的东西，却可冲破坚固的东西，有巨大的威力。老子所说之“柔弱”不是软弱，而是柔韧，生命底蕴深厚，坚忍不拔，对外力的作用有较大弹性，圆转灵通，能较好地适应环境。老子所说之“刚强”非真正的坚强，是指那些生机浅露、锋芒毕现、到处树敌、容易招致毁灭的事物。因此，柔弱能胜刚强。对于为人处世，便应该居后不争，去甚去奢去泰，知足常乐，适可而止，无为无执，以天下之至柔驰骋天下之至坚。为人处世应虚怀若谷，满招损，谦受益，处变不惊，镇静自若，后发制人，厚积薄发，开掘生命的深度，培养沉稳持重的品格，加强自身的韧性和灵活性，以适应任何艰难处境，迎接各种挑战。庄子之学多讲虚静之道，认为人生处世，不能自恃逞强，与外物正面冲撞。直木先伐，甘井先竭，伤物者必为物所伤，应当“与时俱化”“虚己以游世”[①]，如庖丁解牛，“以无厚入有间，恢恢乎其于游刃必有余地”[②]，不强为人先以全生避祸。若欲得大智大巧，成就大业大功，则需以静养神，静则明则专。“人莫鉴于流水，而鉴于止水”[③]，静水清明如镜，圣人用心若镜，要达到静，须少私寡欲，排除外物的引诱和干扰，才可以使头脑清醒而多智慧，故应以恬养知。静而不摇，则气纯而神专，做起事来便能“以神遇而不以目视，官知止而神欲行”[④]，达到出神入化的地步。后来的道家皆倡导以屈求伸，以枉求直，由冥冥至昭昭，以静制动，以虚应实，以退为进，以柔弱胜刚强的思想，表现出柔静的风度。

无为论用于社会便是道家的政治论。《老子》指出，社会生活中存在着大量的伪、恶、丑现象，其罪魁祸首正是人们的聪明、才智和欲望，即“有为”。“不争，故天尤”，“五色令人目盲，五音令人耳聋，五味令人口爽”，“智慧出有大伪”。《老子》认为，“有为”政治带来的祸害非常严重，“天下多忌讳，而民弥贫”，“法令滋彰，盗贼多有”。防禁越多，人民越贫困；法令越禁严，

①《庄子·山水》。
②《庄子·养生主》。
③《庄子·德充符》。
④《庄子·养生主》。

盗贼越增加。“民之饥，以其上食税之多，是以饥；民之难治，以其上之‘有为’，是以难治。”因此，“我无为而民自化，我好静而民自正，我无事而民自富，我无欲而民自朴”[①]。君主及臣民应各安其性命之情，统治者应该无为而无不为，消除独断的意志和行为而不妄为，尽量减少政事活动，不过多干扰民众生活，达到“好静”、“虚静”、顺乎“自然”的行为状态。道家极为透彻地洞察了文明进步的阴暗面，朦胧地意识到了人的异化问题，基于这种认识，老子提出小国寡民的政治理想，庄子甚至认为“含哺而熙，鼓腹而游”“同与禽兽居，族与万物并”的社会才是理想世界，可以使民得朴素之性而天下太平。

道家思想对中国传统文化的影响是异常深远的，表现在社会政治领域，每当历史上出现战乱后，国家需要恢复元气，人民需要休养生息之时，道家主张清静、无为的思想就会兴盛，如汉初的文景之治；魏晋的盛行玄学。在思想领域，老庄的道为诸子百家之说提供了哲学基础，可以说道家是“体”，其余诸家是“用”，“三教九流”，莫不得益于道家。在宗教领域，老子的道虽非人格神，却具有神的功能，这为后来的道教所利用，对道教的形成与发展意义重大。受道家思想影响最深的是中国士大夫阶层，他们清高孤介，洁身自好，隐逸弃仕，视富贵如浮云，以道家思想为其生活方式的准则。在科学技术领域，由于老子曾讲“道法自然”，对古代科学事业的发展提供了一种重要的思想基础。在文学艺术领域，道家——特别是庄子美学思想的批判的、追求独创的精神，给了历代大师以积极的启发，后世有关审美和艺术创造活动的特殊规律的认识，极大部分得自道家，中国古代艺术家所具有的重直觉、重想象、讲究意境和气韵、强调绝对自由、把审美情趣同超功利的人生态度联系起来等特点，都受了道家思想的熏陶。总之，道家思想虽缺乏冒险热情和积极入世的渴望，并有贬低理性的倾向，但绝不纵欲妄为，而主张顺应自然，得之高瞻远瞩，失之以不变应万变。就本质而言，它和儒家一样，是一种中庸、温和的适应古代中国农本社会的思想文化。

## 三、中国佛教思想

佛教是世界三大宗教之一，诞生于印度，东汉初年流入中国，在与本土文化——儒学和道教的相互排斥、渗透中，逐渐完成了自身的中国化过程，成为中国传统文化体系中与儒、道的重要组成部分，并由此而深刻地影响到日本、朝鲜等延承华夏文化脉系的周边国家。

①《老子》。

佛教的教义可分大乘、小乘两类，前者是释迦佛为引导初入门弟子解脱身心苦恼，入于阿罗汉道果的法门，重在自我解脱；后者是释迦佛为那些已有相当修持功底以及上等根基的弟子所说的般若实相、究竟法门，引导众生入菩萨道、佛道，重在众生普度，共成佛道。

小乘教义包括四谛说、十二因缘说、三学、三法印、八正道、三十七道品等内容。

佛教的伦理宗教理想，集中表现在“四谛”——苦谛、集谛、灭谛、道谛之说上。苦谛是对人生根本性质的概括：佛教认为人生不过是痛苦的过程，常见的人生八苦是生、老、病、死、怨憎会、爱别离、求不得、五蕴炽。集谛是分析造成各种痛苦的原因，佛教认为人心的贪、嗔、痴、慢、疑等无明烦恼是痛苦的根本原因。人生存在一系列导致各种痛苦的因果链条，即十二因缘：无明、行、识、名色、六处、触、受、爱、取、有、生、老死，上述十二个环节辗转因果，互为条件，故称“缘”。灭谛是根据“因灭则果灭”的道理：痛苦的最终根源是无明，是由情欲产生的，若不断情欲、尽无明，斩断耳、眼、鼻、舌、身、意等六根，摆脱声、色、香、味、触、法等六尘，则痛苦的因果链将永无休止。烦恼无明灭则生死灭，既无生则不死，进入不生不死永恒安乐之境，即涅槃。道谛即解脱生死，证得涅槃，必须依照的正确道路、方法，小乘教义多推崇三学、三法印以及包括八正道在内的三十七道品。

八正道是佛教徒合乎教理的八种修持方法：即正见、正思维、正语、正业、正命、正精进、正念、正定。八正道归结为三学：戒学、定学、慧学，三学相互联系，通常被认为是学佛者修持的全部内容。戒学指严守五戒严。

三十七道品是更加详细具体的修持法门，包括四念处、四正勤、四如意足、五根、五力、七觉支、八正道。

在人生观上，佛教强调主体的自觉，并把一己的解脱与拯救人类联系起来。佛教在中国传播的过程中，产生了自己的独特结构，形成了具有民族特色的宗派体系，呈现出了中国化的内容和特质，从而成为中国封建社会上层建筑的组成部分和中国古代思想文化的重要内容。佛教思想主要包括以下几个方面的内容：首先是关于人生的本原问题。佛教的“五蕴”教义说，人生的本质是不自由，是苦，因为人受诸物质和精神条件的制约，生灭无常，没有属于自身存在的独自性和永恒性。“十二因缘”教义说，人只是自身思想行为的产物，每个人的现世命运，乃是前世思想行为的结果，正所谓三世因果、六道轮回。人的贫富寿天、社会的不平等现象，都是因果报应的表现。佛教最终确立了作为中国佛教主流的慧远佛学，认为“诸法皆空”，否认苦难和耻辱；精进度，即不断努力修行；禅定度，即形成一种不苦不乐、佛教称为“三昧”的特殊心理感受；智慧度，即随机应变，以利于救苦救难、普度众生。大乘佛教进一步完善传统的修持方法，特别是增加了布施和忍辱两项，并置于突出地位，这是其悲天悯人的慈悲观念的重要表现，也是佛教日益世俗化的结果。

中国佛教的成熟期在隋唐时代，其重要标志是中国佛教八大宗派——天台宗、三论宗、华严宗、法相宗、净土宗、密宗、律宗、禅宗的成熟与独立，各派教理圆熟，学理风格、修持法门各有千秋，其中尤以天台宗、华严宗、法相宗、禅宗的哲学内涵最为丰富。四大教派中，除法相宗印度佛学色彩较强烈外，天台宗、华严宗、禅宗都不同程度地融入了儒家的心性说，有较浓烈的中国本土文化意识。

法相宗，又称唯识宗、慈恩宗，为玄奘法师西行求经后所创，它从分析事物的现象，特别是意识现象入手，建立起自己的唯心主义体系。它对意识和名相的分析极其繁琐，是典型的唯心主义繁琐哲学。法相宗从“心”为实有的观点出发，提出了“万法唯识”和“一切唯识所现”的理论出发，把宇宙万物看作是意识所造的影像，认为万物只存在于人的意识之中，除意识外，一切都不存在，称“唯识无境”。

华严宗，亦称贤首宗，为唐代名僧法藏所创，主要宣扬“法界缘起论”和“理事无碍”论。华严宗把世界分为“理”和“事”，本体和现象两个世界，认为世间和世外的一切现象都由如来藏自性清净心生起，法界是彼岸性的精神实体，是派生世间一切的造物主。现象世界即物质世界是虚幻的，法界是实有的；事物是假的，其本体是真的。现象世界依赖于本体世界，本体世界存在于现象世界之中。该派学说是一种典型的客观唯心主义，其哲理阐述方式对后世程朱理学的形成有很大影响。

天台宗在修持方法上主张止观并重、定慧双修，以此将当时的南方重义理、北方重禅定两种偏向结合起来，主张“一念三千”（一念心具足十法界、三千世间）和“三谛圆融”（三谛即空、假、中道），以此倡导大乘佛教诸实相的教理。该派还依《法华经》立“五时八教”论，“五时”将所有佛教教义都看作是佛所说之法，只不过因时间前后不同而分为五个阶段；“八教”分“化法四教”和“化仪四教”，前者是佛教的宗教理论，即藏、圆、别、通四教；后者是佛教的教化过程与方式，即顿、渐、秘密、不定四教。这种判教方法对于佛教内部辩明佛说法的不同时期、不同教法之间的内在关联有重要意义。

禅宗是最具中国特色的佛教。慧能是中国禅宗正统派的创始人，其所创禅示是中国佛教史上的一大改革。此前的佛教有的重禅学，研究佛教理论，有的重禅定，强调坐禅修行。天台宗提出“止观并重”，即修行与研理并重。禅宗则“学于理、禅行均非所重”，不追求繁琐的宗教修行方式，也不提倡研习佛理，专靠自身精神的领悟把握佛教义理，提倡“顿悟”，即单刀直入，指示人人本来所具有的真如佛性，以彻见此心而觉悟成佛。禅宗的思想既吸收了印度大乘空宗的“一切皆空”和大乘有宗的“佛性为实有”的思想，又继承了我国儒家传统的人性论思想与道家的主静思想，且其顿悟成佛说，使佛学变得简洁明了，不仅便于百姓接受，也受到上层统治者的赏识，故在中国广为流传。唐代以后，禅宗一跃而成为中国显文化的重要组成部分。

中国佛教虽流派众多，但有其共同的理论，归纳起来主要是如下几点：一是否定现实世界的实在性，认为那是虚幻的现象世界；二是认为意识决定物质，以无为本，如法相宗以“识”、华严宗以“理”、禅宗以“心”为本；三是强调现实世界的苦难，提倡以了悟佛理来达到彼岸世界的幸福。

## 四、宋明理学

理学，因宋儒多直接从经书原文阐发义理性命（指人的本性和命运）而被称为“性理之学”，简称“理学”，海外学者称之为“新儒学”。宋明理学兴起于北宋，是中国封建社会后期别具特色和风格的哲学思维形态，是高度哲学化和政治伦理化的儒学。它既是儒家思想发展的最高理论形态，又是儒、释、道三大思潮长期演变的结果。自元代程朱理学被立为官学后，宋明理学作为官方哲学长达六七百年之久，对中国经济、政治以及文化思想的发展有着深远的影响。

理学的产生有其特定的社会经济、政治、文化背景：第一，是社会经济和自然科学发展的结果。宋代社会经济各方面都较唐代发达，生产力水平提高很大，科技发展很快，指南针、火药、活字印刷术的发明都在此时完成。自然科学的不断发展及巨大成就，为理学家进行哲学概括提供了客观基础。第二，是重建社会秩序、伦理纲常的需要。唐末至五代的长年动乱，使封建统治阶级赖以生存的伦纪纲常遭到极大的冲击和破坏，士人多谋官利，不讲名节，权力阶层也常发生以臣弑君的现象，严重背离了儒家的伦理道德规范，也削弱了作为维系民族完整和团结的儒学礼教标准的力量，故重振纲纪就成为宋朝谋求长治久安的关键所在。但宋初国势羸弱，内外交困，一些有识之士欲扭转时局所做的改革和调整均在党争中失败。一些关心时政的士人转而从研习学术的角度出发，谋略建立一种较之汉唐儒学更加完善的政治学说，以规范人心，重振纲纪，为君主政治的永久运转建立永恒法则，于是理学应运而生。第三，唐中期以来的疑经惑古之风的影响。汉唐经学长于训诂笺注，学者讲求固守师说，使儒学日益走向繁琐和僵化。唐中期以后，学界“拟古”风起，至宋愈炽。韩愈、柳宗元倡导的古文运动，实为使古代哲学获得新生的儒学复兴运动，即假古文运动以明孔儒之道。宋王安石推行“新法”，研讲道德性命之学，天下震动，他用义理释经，作《三经新义》，“颁之学官”，用以科考取士，废除“先儒传注”，致使义理之学大兴，知识分子“疏不破注”，从“舍传求经”到“疑经改经”，为理学兴起创造了条件。第四，唐代以来，佛、道之学广泛发展。宋代理学家融合三家思想，以儒家的礼法刑政为核心，吸收道家、道教的宇宙化生模式和佛教的思辨哲学，建立了“本以儒学，兼融佛、道”的理学逻辑结构。

理学的发展大致可分为以下几个阶段。第一，开创阶段：北宋庆历年间至熙宁年间。周敦颐为理学始祖，其贡献在于将佛、道思想融入道家，为理学家如何出入佛、道开辟了新路，为重建理学体系提供了蓝本。他融会《易传》《中庸》及佛、道思想，以“太极图”为框架，论述了儒家一系列重要范畴，其核心范畴“性与天道”后来成为理学讨论的重要问题。熙宁前后，一些有志之士致力革新“积贫积弱”的局面，因革新的具体政策、方法、步骤的不同，产生政治上的分野，形成理学主流派的“关学”张载、“洛学”程颢、程颐，非主流派的“新学”王安石，“蜀学”苏轼、苏辙等各派。张载和二程（即程颢、程颐，下同）被视为理学的奠基人，主要是在“道体”（指在自然现象和社会现象背后或之上有一个根本的本体）问题上，张载是理学中的唯物主义学派之代表，持“气一元论”，以“气”为哲学的本体，肯定世界的物质统一性，并以“一物两体”学说，把事物运动变化的原因归结为事物内部一与两的既对立又统一的关系；二程持理一元论哲学，以“道”或“理”为哲学本体，认为万物都是理所派生，成为理学中的客观唯心主义学派。在哲学的伦理化、伦理的哲学化上，张载和二程充分体现了本体论与伦理学的统一，即所谓“性”（伦理）即理“本体”，或天与人的合一之学。他们提出的“天地之性”和“气质之性”“德性之知”与“见闻之知”“理一分殊”“心统性情”等命题，成为宋明理学的基本命题。这一时期的著名理学家周敦颐、张载、程颢、程颐、邵雍合称“北宋五子”。第二，理学的集大成阶段：南宋时期。这是理学发展的鼎盛时期，理学思想体系趋于完备。其间，理学有如下特点：一是出现了理学思想的集大成者，以朱熹的闽学为代表。朱子进一步发展了二程思想，克服了北宋五子各自理论上的矛盾和粗疏之处，第一次系统地论述了理学关系，建立了理学各范畴之间的逻辑联系，为理学上升为统治思想准备了条件。二是理学思潮向纵深发展，出现了陆九渊的心学派，持心一元论哲学，认为“心即理”，强调主观精神的作用，提倡自做主宰，是理学中的主观唯心主义学派。经明代王守仁阐发，心学体系完成，并成为理学思潮中的一个重要分支。三是理学大师辈出，学派甚多，各学派间时有交流和讨论。或书信往还，或当面诘辩，如著名的朱、陆“鹅湖之会”，大大促进了理学蓬勃发展。这一阶段著名的理学家有胡安国、胡宏、吕祖谦、张栻、朱熹、陆九渊等，其中以朱熹的“道学”和陆九渊的“心学”学术地位最为重要。第三，理学的解体阶段：明中叶后。元代，中国南北统一，理学北传，朱子学成为官方哲学，陆学备受压抑。明初以朱子学为主，一时间宋濂、方孝孺、薛宣等大儒及朝廷科举考试都以朱子学为正统，视其他为异端。时日流逝，朱子学逐渐暴露其破绽，在士人们的反思中王守仁的心学产生，他是心学的集大成者，主张“心即理”，提出“心外无物”“心外无理”的命题，以吾心之良知为天理，把一切外在的“天理”、“道心”、天命之性都转化成内心的感性欲求，即人欲、人心。这种思想随着时代资本主义萌芽的出现而迅速与之相适应，促使理学走向解体。王守仁死后，王学分化，王艮发展为泰州学派，李贽走向正统王学的反面。心学的分化是王学哲学逻辑结构内在矛盾发展的必然，也是理学走向解体的标志。第四，理学的总结阶段：明清时期。此时的中国正处在大变动中，明亡使一批学者开始对历史进行反思，其中汇集了对宋明理学的总结和批判，其肇始者顾炎武、黄宗羲、王夫之、方以智各有所重，王夫之可谓代表人物。他们的理论成果纠正了以往哲学的错误，调整了程、朱、王（守仁）在理气、道器、太极、阴阳、心物、有无等问题上的颠倒，扶正了一两、动静、知行、能所、格致等关系，作出了合乎客观实际的解释，在当时对哲学基本问题、认识路线问题，在理论上作了正确的阐述，并从理论思维高度总结了理学的经验教训。

理学以“道体”和“性命”为核心，以“穷理”为精髓，以“主静”、“居敬”的修养为工夫，以齐家、治国、平天下为实质，以“为圣”为目的，其基本内涵可以从以下几个方面概括：第一，理学从理论上回答了自然与社会现象的统一性问题。理学以探讨道体（自然、社会现象背后，有一个根本的本体，即道家所追求的“所以然之故”，朱熹说“道”就是形而上学）和性命为核心，“道学”派程朱讲“性即理”，性命统一于道体理，“心学”派陆、王讲“心即理”，理统一于心，但都承认现象世界有一个最后的本体或终极的原因，无论本体是内在或外在的，都与人的本性相联系。第二，以“穷理”为精髓。“穷理”是“欲知事物之所以然与其所然者而已”，也是“尽性至命”，追求人性的根源。不能穷理，便不能尽得性、尽得心，穷理是贯通道体、理、性、命、心的中介，是达到完善道德境界，培养“圣贤气象”之理想人格的自觉，它是联结天人合一，实现万物与我同体的其乐无穷的关键环节。第三，以“存天理，去人欲”为修养身心的工夫。理学家都认为，自然、社会、人生以至人类历史上的各种事物，凡是真的、善的、美的、正的、光明的都是天理，凡是假的、恶的、丑的、偏的、黑暗的都是人欲。理学家们重义理轻功利，为公去私，存理去欲，并以此为社会的重要教条，提倡人人遵而行之。第四，以齐家、治国、平天下为实质。理学家都以“为天地立心，为生民立命，为往圣继绝学，为万世开太平”为己任，以“民吾同胞，物吾与也”的博爱精神接人待物。他们提出“尽性至命”与“孝悌”统一，“穷神知化”与“礼乐”统一，把理这个普遍原则与人的道德伦理行为规范沟通起来，把现实的制度理想化，以求长治久安。第五，以“为圣”为目的。理学本质上是一种理性思维，是哲学的思辨，它从本体论和政治论、道德观上批判佛、道的出世主义和非理性倾向，以阐发孔孟学说为己任，通过“为学”“修德”而争取达到“圣贤气象”的境界。

“理学”是中国哲学发展史上的一个新阶段，是理论思维深化的表现。“理学”的出现使人们哲学思考从简单的宇宙生成论、宇宙模式论发展到更高层次的宇宙本体论，这在中国哲学史上可说是一次飞跃。“理学”从理论上否定了儒学传统的“天命论”、董仲舒的“天人感应”神学目的论以及佛道的有神论的宗教迷信或神不灭论，而将传统儒学、佛、道学说中的有益成分为己所用，使之成为正确成分较多的理论体系。理学是在前所未有的全面而系统的自然科学知识和社会历史科学知识的基础上兴起的，理学所探讨的问题十分广泛，融自然、社会、人生为一体，包括政治、哲学、伦理、教育等各个方面，继承改造、利用发挥了以往哲学的几处所有范畴，并提出了一些全新的范畴。对各种范畴进行综合的研究，构筑了像朱熹那样“致广大、尽精微、综罗百代”的唯“理”的客观唯心主义体系、王守仁的唯“心”的主观唯心主义体系、集古代朴素唯物论和辩证法思想之大成的王夫之的哲学。理学无论从哲学逻辑结构的庞大、探讨问题的深度和广度、理论思维水平的提高、论证的精密等方面，都大大超越了前代，是中国古代哲学发展过程中重要而不可或缺的一环。但理学也有其消极的方面，它虽在宋代未受重视，但不久即为历代统治者所认识和推崇，成为“官学”，致使其思想僵化，成为统治阶级钳制人们思想的武器，理学家们整理的四书五经成为士子们死记硬背用以求得功名利禄的教条，这不仅有利于封建文化专制的实行，也有益于封建社会秩序的稳定。被理学家强化的“三纲五常”成为维系封建宗法关系的主要工具之一，是统治者强化礼教、维护宗法等级秩序、巩固封建统治的重要手段。封建统治者把理学家宣扬的“存天理，灭人欲”的道德伦理规范与封建君主专制结合，当作实行政治和文化专制的理论依据，用以加强封建专制，镇压人民的反抗和改革要求。同时，在理学家“存天理，灭人欲”的影响下，致使中国后期封建社会出现了文字狱大兴和“以理杀人”的现象，压制和扼杀了人的本性，造成伦理异化，束缚了人们的思想，使许多人成为封建礼教的牺牲品。

## 第二节　中国古代哲学的宇宙观与人生观

中国古代哲学的宇宙论也与世界哲学一样分为两个部分：一为本原论或道体论，即有关宇宙最初的起源、始基的理论；二为演化论，即有关宇宙演变发展历程的理论。中国古代哲学的人生论则可大致分为四部分：一为天人关系论，即探究人与宇宙的始基的关系；二为人性论；三为人生理想或人生准则论；四为人生问题论，即有关人生的损与益、动与静、义与利等方面的问题。

### 一、宇宙论

“天”，是中国哲学中最古老的范畴，首见于甲骨文及《诗》《书》等先秦文献。天是商周时代人们心中至高无上的神，具有降临人世“吉凶祸福”“得失成败”的权威。当时尚无宇宙的观念，人们认为天即囊括一切的最大之物。最初的哲学家孔子和墨子都把“天”看作是最根本的，认为天是一切之主宰。孔子怀疑鬼神，把非人格化的天作为生成并主宰一切的根本，可说是中国哲学宇宙论的先驱。与孔子同时代的墨子的“天”，是人格化的鬼神，即百神之首，主人之赏罚，是义之所出，是最高贵最有智慧的，人应顺天意行事，“顺天意者，兼相爱交相利，必得赏；反天意者，别相恶交相贼，必得罚。”[①]总之，此时的哲人以天为一切之最高主宰，宇宙论的概念还很模糊。

关于“宇”与“宙”的概念，最早见于战国末的《尸子》：“上下四方曰宇，往来古今曰宙。”《庄子·杂篇》的解释更为精确：“有实而无乎处者宇也，有长而无乎本剽者宙也。”宇即空间，宙即时间，宇宙即是整个时空及其所包含的一切。中国古代宇宙论之始祖为老子，他否认“天”是一切的最高主宰，强调“道”超越天的深奥性和神秘性，把道提升为一个最原始、最根本的形而上学范畴。自此，中国开始形成有系统的宇宙论。中国古代比较有代表性

①《墨子·天志上》。

的宇宙生成论或本原论，主要有以下七种：

最早的宇宙本原学说是老庄的道论，以道为宇宙的究竟根本，是一种客观唯心主义思想。老子认为，道是万物之根本，万物皆有相互对应者而道无相对之物；万物皆有变迁而道永恒不变、周行不殆。人法地，地法天，天法道，道则唯以自然为法。道非感官可觉察，亦不能用语言叙说。庄子发挥了老子的思想，也主张道是宇宙的本根，道无所不在。《淮南王书》是汉初道家思想的结集，亦论道，但多为引申老庄学说。宋代理学家程颐以理为宇宙本根，理实际是道的别名，理论实为道论的新形态。

第二种宇宙本原论，是太极说。该说源于《易传》，其基本范畴是太极与阴阳。阴阳观念产生颇早，古人初时只认为这是自然界中的两种力量，因见万物万象都有正反两面，便形成阴阳观念，后又见一切变化都起于阴阳正反之对立，便认为阴阳是万物的根本，阴阳实为正反之意。进而发展到认为有阴阳未分之时，这才是宇宙的本原，于是创立太极观念以统阴阳。至《易传》成书，阴阳的宇宙观正式确立，“易有太极，是生两仪，两仪生四象，四象生八卦。”[①]先秦哲学中，与阴阳说并存的是五行说，始于《尚书·洪范》，五行即金、木、水、火、土，它们是宇宙的本原。此后，论阴阳最详者是汉代大儒董仲舒，他以“元”为宇宙中最根本者，有元乃有天地阴阳，由阴阳而生成五行，由之生成一切物。天是自然界的最高主宰，是万物的创造者，是人世治乱的最高决定者。前汉末扬雄的“玄”说，宋代周敦颐、朱熹和邵雍等大理学者的“太极”论，均更加详尽地阐释了太极—阴阳—五行—万物的演进观点，虽然说法不尽相同，但基本观点一致。

第三种宇宙论，是唯气论。中国古代哲人惠施的“小一”说与西方的原子论颇类似，“至小无内，谓之小一”，认为一切事物皆生成于小一，“万物毕同毕异”。他的思想可说是一种原子论，但因年代久远、文献较少而无法详知其内容。在中国哲学中，注重物质，以物质的范畴解说一切的宇宙本原论是气论，即认为宇宙的根本就是最细微最流动的气，万物由气凝结而成。气在古时是由无而有、未成形体的一种状态。战国时道家认为万物都是由于气的变化而形成的，“人之生也，气之聚也，聚则为生，散而为死……故通天下一气耳。”[②]万物之生灭即气之聚散，整个宇宙只是一气而已。汉代《易纬·乾凿度》中也认为气是由无而有未成形质之状态，没有产生气之前的太易，是宇宙的根本；气生成之初为太初，是次根本。唯气论中的“气”可说是一切有

①《易传·系辞》。

②《庄子·知北游》。

形之物的原始材料，是宇宙的根本。道家、太极论都谈到气，但并不以之为宇宙的本原。最明显的以气为万物本根者是后汉的何休："元者，气也。无形以起，有形以分，造起天地，天地之始也。"与何休同时代的经师郑玄、三国时代的刘邵等人，亦以气为宇宙本根。唯气论的集大成者，是北宋的张载，他认为气是最根本的，气即是道，宇宙一切皆是气。他的宇宙论中最根本的观念是气、太和、太虚、性。太和即阴阳混合未分之气。太虚即气散而未聚无形可见之原始状态，是承载气的空间。性即气固有的能动之本性。次一级的观念是道、天易、理。气存在或变化的历程为道，气变化的规律为理。天是太虚的别名，易是道的别名。张载注重物质（气），讲物质与空间（太虚）之统一，可以说是一种原始的唯物论。

第四种宇宙论，是理气二元论。先秦哲学中"理"字的含义，一是指形式，如"物成生理谓之形"[①]，二是指法规和规律，如"万物殊理，道不私"[②]，"易简而天下之理得矣"[③]中的"理"都是事物规律的意思。先秦道家，以道为宇宙本根，却又认为"通天下一气"，可谓有道气二元论的倾向。中国哲学史上首先明确主张道气二元论的是后汉的王符，他认为万物都是元气所化生，而道是气之根本。道是第一根本，气是第二根本。无道则气无以生，只有道而无气则不能产生变化。北宋的二程，皆以理（其所说之理包括自然规律与道德标准）为宇宙一切之根本，气为其次，看似二元，归根究底也可说是一种唯理论，与张载以气为本理为其次的唯气论主张正好相反，也与主观唯心主义对立。理气论的集大成者是朱熹，他对二程学说进行了扩充，建立了中国哲学中最缜密、最有系统性的宇宙本根论。认为理、气是两种不同之物，但又互不相离，其中理是根本，气是其次。理存在于万物包括气之前，是永存不灭的，自然物和人事都是先有其理而后有其事的。理虽较气为根本，但必须有气才能生成天地万物。朱熹又提出太极的概念，太极指理之究竟极致者，是一切理之根本的大理，其余一切理皆蕴含于此理之中。理是各种事物的规律，太极则是最根本的规律。宇宙的本原是太极，万物皆因此本根而生。万物各具一太极，作为存在之根本。太极包含理，其最首要是仁义理智，简言之是仁义二字，归结起来，便是一个仁，人类道德的最高准则在人类未产生前即已存在，是宇宙的自然主宰。

第五种宇宙论，是宣称"一切唯心""心外无物"的唯心论。先秦还未产生这种主观唯心主义论，佛教东传，带来万有唯识之说，就此种下主观唯心

①《庄子·外篇》。
②《庄子·外篇》。
③《易传·系辞上》。

论的种子。主观唯心论的奠基者是南宋的陆九渊，他十三岁时即觉“宇宙即是吾心，吾心即是宇宙”，后又提出了“心即理”观点，宣扬宇宙之根本之理，即是人内心之理，人心之理是宇宙之理的最完满的体现。此理虽在人心，但人不必知之，且不因人知或不知而有不同，个人存在与否，也与此理无关。“万物森然于方寸之间，满心而发，充塞宇宙，无非此理”[①]，万事万物都是从心中发出来的。唯心论至王阳明达到成熟，他直截了当地认为宇宙便是吾心，吾心即宇宙，一切存在都依靠个人的心知，离心则无存在。明代心学最盛，唯心论者亦多，以王湛为代表。

中国古代宇宙哲学中，除宇宙本原论外，有关宇宙变化及其规律的研究也是相当重要的内容。

中国古代哲学有一个根本的一致的倾向，即承认变易是宇宙中的根本事实，一切事物都在变易之中，宇宙是一个变易不息的大系统。这种观念始于孔子，“子在川上曰：逝者如斯夫，不舍昼夜。”[②]战国时惠子言“日方中方睨，物方生方死”[③]，一切皆在演变流转之中。庄子也非常重视变化，“物之生也，若聚若驰，无动而不变，无时而不移。”[④]讲宇宙变化最详尽的是《易传》，认为变化是一切事物的根本，有形象即有变化，唯有变化才能使宇宙不断演进，“易穷则变，变则通，通则久。”[⑤]西汉的贾谊，宋明理学大儒朱熹、张载、二程、王阳明、明末清初唯物主义哲学家戴震都认为变化是根本事实，宇宙是气化流行、生生不息的历程。

中国古代哲学认为，宇宙的变化有其规律，即“常”，便是反复，万事万物都是依据反复的规律变化的。反复，即指事物沿某一方向变化到极致，就会一变而成为其反面，回到最初的形态。反复的观念在西周《易爻辞》中即已出现：“无平不陂，无往不复”，认为一切事物的变易都是反复的，反复是一种普遍的原则。先秦哲学家中，首先讲反复的是老子，他说“万物并作，吾以观其复。夫物芸芸，各复归其根。归根曰静，是谓复命，复命曰常”[⑥]，指出万物虽然都生长变动，但最后均返回原始，但事物必须经过很长时间的发展才转为其反面，而非一蹴而就的。庄周、扬雄、二程等都对此种变化观作了形异实同的阐发。另一时代的思想家兼文学家龚自珍对于反复作了最明

①《陆九渊集》卷三十四。

②《论语·子罕》。

③《庄子·天下》。

④《庄子·秋水》。

⑤《易传·系辞下》。

⑥《老子·上篇》。

确最简赅的论述："万物之数括于三：初异中，中异终，终不异初……哀乐爱憎相承，人之反也；寒暑昼夜相承，天之反也。万物一而立，再而反，三而如初。"[①]这种说法，与西方哲学中的否定之否定有某些相同之处。

中国古代宇宙论中还有关于对立统一的论述。《易爻辞》说"无平不陂，无往不复"，平与陂、往与复相互对峙，可说是对立概念的萌芽。老子对对立统一有较详细的阐述，认为对立的事物相互依存，且可互相转化，"祸兮福之所倚，福兮祸之所伏"，又说"美之与恶，相去何若"，对立面之间的区别都是相对而非绝对的，这种观点后来成为慎到、惠施、庄子的齐物论思想之先导。老子认为凡事物因包含其反面的因素才能有用和圆满，"大成若缺，其用不弊，大盈若盅，其用不穷。大直若屈，大巧若拙，大辩若讷。"[②]庄子也讲对立统一，但偏重于讲统一的一面。《易传》对于对立统一也有颇多论述，认为宇宙是阴阳或乾坤而生，阴阳或乾坤各有特性，宇宙的变易是二者共同作用的结果，"刚柔相推，变在其中矣"。贾谊、董仲舒、扬雄、王弼等均讲对立统一。该学说的集大成者是张载，他提出"两"与"一"的概念，认为对立统一存在于一切事物中，"两不立则一不可见，一不可见则两之用息"，"不有两则无一，故圣人以刚柔立本，乾坤毁则无以见易"[③]。宇宙是一气之变化，气是一阴一阳，一切物皆有阴阳，阴阳相互作用，才有变化，变化起于统一中的对立。

中国古代哲学对宇宙是时时变化的已有共识，但对于宇宙变化的目的则有不同看法。上古时人们多认为一切变化皆出于神的意志，后来发展到认为变动是自然规律所至。墨子讲天志，认为一切万物的生成演变都由于天志，老子则是主张自然论的第一人，以后的哲学家大多承袭这两家的观点。

## 二、性合之原

人性论是中国哲学的中心内容，主要指的是人的本性是善是恶之辨，及人的善恶如何产生的问题。中国哲学的创始者孔子及其继承者均是先谈到人生问题，再对宇宙等其他问题进行探讨。此后的思想家也多注重人性问题的研究，直至北宋以后，哲学家才将研究重点移至宇宙论上，但其理论核心部分仍是人生论。人生论是中国哲学所特重的，世界各国关于人生哲学的思想，以中国最丰，其涉及问题、所达境界亦深。关于人性，在中国哲学史上派别颇多，争论不休，最主要的认识是以下几类：

第一，性善与性恶论。此种论述即鲜明地将人性划归善恶中的任一类。

①《壬癸之际·胎观第五》。
②《老子·下篇》。
③《正蒙·太和》。

远古时，人们信奉“天降善性论”，即认为人性是善的，这种善性是上天赋予的，从《尚书·汤诰》中“惟皇上帝，降衷于下民，若有恒性”的论述可见一斑。儒家宗师之一的孟子即性善论的代表，他在驳斥告子的人性无善恶论中系统地阐发了其性善论。孟子以“孺子落井”的例子指出，“恻隐之心，人皆有之”，这就是人所固有的善本性的体现。善有四端（萌芽），“恻隐之心，仁之端也；羞恶之心，义之端也；辞让之心，礼之端也；是非之心，智之端也”[①]，“仁义礼智，非由外铄我也，我固有之也”[②]。孟子并不否认人有不善的性质，即与禽兽相同的性质，“人之所以异于禽兽者几希”[③]，“无教，则近于禽兽”[④]。人心都有善的四端，只要扩充善性，“人皆可以为尧舜”[⑤]。但若受了外界坏的影响，人就可能失去本性，故人皆因加强自身修养，以防止物欲的引诱，保持善性。儒家的另一宗师荀子则是性恶论的代表，他著《性恶》以驳孟子：“人之性恶，其善者伪”，人生来就是“好味”“好利”“好声”“好色”的，若不克制而任其发展，必致纷争混乱。但是，人都有接受仁义教化和法律约束的素质，有改造的可能性，故应一树君主权威，二用礼义教化，三定法度规范，四以刑罚止恶，使人长期接受改造，“圣可积而致”，那么“涂之人可以为禹”。荀子所谓“性”，是指人生而具有的本能行为中并无礼义，道德应在改造中形成。孟、荀实际上都认为圣人与凡人本性一致，凡人经教化也可成为圣人，至于为圣的途径，孟子主张扩充，荀子主张改造，可谓殊途同归。二者的理论对后世影响极大，按孟子性善论，国家应建立人治、施仁政，个人要加强心性修养，提倡道德自觉。宋明理学家、心学家都推崇性善论，但在性善论下，国民道德自觉程度高是其长处，国弱是其短处。按性恶论原则，荀子的学生韩非、李斯力主法治，秦因此强盛而一统天下，但又因统治残暴而迅速灭亡。人治之弊在于只凭个人意志无统一标准，法治则失于刻板缺乏变化，故孟子也认为“徒善不足以为政，徒法不能以自行”[⑥]，后世思想家多有此认识。但自南宋以后，孟子性善论占了上风，人治遂成中国封建社会政治主流。

第二，性无善恶与性超善恶论。与孟子同时代的告子认为性无善恶，善恶都是后来才有的。“性犹湍水也，决诸东方则东流，决诸西方则西流。”[⑦]善

①《孟子·公孙丑》。
②《孟子·告子》。
③《孟子·离娄下》。
④《孟子·滕文公》。
⑤《孟子·告子》。
⑥《孟子·离娄上》。
⑦《孟子·告子》。

恶都是经后天引导而形成的。战国时道家，持性超善恶论，亦认为性非善非恶，仁义情欲都是伤性的，道家的“性”是自然朴素的，是“德”的显现。宇宙的本根是道，人得道而生德，德表现于形体就是性。道家也称人的本性为“性命之情”，认为其中不含仁义情欲，人人只要任其性命之情而为之，不矫揉造作，便可得到最好的生活。道家的学说也可以说是一种性至善论，即人性本来至善圆满，只要顺性自然，无知无识地生活下去，便是求得大道。宋明时期，王安石、苏轼、王守仁等的学说也可谓是性超善恶论，但说法上各有不同。

第三，性有善有恶与性三品论。介于性善论与性恶论之间，有两种学说，一是性有善有恶论，后来发展成为性善恶混合论；一是有性善有性不善论，后来发展成性三品论。孔子曰：“性相近，习相远。”[①]认为人性相近，无太大差别，是在后天经历中，人的品德才逐渐扩大了差别，即说人的善恶主要是在出生后形成的，同时他也承认人性在先天有微小差别。性有善有恶论始于孔子的弟子、战国的世硕，他在《养（性）书》中认为，人性中善恶成分混杂，培养发展善性，就成为性善的好人，反之则成为性恶的坏人，人的好坏取决于后来对本性的培养。与世硕同时代，亦为孔子弟子的密子贱、漆雕开、公孙尼子等人也与他观点相近。西汉扬雄持性“善恶混”论，即性中兼含善恶，故须“修性”，习善则足以克服性中之恶，习恶亦足以消抑性中之善。有性善有性不善论，始于战国，首倡者的姓名已失传，只在孟子书中见其论述，此论的主旨是说，并非所有人的本性都是一样的，有人生来即善，有人生来即不善，善人与恶人生来即不相同。战国时有性善有性不善论，仅说性有两等。西汉董仲舒认为天有阴阳，人有性情，性属于阳，是仁，是善；情属于阴，是贪，是恶。性善论和性恶论者均只看到了情，故都是片面的，故他提出“性之品”说，即有“圣人之性”“万民之性”“斗筲之性”。“圣人之性”天生为善，“斗筲之性”天生为恶，这两种都是极少数的，只有“万民之性”是最普遍的，故讨论人性应以“万民之性”为标准，“万民之性”虽不是天生而善，但经教化就是善。东汉时性三品论日益完善，认为人有上中下三种，性有善、恶、不善不恶三等，王充便是典型代表。他在中国哲学史上首先将人性分为善、中、恶三等，“至老极死不可变易”，“圣化贤教，不能复移易也”[②]。东汉末荀悦在《申鉴·杂言下》中亦明确讲人性有三品，上下两品由天命决定而不能变易，中间一品则是由人事决定的。他秉承西汉刘向的性情相应说，

①《论语·阳货》。
②《论衡·本性篇》。

认为喜好和厌恶是人性的选择，人性选择表现出来就是情，情是根据性而发的，故情恶非情的过错。性与情是相应的，而且情是由性决定的。性中有善恶，善的性需要教育才能成长，性中的恶需要法律才能消除。除极少数的“上智”“下愚”不会改变外，其他人的性中都是善恶交争的，应该“教扶其善，法抑其恶”[①]。如果放弃教化和法制，那么多数人都会变坏。唐代韩愈的性三品论较上述诸人更有条理，他认为性包括仁、义、礼、智、信五种成分，是与生俱来的。情包括喜、怒、哀、惧、爱、恶、欲七种表现，是人接触外界后才产生的。五性在具体人中，不是一样多，故可分上中下三品。上品者纯善，中品者可以引导向上或向下，下品者纯恶。情与性相应，也分上中下三品，上品者的七情都是合理而适当的；中品者的七情有的过头，有的不够，但力求合理；下品者的七情不是过头，就是不够，任凭感情发泄而不加控制。上品者经过学习就更加聪明，下品者慑于法制的威力而少犯罪，即“上者可教而下者可制”[②]，故教育和法制都是治理社会不可缺少的。性善情恶论，可说是调和性善论与性恶论的一种折中论，究其根本，只是一种变相的性有善有恶论，不过认为性中之恶的成分不能称为性而已。

第四，性两元论与性一元论。北宋张载提出了一种新的性两元论：认为人性有二，一是“天地之性”，或称“义理之性”，或仅称“性”；一是“气质之性”，或仅称“气质”。“天地之性”是人所共有的本性，是纯善的。人禀气而生，由于阴阳二气清浊厚薄不同，每个人禀气不同，形成了不同的“气质之性”，“气质之性”有好有坏，故人有善恶。人性无不善，关键在于“善反不善反”[③]，即是否善于改变自己的气质，要改变气质，必须学习。“为学大益，在自能变化气质”[④]。气质恶的人之所以受气的支配而不能成为贤人，原因就在于“不知学”[⑤]。与张载同时代的二程兄弟对性两元论作了新发展，张载所谓“天地之性”，二程叫作“天命之性”，性就是理，“天命之性”就是“天理”；使人的形体出现善恶的“气禀之性”就是人的情欲，简称“人欲”。要使人呈现善性，须“存天理，去人欲”，这个口号在宋、元、明、清产生了重大影响。南宋朱熹是性两元论的集大成者，他的说法基本与二程一致，提出“圣贤千言万语，只是教人明天理，灭人欲”[⑥]。自性两元论创立，

①《申鉴·杂言下》。
②《昌黎先生文集·原性》。
③《正蒙·诚明篇》。
④《经学理窟·义理》。
⑤《经学理窟·义理》。
⑥《朱子语类》。

人性学说得到相对统一，不再众说纷纭，该学说支配思想界约数百年，后来渐趋反动，成为封建礼教扼杀人性的理论基石。反对性两元的学说，是性一元论，陆王心学以心统性情来论性一元论，理学和心学之外的气学则以气说性，否定性有二元。陆九渊创立心学，认为“心即理也”[①]，说人禀气虽有清浊不同，但只要保持本来状态，就是清明的。人心受外物玷污，就有病而昏眩，只要剥落污物，人心便会恢复清明。心、理、性本是一体，物欲只是外来的污物，不是性内的东西。明代王阳明发展了陆氏心学，认为性只有一个，但可以有许多名称，天、帝、命、性、心、孝、忠等都是一性的不同名称。清人戴震提出了“理存欲中”的著名命题，反对理学家的“存天理，灭人欲”。他认为性就是指“血气心知”，而“血气心知”都来源于“阴阳五行”。这种性就是气质之性，他批评理学家“别理气为二本”[②]，认为离开气就没有人，更没有人性，实为从气一元论宇宙论引出性一元论。他认为人性包含欲、情、知三方面，对于声色臭味的追求是欲，喜怒哀乐是情，辨别美丑是非是知。这三方面都是人性的自然现象，是人所自然固有的，既不能索取，也不能抛弃。“古圣贤所谓仁义礼智，不求于所谓欲之外，不离乎血气心知”[③]。他认为，理学家讲的存天理灭人欲根本做不到，因为天下人没有不要情欲就可以存在的，做任何事都是因为有情欲，有情欲才要有作为，作为达到非常适当而又无法改变，就是理。他批评理学家的“理欲之辨”刚好成为残杀的工具，“以理杀人”比“以法杀人”更为残酷。戴震说，行为达到“至当不可易”就是理，古代圣贤是经过博学、审问、慎思、明辨、笃行来扩充人性，才成为善的，故世人都要多学习，加强修养，才能提高道德，静寂无为是不解决问题的。“戴东原的性论，分析较细，论证较详，在中国过去人性论中，实是最缜密的。”[④]

## 三、人生理想

中国哲学之核心部分是人生论，人生论之中心部分是人生理想论，即关于人生最高准则的理论。人生理想，古代称为人道，人道观念发生甚早，《左传》中就有“天道远，人道迩”的论述。中国哲学中的人生理想论，比较有代表性的有八种学说：

第一，仁论。中国古代第一个系统地探究人生理想问题的是孔子，他的

①《陆九渊集·与李宰书》。
②《孟子字义疏证》。
③《孟子字义疏证》。
④ 张岱年：《中国哲学大纲》。

人生理想论的核心是“仁”。孔子生活的春秋时代，正是封建制与奴隶制新旧交替的时代，“礼崩乐坏”，“天下无道”[①]，孔子对此痛心疾首，提出应该恢复周礼，以周礼为标准来“正名”，君臣、父子都要按自己的名分行事。为此，他从伦理道德入手，提出了其哲学思想的核心范畴——“仁”，主要有两层含义。一层含义是，“仁”是礼的内容。颜渊问仁，孔子回答：“克己复礼为仁，一日克己复礼，天下归仁焉。”[②]如何“克己”呢？孔子主张“非礼勿视，非礼勿听，非礼勿言，非礼勿动”，即日常生活和交往中，要以正确的社会规范约束自己，每个举动都要符合周礼而不可偏差。他要求统治者做到恭、宽、信、敏、惠，即保持自己的尊严和恭敬，以不招致臣民的侮辱；待人宽厚，以得到百姓的拥护；取信于民，言出令从，使别人为己所用；敏于思考，措施果断；广施恩惠，以驱使别人尽力工作。“仁”的另一层含义，是“爱人”，以维系人与人之间良好的伦理关系。对父母要“孝”，对兄弟要“悌”，这是“仁”的根本；在外对人要客气、忠实，如接待贵宾一样；“敏于行而纳于言”；“己所不欲，勿施于人”；“己欲立而立人，己欲达而达人”。这些就是爱人的具体内容，就是“忠”“恕”，是美德。从哲学思想上看，孔子的“礼”、“仁”是先验的道德范畴，有客观唯心论的性质，他认为仁并非每个人都能做到，“君子而不仁者有矣夫，未有小人而仁者也”[③]，君子中也有不仁的，但小人却无论如何达不到仁，阶级偏见决定了他把“仁”看作先天就决定的道德原则。另外，孔子说，“为仁由己”[④]，“我欲仁，斯仁至矣”[⑤]，把“仁”看作是一种理想的精神境界，只要主观努力就终能做到，这便夸大了主观意识的自我内省作用，表现了主观唯心主义倾向。孟子阐发孔子的思想，亦以仁为人生第一原则，但又极重义，仁义并举作为其哲学的中心观念，也作为生活的基本准则。孟子所讲的“仁”，与孔子相近，但多从心性方面论述，以为仁即是人固有的恻隐之心的发展．人皆有所爱，扩充其爱，爱其本所不爱，便是仁。孔子言杀身成仁，孟子言舍生取义，孟子认为“居天下之广居，立天下之正位，行天下之大道，得志与民由之，不得志独行其道。富贵不能淫，贫贱不能移，威武不能屈，此之谓大丈夫”[⑥]，便是有极深道德修养，达到生活之最高境界的人。人达到这种境界时，便有浩然之气，“至大至刚，以直养而无害，

①《论语·季氏》。
②《论语·颜渊》。
③《论语·宪问》。
④《论语·颜渊》。
⑤《论语·述而》。
⑥《孟子·滕文公》。

则塞于天地之间”，不只个人得到至高的快乐，更有极大的感化力，能使他人受感而迁善。孟子以后，论仁义最清晰者是汉代董仲舒，他以对人对我区别仁义，爱人为仁，正我为义，又认为仁智都是极必需的，智即有先见之明。惟仁而无智，虽则爱人，却不能明辨祸福利害，其结果或许反会伤人；仅智而不仁，则虽能了解祸福利害，却对他人的危难无动于衷，不肯施以援手。故仁与智两者必需。

第二，兼爱论。墨子以兼爱为人类生活的最高准则。墨子哲学以利为出发点，他指的利乃人民之大利，非一己私利。他崇尚义，认为“万事莫贵于义”[①]，因为义对天下人民有利。儒家认为爱应该有亲疏远近之别，墨子认为，这种差别会给社会带来“交相恶”的弊端，故应以“兼爱”作为根本的准则，即对一切人无所不爱，不分远近、等级，不分人我，视人如己。墨家弟子为实现“兴天下之利，除天下之害”的理想，“日夜不休，以自苦为极”[②]，刻苦力行。墨子的兼爱的原则上是一律同等，但实际上却必须面对先后缓急之别，故《墨子·大取》中讲“爱无厚薄”，爱不可以私意而有厚薄，但义应分厚薄，对有德行之人、年长者及亲戚之爱，应特别加厚，但厚爱可以至极，薄则不能至极，这就是墨家的所谓“伦列”之家，与儒家由己推人由近及远不同。墨家讲的“义”，是以天下之大利为准，故应竭力厚此义。《墨子·大取》中又讲“断指断腕，利于天下相若，无择也。死生利若一，无择也”，牺牲性命以利天下，显示了墨家兼爱的伟大精神。儒家的《礼记·大同》篇中，以“天下为公”“不独亲其亲，不独子其子”“使老有所终，壮有所用，幼有所长，矜寡孤独废疾者皆有所养”的“大同”为人类社会之最高理想，实即为以兼爱为原则的社会。

第三，无为论。无为之说发自道家的创始人老子，他对中国哲学的最大贡献在于宇宙论，认为宇宙的本根是道，其人生论是从宇宙论推衍来的，道既无为，人也应无为，无为是老子人生论的中心观念。老子说：“圣人处无为之事，行不言之教。万物作焉而不为始，生而不有，为而不恃，功成而弗居”[③]，“圣人之治，虚其心，实其腹；弱其志，强其骨。常使民无知无欲，使夫智者不敢为也。为无为，则无不治”[④]，无为即去掉一切智慧欲望，过自然的生活，无为才能天下大治。老子认为“天地所以能长且久者，以其不自生……是以圣人后其身而身先，外其身而身存”，“吾所以有大患者，为吾有身，及吾无

①《墨子·贵义》。
②《庄子·天下》。
③《老子·上篇》。
④《老子·上篇》。

身，吾有何患”，故主张“不自生”“无身”。在有为的人群中，老子极注重以柔弱来达到个人之无为。“弱者道之用”[①]，以柔弱胜刚强，以懦弱谦下为处世之法，他认为最有修养的人是如婴儿柔弱之至，故能无为而无不为。老子反复强调，一切事物发展到极度，便一变而为其反面；如欲其不转为反面，只有不使之发展到极度，而先自取其反面的形态，即以退为进，曲以求全。老子之后，彭蒙、田骈、慎到则将老子的思想偏颇发展到与物同体的地步，如老子讲圣人不要智术，慎到则说连知觉也应一起不要；老子主张同于道，慎到则主张同于物；老子的无为，是人的无为，慎到则欲自同于物，是物之无为。道家的人生论，庄子是集大成者，他以老子的无为思想为基本，融会田骈、慎到的齐物思想和惠施的天地一体的观念，构建了一个比较丰富、系统的学说。庄子人生论的出发点，是完身全形、养生存性，而无为是天道，人应效法天地，亦应无为，唯无为是唯一至乐活身之道，是人生理想的归宿，是精神自由，是不受名利仁义束缚，由无为而逍遥，心游于四海之外，浑然忘我，与天地万物合为一体。无为一派的人生论虽非中国古代社会的人生观的主流，但在知识分子中一直影响颇著。

第四，有为论。有为论是荀子针对庄子的极端无为思想提出的。中国古代大多数思想家都尊崇天，以合于天为人生的理想，只有荀子不重天而重人，主张使天合于人，认为人生之道是改造天然。荀子以人为其哲学的出发点，认为“天行”即自然历程，是经常的，与人世治乱无关。人世治乱非由天而是由人，故人必须尽力求治，而不能指望人事自然变好。荀子主张制天、用天，化物、理物，认为人类生活的最高境界，是与天地参，即改变自然，控制自然，以达到天人之调谐。荀子认为要达到天人调谐的理想之境，应以人群的力量克服自然，“群即力”，而唯“礼”“义”才能使人群的组合巩固。荀子主张制天，更主张化性，人是相互矛盾的，顺人之性则人与人之间相互矛盾冲突，纷争迭起，而礼义则能节制人性，使之归于和谐，从而能够集合制天。此外，《易传》中表现的人生思想，也是有为的，但不如荀子之激烈。不过其中有一个最大的特色，即将知识、利用、德行三者联结为一体。荀子极重利用，用不辨知识与利用之关系，认为人不应求知天；《易传》则能正确理解知识与利用之关系。注重制器以利用，又注重精义以知化，而更以崇德为根本。兼容并蓄，无所偏颇。《易传》中包含的人生思想最主要的，一是刚健中正，二是因时变革，三是与天地相协调，四是知、德、用合一。后来的儒者中最推重荀子的是东汉的徐干，

①《老子·下篇》。

他的人生论虽不讲制天宰物，却也颇尚有为。魏晋时期，无为思想兴盛，裴危的有为人生论也随之而生，其中强调人须以“保生”为务，个体应该求与环境相适应，人生之道在于“用天之道，分地之利”，而以人伦道德如仁义忠信等，以及礼制，维系人与人之关系。

第五，诚及天人合一论。战国末年，儒家学者综合孟子、荀子思想的最高成就见于《中庸》，它包含了一个丰富博大的人生哲学体系。《中庸》谈道，“诚”为人生的最高境界，是一种平易近人的道，它广大高明而且人人于日常生活中皆可实行，行之没有尽竭。“诚者，天之道也；诚之者，人之道也。诚者，不勉而中，不思而得，从容中道，圣人也……唯天下至诚，为能经纶天下之大经，立天下之大本，知天地之化育。”要达到“诚”的境界，须行“中庸”之道，即在极端中取中间而用之，防止过犹不及。具体说来，就是在五伦中行“智仁勇”三德，修身治国皆以智仁勇三德为基本。中庸之道是君子之道，全面而不偏颇，“遵德性而道学问，致广大而尽精微，极高明而道中庸，温故而知新，敦厚以崇礼”，兼容了孟子重德和荀子主道问学的特色。与《中庸》同时代的另一儒家经典《大学》提出“大学之道，在明明德，在亲民，在止于至善”，即其宗旨是发掘人心固有的善性，泛爱民众，制定一最高理想作为实践的标准，并指出行事须有一定秩序，平天下须先治国，治国须先齐家，齐家须先修身，修身须先正心，正心须先诚意，诚意须先致知，致知之道在于格物。《大学》也将“诚”作为阐述的重心，“所谓诚其意者，毋自欺也……诚于中形于外，故君子必慎其独也。”此后，以“诚”为人生至道的，还有唐代儒佛思想的融合者李翱，他的人生理想，以“复性”为要义，认为人的本性是纯粹至善的，但为情所错，性才不见；为圣之道，在于去情以复性，达到其天命之本原，即“诚”。李氏以这种微妙的不动心之境界为人生最高理想。诚的人生理论至北宋周敦颐完成，他以诚为人所受于宇宙本根的纯善本性，这种纯善本性是为圣的基本，仁义礼智信五常及一切德行，皆源于诚。诚是寂然不动的，须精神有所感悟才能洞悉其中微妙。君子未至圣人之境前，不能自然而诚，须克欲以迁善，勉力求诚，久而久之才能达到诚之境。《中庸》的赞天地化育的思想到北宋邵雍发展为天人合一论，这是一种与诚论极为相近的人生理想论，诚是合内外之道，也可说是一种天人合一之道，但诚论不以与天人为一作其根本观念。北宋道学家张载最先系统地阐发了天人合一理论，他由其宇宙论及人性论以建立人生理想论，认为世间万物的诸般变化都属于气的变化，人与物之性本来是同一的，人与物、内与外本来并无间隔，但人习惯于以小我为我为内，才把外物排斥为外，所以人生的最高境界，应是泛爱所有之人、物，不断加强自身修养，“为天地立心，为生民立道，为去圣继绝学，为万世天太平”[1]，以达天人合一之境。与他同时代的二程与之思想大致相似，亦以与物同体，不分内外，为人生最高理想，将这种与物同体的态度命名为“仁”，并认为识得人与万物为一体之理后，只需常存念不忘，便可达此境。

第六，与理为一论。北宋道学家中，程颐以居敬穷理为修养的根本工夫，以“与理为一”为人生最高境界。所谓敬，即心有主宰，专一而不放纵，程颐多次谈及只要“存此涵养久之，自然天理明”。持敬的目的在于明理，程颐更注重致知穷理，即穷尽万物以至宇宙本根之理，他认为能知而后能行，真知是道德实践之根本。朱熹发挥了程颐的学说，以居敬穷理为修养的基本工夫，以“心与理一”即“心中天理流行”为修养之最高境界，更认为心中天理流行即是“仁”的境界。朱熹说“人人有一太极”，又说“心之理是太极”[2]，穷天下万物之理，则心中之太极便十分明显，穷理一则能顺理以应物，一切行为不违于理，达到“心与理一”，即心中私欲净去、天理流行之“仁”的境界。

第七，明心论。南宋初，陆九渊提出一种专重内心的人生理想论，以“发明本心”为主旨，即彻底反省、发掘人内心固有的道德意识。陆九渊认为一切道德义理均出于人的内心，生活修养须“先立乎其大者”，即先明心，自作主宰，穷尽天下事物当然之理，便自然能循理无违，诸德自备。此心即是理，按照本心行事，自然能仁能义，能孝能悌，众德圆满，无须勉强而行为莫不合于理。王阳明发挥了陆九渊的学说，提出致良知之说。他认为“心之本体”即天理，而“天理之自然明觉”，即人之本来的是非之心，便是“良知”。所谓天理，指的是普遍的道德准则；所谓天理之自然明觉，意指心所固有的道德意识。王阳明以为良知本来是圆满而无所欠缺，但常被私欲所蔽。修养的工夫即在于戒慎恐惧、省察克治，去私欲之蔽，恢复人天理之本然，这就是致良知。如能致良知，则自然以天地万物为一体，视人知己，视国犹家。致良知就是即知即行的工夫，因此王阳明又提出知行合一的学说，认为知行本来就是合一的。他的所谓知行，并非一般的知识、实践，而是不曾被私欲蒙蔽的本来的“良知良识”。为达知行合一，王阳明强调“事上磨炼”，即面对事情时的磨炼是修养最重要、最有效的功夫。

第八，践形论。知行问题是理学家感兴趣的论题，程朱一派主张先知后行，以王守仁为代表的心学提出“销行以归知”的“知行合一”说，这两大理学派别的观点形式虽异，但因都主张人的道德观念（天理、良知）是先验的，故在认识论上都不能正确解决“知”的来源问题，从而在实际中表现出

①《正蒙·太和》。
②《朱子语类》。

贬低“行”的倾向。清代学者王夫之却非常强调“非知之艰，行之惟艰”，对理学及佛老的知行观进行了批判，创造了一种注重人为，注重“向外的发展”，注重事物与形体的新的有为哲学，与理学家注重致知穷理、心学家注重发明本心的学说成三足鼎立之势。王夫之的人生论以“存人道”和“践形”为中心观念，他认为人生应当尽量发展人之异于禽兽的地方，“立人之道曰仁与义，在人之天道也；由仁义行，以人道率天道。行仁义则待天机之动而后行，非能尽夫人之所以异于禽兽者矣。天道不遗于禽兽，而人道则为人之独。”[①]人生来的善性是“在人之天道”，还不算是人真正为人的原因。人生应“以人道率天道”，即以人为领导自然，而不应该等天机发动后才行动，这样便能主宰自然并达到“先天而天弗违”[②]的境界。他认为“人之道”的实现，并非纯粹的自然过程，必须依靠人的主观努力，即“性则因乎成矣，成则因乎继矣。不成未有性，不继不能成”[③]。这里强调“继”字，“继”即“实践”，与“行”“习”是对等的概念。王夫之对“继”评价很高，将之视为天、人相联结的中间环节，没有人的后天努力，人的天性就无法实现。王夫之以“践形”为人生准则，认为“形之所成斯有性，情之所显惟其形。故曰：形色天性也，惟圣人然后可以践形”[④]，“践形”的含义他认为一是充分发展形体各方面的机能，二是使形体各部分都合于道理。他又认为重“知”不如重“能”，但不能“舍能而孤言知”。总之，王夫之的人生论在于强调人之所以异于禽兽不在于人的自然倾向，而在于人能思能勉，属于有唯物倾向的人本主义的有为哲学。继王夫之后，颜元提出的人生论，与之颇为相近，其中心观念就是“践形以尽性”，他认为性形是合一的，要使“性”充分发展，必须将“形”发挥到极致，人生之道，在于使形体作充分正当的发展。“践形”必须“见之事”“徵诸物”，要在事物中学习。清末戴震的人生论也大致与上述两者相似。

中国人生理想论经历了一个漫长的发展过程，最早的人生理想论是孔子的仁说，由仁说演进为极端的爱人，形成墨子的兼爱说。兼爱说引发了其反对派，便产生了老庄的无为说。无为说又引发了荀子有为说的产生。为调和有为与无为的矛盾，建立了折中主义的诚说。佛学东渐，中国哲学中无为倾向日盛，理学因之成立以调和有为无为，复归于诚说，又产生了天人合一说。天人合一说分裂，出现了与理为一说和明心说。于是引发对于所有融合儒佛的思想的大反响，最终产生了源自孔孟思想的新有为说。

①《思问录·内篇》。

②《思问录·内篇》。

③《易传·系辞上》。

④《周易外传》。

## 第三节　中国传统哲学的特征

由于中国特殊的地理环境以及长期的闭关锁国政策，造成中国传统文化基本上是一个独立的发展体系，受外来文化影响极其微小，传入的外来文化也很快融逝于中国本土文化当中。植根于这样一种特殊文化土壤的中国传统哲学也由于漫长的独立演进和发展，形成了自己别具一格的特色。

### 一、与政治、伦理紧密联系

中国传统哲学有一个极其鲜明的特征，就是政治、伦理与哲学思想紧密联系，而自然哲学的分量较少，思想家们在论述自然哲学时，有不少是道德伦理思想的扩大和延伸。中国传统哲学的主要代表，大多社会责任感强，且多身兼二任，既治学又治政，比如周公和孔子，其学术研究有非常明确的政治目的，即从世界观的高度，寻求根本的治国良方，从“天道”中为“人道”寻找理论根据。故此，中国哲学各家各派都“务为治”[①]，对现实政治十分关心。同时，中国由于长期自然经济的存在，形成了家国一体的宗法社会，决定了中国文化是伦理型的文化，有关哲学研究，如宇宙本体论和认识论的探讨，往往都从属或落脚于道德问题，认为齐家、治国、平天下都要以“修身为本”，故在中国传统哲学中，哲学、政治、伦理三者是密不可分、相辅相成的，这从中国哲学史的发展可窥一斑。

“天”一向被认为是中国哲学思想中的最高范畴，殷商时“天”还没有神秘意义，“帝生子生商”，殷人崇拜的是具有人格的“帝”。自周代起，以周公为代表的奴隶主贵族思想家提出了“天命论”，“天”便成为了有德性的善神，是政治和道德的立法者，“天”还把德性赋予君主，君权不仅为天所授，人伦道德也源自天，故人君应“以德配天”“唯德是辅”，这为以后中国思想史上天和人的结合、哲学与伦理和政治的结合迈开了最重要的一步，“天人合一”的思维模式统治了中国封建社会几千年，人伦道德原则逐步哲学化为世界观和历史观。

春秋时期，中国社会由奴隶制向封建制过渡，政局动荡，社会秩序混乱。为改变“礼崩乐坏”的局面，恢复“有道”的社会秩序，儒家始祖孔子建构

①《史记·太史公自序》。

了以“仁”为核心的暂学思想体系，以“中庸”为最高原则的思想方法，主张实行礼治、为政以德。儒家对“克己复礼”的提倡和实践，便是一种以政治理想制约个人欲念的哲学思想。孔子的学生讲：“士不可以不弘毅，任重而道远，仁以为己任，不亦重乎？死而后已，不亦远乎？”[1]孔子推崇“无求生以害仁，有杀身以成仁”的境界，表现了深沉的历史责任感。

战国时期，封建制确立，儒、墨、法各家围绕巩固新兴的制度、建立中央集权的封建帝国，众说纷纭。儒家孟子提出“仁政”学说，并从人性上为之寻找理论根据。墨家忧心世风日下、民生艰难，主张“兼爱”“非攻”，既贵义，又尚利，要遵道利民，最终尚同于天子。荀子提出“性本恶”说，主张“隆礼”“重法”“尚贤使能”“赏功罚罪”以“强国”，又提出“明于天人之分”的自然观和“制天命而用之”的思想。法家韩非，提出以“法”为主，“法”“术”“势”并用的法制理论，并从人性论、历史观上作了论证，对秦建立中国历史上第一个统一的封建中央集权国家功不可没。道家创始人老子则提出了以“道”核心的哲学学说，向往小国寡民，绝圣弃智，视功名为粪土，希望逍遥于“无何有之乡”，将“无为而治”的政治主张建立在“自然”的基础上，是以似是消极的形式，从反面发达了对社会现状的不满和关注，为自己的政治理想张目。

西汉初，战乱方息，民疲国弱，急需休养生息，发展生产，恢复社会经济，故提倡“无为而治”的黄老之学流行。汉武帝时，国势强盛，为维护封建大一统，神化王权，儒家董仲舒构建了一个以宣扬君权神授、天人感应为核心的唯心主义哲学体系，从“天命”为“王道之三纲”寻找理论根据，欲图使封建社会“传之罔极”[2]。汉武帝“废黜百家，独尊儒术”，使儒家与政治、伦理紧密联系的哲学成为中国漫长的封建社会的统治思想。

宋明时期，新儒学——理学执思想领域之牛耳，朱熹、陆九渊、王守仁、张载、二程均把“天理”“人欲”作为自己哲学思想体系的重要内容，把封建的等级制度、道德规范抬到了“天理”的高度，要求人们“存天理”“去人欲”，目的是“为天地立心，为生民立命，为往圣继绝学，为万世开太平”，维护封建统治秩序的长治久安。

甚至追求解脱生死，悟道成佛的佛教也在逐渐显示出对现实政治的关注。比如，在中原广为流布的大乘佛教便超出小乘佛教的个体解脱、片面出世的态度，强调慈航普度、慈悲利世，主张出世与入世的圆融统一。到了近

①《论语·泰伯》。
②《汉书·董仲舒传》。

代，佛教甚至把一些哲学家当作实现社会政治理想抱负的精神支撑。比如，康有为自命秉承圣贤与菩萨双重使命，构筑大同世界理想王国；谭嗣同以佛学改造儒家仁学，“以心挽劫”救度众生，在变法失败后以身殉道；梁启超力图以佛教改造国民性，著《论佛教与群治之关系》；章太炎视佛教为国粹，大力提倡以佛教增进国民道德，重建道德体系。

打开中国哲学史籍，凡属论及社会政治问题的，几乎无一不是以道德作为衡量的标尺。中国哲学对人的价值的认定，更以伦理原则为绝对价值尺度。其他如认识论，主要讲知行关系，也偏重在道德实践方面，强调克己、修身、自我体悟的道德原则。人性论更以伦理道德观作为讨论的基点。中国先哲们都怀着强烈的社会责任感、历史使命感和务实精神，将伦理本位的社会基础和现实的时代背景作为自己哲学体系的出发点与最终归宿，造成了中国传统哲学中哲学、政治、伦理联系的局面，反映出中国哲学学用一致、理论联系实际的优良学风，但对于现实政治和伦理道德的过分依恋，也削弱和影响了中国哲学的思辨色彩，使中国哲学成为一种道德哲学，往往被政治所利用，成为政治的婢女。中国哲学中这种政治化、伦理化倾向对中国传统文化产生了深刻的影响，如以家庭为本的宗法集体主义倾向、重人伦轻自然的学术思想、尊君重民的观念都是从此发端的。

## 二、唯物辩证传统

中国传统哲学中有源远流长的辩证唯物主义思想传统，在自然观和认识论方面都有鲜明体现。

唯物主义认为，世界是物质的世界，物质是第一性的，意识是第二性的，物质决定意识。中国古代对于这一观点最主要理论形式是“气一元论”。中国古代尚未形成科学的物质概念，却提出了接近物质概念的范畴“气”。气一元论主张世界统一于“气”，“气”是物质世界的本原或本体，“气”的不同性质、形态和结构决定了物质的多样性。“气”是永恒运动的，“气”的运动变化使物质世界呈现为一个无限变化的“气化流行”的过程。气一元论用“阴阳推移”和“空不离气”来说明时间和空间的本质，提出了时间和空间的无限性及其和物质不可分离的思想。气一元论不仅是中国古代朴素唯物主义的主要形式，也是朴素辩证法的重要理论基石。据《国语·周语》载，早在西周末年，周太史伯阳父就曾用“天地之气”的失序来解释地震，可视为朴素唯物主义思想的萌芽。春秋时期，人们用阴阳二气和“六气”（阴、阳、风、雨、晦、明六种“天气”）来概括说明各种自然现象和自然过程，其中已可初见将物质概括为世界本原的端倪。战国时期，《管子》明确指出，“气”是万物的本原，它“下生五谷，上为列星；流于天地之间，谓之鬼神；藏于胸中，谓中圣人”。并在“精气说”中用“气”解释精神现象和精神活动，认为精神现象和精神活动依赖于物质的身体和生命，归根结底来源于“气”。《管子》关于精神依赖于物质的朴素唯物主义思想在荀子那里得到了继承和发展，荀子认为构成人的生命基础的“血气”与“知”（人的知识和能力）紧密关联，“有血气之属必有知”[①]，在肯定“知”依赖于“血气”的基础上，他提出了“形具而神生”[②]的观点，认为只有“气”聚成“形”（人体）后，精神活动才能产生，这显然渗透了唯物主义思想。汉代的王充在《论衡》中更加明确地指出，人的生命以阴阳二气为基础，“阴气”形成人的骨肉，“阳气”形成人的精神，物质性的“阴气”先于精神性的“阳气”而存在，人的生死是“气”的聚散，有生命有形体都有“知”，“形”（人的形体）是“知”（精神）的必要条件，“气”又是“形”的必要条件。北宋理学家张载较为系统地论证了气的客观实在性：“知太虚即气则无无……知虚空即气则有无、隐显、神化、性命通一无二”，阐明“有”和“无”都统一于“气”，即在本质上统一于“有”。明清之际，王夫之对哲学史上的“理气之辩”作了总结，指出天地间除了“气”，“更无他物，亦无间隙”[③]，“气”并非是“生物之息”的空气，“气”的最本质属性是“实有”，即客观实在性，这种概括已经相当接近现代科学的物质定义了。汉代王充、王符，唐代柳宗元，北宋张载则一步步发展了气一元论哲学中“生生不息，气化之道”，即运动是物质的固有属性，运动和物质不可分离的观点。中国古代哲学家还从最早的《尸子》一书起，经过庄子、墨子、扬雄、张衡、邓牧等人的发展，最终至集大成的王夫之、方以智，提出宇宙充满了阴阳二气的，是由物质运动和时间、空间的不断积累而成的思想，不仅把时空和物质运动统一起来，而且已经接触到了有限和无限的辩证法，认为无限的时空是由无数有限的时空积累而成，在不断积累过程中，有限时空即转化为无限时空。

辩证唯物主义关于世界是普遍联系和永恒发展的学说在中国传统哲学中也有详细论述，中国传统哲学用“阴阳”“五行”范畴来说明这一观点，这两个概念都源自对天象、气候的观测。“五行”的概念最早见于《尚书》的《甘誓》《洪范》篇。“五行”即构成万物的五种基本元素：金、木、水、火、土，它们之间相互影响，形成“相生”“相克”的关系，导致了万事万物的变化发展。五行观念的产生可说是古代中国人探索世界的起源和多样性统一的一种

①《荀子·礼论》。
②《荀子·天论》。
③《张子正蒙注·太和》。

最初尝试。起源于殷周的《易经》，对“阴阳”观念从哲学的高度作了高度概括，它从自然界和人类社会的复杂现象中抽象出阴、阳两个基本范畴，并以阴阳的变化来说明自然和社会的一切现象，阴阳互补、互动表现了事物内部和事物之间的相互联系的客观性和普遍性，体现了一种宇宙秩序。阴阳观念的出现，表明人们已从“五行”观念的简单多样性，上升到探索事物的对立规律，产生了我国古代朴素的唯物辩证法。中国传统哲学还认为，天、地、人不是各自独立、相互对峙的，它们之间有不可分割的联系，同处于一个“生生不息”的变化之流中。中国哲人观察宇宙人生，总是以“统观”“会通”的方式，把天地人我、人身人心都看作是不同的系统，肯定各个系统及其要素之间相互依存，构成一个有机整体。除《易经》外，先秦哲学家老子、庄子和孟子都对此作过论述，宋明哲学家亦特别强调“万物一体”的观念，肯定人与天地万物在本体上的一体性，肯定人与天地万物的联系和宇宙的整体性的统一，这些都是符合辩证法的宇宙观的。至于辩证法的发展观，我们也可以在中国传统哲学中对事物“生生不已”“动静互涵”“相反相成”“积渐成著”“革故鼎新”等的论述中寻见。在中国古代哲学家看来，“万物皆化”[①]，世界上没有什么东西是永恒不变的。从《易经》到《易传》，始终以变化、变易为主题，从易学的观点看，万物都在大化流行中，整个宇宙是一个变动不居、生生不息的大过程，阴阳二气的对立、交感是宇宙万物运动变化的根源和总规律，易道的特点就是“为道也屡迁……易穷则变，变则通，通则久……变通者，趋时者也”[②]。以后的中国传统哲学，一般都继承和发挥了《周易》的发展变化思想，有关论述不胜枚举，均认为既然宇宙是一个变动不定、永恒运动发展的过程，那么人事之道就要效法天地自然、顺应时代潮流而不断趋时更新，传统的变易之道往往成为主张社会变革的理论根据。中国传统哲学在肯定万物恒动的同时，也讨论了动静之间的关系，认为二者不可分割，老子、荀子、宋明理学家都对动静作了深入研究。明清之际的王夫之对此的看法更加深刻，提出“静即含动，动不舍静”[③]，“动静互涵，以为成变之宗”[④]，“静者静动，非不动也”[⑤]，比较接近于运动是绝对的、静止是相对的动静关系辩证法。

中国古代哲学素有辩证思维传统，早在《易经》中即有体现，认为世界万物都是在两种势力的矛盾对立中产生和发展的，这两种对立的势力用符号

①《庄子·至乐》。
②《易传》。
③《思问录·外篇》。
④《周易外传·震》。
⑤《思问录·内篇》。

表示出来就是"—"和"——"，二者配合构成"八卦"，"八卦"相互叠加形成"六十四卦"，以表示万物发展变化的过程和规律。《易经》中有不少表示对立意义的文字：吉凶、祸福、大小、远近、内外、进退、往来、上下、存亡、泰、否、损益等，表示其中实际已肯定了矛盾的普遍性。堪称辩证法大师的老子认为，事物都是与其对立面相互依存的，"有无相生，难易相成，长短相形，高下相倾，音声相合，前后相随"[①]，对立面之间是相互转化的，"祸兮，福之所倚；福兮，祸之所伏"，"正复为奇，善复为妖"[②]。《易传》说："一阴一阳之谓道"，"刚柔相推而生变化"。柳宗元认为，"自动自休，自峙自流"，"自斗竭，自崩自缺"[③]。张载提出："一物两体，气也。"[④]两体相互作用，从而形成运动变化，这种变化有两种形式，一种是"化"，一种是"变"。"变，言其著；化，言其渐。"[⑤]"化"是渐变、量变；"变"是突变、质变。朱熹讲"一分为二，节节如此，以至于无穷，皆是一生两尔"[⑥]，世界万物都遵循"一分为二的规律"发展变化。方以智提出"合二而一"的命题，他说："曰有，曰无，两端是也……尽天地古今皆二也。两间无不义，则无不二而一者。"[⑦]即说事物都有相对立的两端，两端相互交合，从而形成一个统一体。王夫之认为，"合二以一者，既分一为二之所固有矣"，就是说，事物双方的对立和统一是不可分割的。中国传统哲学中的这种"一物两体，中庸和谐"观揭示了矛盾的对立统一律，"积渐成著，以著显微"涵盖了辩证法中质量互变的观点。

在社会历史领域，中国先哲们亦提出不少具有唯物主义倾向的深刻见解。如《管子·牧民》中说："仓廪实则知礼仪，衣食足则知荣辱。"孟子也说："有恒产者有恒心，无恒产者无恒心。"[⑧]都在一定程度涉及了社会存在与社会意识和关系问题。

在认识论方面，中国先哲们的探讨集中在"知"与"行"的关系上，形成了各具特色的理论体系。其中以王夫之的思想最为深刻、精当。他提出"知行相资以为用"[⑨]，"并进而有功"[⑩]的命题，既强调了"知""行"的区别，

①《老子新译·二章》。
②《老子新译·五八章》。
③《柳河东集·非国语上》。
④《张载集·正蒙·两参》。
⑤《张载集·横渠易说·上经·乾》。
⑥《朱子语类》卷六七。
⑦《东西均·相征篇》。
⑧《孟子·滕文公上》。
⑨《礼记章句·中庸衍》。
⑩《读四书大全说》。

又强调了二者的相互联系。“知”“行”各有功用，不能混同，但又彼此相互作用，相互促进，共同发展。他还进一步指出：“行可兼知，而知不可兼行。”[①]说明了“行”是“知”的基础、来源和目的，“知”靠“行”来检验。这和现代哲学中强调的实践第一的观点在基本思路上是相通的。

总之，中国传统哲学中包含了极其丰富的辩证法内容，凝结着中国先哲洞察天人、自强不息、进步日新、处理各种复杂矛盾问题的智慧，虽还缺乏系统、科学的论证，但经过唯物辩证法的诠释，在现代仍然具有重要的思想价值和实践意义。

### 三、重天人关系与人际关系

中国传统哲学可以称为“天人之学”。“天人之际”，即人与天的相互关系是中国哲学的总问题。在中国传统哲学发展的历史长河中，有诸多像“阴”与“阳”、“道”与“器”、“知”与“行”、“理”与“势”之类联系紧密、成对出现的著名哲学范畴，其中最古老的、历时最久、地位最为重要、最大众化的范畴之一，当属“天”与“人”。一方面，“天人之际”问题具有相当理论深度。在唯心主义思想家那里，“天”是至高无上的主宰和创造者；在唯物主义思想家那里，“天”是日月星辰、风雨雷电等自然现象。在两种观点中，“天”的力量都相当巨大，是人生存与发展的客观基础。中国传统哲学史上唯物主义与唯心主义的斗争，往往是围绕“天人之辩”展开的，故“天人之学”为历代哲人瞩目，各出机杼，辩争不息，错综复杂，至今不绝。另一方面，它又具有超过其他任何哲学问题的普及性，对于中国民众的观念有着很重要的影响。在漫长的封建社会，无法接受教育的下层民众可能未听过“离坚白”“玄冥”等魏晋玄学的重要哲学概念，加之其远离他们的日常生活，故百姓也无思考的必要及可能。但是，“天”“人”却是民众耳熟能详、时时接触、与其生活息息相关的东西，加之中国自古就是农业国，当时生产力水平很低，人们主要是靠天吃饭，故他们无法回避，也不能不思考自身与“天”的关系。因此，中国历代哲学家都对天人关系问题甚为重视，邵雍所说“学不际天人，不足以为学之”[②]可谓相当有代表性。

“天”与“人”这对范畴出现于西周初期，当时为今人所最熟悉的“阴阳”“知行”“道器”等范畴均未出现。自西周初年的周公姬旦，直至近代的大学者章太炎，几乎每一个在中国历史上有重要地位的思想家都把“天”与“人”

①《尚书引义·说命中二》。

②《观物外篇》。

作为自己体系中的主要范畴之一，把研究二者关系当成极重要的论题。在先秦和两汉时期，天人关系问题可以说是当时哲学争论的最重大的问题，是孔孟、老庄、荀子、墨子、董仲舒、王充等哲学泰斗所探讨的中心。魏晋时期，天人关系问题虽暂退居次要地位，但郭象等一批哲学家仍对此作了认真研究，并有一定理论上的进展。隋唐时期，韩愈、柳宗元、刘禹锡等著名哲学家之间展开了有关天人关系问题的激烈争论，甚至佛教哲学家宗密也加入其中。宋明时期，天人关系重又成为最基本、最重要的哲学问题，当时的邵雍、张载、朱熹、王廷相、王夫之等大儒均对此探究不辍。近代史上，地主阶级开明派龚自珍、魏源，太平天国领袖洪秀全、洪仁玕，资产阶级改良派严复、康有为，资产阶级革命派章太炎、孙中山都对天人关系这一传统哲学问题进行了深刻反思。有关天人关系的哲学论述，就曾有过天命论、天人相分说、天人感应说、天道自然说、天人交相胜说、天人合一说等等，林林总总，不一而足。时至今日，“天”与“人”这对已经延续了 30 多个世纪的范畴仍在中国哲学研究中占有非常重要的地位。

在中国哲学史上，有关天人之际的学说中，天人合一的思想源远流长、占主导地位，自西周始，孟子、董仲舒、张载、二程、朱熹、章太炎等都持此种观点。这种观点认为，人类与自然界是一个和谐的统一体，哲学家们在探讨这种天人之间的“合一”“统一”“一致”时，多从以下几个角度讲：一是天与人同心，天人具有共同的意志，可以感应；二是人的天性是由最高本原——“天”所赋予的，故人性的内容与“天”相通；三是人的认识、道德修养以及社会政治的最高理想，是与最高本体“天”合而为一，即为天人合一为理想；四是天的规律与人的规律一致，天道即人道。因此，人必须顺应自然，按自然规律办事方可成功，必须“知天地之恒制”，才能“有天下之成利”[①]。由于人有“私欲”，故现实的人性与天性并不一定相符，因此，人生理想就在于以自身修养而去除“私欲”，恢复人的天然本性，以达到天人合一的理想境界。与“天人合一”论相对，天人相分的思想在中国传统哲学中也有重要地位，关于该理论的阐述主要集中在四个方面：强调社会规律与自然规律之间的差别；强调天命与人力的对立；强调天性与人为（先天与后天）的差别；剖析社会现状（理想是天人合一，但现实则与天背离）。持这种观点的哲学家以朴素唯物主义者居多。“天人相分”论也是自西周肇始的，子产、老子、墨子等人都有过一些论述，最典型的是战国的荀子，隋唐时期的柳宗元、韩愈和明代中叶的王廷相以及近代的一些思想家。不过，总的看来，大多数思想

①《国语·越语》。

家都兼言合分，只有少数人单方面强调合或分。

中国古代关于“天”“人”和谐统一的论述，在当今也有相当的现实意义。面对日益恶化的生态环境、不断加重的环境污染，我们确应汲取“天人合一”说中的合理成分，不要急功近利地对自然进行掠夺式开发和改造，而要让人与自然和谐发展，重建破坏的生态平衡。当然，古代的“天人合一”论中也有违心主义、不合理的成分，例如宋明理学家的“天人合一”之境是要用“灭人欲”来实现的，愚昧、残酷的封建礼教扼杀了许多人争取正当权利与现实生活幸福的努力，造成了不少悲剧。而且，古代的“天人合一”论还在一定程度上忽视了人与自然的对立与斗争、改造与被改造的关系，忽视人类社会历史所特有的规律，忽视人的主观能动性的错误。

中国传统哲学在重视天人关系的同时，也非常重视人际关系的协调，在一定程度上存在着轻视对自然探求的倾向。中国是典型的农业国，有着安土重迁的传统，农业生产需要大量的固定劳力，在农耕区人口密集程度是比较高的，居住情况也是相对固定的，家庭、家族是人群聚居的基本单位，故历代哲人比较强调“众”“群”“民”，即人之群体或社会，着力研究如何建立比较合理、良好的人际关系，以维护社会之稳定。在哲学史上，儒家提出“仁”之观念，主张“己欲立而立人，己欲达而达人”，“己所不欲，勿施于人”的推己及人之道，以及“正己正人，成己成物”的思想，建立一整套划分等级、尊卑的统治了中国封建社会几千年的礼教制度，说到底，是为了调节人际关系，在自我克制中求得社会整体平衡统一的效应。作为儒家对立面的道家，也十分看重人际关系的和谐，要求人们“无为”“不争”，是用消极退守的方法来协调人际关系。法家虽然认为君臣利害不同，但仍可以“以计合”[①]，可以做到“君操其名，臣效其形，形名参同，上下和调”[②]。只有人们“莫争”“莫讼”“莫得相伤”，才是理想的治世。至于其“法”“术”“势”的交互使用，在政治生活中的纵横捭阖，也有调整上下左右关系、缓和阶级矛盾、巩固社会制度的用意。由于这种注重人际关系的哲学传统，造成了整个中国传统文化具有浓厚的伦理色彩，这虽然有利于造就安定团结的局面，使人们怡然地工作，但也容易因庸俗关系学对社会生活造成消极影响。而且，对自然的研究常被人际伦理道德的烟雾笼罩，使中国难以产生西方那样纯粹的自然哲学、分析哲学和实证哲学，中国文化在近几个世纪落伍，与过分偏重天人关系和人际关系思维方式的潜质有一定关系。

①《韩非子·饰邪》。

②《韩非子·扬权》。

# 第五章　中国传统文化与宗教

宗教，是人们和自然关系以及人们在现实生活中的相互关系在人类社会意识中的一种特殊的、虚幻的、歪曲的反映，其产生和发展一直与人类文明的发展伴生。宗教文化是全人类共有的源远流长的文化现象，是其所处时代社会的政治、经济、文化状况在思想意识层面的一种反映。佛教和道教是中国两大传统宗教，二者都富于调和性，对异端较为宽容；教权服从于王权，从未形成过超越政权的力量；宗教情绪不强烈。这些鲜明的特点，体现了中国宗教文化的总特征。

## 第一节　中国原始宗教及其演变

### 一、原始宗教的起源

据考古发现，以距今四五十万年前的北京猿人为代表的旧石器早期的人类是没有宗教观念的。1856 年，在德国发现了距今 4～10 万年的“尼安德特人”（简称“尼人”）化石，在法国莫斯特洞穴中也发现了相似的古人类骨骸，其在生理上的进化程度已明显优于北京人，加上生产力的发展，人类独立于自然的可能增强，思维发展已经达到了足以产生最初的一些宗教观念的水平。从其按特定方位摆放骸骨、有众多石器陪葬品的墓葬布局可以看出，这时人类即使尚未形成灵魂的观念，至少也表现了生者对死者由怀念而产生的关注，其中蕴含了对逝者永恒存在的想法，以及死者会在另一个世界活动的想象，这就是最早的冥世观。旧石器时代晚期，母系氏族社会开始，人们以血缘为纽带结成生存集团，故氏族死者更会引起人们的关注，“亡灵世界”的观念就更加强烈了。旧石器晚期的人类已基本具备了现代人的体质特征，思维能力更加发达，生产力水平进一步提高，因而原始的宗教观念也趋于增强了。从距今 18000 年的北京周口店的龙骨山的山顶洞人的墓穴布置和陪葬物（山顶洞人遗骸周围撒有含赤铁矿的红色粉末，象征光明、温暖的火和有生命力的血，包含希望死者重生的思想萌芽；陪葬品为死者生前的装饰物，是代死者在冥世使用的）可以看出，人们相信有一个灵魂生存的“彼岸世界”，有了比较清晰的冥世观念，这是目前所见的最早的宗教遗迹之一。与山顶洞人几乎同时代的奥瑞纳时期（考古界对欧洲旧石器晚期文化第一阶段的命名，发现于法国奥瑞纳）的洞穴绘画和雕像则反映了原始人的法术观和女性崇拜观念。

进入新石器时代（距今 7000 至 5000 年前）后，原始人类的社会生产力又有了进一步发展，其宗教观念也较旧石器时代有所发展：一是灵魂观的加强，二是女性崇拜观的盛行，三是法术观的发展。这一阶段的宗教形式主要表现为对自然、对动植物、对祖先、对图腾、对灵物和偶像的崇拜以及灵魂观念、冥间观念和早期巫术的发展和完善。

在距今四五千年的金石并用时期，即新石器晚期向金属工具时代过渡的阶段，出现了人类历史上第一次社会分工，母系氏族制开始让位给父系氏族制。随着生产力的进步，产品有了剩余，氏族中开始产生贫富分化。社会生产和社会关系的变化，致使宗教观发生相应变化，一是为适应部落联盟乃至民族的形成和原始群体中首领的特殊地位，由自然多神崇拜逐渐向一神崇拜过渡；二是由于社会生产有了剩余，开始出现宗教专业阶层；三是人间的对立反映在宗教上，使鬼神的对立日趋明显。

上述阶段的宗教，都属于史前的自然宗教，随之形成的系统的人为宗教则是由于阶级的出现、社会大分工的确立和人类抽象思维的发展演变而成的，它的主要特征是具有明显的阶级性、教仪上规范化、具有享受特权的专职僧侣教阶集团以及崇拜对象的一元化，世界各文明中心产生的宗教都具有这样的特点。

宗教观念是人类思维活动的产物，人类的思维只能随着人类改造自然的能力而发展。当人类能够利用自然并制造出最原始的石器时，人就开始从自然界中分离出来，但因当时改造自然的生产力水平极低，人们的物质生活来源在很大程度上还依赖着自然环境，故人们不可能形成独立的自我意识，宗教无法得到产生的基础。旧石器时代中期，人类驾驭自然的能力增强，近代社会学家对澳大利亚土著人、塔斯马亚人、巴布亚人等尚存的原始民族的调查结果表明：宗教思想是在野蛮时代中期产生的，而不是从来应有的，现在，学术界一般都认为原始宗教起源于旧石器时代中期。

我国早期的宗教和传统文化紧密相连，二者几乎是同时形成的。古代典籍中的“宗”字，如《书·大禹谟》：“受命于神宗”，《书·五子之歌》：“荒附厥绪，覆宗绝礼”，多指祖庙、祖先、宗族、尊崇等，涉及有关古代宗教的组织形式、社会结构、历史来源、礼仪制度等方面的意思。谈到“教”的，如《书·舜典》：“汝作司徒，敬敷五教”，指政教、教化；《孟子·滕文公上》：“饱食暖衣，逸居而无教”，指教育、训导；《左传·襄公三十一年》：“教其不知，而恤其不足”，指传授、说教。“宗”“教”二字在古籍中的用法均揭示了有关宗教观念、人生哲学或宗教的“学说”或“道理”等方面的含义，已类似今天“宗教”的含义。尤其是“教”在远古时就已经被专指人们“对神道的信仰”，如在《易经》中说“观天之神道，而四时不忒，圣人以神道设教，而天下服矣”，《中庸》中也有“天命之谓性，率性之谓道，修道之谓教”的句子，其中“教”作为宗教意义上的世界观、人生哲学和理论学说，已非常清楚。“宗教”二字合用，始于佛教。《景德传灯录》十三《圭峰密宗禅师答史山人十问》之九曰：“（佛）灭度后，委付迦叶，展转相承一人者。此亦盖论当代为宗教主，如土无二王，非得度者唯尔数也。”佛教以佛所说为“教”，佛的弟子所说为“宗”，“宗”为“教”的分派，“宗教”本指佛教中的“教理”，后来泛指一切“对神道的信仰”的“宗教”。

宗教产生的根源一般都可归结为一定的社会根源和认识根源，认识根源又源于社会根源。人类的认识活动归根到底是和一定的经济和社会关系相连的。原始宗教是在社会物质生产已经有一定发展，但又十分低下，人们无法摆脱自然界的沉重压迫的情况下产生的。此前，人们受到的自然界的压迫更为沉重，但因生产力水平过于低下，人类基本上处于依赖和顺从自然的状态，人类尚未意识到自己与自然界的差别，不能以自然界作为自己有意识的认识和改造对象，更不会有意以自然界或其他事物作为自己的崇拜对象。当生产力发展到一定阶段，生产范围日益扩大，人类便能在一定程度上控制、利用自然界，使之为己造福。经过长期的劳动实践，人的头脑发达起来，语言进一步丰富和复杂，同自然的斗争既使他们获得不少有益的知识和经验，也使人们进一步思考自身和自然界的许多问题。这种思考一方面使人能够正确地反映出客观世界的本质，获得正确的经验以指导人类的实践，并反作用于客观世界。但在另一方面，由于生产力极其低下，原始人类实际无法正确认识客观世界的规律，因此对那些与他们有密切关系的客观事物，形成了许多“虚假观念”。各种自然界物及其显示的自然力，对人类有好有坏，对于只了解自己及其群体心理感情的原始人，那些好的有益的自然现象似乎是主宰这些自然现象的神秘力量的善良愉快感情的表现；而坏的自然现象则是神秘力量的凶恶、愤怒情绪的爆发。原始人对前者大加赞美、崇拜，祈求他们更多地赐福于人；对后者他们则恐惧、慑服，祈求其远离自己。这样产生的“虚假观念”使人们心安理得地认为，尽管实际上人没有力量同自然斗争，但可以用祈求去感动神灵以使自然界赐福于他们。这种“虚假观念”是原始人类在实际生活中同自然界作斗争的一种精神补充，是原始宗教产生的社会根源。

原始宗教还有其产生的认识根源。恩格斯说过：“远古时代，人们还完全不知道自己身体的构造，并且受梦中景象的影响，就产生了一种观念：他们的思维感觉不是他们身体的活动，而是一种独特的、附于这个身体之中而在人死亡时就离开身体的灵魂的活动。从这时起，人们不得不思考这种灵魂对外部世界的关系。”[①]对于正在将自己与自然界分离的原始人类来说，梦是一种在他们中经常发生又最难理解的现象。白天见过的事物、与自己一起劳动和生活的伙伴、群体中死亡的人都可能在梦中出现。由于认识水平有限，他们不知道梦是正常的生理现象，却错误地认为，人体中有一种独特的东西，可以与躯体相分离而具有永存的性质。这种东西，后来被称为“灵魂”。灵魂观念是所有宗教观念的核心和基本前提。

原始宗教的具体认识根源还可归结于人类思维方式。原始人类在认为自然万物及其变化时，常对其作拟人化处理。在这种思维方式中，人们根据动物有类似于人的感情和需要，有活动能力；植物和人一样有生长枯荣的生存历程；甚至四季变换也似人喜怒哀乐时的表情等，进而认为它们也有类似人的精神活动能力，把人自身的特性赋予自然界，这就不可避免地对自然力产生原始的神秘观念。当这种神秘观念同原始人那种朴素的、直观的和模糊的因果观联系起来时，动植物和其他自然物就会在特定条件下被当做神圣的崇拜物。再如，人通过对活人与死人的比较，认为死是人体缺少了某种东西的结果，这种东西虽看不见、摸不着，却是使人体温暖、活动的力量，后来人们称之为“灵魂”。这样就产生了宗教的原始观念。当人们把灵魂观念推广到一切自然物和自然力，并制造出多种崇拜之后，原始宗教就产生了。

## 二、巫觋与巫术

巫术（Witchcraft）是史前宗教中出现得较早的一种宗教形式，新石器时代及其以后巫术发展成为史前宗教的一个重要形式。近代人类学家无不把巫术研究作为把握原始文化的主要途径，把巫文化看做原始文化的主导形式，并视之为宗教与科学发展的最初萌芽。

所谓巫术，即幻想通过唤醒附着于某一具体事物或个人身上的一种超自

① 《马克思恩格斯选集》第四卷，《路德维希·费尔巴哈与德国古典哲学的终结》。

然的神秘力量，从而对这些物体或个人施加影响与控制的行为。早期巫术是包含了原始艺术、原始科学在内的一种准宗教现象，原始人根据生活经验和长期观察，发现狩猎的收获同某种气候、某些动植物有关，于是，一些原始氏族在狩猎出发前要举行隆重仪式，集体跳着模仿动物动作、叫声的舞蹈，做一些模拟的狩猎丰收的姿势，以期狩猎丰收。但这种巫术对是否取得丰收并非完全成功，有时因巧合而灵，但失败是经常的，人们需要和神灵建立更稳固的联系。久之，社会上出现了一种专和神灵打交道的人。据说，他们身上可以附着神灵的力量，他们就是母系氏族时期开始出现的巫。当时的巫大多由部落中老年女性担任。《说文解字》释曰："巫，祝也，能齐肃事神明者，在男曰觋，在女曰巫。"巫术有仪式、咒语、符录、法术等必不可少的因素，还经常使用避邪物、厌胜物、镇物、神衣、神鼓、神刀、神箭等巫术用具，又有正巫、副巫、巫的禁忌、巫的活动场景、巫的师承和特殊生活等讲究。咒语是一切巫术活动的核心，符是咒的文字化，凡驱鬼、避邪、治病等都要用到它。

巫术与宗教的区别在于它不涉及神灵观念，巫术不以上帝、鬼神、图腾等客体为崇拜对象，认为只要按照一种固定程式作出动作，便能实现对客体加以控制的目的。从功能看，巫术的力量在于实用，宗教的力量在于信仰，宗教比巫术更能满足人们的精神需要。巫术和巫有特定的历史地位。在原始社会，巫利用巫术，成为人与自然斗争的一项附属性手段；巫术提供给原始人一些现成的仪式行为与信仰，使人类在自然界面前拥有一定的自信，故巫术是人类文明进步的必经阶段。进入阶级社会后，随着人类驾驭自然能力的增长，巫术日益显现出其落后性，职业巫觋利用巫术的目的从保护人类免遭灾祸日益堕落到欺骗钱财、蛊惑人心上，对社会治安和日常生活都极为不利，因此世界各国大多从古代起就严禁巫术、严惩巫师。

中国古代的巫术相当发达，巫对中国社会生活的参与是相当广泛的。在以祭祀和战争为"国之大事"的文明时代初期，巫术已开始成为祭祀文化的组成部分。《周语·楚语下》中谈到黄帝之子少白皋的时代，"民神杂糅"，人人可享有祭祀权，个个都可做巫觋。殷商时期出现关于职业巫觋和巫术的记载，当时最有名的古巫是巫咸，据《尚书》载，他是商代名臣，《吕氏春秋》说"巫咸作筮"，把巫咸当作筮法的发明者。周代以来，巫术更为盛行，除了"巫"、"巫隆"（整套巫术程式）、"巫咒"（巫师之咒语）、"巫音"（行巫时的音乐）、"巫步"（巫行路样式）等的名称及释义更加明确外，对巫术的认识也已更加准确，甚至在职官体制中也有明文规定巫祝的职能，即祭祀、祈福、化灾、远疾等。殷商西周时期的宫廷巫师，其地位相当于王朝的祭司，对军政大事有预卜成败的大权，对统治集团的心理状态亦有深刻的影响。夏商周三代的职官制度中，“巫”与“史”的职能往往互通，既管祭祀又掌记事，分得并不像后来朝代中那样鲜明。下层社会上的巫，开始时大多是江湖医生，称为“巫医”，由于他们有一定的医术，所以曾经很受欢迎。秦汉以后，随着整个巫术事业的堕落，无论宫廷还是民间的巫，或沦为统治者庸俗的帮凶，成为愚弄人民的工具中劣政与内讧的牺牲品，这些也促使巫觋们以加倍的荒唐和欺诈以求生存，结果更加导致巫觋社会形象的卑下。西汉的江充巫蛊案，就是巫师取媚于帝王，以致弄巧成拙，引起一场死伤近万人的大惨剧。历代的帝王都对有可能危及王朝利益的巫觋严厉镇压。对民间巫术，政府虽不提倡，但只要不涉及政治（如以巫术为工具煽动人民起义），封建统治者一般采取听之任之的态度。

## 三、卜筮与《易》

卜筮，是巫术的一种，是古代人用以预测吉凶、推断命运的法术。《礼记·曲礼》释曰：“龟为卜，策为筮”，即在预卜吉凶中，“卜”是用火灼骨甲取兆，“筮”是用蓍草或竹取兆。《汉书·艺文志》，将占卜归入“数术”，“数术”可分六类：天文、历谱、五行、蓍龟、杂占、形法。“天文”即日月星辰之占，后来的星占学源于此。“历谱”即考察时历推算吉凶。“五行”即按金、木、水、火、土“五常”的生克关系推算吉凶。“蓍龟”即占蓍卜龟，后来的筮占、卦占、棋占、牌占、金钱卜等源自此。“形法”包括堪舆与相术，欲称“看风水”和“相面”。

卜筮在中国的历史相当久远，大致出现于新石器时代晚期，盛行于殷周时期。殷人多用龟卜，周人龟卜筮占并用。龟卜是钻凿龟甲（有时也有牛骨），用火烧灼，然后观其裂痕，以断吉凶。筮占，即将草策揲折而观其数。人们认为龟骨之兆象和蓍草之赞数体现着天和神的意旨，故沟通人神关系的巫、祝、卜、史等就理所当然地成为地上权力显赫的人物。卜筮在殷商时期人们的生产、生活和国家政治中起着重要作用。《尚书·洪范》曰：“汝则有大疑，谋及乃心，谋及卿士，谋及庶人，谋及卜筮。”经过卜筮，才能决定一件事情能否去办、吉凶如何，卜筮的结果往往是人们活动的依据。从现在的卜辞看，有关祭祀事宜的最多，其次是气象和战争。殷人十分重视卜筮，几乎每事必卜，给后世留下了大量卜辞，成为研究殷商政治、宗教和思想文化的珍贵史料。

周人虽龟卜筮占并用，但更常用的是筮占，在我国古代典籍中，最早记载筮占活动的是《周易》。《周易》，顾名思义，指的是产生于西周时代的一部阐述变化哲学的书。关于《周易》的作者和成书年代，至今仍是《易》学史上一个争议颇多的悬疑。《系辞传》称上古的伏羲创作八卦，旧说以为周文王撰定卦爻辞，但至今尚无定论。《周易》虽在春秋时代就可以简称为“易”，但当时实际还有别的易书，只不过《周易》的影响最大罢了。另外还有两部较有影响的易书是《连山》和《归藏》，也都是用六十四卦。《连山》和《归藏》至秦汉已衰微，至晋永嘉之乱中，基本散佚失传。据说《连山》以艮卦为首，艮象为山，内外卦皆艮，故称“连山”；《归藏》以坤卦为首，万物皆藏于地，故称“归藏”。

今本《周易》，包括“经”“传”两部分。《易经》是一部占筮书，包括卦符、卦辞、爻辞（后两者合称“筮辞”），卦符是充满象征特色的六十四卦卦形，六十四卦卦形是由八卦重叠而成。“八卦”的构成基础，是阴（— —）阳（—）符号，古人用这两种符号三叠为八种不同形状的三画线条组合体，便成为具有象征色彩的八卦。八卦两两相重，出现六十四种不同形状的六画线条组合体，即“六十四卦”（《周礼》称为“别卦”）。六十四卦各有名及所喻示的象征意义，形成了《周易》以阴阳爻象为核心、以八卦物象为基础的完整的符号象征体系。卦爻辞，是在六十四卦符号下撰系的文辞，分别表明各卦各爻的寓意。卦辞每卦一则，总括全卦大义；爻辞每爻一则，揭示该爻旨趣。《周易》共有六十四卦三百八十四爻，故相应有六十四则卦辞、三百八十四则爻辞。卦爻辞叙说哲理，运用“假象喻义”的譬喻方式，使隐含在卦形背后的《周易》哲理较为具体、生动地显示出来。六十四卦有一定编排次序，前三十为“上经”，后三十四为“下经”。《易传》，指阐释《周易》经文的七种专论——《彖传》《象传》《系辞传》《文言传》《说卦传》《序卦传》《杂卦传》，其中，《彖》《象》《系辞》各分为上下两篇，共十篇，古人称为“十翼”。一般认为，《易传》是战国晚期的作品，原皆单行，不与《周易》经文相连。汉代以后学者将这七传分别附于六十四卦和经后。这种经传合编本《周易》便于学者以经文对照传文阅读，久之遂成通行。

总之，《周易》是中国神秘文化的一部总经典，“以言者尚其辞，以动者尚其变，以制器者尚其象，以卜筮者尚其占”（《系辞上》）。不只卜筮者用《周易》来占断吉凶休咎，而且道家修气炼丹、医家辨证施治、儒家治国修身、理学家言天理性命、兵家论战阵变化，莫不以《周易》为理论依据。今天，人们又从科学、哲学、伦理学、政治学、历史学、美学、文学的各个方面去诠释它。各种看法，都有一定道理。无论怎样，有一点是十分肯定的，《周易》是一部对人生有指解功用的著作，无论是从《周易》的形成，还是从对中国文化的历史作用和对当今的社会影响来看，都是如此。

## 四、前兆迷信与谶纬之学

前兆迷信，即把某一现象看成是其他无关事物的前兆，并用超自然的力量来解释其间联系的迷信。前兆迷信是原始宗教的一部分，在中国古代相当盛行。据《尚书·洪范》载，春秋之前，征兆称“庶征”，凶兆称“咎征”，吉兆称“休征”。古代的《周易》《山海经》《国语》等典籍中都有前兆迷信的记载。前兆迷信中以占梦与占星的流行最为广泛。

占梦，即对梦中兆象作出解释的一种预测吉凶祸福的方法，如《诗经》所载梦熊罴兆生男、梦虺蛇兆生女、梦鱼群兆丰年、梦旗帜兆家室旺盛一类。古人很重视占梦，认为梦是神灵或鬼魂对自己的启示。有文字记载的梦是从殷开始的，殷墟卜辞中多次记载了殷王占梦的活动，而且殷王对其梦的吉凶非常重视，占梦的兆象对殷王的活动有很大影响。殷亡周兴，梦的传说和占梦活动更加频繁。周代已有专人掌圆梦，并有专门的梦占理论。例如，《周记·春官》说：“占梦，掌其岁时，观天地之会，辨阴阳之气，以日月星辰占六梦之吉凶：一曰正梦，二曰噩梦，三曰思梦，四曰寤梦，五曰喜梦，六曰惧梦。”占梦自古至今都在民众中广有信者，下层民众对占梦之笃信可能会影响他（她）及家庭的日常行为和人生走向，而帝王将相之占梦甚至会左右历史发展的进程，周文、武二王登基时都做过不少吉梦，刘邦梦巨蟒缠身而得帝位等。

占梦最初只有一种方式，就是直接根据梦象占释其预示的吉凶祸福。后来由于人们的生产实践范围不断扩大、社会生活内容不断丰富，梦象意义日趋复杂，至殷时，人们又通过占龟来占梦，无论梦象如何，而只看龟兆纹的形状和走向，来判断梦象的意义。周人则借用占星来占梦，观察做梦时的日月星辰的位置及其变异，据以断定梦象的内容和意义。不过，上述两种借物占梦的方式都是在阶段性时期内出现，影响并不长久。战国以后，占梦术在整个宗教神学中的地位逐渐下降，从官方的一种宗教活动变得完全成为民间世俗的迷信，但占梦术在民间的流传却日益广泛，作为一种特殊的社会现象和文化现象，其影响至今未绝。

占星，是前兆迷信的另外一种重要形式，即根据星变（例如日食、彗星）、星的运行（例如岁星、荧惑在二十八宿中的运行）和星的分野（例如荆州为翼宿、轸宿的分野，扬州为牛宿、女宿的分野）推断吉凶祸福的一种方法。

占星，在我国历史上源远流长，殷墟甲骨卜辞中，与日月食、恒星、行星等天象有关的记载颇多，这些天象都以占卜的形式出现在卜辞中。《开元占经》中，保存了商代著名占星家巫咸的一部分遗说，其中大都把天象与大事的吉凶祸福联系起来。商代的巫者兼掌天文历法，当时的天文学和卜祝之学是合为一体的，所谓天文学，即是占星术。商代在天象观测和记录方面取得的一系列成就，与占星学的发展密不可分的。周代对天文学、占星术也非常重视，《周礼》有“眂祲掌十烨之法，以观妖祥，辨吉凶”的记载，所谓十烨，指的就是太阳所出现的云气、光晕之类，从其分类的细致可看出当时占星术研究的深入。春秋战国时期对日月五星及二十八宿的观测都已比较系统，建立起了用以测量星宿位置的赤道坐标系，并出现了几位比较著名的天文家兼占星家，其中甘德和石申的成就最大，二人合著《甘石星经》，石还著有《天文星占》八卷。这一时期的《春秋》《左传》等著作中，有关于日月食、彗星、流星、陨石等的大量记载，其中包括世界最早记录的哈雷彗星记录，天文学和占星术相伴而生的格局依然存在，天道赏善罚恶的观念在当时仍有极深影响。大约在战国时代，占星中的分野理论随着二十八宿体系的确立也确立起来，它将天上的星宿划分为若干区域以与地上的诸侯国对应起来，一则为观测便利，二则是为占测吉凶的需要，这样使得占星预测更加具体和细密。占星家们认为“天事恒象”，天象的变化运行决定着人间的吉凶，当时最有名的占星术命定论者是周之苌弘、鲁之梓慎、晋之士弱、郑之裨灶等术士，其事迹载于《左传》《尚书》中。

秦汉时期(主要是汉代)，是天文学同时也是占星术取得重大成就的时期。汉初的《五星占》《云气星象杂占》和司马迁的《史记·天官书》等对二十八宿、五星以及恒星、彗星等天象都有详细的记载，其中所用的星名绝大多数为后世天文学家所继承。这一时期占星术的发展也达到了其在历史上的极盛时期。在《五星占》《云气星象杂占》和《史记·天官书》中，有许多关于星象颜色、大小、位置、相互关系引起人间政治及社会生活发生灾变的论断。由于五行、阴阳、气的学说的发展，占星术所用的天人感应理论也有了新变化。这种天人感应理论进一步发展到与谶纬神学结合起来，又进一步促进了占星术的兴盛和发展。谶纬，分开来解就是：“谶”是一种隐秘的语言，假托神仙圣人，预决吉凶，告人政事。它的起源较早，秦始皇时燕人卢生所献录图书中“亡秦者胡也”的预言便是一种谶言。西汉末，王莽为了制造政治舆论的需要，喜好谶言；汉光武帝继位之初，也得到过谶言的支持，谶言因而得到了很大发展。当时的谶书很多，如《论语谶》《孔老谶》等。纬是根据谶造作出来，汉武帝独尊儒术，经学地位提高，产生了依傍、比附经义的“纬”。纬以配经，故称“经纬”；谶以附经，称为“经谶”；谶纬往往有图，故又叫“图谶”“图录”“图纬”。谶纬原非一类，但当谶、纬发展成为一种社会思潮时，二者就完全合流称为“谶纬”。汉光武帝刘秀以图谶起兵，即位后崇信谶讳，中元元年(公元56年)“宣布图谶于天下”，计有《河图》9篇，《洛书》6篇，还有托为伏羲到孔子演绎的30篇，再加上经纬35篇，共85篇。谶纬学的基本理论基础是天人感应，以阴阳、五行为骨架，有古代神话传说，有天文、地理及历法等自然科学知识，但其核心是神学，孔子被塑造成能知过去、未来、“为汉制法”的神人。谶纬中“天”即上帝，是最高的神，有意志、思想、感情，主赏罚，其意志通过阴阳五行和天象的变化表现出现，故按阴阳五行和天象变化可占难吉凶祸福。谶纬迷信的作用非常复杂，当新王朝建立之初，可为之作政治宣传，鼓吹君权神授，如在东汉时，谶纬号称“内学”，尊为“秘经”，是统治思想的重要组成部分；新王朝掌权后，它又陈说灾异，把社会政治问题同自然灾变联系起来，以此来警告统治阶级，成为一种舆论监督。魏晋玄风兴起，谶纬渐衰，又由于谶纬之说宣传神学，散布灾异以图从舆论上控制统治阶级，故自南朝刘宋开始，历代统治者一方面利用谶纬为自己服务，另一方面又对它禁止很严，此学于是逐渐走向衰落。但在整个封建时代，谶纬迷信并未彻底退出历史舞台，衰落的谶纬迷信与谴告说、符瑞说等天人感应神学目的论理论交融在一起，在中国封建社会产生着一定的消极影响。

谶纬学与占星学关系极为密切，其主要内容就是陈说天象来宣传君权神授或灾异。这些天象的内容之一就是星象，纬书中有些是直接与星象有关的。故此，一些星的命名也受了谶纬之说影响，如金、木、水、火、土五大行星，又称“五纬”。占星家受谶纬观念影响，把重要的星官称为“经星”（或“常星”），把五大行星与之相配，故称“五纬”。汉代占星术的发展与谶纬学的盛行关系极大。谶纬学在预测人事吉凶祸福方面给占星术提供了很多新的说法，而且它也包含着一些天文学方面的研究成果，故成为研究古代天文史的重要资料之一。隋唐时，占星术进入全面总结阶段，据《新唐书·艺文志》载，占星著作并不很多，但都是经典的兼收并蓄、博采旁收之作，其中以李淳风的《已巳占》和瞿昙悉达的《开元占经》最为重要。

宋元以后，占星术逐渐与天文学分立，统治者因占星术具有维护和震慑王权的双重作用而对其严格控制，加之占星术在理论上的日趋贫乏，故明朝以后，占星术走向衰亡。

占星术与一般看相、算命、测字、扶乩等虽同为占卜，但区别很大。后者所涉吉凶祸福多是个人之事，占星术却动辄涉及国家的重大事件，与整个社会的吉凶休咎息息相关，这就决定了占星术比一般的占验活动更具有社会历史性。从现存资料看，古代占星术所关心的问题主要有：国君及后妃、大臣及诸侯、战争、水旱等自然灾害、刑狱、迁都、改朝换代等。占星家所注意的都是国家政治生活中的重大事件，其任务是把人间发生的一切重大事件与天象联系起来，使之能从天象的变异中找到根据和解释。在占星术背后隐藏着两种最重要的社会心理，一种是对自然变异未能理解或未能全面理解所产生的恐惧，二是对社会政治变化无常所产生的忧患心理，二者交织在一起就构成了占星术之所以在历史上有存在的现实性和合理性的原因之一。

占星术在中国古代文化发展中具有重要的位置，究其原因，主要是：

第一，由于占星术是同天文学相伴而生的，故我国古代天文学所取得的巨大成就有占星术的很大功劳。占星家虽然也许是出于占卜人事吉凶的目的去观测和记录天象，但其观测和记录在客观上也促进了天文学的进一步发展。

第二，占星术在发展过程中汲取了许多科学思想的果实，为自己的存在奠定根基，哲学也从占星术理论中汲取了许多有用于己的东西，故二者有着千丝万缕的联系。

第三，占星家在从事占星活动中记录了许多真实可信的史实，对研究中国古代历史特别是灾异史有着非常重要的意义。另外，占星术本身同社会历史有极广泛的联系，特别是同政治有着特殊联系，从星象命名、占星断辞等中我们可以了解到很多与社会历史有关的东西，也可以了解到当时的某些社会心理，是研究文化史的宝贵材料。

第四，占星术同文学艺术也有一定关系，文学艺术的想象往往也借助占星家的想象，而大量的神话、典故，也同占星术有关。

## 第二节　道教的产生及其特点

道教，是中国的本土宗教，是中国母系氏族社会自发的原始宗教在演变过程中综合流传下来的巫术禁忌、鬼神祭祀、民间信仰、神话传说、各类方技术数，以道家黄老之学为旗帜和理论支柱，杂取儒家、墨家、阴阳家、养生家等诸家学说中的自我修养思想、宗教信仰成分和伦理观念，在度世救人、长生成仙进而追求体道合真的总目标下神学化、方术化为多层次的宗教体系。

道教是中国传统文化的重要组成部分，在中国流传已有近两千年的历史。在漫长的封建社会，道教与佛教同为封建统治阶级的精神支柱之一，对我国封建时代的政治、经济、文化产生过深刻影响。

### 一、道教产生的思想渊源及其历史条件

早期道教大约形成于东汉中叶潮流，形成时即有二派：丹鼎派和符箓派，

前者重清修炼养，后者多以符水治病、祈福禳灾为主要宗教活动内容。后者发展较快，多为民间组织，如：太平道，为张角所创，主要在今河北、河南、山东、江苏北部一带流传；五斗米道，为张陵、张鲁所创，主要在今四川一带流传。这两派在汉末均曾发动过农民起义，五斗米道还在汉中建立过政教合一的政权。魏晋时期道教分化为上层神仙道教和下层民间道教，逐渐汲取佛教的宗教形式以提高宗教素质，至南北朝时期达到成熟的教会式宫观道教的水平。尔后，道教经过隋唐时期的国教化，同封建社会的国家上层建筑融为一体，再经过宋辽金元时期的革新，宗教伦理素质和修持方法进一步提高。明清时道教以正一道（修习符录、祭祀、斋醮的显教）和全真道（修习南北派内丹的密教）为主流，在教理上进一步与儒、释两教融合。

道教信仰内容蓄积了汉民族历史形成的感情、信仰和思辨的传统成果，包含了庞大而丰富的内容，具有明显的东方宗教的色彩，其产生是社会政治、经济、文化诸要素交叉作用的结果。

第一，中国古代思想文化运动的发展为道教产生奠定了基础。道教不像有些宗教那样是由某一教主在短期内创立起来的，而是有一个在传统文化的土壤中长期孕育的过程，其历史渊源可上溯到古代先民氏族社会的原始宗教。夏商周后，理性主义和人文思潮举，原始宗教分化，对神祇和祖宗的祭祀纳入国家的礼乐教化，对“怪力”、“乱神”的崇拜流人巫祝和方士阶层。后世道教宫观中司香火者称庙祝，便是自此沿袭而来。周代鬼神崇拜更加系统，形成了“天命观”的神学理论，其崇拜的鬼神已形成了天神、人鬼、地祇三个系统。《周礼》说：“大宗伯之职，掌建邦之天神、人鬼、地祇之礼。”属于天神的有上帝及日、月、星、斗、风、云、雷、雨诸神；属于地祇的有社稷、山川、五岳、四渎之神；属于人鬼的主要是各式各姓的祖先及崇拜的圣贤。这些也是后来道教成为多神教的来源。后世道教做法事、建醮坛、设斋供，即古人祭祀之礼；唱赞歌、诵宝诰，即含有言辞悦神之意；上表章、读疏文，是申诉和祈祷之用，故道教的产生承袭于古代巫祝遗风，所供奉的神也大多渊源于古人的信仰，因为这些神都具有历史性和民族性。战国时期，追求长生成仙的方士们形成“方仙道”，成为后世上层神仙道教的源头。秦汉以来，由于儒学日益兴盛，加之汉武帝“废黜百家，独尊儒术”，道家文化已无法形成战国时期那种和儒家平起平坐的自由发展的独立学派，被迫由世俗文化转向宗教文化中寻找出路，道家黄老之学逐渐由治国之术演化为治身养生之术，并与阴阳五行家、神仙家、方技术数家合流，和方仙道融为一体并在东汉转化为黄老道。从西汉末年到东汉，方仙道及其后身黄老道的方术化和宗教化进程加快，将春秋时期从原始宗教文化中分化出来的道家、墨家、神仙家、阴阳家、五行家、方技家、术数家乃至民间的巫术重新综合起来，加上儒家的伦理纲常，形成比原始宗教高一个文化层次的新宗教——道教。

第二，中央集权的封建专制帝国对人民进行统治的政治需要是道教产生的根本原因。中国地广人多，社会底层大多数劳动人民处于不识字的蒙昧状态，诸子百家学说只能在社会上层的士大夫中流传。儒家学说在汉代虽为皇帝推崇，但只能教五经博士诵习，平民百姓多看不懂。君主为在思想上控制不识字的广大劳动人民，使其安定顺服，必须依靠宗教，故汉代皇帝竭力神化“三纲五常”，将孔子奉为教主，建孔庙尊孔祭孔，使孔子偶像化，儒学宗教化。汉成帝、哀帝时期又兴起谶纬经学，谶纬渐成儒家正统，称为“内学”。儒学同传统礼教结合，在执行政治伦理道德教化方面甚至超过公开的宗教。但由于这二者都过分依赖国家政权和族权，没有单独的正式宗教组织，当国家政治统治发生危机时，其宗教作用自然会受限制。故此，统治阶级感到有必要建立一种独立的、不和国家机构重合、在国家政权和社会发生危机时仍能起教化作用，并且维护封建宗法制国家政体的宗教，以弥补礼教和儒家学说在宗教功能方面的不足。于是，在东汉社会危机加剧、儒家礼教失去维系社会人心的作用时，道教便应运而生，把儒家的伦理纲常信条接过去，当作成仙的必要条件，对人民实行宗教的麻醉作用，但因道教接受了儒家的伦理思想，注定其无法取代儒教作为主导意识形态的地位，而只能在维护封建宗法秩序方面起辅助儒教的作用。

第三，西汉中期以后，统治阶级加重了对农民的剥削，后期更是肆意压榨，如《资治通鉴》中所称：“农商失业，食货俱废，民人至涕泣于市道。”西汉末年的农民起义后，汉光武帝刘秀继位，虽然采取了一系列保护农业的措施，但因豪强的兼并和割据，大大束缚了农业生产力，使民众的苦难更加深重，社会的经济、政治、文化濒临崩溃，持续地对于社会的不满和对于解除生活苦难的强烈需要使人民转向宗教寻找精神寄托，为道教产生准备了客观条件。

第四，佛教传入刺激了道教的产生。佛教在西汉末、东汉初传入中国，东汉中后期得到较广泛的流传。佛教是一种在教理、教义、组织形式和修持方法等方面都比较成熟的世界宗教，其传入给华夏文化以巨大刺激，激发起中华民族文化的自觉，迫使华夏文明以模仿和抵制的双重方式作出反应。道教在大力吸收佛教的宗教形式以提高自身的宗教素质的同时，不断加强自己的民族文化特征以同佛教抗衡，其各种要素逐渐形成——神仙家的阴阳五行和谶纬学说同老庄哲学结合起来被固定在道教的道义中;中国古代宗教的天神、地祇和人鬼神系统和被神化了的黄帝、老子被固定在道教的偶像崇拜中;专职的神仙方士编造了神仙所降的经典并改称道士。于是,一种具有多元的宗教思想和多样的神仙方术以及多神为其特点的道教形成了。

## 二、道教的特点

道教文化兼收并蓄,庞杂多端,《道藏》中涉及易学,医学、术数、杂家、诸子、地理、天文等诸多方面,学术界一般认为其主要包含史学、神学、伦理学、哲学、科学、文学艺术等六大项内容。道家与道教,从外表看,似可分离,但在实质上却大相径庭,秦、汉以前,道儒不分,甚至诸子百家也统统渊源于道,这个“道”的观念,只是代表上古传统文化的统称。儒道分家及诸子百家分门别户,发生在战国末年至秦、汉之间。汉、魏、南北朝以后,道教改变道家的学术思想,以与佛教抗衡,乃使道家与道教泾渭难分。唐、宋以后,儒家排斥佛、老,使道家与道教的界限更加模糊。事实上,秦、汉以前道家的学术思想,是继承伏羲、黄帝的学术传统,属于《易经》原始思想的体系,也是中国原始理论科学的文化思想。汉、魏以后的道,是以道家学术思想的内容为核心,采集《书经》系统的天道观念,加入杂家学说与民间的传说信仰,构成神秘性的宗教思想。

道教认为万事万物由三清尊神——元始天尊、灵宝天尊、道德天尊(太上老君)所创,他们分别传授“三洞”真经——洞真、洞玄、洞神,“三洞”真经又分七部,通称三洞尊文、七部玄教,这是道教不可动摇的信仰基础。道教有三十六天、三十六地说,认为三十六天由三清尊神辖众神仙统治。三十六地由十殿阎罗统辖,人死后,经“五道转轮”,善者为神为仙,不善者灵魂入禽畜道、饿鬼道、地狱道。道教以生为乐,重生恶死,认为人命不决于天,道和生相守,生和道相保,二者须臾不离。人只要修道养生,便可长生久视。道教还有“天道承负,因果报应”之说,认为因果报应,如影随形,积善者入仙境,作恶者有恶报。行善积德,可为子孙造福,虔斋修道可免自身厄运。

道教是中国传统文化不可分割的一部分,它和儒教、佛教既相互分立,又相互补充,同时也具有自身的民族文化特点。

第一,从道教的教旨看,它追求成仙,重视现世利益,认为光阴易逝,人生宝贵,应该从速修炼、成仙得道,才能永享幸福快乐。道教修仙的终极目标，是追求个体生命与“道”的一体化。

第二，从宗教类型上看，道教是原始社会自发的自然宗教和阶段社会人为的伦理宗教的结合体。在古代社会，人们首先受到死亡和灾病之类的不可抗拒的自然力量的威胁，而后是封建社会中国家机器的巨大社会压力的威胁，故道教神仙以克服死亡和灾病、逍遥自在为特征，这不仅是对超自然力量的神化，也是对超社会力量的神化，道士正是为超越自然力量和社会力量的压迫，争取自身理想的现世利益而修炼。

第三，从道教的风格看，以修习法术见长，对神秘的力量和圣物不采取屈服、恭顺和虔敬、祈祷的态度，而是尽力通过一定的方式控制和支配它们，使超自然的力量为我所用。道教要靠修习内丹和各种法术夺天地造化之功同人的生老病死的规律，使命运屈服于自己，提出“我命在我不在天”的口号。道教一反对待社会人生的消极态度，鼓励修道士将修习长生之道当作远超世俗政治功名利禄的一项大事业来做。张伯端提出只有修成大丹，“脱胎神化，名题仙籍，位号真人，此乃大丈夫功成名遂之时”[①]。这样，抛开世俗入道教，修成大丹做神仙，对于在人生观上追求建功立名、有事业心的知识分子来说也有强大的诱惑力。

第四，从道教的内容看，它存留着较多的民间信仰和古代巫术，又夹杂中国儒、墨、医诸家和佛教的思想材料，在内容上有兼收并蓄、庞杂多端的特点，在结构上有明显的层次性。在中国传统文化中，除外来的佛教文化外，道教几乎把正统的儒家礼教所不收的其他文化要素都收了进去，又汲取三教九流的精髓并将其融为一体。但道教仍有自身众多的类别和系统，且随着道教发展阶段的不同、宗派的变化，崇拜的神仙也各有不同，不同宗派间既有信仰上的共通之处，又有各自的特点。刘勰在《灭惑论》中阐述了道教文化在结构上的层次性：“道家立法，厥有三品，上标老子，次述神仙，下袭张陵。”道安《二教论》亦说：“一者老子无为；二者神仙饵服；三者符录禁厌。”这些都说明道教神学大致是由宗教化的道家学说、生长术和仙学理论、各种斋醮符录杂术三个相互联系的文化层次组成的。道教在教团组织和布道活动上一般也分为上层神仙道教和下层民间道教两个较大的层次。知识水平较高的上层神仙道士多诵老庄、修长生、炼大丹，下层民间道士多在乡村为民众疗病去灾、祭神驱鬼、画符施术。

① 《悟真篇序》。

## 第三节　佛教在中国的流变

佛教产生于印度，公元前 6 世纪古印度北天竺迦毗逻卫国王子悉达多·乔达摩所创（其属释迦族，创教后被称为释迦牟尼，意为释迦族的“圣者”），前 3 世纪发展并开始外传，1 世纪传入中国。由于传统文化势力的强大，也由于佛教本身具有强大的适应能力，在二者的碰撞中，经过相互妥协、吸收、排斥、融合而在唐代形成宗派。各宗派中，禅宗立足于佛教精神与中国本土文化精神的最佳契合点，而成为佛教中国化的代表。

### 一、佛教的传入

宗教作为一种意识形态，是人们对于自己周围环境、社会关系、社会过程的歪曲的、虚幻的反映，不管其宗教观念如何光怪陆离、荒诞无稽，都可以从社会存在中找到根源。佛教自汉代传入中国，经魏晋南北朝而得到发展，这有其特定的历史原因。

汉末魏晋南北朝的大分裂，致使阶级矛盾和民族矛盾十分尖锐，为缓和矛盾，统治者需要寻找更为有效的精神武器，而广大劳动人民也需要宗教的麻醉，佛教的生死轮回、因果报应说满足了中土社会的需求。正如吴康僧所说：“佛教省欲云奢，恶杀非争斗，当民生涂炭，天下扰乱，佛法诚对法之良药，安心之要求，佛教始盛于汉末，殆亦因此节制欤？”[①]同时，佛教理论本身具有较强的适应性，使佛教得以传播。两汉神学的“王道之三纲，可求之于天”。天能直接赏善罚恶的粗俗说教，经不住实践；魏晋玄学偏于抽象化的论证，不适于群众中流传。佛教承认和强调社会现实充满苦难，并加以扩大，整个客观世界成为“苦滩”。困在“三世因果”“六道轮回”中的众生，“生、老、病、死、怨憎会、爱别离、求不得……”一切皆苦。作为佛教教义总纲的“四谛”，以苦为大。由此出发，按佛教教义的思路，通过烦琐、复杂的论证，要人们相信：现实世界的一切苦难都是虚幻的，只要按照佛的指引，都可解脱，进入“涅槃”。这既容易渗入群众，也易于被统治阶级所接受。

佛教初入中国，上层统治者完全以固有的神灵和方术看待释迦牟尼和佛

---

①《法竞经序》。

教。由于老子恬淡无为的思想与佛教涅槃寂静的观点，在一定程度上有相通之处，故佛教教理被理解为黄老之学。“此道清虚，贵尚无为，好生恶杀，省欲去奢”[①]，把道的清虚无为与佛的戒杀、禁欲等同。牟子《理惑论》中对佛的描述，更为全面地反映了当时中土社会对佛的理解。“佛之吾觉也，恍惚变化，分身散体，或存或亡，能大能小，能方能圆，能老能少，能隐能彰，蹈火不烧，履刃不伤，在污不染，在祸无殃，欲行则飞，坐则扬光，故号为佛也。”牟子把佛描述成一个法术多端、神通广大、变化莫测的神仙。佛教的斋忏等仪式亦被视作祠祀相类。

佛典的翻译也附会道术和玄学。佛典翻译形成安世高系（多译小乘，较少理论，接近神仙家言）和支娄加谶系（多译大乘，宣传空般若学理论，接近玄学）。安世高译经三十余部，主要有《安般守意经》《阴持入经》等，他把《安般守意经》归结为“清静无为”。“安为清，般为意，守为无，意名为，是清静无为也。”[②] 道学的清静无为是从自然天道观出发，安世高的小乘禅学则认为“清静无为”是心的本然，并非效法自然的结果，这种解释是为攀附道家学说以便佛教流传。支娄加谶译经四十余部，有《般若道行经》《般舟三昧经》《大乘般若经》等，介绍般若学。般若意为智慧，论证“一切皆本无，亦复无本无”，即不论“三界”“五蕴”，佛与众生，基于“因缘和合”，一切皆虚妄，一切俱非实有。般若所讲的“空”，虽与老子的“有无相生”“有生于无”的“无”不完全相同，却也附会老子，以求发展。魏晋玄学的发展，佛学者用玄学观点解释《般若学》，形成直接用老庄哲学的名词比附。解释佛教的经文名相，借以量度经文正义的“格义”，使佛学玄学化，形成六家七宗，六家即心无、本无、即色、识贪、幻化、缘会六派，其中本无又分出无异一派，故称七宗。就其哲学倾向，归为本无、心无、即色三派。尽管各派对“空”的解释产生种种异义，但都以玄学为出发点，这使玄学各派的分歧也反映到般若学的研究中。

佛教初传时对其遇到的儒家思想，采取迎合儒家伦理道德的态度。在翻译关于伦理道德的佛经如《善生子经》《善生经》等经典中，对社会的人际关系通过选择、删节、增加等手法，作了与儒家伦理纲常名教相适应的调整。如关于男女关系：以敦煌写本《诸经杂缘喻因由记》第一篇为例，叙述莲花色尼的出家因缘，但缺乏莲花色尼为何出家的关键一节，其原因是莲花色尼屡次出嫁，屡嫁而与所生子女彼此不相识，以致后来把自己的亲生女儿嫁与

①《后汉书·襄楷传》。
②《安般守意经》。

自己的儿子，莲花色尼发现后，极度羞恶而出家。这种论述因与中国伦理观念不容（好女不嫁二夫、出家不孝）而被略去[①]。关于夫妻关系：印度佛典《辛加拉的教导》中列举了作为妻子的五项美德："善于处理工作""好好地对待眷属""不可走入歧途""保持搜集的财产""对应做之事，要巧妙勤奋地去做"。而在汉译《六方礼经》中，五项美德被译为："一者夫从外来，当起迎之；二者夫出不在，当炊蒸扫除待之；三者不得有淫心于外夫，骂言不得还骂作色；四者当用夫教诫，所以什物不得藏匿；五者夫休息盖藏及得卧。"[②]充分体现了"夫为妻纲"的理论。关于父子关系：《辛加拉的教导》中，子女随母姓，母亲的地位高于父亲，强调子女对双亲的义务，"双亲养大我们，我们养双亲""为了他们（双亲），我们要做应做的事"等，在译本中，则添加了原本中所没有的句子，如《善生经》添入"凡有所为，先自父母""父母所为，恭顺不逆""父母正令不改违背"[③]，充分体现父为子纲的精神。总之，早期汉译佛典为使初入的佛教得以生存和发展，不得不向儒家伦理观念作协妥、调和，一开始就和佛教伦理思想相背离，形成与儒学相应的佛教伦理观念。

继东晋十六国，南北朝分裂 160 年，并未影响佛教的流传。由于南北朝统治者的倡佛，佛教理论、译经均有发展。

鸠摩罗什的学生僧肇发挥般若空宗，批判地总结了魏晋以来玄学与般若学的各派理论，以独创的风格建立了中国般若空闲哲学体系，结束了佛教对玄学的依附，转而发展玄学。他对东晋三家般若学理论作了批判："本无者，情尚于无多，触言以宾无。故非有，有即无；非无，无即无。""心无者，无心于万物，万物皆未偿无，此得有于神静，实在于物虚。""即色者，明色不自包，故虽色而非色也……此真语色不自包，未领色之非色。"[④]三家把"有""无"对立，实际是以"无"解"空"，这便不能如实把握般若空观"空"的含义。他认为"空观"是指一切事物"非有，非真有，非无，非真无耳"。并非简单地否认客观事物"有"或"无"的现象存在，而是非有非无，有无双遣，亦有亦无，有无并重。僧肇的唯心主义理论，提出了对唯心主义的双向思辨方式，因而不仅是对中国般若学的批判总结，也是对魏晋玄学的批判总结，扬弃了玄学化的佛教的"本无"说而以"性空"说代之，标志着佛教由依附玄学到进一步发展玄学。

各类佛典的翻译增加。南北朝时佛典近 700 部，1 450 卷，涉及印度佛

① 陈寅恪：《莲花色尼出家因缘跋》。
②《大正藏》第 1 卷 P251。
③《大正藏》第 1 卷 P71。
④《不真空论》。

教的各个流派。译典的增加，形成了对不同经论的讲解而形成不同观点的学派。如以讲“我空”为主要内容的成实师；宣扬“泥洹不灭，佛有真我；一切从生，皆有佛性”的涅槃师；主张人我是空，三世是实有，万物由于因缘和合生成而有永恒不灭的实体的毘昙师和俱舍师等。南朝佛教受东晋佛教影响，偏尚玄谈义理，流行“涅槃”“成实”“三论”说。北朝禅学、律学、净土信仰较为发达，以禅宗尤为突出，偏重于行业，这种风气的突出表现是重视凿窟雕像。这些经师、律师、论师是继承了魏晋的佛教思想而发展起来的，在哲学思想上，摆脱了对玄学的依附而形成自己的观点，表明佛教得以发展。

## 二、佛教宗派的发展

中土佛教经过 500 年的流传，隋唐时进入宗派的形成和发展时期。隋唐统治者对佛教大力推崇，阐发宗教本体论、认识论、心性论、修养论方面的问题，形成了天台宗、法相宗、华严宗、禅宗、三阶教、三论宗、密宗、律宗和净土宗等各大宗派，其中在中国史上影响较大的是天台、华严、法相、净土和禅宗。

天台宗是佛教各派中第一个中国化色彩较浓厚的宗教思想体系。因创始人智颢在天台山（今浙江天台县），故称天台宗，又因以《法华经》为经典，也称法华宗。天台宗把南北朝时北方教徒偏重禅定戒律和汉代经学传统相结合的学风与南方佛徒以理论钻研和魏晋玄学相结合的学风统一，形成“定慧双修”“止观并重”的教义，并构成了以唯心主义的“一念三千”“一心三观”“三谛圆融”的中心内容。对于止观，智颛说：“泥洹之法，人乃多途，论其急要，不出止观二法。所以然者，止乃伏结这初门，观是断惑这政要；止观爱养心识之善资，观则策发神解之妙术；止是禅定之胜因，观是智慧之由借。”[①]“止”便是最好的禅定，“观”可达到最大的智慧，止观并重，定慧双修，以克服烦恼是进入涅槃，解脱境界的必要途径。

法相宗，又称唯识或慈恩宗，唐初玄奘创。它宣扬主观意识是万物之本源，一切现象都是识的变观；主张“三性说”，认为一切现象都有三种不同的相状，认识三种相状，即认识了一切现实的实象。“三性”即“遍计所执性”“依他起性”“圆成实性”，众生从遍计所执性而达圆成实性，即可获得佛教智慧。承大乘有宗的“万法唯识”原则，建立八识学说（眼、耳、鼻、舌、身、意、末那、阿赖耶），重点阐述“阿赖耶识”种子识的性质与功能，用以沟通

①《修习止观坐禅法要》。

杂染世间与真如法界之间的联系，从唯识角度提供转凡成圣的理论依据。因理论繁琐及不合潮流，仅三世转衰。

华严宗以尊奉《华严经》为经典而得名，创始人是唐代法藏，得到武则天支持，华严宗创立了“五教十宗”的判教方法，其主要教理是阐述法界缘起的道理和观行的方法，更以“四法界”（事法界、理法界、理事无碍尘界、事事无碍尘界）、六相（总相、别相、同相、异相、成相、坏相）、十玄门等理论来阐述佛教法界缘起的哲理。对中国宋明理学哲学体系的建立，产生了很大的影响。

净土宗，依据《无量寿经》等，提倡观佛、念佛以术生西方阿弥陀佛极乐净土为宗旨而形成的宗派，故名五世纪的慧远是其创始者。修此学者只要向善且信愿具足，一心称念“南无阿弥陀佛”，始终不怠，就可往生净土。由于简便易行，深受民众欢迎。

### 三、中国佛教——禅宗

禅宗，中国隋唐派之一，创于中唐而成于晚唐、五代，是中国化的佛教。

禅，梵语禅那，意为坐禅或静虑，包括修定和智慧两个方面。原是印度各种宗教的共同修持方法，不仅限于达摩所传的“如来禅”（心宗），还有天台的止观，也是禅的一种，相传最初是以释迦牟尼在灵山法会，拈花示众，大迦叶破颜微笑，遂曰：“我有正法眼藏，涅槃妙心，实相无相，微妙法门，不立文字，教外别传，付嘱摩诃迦叶”的“拈花宗旨”为依据的，自此，直指人心，见性成佛；一花五叶，心心相印的新提法，渐为人们所接受。约5世纪刘宋时，传人达摩西来，为东土初祖，面壁九年，号称“壁观婆罗门”，以“二入”（理入、行入）、“四行”（报怨行、随缘行、无所求行、称法行）之法和四卷《楞严纪》传以二祖慧可，之后的三祖僧璨、四祖道信、五祖弘忍至六祖慧能，均内以密付为印，外以依钵为信。五祖弘忍开东山法门，常令弟子信众持诵《金刚经》，弟子中以慧能、神秀最为著名。弘忍去世后，神秀弘法于北方，慧能则得法南归，也称“南能北秀”“南顿北渐”。慧能正传弘忍衣法，被尊为禅宗六祖。住持曹溪宝林寺，大倡“直指人心”顿教法门，传授“无相戒”。弟子集其言行作《六祖坛经》，这是中国本土佛教论著中唯一被称作“经”的著作。慧能弟子中，南岳怀让和青原行思两大法系，至唐末繁衍昌盛，分别演变出五大派系，应了达摩祖师“一花开五叶”之语。南岳怀让分为伪仰、临济二宗，青原行思一系分出曹洞、玄门、法眼三宗，合称禅宗五家。法脉延至今的只有临济、曹洞两宗。

禅宗自达摩祖师传入中土，经数会场至慧能方始蔚为大观，慧能佛教思想的中心是其佛性说。这从慧能始见弘忍时，双方的一段对话中可看出。“弘忍和尚问慧能曰：‘汝何方人？来此山礼拜吾，汝今向吾边复求何物？’慧能答曰：‘弟子是岭南人，新州百姓，今故这来礼拜和尚，不求余物，惟求作佛。’大师遂责慧能曰：‘汝是岭南人，又是獦獠，若为堪作佛！’慧能答曰：‘人即有南北，佛性即无南北，獦獠身与和尚不同，佛性有何差别。’”[①]佛性人人皆有，而且无论地区与民族，佛性人人平等俱有，其法偈就说：“菩提本无树，明镜亦非台。佛性常清静，何处有尘埃。”[②]有人堕于恶道不能成佛，是由于人心所生的妄念覆盖其真如本性，使其不能认识自有的佛性，“人性本静，为妄念故，盖覆真如，离妄念，性本净。”[③]因此提出识心见性成佛说，“自识本心，自见本性”，“佛是自性作，莫向身外求，自信迷，佛即众生，自性悟，众生即佛”[④]。求佛向自心中求，即“自性自度”。

慧能另一重要的佛教思想是顿悟佛说。顿悟还是渐悟也是以慧能为代表的南宗与以神秀为代表的北宗两派的根本分歧点。顿悟说主张无须长期修习，只要一旦领悟即突然觉悟佛性便可成佛。渐悟说则认为必须通过长期修习才能逐渐把握佛理而成佛，神秀的法偈“身是苦提树，心如明镜台。时时勤佛试，莫使惹尘埃”便是渐悟思想的写照。而慧能认为“迷来经累劫，悟则刹那间”、“前念迷即凡，后念悟即佛”。又说“一念愚即般若绝，一念智即般若生”。成佛在于一念领悟、刹那之间，而不在长期修习。既然成佛在于“一念”，在于刹那顿悟，那么传统佛教所主张的读经、念佛、坐禅等一系列修习功夫，也失去了重要意义。传统佛教讲究读经，而神宗讲佛法以心传心，不立文字，成佛“当令自悟”；传统佛教讲布施、造寺等修功德，而禅宗讲功德再心作，布施造寺并无功德；传统佛教讲出家修行，而禅宗讲“法法在世间”；传统佛教讲定慧双修讲坐禅功夫，而禅宗讲“外于境界上念不起为坐，见本性不乱为禅”，抛弃了传统的禅法等，它一改以往中土佛教周密论证的方法，而立单刀直入简洁明了的顿悟法门，既与释迦佛祖传心之法一脉相承，也与中土其他佛教宗派的教理融通无悖，更对当时佛界空谈义理、不重实修的弊端有较强的针对性。

禅宗以简练直接的风格，把佛教教理与中土文化氛围相契合，表现为以下三个方面：第一，禅宗以明白易懂的语言，表明了佛性与人性的融通一体，指明了人身见性解脱的可行性与当下性，这对于中土文化中以人性为核心，

①《坛经》法海本。
②《坛经》法海本。
③《坛经》法海本。
④《坛经》法海本。

重现世的传统，无疑缩小了心理上的距离，《坛经》云："不悟即佛是众生。一念若悟，即众生是佛。"第二，禅宗的顿悟见性与中国文化的修身养性传统遥相呼应。《坛经》云"菩提只向心觅，何劳向外求玄""我此法门，立无念为宗，无相为体，无住为本""外离相即禅，内不乱即定，外禅内定，故名禅定"。儒家的思想孟学派专以心性论见长。孟子有"学问之道无他，求其放心而已矣"的名言。"大学"则有"知止而后有定，复而后能静，静而后能安，安而后能虑，虑而后能得"的修养之道，这与禅的修持法门有相似的旨趣。"放心"之说有似于禅的去除执著，"止、定、静、虑、得"则有似于禅的"戒、定、慧"三学。第三，禅宗倡导出世与入世圆融一体的生存方式，与儒家的人生理想较为一致。《坛经》有"若欲修行，在家亦得，不由在寺"，后发展为后期禅宗所倡扬的"运水搬柴，无非妙道"的平常心。这种精神被中国士大夫发挥演变为一种特有的生活艺术。孟子所谓"穷则独善其身，达则兼济天下"的进退两种价值取向，中国士大夫却在禅的极富弹性的表达中，找到了实现这种进退自如的统一。

慧能本人并不识字，却智慧高远，这使得禅宗门风以简捷著称，更突出了佛教"不立文字""教外别传"与"实相无相"的宗旨。禅宗的这种简捷的表达风格贴合了中国文化重直觉体悟，不善周密思辨的习惯。禅从一个新的角度激发了中国人的灵感想象力，对中国文化造成深远的影响。

## 第四节　佛道二教对中国传统文化的影响

### 一、佛教对中国传统文化的影响

自公元 148 年安世高东来译经、佛教传入中国起，佛教在与其他中国传统文化形态的相互碰撞、磨合中，不断地发展、壮大，逐步完成了其中国化进程，成为中国传统文化的一个重要组成部分，在其传入之初到理学创立的一千多年时间里，成为中国哲学思想发展的主流。佛教对中国传统文化的方方面面均产生了相当巨大和深远的影响。

第一，佛教对中国哲学有巨大的影响。

中国传统哲学重经验认识，轻理论思维；注意对生活自身的探讨，轻视思考彼岸世界的问题；对宇宙本体论的阐述也很不系统、比较粗糙。佛教哲学对中国传统哲学在人生本原、人的认识能力、世界本体等方面都作了十分详细的补充。佛学和中国古典哲学的交互影响，推动中国哲学提出了新的命题和新的方法，后世的儒学、道学都在一定程度上汲取了佛教的理论。佛教对中国哲学影响最显著的时期有三个：唐代，佛教完成了中国本土化进程，并由自身的鼎盛刺激了儒学的发展；宋明时期，理学家们通过对佛教华严宗、禅宗思想的直接吸收，实现了儒释道三教合一，实现了儒家道统的复兴；近代以来，理学衰微、西学流入、传统治国方略落伍，佛教被作为近代知识分子新的精神源泉、思想素材而得复兴，成为梁漱溟、熊十力等学者会通儒佛以促儒学复兴的重要理论支柱。

第二，佛教对中国文学艺术的影响相当广泛。

魏晋以后，佛经的翻译给中国文学带来了新的意境、文体和遣词造句方法，数千卷译经本身就是伟大富丽的文学作品，在中国文学史上占有重要的位置。各类经书对中国古代文学创作有很大的启发作用。佛教中的变文、俗讲和禅宗的语录体与中国的通俗文学有着深刻关系。诗人和禅僧的长期接触、互相影响，在扩大和提高古典诗歌的题材、境界及语言、格调方面，都显示出新的面貌。佛典本身为中国古代小说创作素材，启发艺术构思，对六朝志怪小说和明代《西游记》《封神演义》等神魔小说的产生和繁荣起了不可低估的作用。佛教的出世以及因果报应的思想，深刻地影响了许多古典作家，《红楼梦》、“三言二拍”、《聊斋》和许多笔记小说中，都渗透着佛教思想。

中国语言也受到了佛教的深刻影响。由于佛经的翻译不断输入新词汇、新语法，扩大了汉语词汇并促进语法变化。禅宗语录保存了大量当时语言，且运用圆熟洒脱，可谓中国语文学上一项丰富遗产。现今流行的如宗教、世界、实际、平等、清规戒律等词语也都来自佛教词汇。

佛教对我国古代建筑的影响也颇深，古代建筑中保存最多的是佛教寺塔，许多佛教建筑，如石刻、塑像、禅寺、塔寺、译经刻经道场等，已作为重要的人文景观而成为我国各地风景名胜的突出标志。佛教的石窟艺术，以敦煌、云冈、龙门三大石窟为代表，既吸收了印度建筑的特点，又有中华民族独特的造像艺术风格，成为世界艺术瑰宝。

在中国绘画艺术发展中，佛经中的故事常成为艺术家们描绘的题材，历代许多名画家都擅长佛画而传世。中国画由文人画发展到写意画，与禅宗思想有很大关系。佛教音乐对中国本土音乐也有很大的借鉴作用。

第三，佛教对中国社会政治生活的影响十分重大。

佛教宣扬一切皆空，引导人们走上非现实的精神解脱道路；因果报应论为封建统治秩序作了论证；惮悦和净土信仰给严酷的社会现实注入了润滑剂，调和了统治阶级与民众之间的矛盾冲突，客观上有利于中国封建社会的稳定和持续。因此，自佛教传入以后，中国多数统治者都懂得利用佛教，如梁武帝、隋炀帝、武则天。当然，历史上也出现过“三武一宗”的灭佛事件。两宋，特别是明清统治者对佛教采取限制政策，都反映了佛教与封建统治者也有矛盾的一面。在改朝换代时期，佛教还多次被不同的政治集团所利用，作为煽动民众的工具，显示了佛教政治作用的多重性和复杂性。

第四，随着佛教传入中国，天文、医学等科学技术也传入中国。唐高僧一行创《大衍历》和测定子午线，对天文学做出了卓越贡献；我国医学中有不少从印度传入的医书和药方；佛经的刻印促进了中国印刷术的发展，现存的世界最早的版刻印本，几乎都是佛教典籍。

## 二、道教对中国传统文化的影响

道教作为我国的本土宗教，在中国古代文化的发展史上有着不可忽视的影响与贡献。

第一，就思想方面而论，先秦诸子有许多人物及其著作早已被正统的儒家思想所摒弃排斥，由于道教吸收了它们的许多思想内容纳入《道藏》中，才使之免遭湮灭，为后人研究古代思想保留了宝贵的材料。道教徒对这类著作的注释疏，极有价值，如陈抟研究《周易》推衍出《先天图》(即《无极图》)，直接开创了宋明以来易学研究道教的规模和传统。尤其是道教与道家纠结，更使其力量雄厚，在儒释道的斗争和融合过程中起了举足轻重的作用。道教和儒学结盟，以华夏正统文化的身份，攻击佛教是夷狄之法，与之争取宗教阵地，客观上加速了佛教的中国化。宋明理学的《太极图》和先天学都来自道教，宋儒主静的修养方法亦得自道教。道教把宇宙万物作为一个整体看待，认为普通人也可通过勤修苦学而得“道”，虽然其道有神秘的唯心主义色彩，但却接近于人们对事物本原或内部规律的探索，具有某些辩证法因素，它强调万物之灵的人类，能洞察宇宙奥秘，掌握役使万物的方术，表现出一种积极的进取精神，包含自然哲学的思想，不断启迪古代哲学思想水平的提高。

第二，道教对我国古代科技的发展也做出了贡献。道教较其他宗教和思想流派重视自然科学，其热衷于对修炼养生、延年益寿的研究，在道教文献中留下大批此类著作，由此产生的太极拳等确有增强体质、防病健身的作用，成为传统医学中的宝贵财富。古代许多科技名人，如葛洪、孙思邈等也是道教中的重要代表。道教所继承的古代巫术、神仙方术中包含了许多数学和天文历法方面的内容，这些内容随着道教的发展也有相应发展。道教中包含的许多珍贵而具有科学思想的内容，现已受到国内外学者的高度重视。

第三，道教的一些思想在中国文学艺术的发展中也有重要地位。在文学方面，如历代山水诗层出不穷，基本受“道法自然”思想的影响。各种用于道教仪式的“青词”、“绿章”已自成体裁，保存了极华丽的骈体文。道教的一些重要人物本身就有较深的文学造诣，如北宋全真教创始人王重阳及弟子“北七子”各有文集，诗词造诣皆深，对元曲的发展有一定影响。道教中的许多神话、传说及仙家形象，也是古代文学作品创作的源泉。音乐更是道教的重要内容之一，道曲清静幽远，迄今我国各地道教中的道乐、道曲都已成为各地民乐、民歌的一部分。从巫觋的舞蹈中发展而来的道教的禹步、九宫步、步罡踏斗等，对中国舞蹈艺术也有一定影响。道教自然风景选择有三十六洞天、七十二福地，因其形而建立道观，并在全国多处留有石窟艺术，其建筑别具一格，内部的塑像与壁画等各具特色，在建筑和绘画艺术上有一定贡献。

第四，在民俗领域，中国民间信仰多受道教影响。过去，广大汉族农村神庙林立，祭祀驳杂，菩萨、玉皇、财神、灶神、关帝、土地、城隍等神仙很大一部分来自道教。道教的许多宗教活动无形中也转化成了民间习俗，代代相传，蔚然成风。如春节以道观为基地举办庙会，进行民间祈神、游艺、商业等综合性节日活动；岁时节令、天灾人祸，都得请道士斋戒祭祀等。中国封建社会后期，行业神崇拜盛行，其中多为道教神仙。道教的劝善书，对民间道德生活也有深远影响，起着移风易俗的作用。道教的修炼法，也深入民间，武当内家拳等成为人民群众普遍传习的体育活动。

# 第六章　中国传统文化与传统艺术形态

## 第一节　中国传统诗歌

中国是一个诗的国度，古代诗歌源远流长，历久不衰，取得了辉煌灿烂的成就。

### 一、中国传统诗歌的基本构成单位

文学是语言的艺术，各种文学体裁都离不开语言。小说、戏曲还有故事和人物，诗歌（抒情诗）唯一给予读者的就是语言，因此，有人从语言学的角度给诗歌下了一个定义，说诗歌是语言的变形，它离开了口语和一般的书面语言，成为一种特异的语言形式。[①]中国诗歌对语言的变形，在用词、造句方面表现为：改变词性、颠倒词序、省略句子成分等等，打破了人们所习惯的语言常规，以增加语言的容量和弹性。从外形上看，诗歌最大的特点是分行、分节排列，数行构成一节，数节构成一首，而诗句又由一个或几个辞藻构成，所以，词语是构建诗歌的基本材料，换言之，中国诗歌外在的基本构成单位是词语。

诗歌艺术当然不仅限于语言表层，文字游戏与诗是毫无关系的，深入一步，我们将发现语言不过是意象的物质外壳。在诗人的构思过程中，意象浮现于诗人的脑海里，由模糊渐渐趋向清晰，由飘忽渐渐趋向定型，同时借着辞藻固定下来。而读者在欣赏诗歌时，则运用自己的艺术联想和想象，把这些辞藻还原为一个个生动的意象，进而体会诗人的思想感情，在创作和欣赏的过程中，辞藻和意象，一表一里，共同担负着交流思想感情的任务，由是知之，意象则为传统诗歌内在的基本构成单位。中国诗歌本来是短小的抒情

① 袁行霈：《中国诗歌艺术研究》，北京大学出版社 1996 年版，第 2 页。

诗，词语数量并不多，蕴涵的意象却相当丰富，一首诗即是意象的组合，甚至是无经中间媒介的直接拼合。

古人所谓意象，有种种不同的含义和用法，有的指意中的象，即意会中的形象；有的指意和象，即主观和客观两个方面；有的类似于境界；有的接近于今天所说的艺术形象。尽管如此，但有一点是共同的，就是必经呈现为象。那种纯概念的说理、直抒胸臆的抒情，都不能构成意象。因此可以说，意象赖以存在的要素是象，是物象。物象是客观的，不依赖人的存在而存在，也不因人的喜怒哀乐而发生变化。但是物象一旦进入诗人的构思，就带上了诗人的主观色彩。这时它要受到两个方面的加工：一方面，经过诗人审美经验的淘洗与筛选，以符合诗人的美学理想和美学趣味；另一方面，又经过诗人思想感情的化合与点染，渗入诗人的人格和情趣。经过这两方面加工的物象进入诗中就是意象。诗人的审美经验和人格情趣，即是意象中“意”的内容。因此，意象可谓是融入了主观情意的客观物象，或者是借助客观物象表现出来的主观情意。

例如，“梅”这个词表示一种客观的事物，它有形状有颜色，具备某种象。当诗人将它写入作品之中，并融入自己的人格情趣、美学理想时，它就成为诗歌的意象。由于古代诗人反复地运用，“梅”这一意象已经固定地带上了清高芳洁、傲雪凌霜的意趣。

意象可分为五大类：自然界的，如天文、地理、动物、植物等；社会生活的，如战争、游宦、渔猎、婚丧等；人类自身的，如四肢、五官、脏腑、心理等；人的创造物，如建筑、器物、服饰、城市等；人的虚构物，如神仙、鬼怪、灵异、冥界等。

## 二、中国传统诗歌的审美特征

中国古代诗歌是以凝练而富于感情性与音乐美的语言，集中、优美地表现我国人民在社会生活中所孕育的审美情感与复杂心态的一种特有的文学样式，从美学的角度来审视它，主要表现出以下特征：

### 1．意境美的营造

意境是中国古代美学的重要范畴，它是指作用的主观情意与客观物境互相交融而形成的艺术境界。“意境”一词早已有之，却经由王国维的提倡才流行起来，他在《人间词乙稿序》中说：“文学之事，其内足以摅己而外足以感人者，意与境二者而已。上焉者，意与境浑，其次或以境胜，或以意胜。尚缺其一，不足以言文学。”[①]在《人间词话》里他又说：“能写真景物、真感情者，谓之有境界，否则谓之无境界。”可知，境界乃是由真景物与真感情两者合成，是主客观交融的结果。由心物交融或情境相生于是就产生了诗的意境美。

在中国古典诗歌里，意与境的交融有三种不同的方式。

一是情随境生。诗人先并没有自觉的情思意念，生活中遇到某种物境，忽有所悟，思绪满怀，于是借着对物境的描写把自己的情意表达出来，达到意与境的交融。《文心雕龙·物色篇》说：“物色之动，心亦摇焉”，讲的就是由境及意的过程。古典诗歌中这类例子很多，如孟浩然《秋登万山寄张五》：“相望始登高，心随雁飞灭。愁因薄暮起，兴是清秋发。”《宿桐庐江寄广陵旧游》：“山暝听猿愁，沧江急夜流。风鸣两岸树，月照一孤舟。”崔颢《黄鹤楼》：“睛川历历汉阳树，芳草萋萋鹦鹉洲。日暮乡关何处是，烟波江上使人愁。”在这类诗里，诗人的情思意念都是由客观景物触发的，由境及意的脉络比较分明。有的诗更写出了情意随着物境的转换而变化的过程，如柳永《夜半乐》，全词共三叠，景物的转换引起感情的变化，感情的变化又反过来改换了景物的色调，可谓达到了“意与境浑”的地步。

二是移情入境。诗人带着强烈的主观感情接触外界的物境，把自己的感情注入其中，又借着对物境的描写将它抒发出来，客观物境遂亦带上了诗人主观的情意。这方面的例子很多，如李白：“山花向我笑，正好衔杯时”（《待酒不至》）；杜甫：“感时花溅泪，恨别鸟惊心”（《春望》）；杜牧：“蜡烛有心还惜别，替人垂泪到天明”（《赠别》）；辛弃疾：“红莲相倚浑如醉，白鸟无言定自愁”（《鹧鸪天·鹅湖归病起作》）。这些诗句所写的物境都带有诗人的主观色彩，是以主观感染了客观，统一了客观，达到意与境的交融。

三是体贴物情，物我情融。上面所说的情随境生和移情入境，那情都是诗人之情。这里的“物情”是指物境本身固有的性格和感情，实际则为山川草木、日月星辰在形态色调上的差异使人产生的某种共同印象。有的诗人长于体贴物情，将物情与我情融合起来，构成诗的意境。陶渊明和杜甫在这方面尤其突出。陶渊明的：“众鸟欣有托，吾亦爱吾庐”（《读山海经》）、“平畴交远风，良苗亦怀新”（《登卯岁始春怀古田舍》）；杜甫的：“岸花飞送客，墙燕语留上”（《发潭州》）、“随风潜入夜，润物细无声”（《春夜喜雨》）、“江山如有待，花柳更无私”（《后游》），都达到了物我情融的地步。

当然，意与境的交融又是在不断深化与开拓中完成的，因此，古人便有“炼意”之说。而且，此种深化与开拓还必须适度，加工不足失之浅露，加工太过

---

① 赵万里：《静安先生年谱》，此序乃王国维所作而托名樊志厚的。

失之雕琢，最高境界是虽经深化开拓而不露痕迹，深入浅出，返璞归真。譬如李白的《子夜吴歌》："长安一片月，万户捣衣声。秋风吹不尽，总是玉关情。何日平胡虏？良人罢远征。"语言直率而意境阔大，能够一下子打入读者心境。

主观成分在意境中占相当比重，所以诗人观察事物的角度、独特的情趣和性格，无疑又会构成意境的个性。陶渊明笔下的菊，李白笔下的月，陆游笔下的梅，简直就是诗人自己的化身，又由这些意象构成具有个性特点的意境，进而造成风格的差异。在个性基础上，如更敢于大胆创造新的意境，那么诗人的艺术生命将长青。

2．音乐美的追求

诗，不仅作为书面文字呈诸人的视觉，还作为吟诵或歌唱的材料诉诸人的听觉。中国古代第一部诗歌总集《诗经》中的每一篇都可以合乐歌唱，《墨子·公孟篇》里"弦诗三百，歌诗三百"的话可以为证。《诗经》风、雅、颂的区分也是由于音乐的不同。诗与乐像一对孪生的姊妹，从诞生之日起就紧密地结合在一起，音乐效果可以说一直是诗歌自觉或不自觉的追求。中国古典诗歌的音乐美又是怎样构成的呢？

首先，要有节奏。

合乎规律的重复形成节奏，节奏能给人以快感和美感。中国古典诗歌的节奏是依据汉语的特点建立的，又由以下两种因素决定：一是音节和音节的组合。汉语一个字为一个音节，诗歌每句的音节是固定的。而一句诗中的几个音节并不孤立，一般两个两个地组合在一起形成顿（或称音组、音步）。如：四言诗每句两顿，每顿两个音节；五言三顿，每顿的音节是二二一或二一二；七言四顿，每顿的音节是二二二一或二二一二。同时，音节的组合还形成逗。逗，也就是一句之中最显著的那个顿，它将诗句分为前后两半，其音节分配是：四言二二，五言二三，七言四三。这就是中国诗歌形式上的一条规律——"半逗律"，它是构成诗句的基本格律。中国诗歌节奏的习惯，犹如建筑物的柱子一般重要。二是押韵。押韵又称合辙，是字音中韵母部分的重复。按照规律在一定的位置上重复出现同一韵母，就形成韵脚产生节奏，从而把涣散的声音组织成一个整体。中国古典诗歌是必须押韵的，因为汉语语音长短、轻重的区别不明显，不能借助它们形成节奏，于是押韵便成为形成节奏的一个要素。押韵是在句尾，句尾总是意义和声音较大的停顿之处，再配上韵，所以造成的节奏感就更强烈。古典诗歌的押韵，唐以前完全依照口语，唐以后则依照韵书，如唐代孙愐刊定的《唐韵》，宋代陈彭年等奉诏所修的《广韵》，元代周德清的《中原音韵》等。

其次，讲求音调。

一首诗由许多字词的声音组成，字词声音之间的整体关系就构成了诗的音调。平仄是字音声调的区别，古代与平声相对，上、去、入三声都是仄声。平仄有规律地交替和重复，可形成节奏，更能造成音调的和谐。中国古典诗歌的音调主要就借助平仄组织起来，平仄组合符合审美规律谓之谐。否则谓之拗。在诗句中，平仄的区别又主要在声音的高低上。

齐梁以前并不知道声调的区别，齐梁之际周颙才发现了平上去入四种声调，并经由同代人沈约等用于诗的格律，创立了“八病”说，形成了“永明体”。由此，反映出中国诗歌从自由发展到讲究格律的必然趋势，更标志着诗人们寻求诗歌的音乐美已取得重大进展。大概两百年后，初唐的沈佺期、宋之问总结出一套定型的格律形式，遂使后人作诗有了明确的规格可循。所以，到唐代，平仄格律配上押韵和对偶的格律，再固定每首诗的句数、字数，于是完成了律诗、绝句等近体诗的创造。至此，诗歌的音乐美可以说充分体现出来了。

平仄组合是决定诗歌音调的关键，对平仄格律的掌握就显得非常必要，其基本规律有四条：一句之中平仄相间；一联之内上下两句平仄相对；下联的出句与上联的对句平仄相粘；句末不可出现三平或三仄。以五律中较常见的仄起仄收式为例：

**春望**（杜甫）

仄仄平平仄　　国破山河在
平平仄仄平　　城春草木深

平平平仄仄　　感时花溅泪
仄仄仄平平　　恨别鸟惊心

仄仄平平仄　　烽火连三月
平平仄仄平　　家书抵万金

平平平仄仄　　白头搔更短
仄仄仄平平　　浑欲不胜簪

除平仄之外，古典诗歌还常常借助对声调、叠韵词、叠音词、象声词来求得音调的和谐，增加音乐美。如：“田园寥落干戈合，骨内流离道路中”“迢迢牵牛星，皎皎河汉女”“寻寻觅觅，冷冷清清，凄凄惨惨戚戚”“无边落木萧萧下，不尽长江滚滚来”。

再次，注重声情。

古典诗歌的音乐美并不完全是声音组合的效果，还取决于声与情的和谐。字词声音的安排和组织只有适应了表达感情的需要，才能达到声情和谐、声情并茂的地步。

崔颢的《黄鹤楼》，严羽《沧浪诗话》评为唐人七言律诗第一，前人评说多着眼于意象神气，若从声情来分析，诗作也是很见功力的。诗人抒发的是登楼远眺所引起的怀古思乡之情，“白云千载空悠悠”一句将前半部分的怀古很自然地过渡到后半部分的思乡。望了汉阳树，望了鹦鹉洲，再往北望去就是诗人的家乡汴洲了。但乡关是望不见的，所以只是烟波浩渺而已。末句“烟波江上使人愁”，既是思乡之愁，又是怀古之愁，客游他乡的寂寞与流光易逝的惆怅交融在一起。诗人的感情从黄鹤楼这个点辐射开去，进而由古及今、由此及彼地流动着。感情悠悠，云水悠悠，诗所押的韵（楼、悠、洲、愁）也是徐缓而悠长的。而诗的前四句：“昔人已乘黄鹤去，此地空余黄鹤楼。黄鹤一去不复返，白云千载空悠悠”中，“黄鹤”这一双声词竟重复出现了三次，造成一种新的节奏感的同时，也几乎完全打破了律诗的平仄格律，却别具一种荡气回肠的音乐效果，亦由此恰当地表现了因登黄鹤楼而产生的思古之幽情。

## 第二节　中国传统音乐

中国传统音乐文化有悠久的历史和丰富多彩的内容。从历史角度言，河南舞阳县发现的 18 支七音孔和八音孔的骨笛，距今已有 8000 多年，这说明古代音乐在新石器时代即已产生。夏商之前，有关学者称之为“原始乐舞时代”，此时的音乐形式以伴舞的节奏为主。有周一代，称为“雅乐时代”，打击、吹奏和拨弦乐器齐备。秦汉魏晋时期是“清乐时代”，少数民族和域外之乐纷涌而入，清商乐（清乐）产生。南北朝至宋代为“燕乐时代”，雅、俗之乐皆获得极大发展。明清之际，堪称“俗乐时代”，演奏中心在民间。至此，中国传统音乐的五大门类（民歌、民族乐器、说唱音乐、歌舞音乐、戏曲音乐）齐备。

内容上，中国音乐依其功能可分为：（1）仪式音乐。用于祭祀、宗庙、大典之乐，也包括宗教寺庙的仪式音乐。（2）宫廷舞乐。主要供帝王享乐，传统音乐创作大多集中在这个领域。（3）声乐。其用歌词内容规范着音乐表现的多样性，很符合传统文化的理性精神。（4）独奏器乐。它以其独特的形式抒一己或淡泊或清远之情，因此具有特殊的文化意义。（5）民乐。指民俗庆典中的音乐。

在漫漫历程中，中国传统音乐形成了独特的体系，除演奏乐器外，主要体现在其表现形式和审美特征两方面。

## 一、中国传统音乐的表现形式

中国音乐的表现形式与西方的五线谱之类迥然有别，它分为五音阶体系和七音阶体系两种。五音又叫五声，即指宫、商、角、徵、羽，它们大致相当于现代音乐简谱上的 1（do）、2（re）、3（mi）、5（sol）、6（la）。从宫到羽，按照音的高低排列起来，就形成了一个五声音阶，宫商角徵羽就成了五声音阶上的五个音级：

| 宫 | 商 | 角 | 徵 | 羽 |
|---|---|---|---|---|
| 1 | 2 | 3 | 5 | 6 |

后来，人们再加上变宫、变徵，称为七音。变宫与变徵大致和现代简谱上的 7 和#4 相当，如此就形成一个七声音阶：

| 宫 | 商 | 角 | 变徵 | 徵 | 羽 | 变宫 |
|---|---|---|---|---|---|---|
| 1 | 2 | 3 | #4 | 5 | 6 | 7 |

由于五声音阶与传统哲学的五行说联系密切，所以中国音乐中五音阶体系的地位比起七音阶体系而言，相对高一些。

作为音阶，宫商角徵羽等音只有相对音高，不存在绝对音高，就是说其音高是随着调子转移的。但是相邻两音间的距离则固定不变，只要第一级音的音高确定了，其他各级的音高也就都确定了。一般来说，古人常以宫作为音阶的起点，“故音者，宫立而五音形矣。”确定了宫的音高，也就确定了全部五声音阶各级的音高。七声音阶的情况也是如此。

声与律紧密相连。律，原指用来定音的竹管。据说古人用十二个长度不一的律管，吹出十二个高度不同的标准音，以确定乐音的高低，因此，这十二个标准音也称十二律。十二律各有固定的音高和特定的名称，它们大致相当于西方音乐中的 C、#C、D、#D……G、#G、A、#A、B 等十二个固定的音。从低到高排列起来，依次为：

| | | |
|---|---|---|
| 1．黄钟<br>C | 2．大吕<br>#C | 3．太簇<br>D |
| 4．夹钟<br>#D | 5．姑洗<br>E | 6．中吕<br>F |
| 7．蕤宾<br>#F | 8．林钟<br>G | 9．夷则<br>#c |
| 10．南吕<br>A | 11．无射<br>#A | 12．应钟<br>B |

十二律分为阴阳两类：奇数的六律为阳律，叫作六律；偶数六律为阴律，叫作六吕。二者合称为律吕。古书上所说的“六律”通常是指十二律。与比较音高的五声而言，十二律是绝对音高。

律管的长度是固定的。长管发音低，短管发音高。十二律管的长度有一定的数的比例，古代惯用“三分损益法”来计算。古人往往以黄钟为基本律，其长度定为 9 寸，将黄钟的管长减去 1/3（三分损一）即 $9\times\frac{2}{3}$ 号，就是林钟的管长，为 6 寸；林钟的管长增加 1/3（三分益一），即 $6\times1\frac{1}{3}$，得 8 寸，就是太簇的管长；太簇管长减去 1/3，就是南吕的管长；南吕管长增加 1/3，即为姑洗的管长。以下依次为应钟、蕤宾、大吕、夷则、夹钟、无射、中吕。除由应钟到蕤宾，由蕤宾到大吕都是三分益一外，其余都是先三分损一，后三分益一。为了清晰直观，可看下图。

| | C | D | E | (#F) | (#G) | |
|---|---|---|---|---|---|---|
| （阳） | 黄钟 | 太簇 | 姑洗 | 蕤宾 | 夷则 | 无射 |
| | ↓ ↗ | ↓ ↗ | ↓ ↗ | ↓ ↗ | ↓ ↗ | ↓ |
| （阴） | 林钟 | 南吕 | 应钟 | 大吕 | 夹钟 | 中吕 |
| | G | A | B | (#C) | (#F) | |

乐调方面。虽然古人常以宫作为音阶的第一级音，但商角徵羽也都可以作为第一级音，只是音阶的第一级音不同，意味着调式的不同；以宫为音阶起点的是宫调式，即以宫作为乐曲旋律中最重要的居于核心位置的主音；以商为音阶起点的是商调式，即以商作为乐曲旋律中最重要的居于核心地位的主音，其余依此类推，从而使五声音阶有五种调式。根据同样的道理，七声

音阶则有七种调式。

## 二、中国传统音乐的审美特征

我国古代音乐具有如下审美特征：

### 1. 诗乐舞一体

中国音乐尽管也产生了若干独奏器乐，如琴、筝、笛、箫、二胡之类可以独奏的乐器，然而从纯音乐的角度而言，传统音乐基本上没有获得独立的发展，而是多与其他艺术形式结合，成为一门具有综合性特征的艺术。作为同是具有抒情性质的艺术，中国音乐与诗和舞有着天然的亲密关系，“歌之为言也，长言之也；说之故言之，言之不足，故长言之；长言之不足，故嗟叹之；嗟叹之不足，故不知手之舞之，足之蹈之也。”①

早期音乐大体上从属于舞，“比音而乐之，及干戚羽旄，谓之乐。”②即合着音声，舞着“干戚羽旄”，这就是“乐”。伴舞的音乐，以节奏乐器为主，乐者击鼓筛锣，甚至边奏边舞，载歌载舞。因此，这种音乐不可能有太复杂的旋律，只能依靠力量强弱的变化，以响亮而粗犷或轻柔而细腻的演奏，来改变同一串连续音符所表现的情感，或在节奏方面变换手法来适应各种不同的气氛。节奏乐器的长期使用，使其具备了独立存在的价值，甚至产生比旋律复杂的复节音乐，丰富了中国音乐文化的内容。

乐从属于文学，以诗乐结合最为典型。“诗”常被称为“诗歌”，由此可见诗与乐的关系不一般。《诗经》三百首，原本皆可歌咏的。《乐书要录》卷五记载，《国风》是“史所采于民，而编之竹帛，付之司乐”之作。律诗讲求平仄押韵，追求格律美，好像诗文屈从了乐律，然而最终目的仍是为了诗，韵律是手段而非目的。

就诗歌而言，依乐填词、为歌赋诗、为诗度曲等，在形成音乐的同时，也繁荣了诗。唐诗有“诗海”之誉，音乐做出了很大的贡献。当时的诗，相当一部分本身就是歌，这在白居易的一首诗里有反映：“文场供秀句，乐府添新词。天意君须会，人间要好诗。”此外，古代诗词韵不离调，从中也可以看出音乐对诗的影响。

从音乐来说，与文学尤其是诗乐舞的结合，使音乐完善为多部乐的“大曲”（清乐大曲→燕乐大曲），这些大典集视听之大成，从非纯乐的角度进一

---

①《礼记·乐记·师乙》。

②《礼记·乐记·乐本》。

步充实了音乐的美感状态。

诗乐舞合一，在中国传统戏曲中得到了集中的表现。戏曲以其本身的综合性把各门艺术（音乐、舞蹈、文学、雕塑、绘画）结合在一起并使之精致化。音乐是构成戏曲的一大因素。念唱在戏曲中起着重要的作用，优美的唱词本身即一篇美文。舞蹈动作是戏曲吸引观众的重要手段之一。

### 2．理性精神

受儒家中庸思想的影响。我国古代艺术虽有“主志”与“缘情”之分，但志与情往往是不可分的，两者身上皆体现出一种理性的精神。担负着“审音以知乐，审乐以知政，而治道备”（《礼记·乐记·乐本》）之重任的传统音乐，这一点体现得很突出。

中国音乐的理性精神集中体现在对“和”的追求上。音乐是抒情性很强的听觉艺术，是最能“缘情”的。但孔子指出：“乐云乐云，钟鼓云乎哉？”[①]认为音乐不能仅以声音悦耳而获取美感，还应具有明确而深刻的社会主题，要“尽美”，也要“尽善”。联系孔子对《韶》乐“尽美矣，又尽善也”的高度评价，以及他闻《韶》乐而“三月不知肉味”来看，《韶》在孔子眼里已是“至乐”。而“至乐相和”[②]，所以尽善尽美的追求，也就是对“和”的境界的追求，这种“和”的追求中无疑体现着理性的精神。后人“出于情，发于中，形于声”[③]的音乐观点，应该说也体现着一种理性精神。对理性的追求，使中国音乐讲求“以理节情”。相传为孔子所作的《幽兰》，以隐谷中与杂草为伍的芗兰来抒发作者郁郁不得志之情，但哀婉抑郁之情藏之甚深。

另外，古人认为音乐是表达内心情志的，情志属人，用嘴吟唱应比非人体乐器更接近情的本性，因此认为“丝不如竹，竹不如肉”。肉能唱的只能是声乐，声乐之妙在于词对乐的规范，故音乐能“乐而不淫，哀而不伤”，“发乎情，止乎礼”。这种对演唱（奏）方式的明确区分，又何尝不是一种理性精神。

### 3．旋律为主

中国音乐的美感主题是“和”。从绝对音乐的角度看，古代音乐的“和”主要是一种乐音之和。每种乐器都根据自己的特点予以发挥，有一定程度的即兴性，它们既不脱离旋律的中心，又彼此在质感和音高调式上不尽相同。

但是，传统音乐在织体上是单音式的，器乐合奏遵循单一旋律（尽管这

①《论语·阳货》。
②《尚书大传·虞夏传》。
③ 朱长文：《乐圃琴史校》卷六。

一旋律本身有复杂的变化)，相伴以复杂的打击乐节奏，形成一种特殊的结构。因此，中国音乐呈现出以旋律为主的特征，给人的是一种气韵生动的线条美。而西方音乐则注重合声和配气，给人一种几何学的浑厚之美。

4．节奏宣泄

以旋律为主的器乐声乐表现的是理性精神或哲学沉思的一极，节奏宣泄则表现的是中国文化的另一端，它主要在民间音乐中表现出来，如陕北腰鼓、山西锣鼓，在喧闹节奏中展现出了一种粗犷的阳刚之气，宣泄一种豪放激烈之情。

## 第三节　中国传统绘画

中国绘画（简称国画)，以其悠久的历史和独成一体的绘画美学体系，在世界美术领域中独树一帜。它以毛笔、宣纸、墨为主要的创作工具。

### 一、中国传统绘画的基本类型

取不同的视角，中国绘画可以分为不同的类型。这里主要从题材和运用范围两个方面来进行界说。

中国绘画从题材分为人物、山水、花鸟三大画科。人物画又可分为历史、道释、仕女、民俗故事等，它在三大题材中历史最为久远。出土于长沙战国楚墓的帛画《人物夔凤图》和《人物御龙图》，是目前发现的我国最早的人物肖像图。到了汉代，人物画从工艺装饰中独立出来，并随之迅速发展。三国时期的曹不兴是记载中最早以佛画知名的画家，其画作有“曹衣出水”之誉。东晋顾恺之是画史上首位有画迹可考的著名画家，有摹本《女史箴图》《洛神赋图》传世。初唐阎立本擅长人物画，其著名的《步辇图》是一幅出色的工笔重彩人物画卷。盛唐“画圣”吴道子所画佛像有“吴带当风”之说。张萱和周昉以仕女画著名。存世的人物画中，北宋张择端《清明上河图》最为杰出，是一幅以普通社会生活和风俗人情为主的风俗图。

山水画是在以老庄哲学为基础的玄学风气中形成的，可分为青绿、浅绛、水墨、焦墨诸类。它在汉代已见端倪，魏晋南北朝时期勃然兴起。隋唐之后，更有突破性进展，其后始终是中国画坛主流。唐代李思训开创色彩富丽的“金碧山水”画，王维倡导清幽淡远的“水墨山水”画。五代的荆浩、关仝与董源、巨然分别创立了“雄”“秀”两种风格。宋元是山水画发展到高峰的时期。北宋山水画以客观整体地描绘自然为特色，“以雄浑、辽阔、崇高胜”，王希孟《千里江山图》可为代表。南宋山水画注重描写山川奇秀的某一角，“以秀丽、工致、优美胜”，马元、夏圭“剩水残山”之作最为典型。元代山水画讲究笔法墨色，水墨画压倒青绿山水，“元四大家”将中国山水画推向了一个新高峰。明清山水画坛，董其昌、龚贤堪称大家。

兴起于唐代的花鸟画主要分为工笔和写意两类。工笔花鸟画以线、色、墨为其形式因素序列，满足的是宫廷、世俗的精神和审美需要，工致、细腻、绚丽是其特色；写意花鸟画又分大、小写意两种，墨、线、色是其形式因素序列，立足于文人墨客抒发胸臆的需要，特点是粗放、简率、淡泊。五代的徐熙和黄筌开创了两大花鸟流派，“黄筌富贵，徐熙野逸”的风格影响深远。宋徽宗赵佶也擅长画花鸟。明人林良、沈周等为代表的水墨写意派，以徐渭、陈淳为代表的水墨大写意派和以边文为代表的工笔花鸟派，各以其杰出创造，推动了花鸟画的发展。其中，徐渭的大写意，用笔放纵，水墨淋漓，尤为杰出。有清一代，“扬州八怪”、八大山人各以“怪”“涩”著称于世，把花鸟画又推到另一个境界。

按运用范围来分，中国古代绘画大体可分为宫廷绘画、文人绘画、宗教绘画、市民绘画和民间绘画五类。宫廷绘画有两类：一类是政教实用性的，主要绘帝国的重要领导人，具有榜样性的文臣武将和历代帝王，如阎立本的《历代帝王图》；另一类闲适性的，体现所谓内圣外王，身在朝廷之中，心存江湖之远的旨趣。宋代宫廷画院的山水花鸟画是其典型代表。这一类画与文人画相交叠，但二者的审美理想不同，宫廷画以“神品”为最，文人画则首重“逸品”。文人绘画主要表现士大夫情趣，它不是紧跟朝廷的政治伦理要求，而是随士大夫自己的境遇变化而作，比如六朝讲求玄学的心境，因此宗炳的画满是闲情。唐代盛行佛教，因而王维的画充满禅意。宋代文人“寄至味于淡泊”，他们创造的文人画笔简形具，离形得似，唯心所出。明清两代市民氛围浓厚，徐渭、石涛、朱耷、郑燮之画，尽抒其压抑不平之气。宗教绘画在寺庙与石窟之壁，画的是佛道人物和佛经道教故事。除一些著名画家如吴道子参与外，大多为匠人绘制，艺术性普遍不高。但随宗教在不同时代人们心中的变化，有关壁画也反映出不同的审美风貌。南北朝的壁画，如敦煌壁画中的割肉贸鸽、舍身饲虎，反映的是面对大苦大难的宁静与崇高。唐代壁画那众多的西方净土变，反映的是想把现实的欢乐延续到未来的愿望。五代以后壁画则多了世俗性、民间性、戏剧性。市民绘画主要是指小说戏曲读本上的插图。在世情小说中有各种生活图画，特别是艳情小说中，以前绘画中极少有的裸体、半裸体的画面也不时有出现。民间绘画主要与民间习俗有关，如财神、门神、送子图、福寿图之类，反映的是一般民众趋福避害的心理。

宫廷绘画的主要追求是精巧，其最佳载体是彩墨画。文人绘画的要旨是抒情达意，其最高顶峰是水墨画。宗教绘画的目的是解释宗教内容，多为彩色壁画。市民绘画与表现市民性的小说故事内容相连，在版画上达到了妙境的程度。民间绘画负载下层民众的愿望，年画为其重要表现形式。

## 二、中国传统绘画的审美特征

中国绘画无论何种类型都显示出如下共同的审美特征。

### 1. 整体着眼

整体着眼是传统中国画区别于古典西洋画的重要特征之一，它体现于中国画创作的全过程。为此，中国传统绘画特别讲究散点透视和以大观小这两种创作原则。

（1）散点透视。

中国传统绘画与西方古典绘画受不同的审美传统的影响，构图时各自选取不同的“透视法”。西方画基于“我物对立”的审美观，认为“我”独立于物之外，与客体是平视关系。为了尽可能还客体的真实面目，西方画运用符合几何规则的定点透视法（包括焦点透视法、光影透视法、空气透视法等），使人得以在平面二维的方框里，感知到三维空间，即从一张平面图产生立体的图景之感。中国文化哲学则否认整个宇宙有一个固定的视点，认为“我物相融”，只有仰观俯察、远近游目才能味象观道。中国画受这种基本哲学启迪，强调无论是作者，还是观者都不应置身于物外，而应参与自然的造化，所谓“称性之作，直参造化”[①]。因此，中国绘画采用散点透视的方法，认为只有散点透视才能使中国画按照传统文化认为最正确的方式“以一管之笔，拟太虚之体”[②]，使画家避免了在一个固定观察点所产生的局限，从而用文化宇宙的法则和能够体会这文化宇宙法则的心灵去组织对象，表现自己想表现的任何东西。具体到创作而言，散点透视法集中体现在中国画追求的画面的“三远”（即高远、深远和平远）上。“平远”之画，可使人“横墨数尺，体百里之远”[③]，但也只能望尽一重山而已，未能重重悉见，数岳尽览。于是便需要借助“高远”之法，即主体居高临下，以大观小，仰眺俯视自然世界，使画

① 沈灏：《画尘》。
② 王微：《叙画》。
③ 宗炳：《画山水序》。

中所需表现的实体近乎毕现于眼底。至于画中“意到笔不到，为神气所吞处”，则以以虚涵实的方法加以弥补，使人从“目有所及故所见不周”的视野和实景里解放出来，此即画中的“深远”。实践证明，散点透视的方法，突破了人为界限的束缚，扩大了观画者的视域，给其以全景式的感受，同时也使画面显得纵横捭阖，井然有序。顾闳中《韩熙载夜宴图》、张择端《清明上河图》是散点透视法的典范之作。

（2）以大观小。

中国文化相信宇宙有一个“道”，这个道无所不在。作为一种含“道”的艺术形式，是否表现了宇宙之“道”就成为衡量中国绘画高下优劣的一个重要标准。因此，要求画家在创作过程中，要站在一个宏伟的高度，俯察游观自己所表现的对象，“饱游饫目”，“收尽奇峰打草稿”，这样作画运思之时，就处于一个以大观小、一切了然的境地。即使就作品的细部而言，画家是“身所盘桓，目所绸缪，以形写形，以色貌色”[①]。但整部作品最终是以达到一种以一摄多、以小见大、“一花一世界”的和谐境界为其目的，注重“尺幅而有泰山河岳之势，片纸而有秋水长天之思”。以大观小，它不仅仅是一种宏观把握、细部入手的技巧，还需要画家的悟性、勤奋、学识与之相配，方能发挥其最大功效。

### 2. 线条为主

书画同源，是中国艺术史上的一个重要观点。与书法相同，线条是中国绘画的主要表现形式之一，它凝集和表现着画家浓烈的情感，这使国画成了一种抒情重于写实的艺术。抒情的特点决定了中国画注重于表现人物内在的精神气质、格调风度，不注重对外在环境、事件、形状、姿态的铺张描绘。这种内在的精神世界，既指向创作主体，又指向创作客体，是精神内容和具体物象的和谐统一。因此，“以形写神”“离形得似”“遗形取神”成了中国画创作的基本审美原则。“气韵生动”成为中国画的最高审美要求，它源自于创作过程中的“遗形取神”“离形得似”，是画面整体高度和谐统一的结果。值得注意的是，绘画注重表现“神”，并不意味对“形”的放逐与漠视，而是说为了追求象外之韵、味外之旨，不必拘泥于事物之“形”。“神”由“形”生，没有一定的“形”则不足以显“神”。“妙在似与不似之间”的遗形取神是其要旨所在。明代徐渭画牡丹，以泼墨画之，与其常形相去甚远，然而却生意盎然、神气充盈，堪称神品。

---

① 宗炳：《画山水序》。

### 3．平面色彩与骨法用笔

西方传统绘画彩色的明暗深度是由焦点产生的光效应决定的。中国绘画由于遵循散点透视的方法，难以产生光的效应，因此基本上是平面色彩的中国彩画，其立体感便要借助笔法的浓淡枯实来表现，从而使笔法在中国画中占有着重要的地位，成为影响绘画是否气韵生动的重要因素之一。作中国画时，注意以骨为质，崇尚笔力，是对画家的一项普遍性要求。相传是卫夫人所作的《笔阵图》说："善笔力者多骨，不善笔力者多肉，多骨微肉者谓之筋书，多肉微骨者谓之墨猪。"讲的虽是书法，对绘画照样适用。骨法用笔主要体现在笔墨线条的运用上。富有生命情感的线条是中国画的基础与骨干。骨法用笔的骨法，既包括画家有个性的书法语言中有骨气的线条，也包括画家捕捉到的物象本身所溢出的骨气，二者和谐统一于中国画特有的笔墨线条之中。

## 第四节　中国书法

中国书法是中国文化的审美象征。作为中国文化的重要组成部分，它呈现出华夏人格精神、心灵世界和艺术精神，并以其极为独特的形式、悠久的历史、丰富的内涵、深远的影响，在世界文化史上占有重要的一席之地。

### 一、中国书法的内涵

中国书法是一门借助汉字的书写，充分发挥毛笔的特殊性能，通过点线的变化运动，以表达作者的审美观念、学问修养、思想感情、性格气质等精神因素的美的艺术。具体而言，从哲学的角度看，书法是东方人类用以表达民族美感、人性美感，非具象而又产生某些具象（意象）思维，即在形象思维（直感、感觉）+抽象思维（逻辑、理性）+灵感思维（情感、顿悟）之综合思维状态下的包容性极强的内涵性艺术。就文化形态而言，书法是"天人合一"精神最彻底最鲜明的迹化形式，而"天人合一"精神是最重要的中国文化传统精神。对书法家来说，书法是其人格精神及文化品质的延伸。就其物化形态观之，书法是汉字本体再造的"复艺术形态"，或者说"第二艺术形态"。

书法艺术有两项基本要求：一要书写汉字。汉字是书法艺术产生的基础，其独特的结构与丰富的内涵为书法艺术提供了优越的表现条件。书法与汉字的这种紧密关系，使书法成为中国群众基础最为广泛的艺术形态。二要使用毛笔。毛笔柔软而富有弹性，是最适宜表现千变万化的书法风格的书写工具。书法线条用毛笔写成，可以各有奇趣而不雷同，这只有充分发挥毛笔的性能才能达到。不同性能的毛笔可以用来书写不同大小、不同书体的字。根据这两点，英文、法文、德文等字母，不论它们被今天的部分中国人书写得如何漂亮，都难以纳入传统意义上的中国书法的范畴。而目前流行的硬笔书法，尽管有其可取之处，也概莫能外。

中国书法已有3000多年的发展历程，它对中国传统的绘画、音乐、文学、戏曲等艺术及华夏民族的审美心理有着深刻而广泛的影响，对日本、朝鲜等东亚国家的文化也产生了巨大的影响。

从字体类型上，中国书法分为篆、隶、楷、草、行五类，各有自己独特的风貌。篆属古文字，与隶、楷、草、行在字形上不同。篆、隶、楷皆是一字自成一体，行、草则可两字连写，草书则往往数字甚至一行连写。不同的字体有不同的结构特征、用笔特色和整体风貌。大致而言，篆书古雅，隶书丽姿，楷书雅正，行书流丽，草书飘逸。

作为一种建立在汉文字这种特殊符号基础上的艺术，书法不同于文字这种只具有单纯社会实用功能的交际符号，而是一种借以表达书家思想、修养、爱好、情感等审美趣向的艺术符号。有人将“天下三行书”作了比较，认为：“《兰亭序》（王羲之）是雅士超人的风格，《祭侄帖》（颜真卿）是圣哲贤达的风格，《黄州寒食诗帖》（苏轼）是学士才子的风格。”[①]又如黄庭坚《松风阁诗帖》。书写此帖时，已57岁的作者以流谪之身，正游于湖北鄂城县的樊山，触景生情，感慨万端而写之。其生涩的用笔，欹侧的结体，颇似诗中所谓参天老松之高古，表现了一种久经风雨摧压而不屈的气概。

书法作为艺术还反映整个时代的审美风貌。晋人尚韵，唐人尚法，宋人尚意，明人尚态，已成为古今谈论历代书法艺术特色的定论。由此宗白华说，西方艺术整体风格的变化可以从建筑的变化上显示出来，而中国建筑各时代的变化不明显，但中国有各时代美学特征各异的书法，它可以代替西方建筑的功用[②]。晋人尚韵，以王羲之行书为代表，从其书法风貌可以使人领会晋人的诗歌、散文、绘画、园林的风貌。唐人尚法，以颜真卿、柳公权的楷书为代表，从中又可联想到杜甫的诗、韩愈的文、吴道子的画。宋人尚意，以苏轼、黄庭坚、米芾、蔡襄为代表，从其字可以贯通于宋诗的平淡、宋画的远逸、宋词的清空。明清尚态，无论是浪漫派徐渭，帖学派董其昌，还是碑学

① 龙协涛：《天下三行书》，《人民政协报》，1988年5月6日。

② 宗白华：《美学散步》，上海文艺出版社1987年版，第156页。

派郑燮都有明显表现，它又与戏曲、小说中的市民性、世俗风相暗通。

中国书法之所以成为一门重要艺术，在于它与中国文化之道紧密相连。在中国文化中，道是一切具体事物的根本，通过一切事物表现出来。而书法家作书的过程，也就是深刻领悟中国文化之道的过程。中国文化的宇宙是一个气化流行、生生不息的宇宙，对非质实而虚灵的气的模拟，以用笔的浓淡枯实，周流运转的书法来表现是最易令人体悟的了。书法之为书法主要表现为字形本身，而中国文字的笔画结构本身就具有中国式的建筑美。它的间架结构的多样性，用笔浓枯的虚灵性，使之在形成“囊括万殊，裁成一相”的抽象美时，具有审美的多样性。总之，如果说中国文化之道是执一而驭万，书法则因其“简”而天下之理得矣。

## 二、中国书法的审美特征

中国书法是中国美学的灵魂，它表现了中国艺术最潇洒、最灵动的自由精神，最集中、最精妙地体现了东方人的精神追求。

### 1．线条飞动

书法是线的艺术。书法的三要素是线条、结体与章法，其中线条最为重要，最为基本。线条飞动是对书法艺术的一个普遍要求，也是优秀的书法作品都具有的一个重要美学特征。

书法的线条具有生命感。书法的点画线条不是板滞的，而是灵动的。自然界本无纯粹的线，线条是人创造出来的形象的抽象，它离开了具体的事物图景，却又是为了表现宇宙的活力和生命的力量，为了表现“道”而与普遍性的情感形式同构。因此，中国书法线条依于笔，本乎道，通乎神，达乎气，表现出与天地万物和人的生命同构。

作为人对世界万物审美性抽象的线条，其象征功能是直接为人的情感的外化（迹化）。线条（心画）可使书家情感迹化而禀有宇宙精神和生命情思。这种宇宙精神和生命情思是流动的、生生不息的，线条因此成为时间的、节律的、大化流行运行轨迹的写照。书法作品通过线条的起伏流动，通过线条的粗细、曲直、干湿等变化，通过轻重疾徐、光润滞涩、枯硬软柔的墨痕，传达出人的心灵的焦灼、畅达、甜美、苦涩等情感意绪。

书法以线条为其生命。线条作为书法艺术最精纯的语言，表现出中国美学“为道日损”的根本精神。书家对宇宙作“俯仰往返，远近取与”的观照，用灵动的线条表现大千世界，从有限中游离出无限，化实象为空灵，以生动的与道相通的线条勾勒文字形体而表现心灵情思，传达出一种超越于墨象之外的不可言喻的思想、倏忽即逝的意绪和独得于心的生命风神。书家用灵动的线条契合元气淋漓的道：线条飞动飘洒，绵延摇曳，通神明之德，类万物之情，墨气四射，四表无穷，臻达生命的极境。

书法之线关乎人的心灵，使人生在书艺之中成为诗意的人生。“笔性墨情，皆以其人之性情为本。”[①]生命是自由的不断展开的过程，而书法是生命创造活动中最自由、最简约的形式。书法通过点线的律动和追摄情思的运动，成为揭示精神世界的“有意味的形式”。一代又一代的人在这黑白的线条艺术世界中认识中华传统文化的精言微意，寻求自由、获取自由的同时，也在不断验证自由的含义。

### 2．气韵生动

气韵生动是南朝谢赫评画优劣的首要标准。传统书画的同源关系，书法对绘画的深刻影响，使气韵生动也成为中国书法的重要美学特征。

从美学意义上界定，气韵生动的“气”具有三层含义：第一，“气”是概括艺术本源的范畴，指大化流行、生生不息的宇宙之气；第二，“气”是概括艺术家的生命力和创造力的范畴，主要指审美主体之气；第三，“气”是概括艺术作品生命的范畴，指作品存在的内在生命之气。书家之气与自然之气相通相感，凝结在笔意墨象中而成为书法作品的审美内容。故王羲之说：“书之气，必达乎道，同混元之理。七宝者贵，万古能名。阳气明则华壁立，阴气大则风神生。把笔抵锋，肇乎本性。”[②]作为美学意义上的“韵”，初为品评人物神态风度之语，后才逐渐扩大到书画诗文中，并成为写意艺术流派的风神卓然的理想美。韵在书法中，指超越线条之上的精神意境。中国书法重视线条，伟大书家追求的则是忘掉线条，从线条中解放出来，以表现其心情境遇之悲喜怒忧，展露其有意识或无意识的内心秩序或失序。书法之韵，通常指一种以书写作者主观审美体验为主的，或生动自然，或清奇冲淡，或缜密洗练，或委曲含蓄的艺术氛围。书法得其“韵”，即可达到自然随化、笔化冥合之境。

气韵密不可分，气是韵的本体和生命，韵是气的表征。得气韵之作已非写字而是写心。其气韵氤氲，不在形而在神，以其形写其神，取其意略其迹。线条运动的关键在于得神韵，神在灵府而不在感官耳目，韵在其心而不在规度格法。书法艺术之美在于书中之精蕴和书外之运致。例如，《兰亭序》无论是写喜抒悲，无一不是发自灵府；《祭侄帖》更是性情毕现，真气扑人。具有

① 刘熙载：《艺概》。

② 王羲之：《记白云先生书诀》。

本真之情、本真之性方能创造本真之境。书法气韵的生动与否，与用笔、用墨、灵感、心性大有关系，只有“四美俱”才能熔铸成一个优美的、生气勃勃的整体，只有整幅作品成为一个气韵灌注的生命体，作品才会呈现出绰约不凡的气象和境界。

作为一种美学范畴，气韵生动体现在优秀书作中，贯穿于许多书评之中。“钟繇书如云鹄游天，群鸿戏海，行间茂密，实亦难过。王羲之书字势雄逸，如龙跳天门，虎卧凤阙，故历代金之……蔡邕书骨气洞达，爽爽如有神力；韦诞书龙威虎振，剑拔弩张……”[①]在这种风格特征的品鉴中，气韵生动的美学原则焕然可见。

3．意境灿然

真正优秀的书作都是一个独立的充满审美意味的线条世界。点线按字形结构进行创造，使书作在空间构成中充盈着时间的动感，而成为有独立生命的运动着的时空境界。书法意境产生于文字线条墨象的无穷变化之中，产生于走笔运墨所诞生的笔意情性之中。

书法意境表现在三个层面上，即象内之象（笔墨线条上）、象外之象（心物相契）、无形之象（道体光辉）。

象内之象即指构成书法本体的笔墨线条。书法线条运行所造之境，是由气韵生动的线条在最富于美学意味的纯净运动中所形成的。在线条的舒展中，作品意蕴在心手合一之中化为一片天机的律动，并可通过这种指腕使转所留下的轨迹反观心路历程。可以说，书法那忘怀骋情的线的脉动，实在是心之脉动。线之刚柔涩润，字之敛舒险厉，情感冲和张扬都在一阴一阳之道中展示书法“无我之境”。因此，中国书法可称为最直观而又最内在的视觉艺术形式。

象外之象使书法的线条墨象禀有了创作主体的情性风貌，使书法不仅仅是线条的运动，墨气的滃染。书法意境的创造，取决于书家的思想感情、审美趣味和对形式美的体验。如王羲之《兰亭序》所体现的“清风出袖，明月入怀”的平和自然之美，正是他随顺自然、委运任化思想的表现，以及他那不沾滞于物的自由精神的外化（迹化）。

无形之象是中国书法艺术精神的最高体现。无形之象与象内之象、象外之象紧密相契，是优秀书作必不可少的要素。唯道集虚、体用不二，是构成中国书家的生命哲学情调和艺术意境的内核。这种无形之象已然达到“无”的哲学本体高度，是对道体（气）光辉的传递。而只有秉承了宇宙之气的生

① 萧衍：《古今书人优劣评》。

命心灵，方能于“澄怀味象”和“澄怀观道”之中“听之以气”。臻于无形之象的书法艺术，无笔墨处却仍是缥缈无倪的化工境界，生气流行的空白处呈现的是鸢飞鱼跃的风神。此时，书家抛弃了一切刻意求工的匠气，从线条中解放出来，忘掉线条以表现所领悟到的超越线条之上的精神意境，于斯，一片自然化机奏响在笔墨之间，而终归于“大巧若拙，大辩若讷”“大音希声，大象无形”。可以说，无形之象的书法艺术境界是一种心手双释的自由精神“游”的境界，一种对立面化解为一片化机的“和”的境界。

在所有的书体中，真正摆脱了实用性而成为纯审美的观赏艺术的草书（尤其是狂草）最能体现中国哲学美学精神，最能展现中国书法艺术境界。它将中国书法的写意性发挥到极致，用笔上起抢收曳，化断为连，一气呵成，变化丰富而又气脉贯通，在所有的书体中最为奔放跃动，也最能抒发书家的情感和表现书艺境界。在点画线条的飞动和翰墨泼洒的黑白世界中，书家物我两忘，化机在手，与线条墨象共“舞”而进入“羽化登仙”之境。在“神融笔畅”之际，一管秃笔横扫无边素白，只见：“笔下唯着激电流，字成只畏盘龙走”，“忽然绝叫三五声，满壁纵横千万字”[①]。在狂笔纵墨、释智遗形中，书家达到了精神的沉醉和意境的超越。

概言之，线条飞动更多的是书法艺术的外在美，气韵生动与意境灿然是其整体呈现出来的一种更高层次的美。三美俱，使书法成为了中国文化的象征。

## 第五节　中国传统建筑

中国传统建筑是传统文化的重要组成部分。它有悠久的历史和独特的审美特征，在世界建筑史和文化艺术史中写下了光辉的一页。

### 一、中国传统建筑艺术的流变

传统建筑随着传统文化的发展而演变。距今约 50 万年前的旧石器时代初期，为了解决人类生存的根本需要，我们的祖先就为“住”的问题开始了漫长而艰巨的奋斗，当时原始人利用天然山洞作为居住处所，现代意义上的建筑还未出现。新石器时代，黄河中游的氏族部落利用土穴、木架和草泥建起简单的穴居和浅穴居，又逐步发展为地面上的房屋；而长江流域地区则出现了架离地

① 怀素：《自叙帖》。

面的干阑式建筑。至公元前 21 世纪的夏朝，出现了夯土建筑，有了建筑于高大夯土台上的宫室。从春秋到秦汉，建筑进一步发展，类型逐渐丰富，形式不断变化，逐渐形成一套完整的建筑制度，形成了质朴开放的早期风格。魏晋至南北朝时期，随着佛教的广泛传播，佛教建筑大量出现，来自印度及西域的佛教艺术与中国传统艺术发生了融合。到了唐代，这种文化的交融与糅合在范围上进一步扩大，在内容上不断加深，形成了雍容华贵的盛唐建筑风格。宋以后，城市经济进一步发展，文化面貌发生很大变化，建筑在功能上更注重与文化生活相适宜，在形式上已趋向柔和绚丽。元、明、清时期，各民族、各地域文化的进一步融合，以及日益增加的外来文化的影响，逐步产生了以清代建筑为代表的晚期风格。此时建筑在形式上已趋向程式化，手法纯熟，繁缛细密。

综观之，中国传统建筑类型繁多，工艺精美，内涵丰富。下面对宫殿、宗教、园林三种建筑类型择要加以介绍。

宫殿是传统建筑中艺术价值最高的一种，它代表了当代建筑技术与艺术的最高水平。目前所知的最早的宫殿，是商代初期的偃师（今河南省偃师市）二里头宫室遗址。从残存遗址可知，当时筑有夯土台基，台上有建筑，四周有回廊，并有广阔的庭院。现存比较完整的宫室是商代建都于殷后的宫室遗址。从考古发掘来看，遗址上的建筑群已沿南北轴线，按祭祀、施政、居住功能由南向北三区布置。这种前殿后寝和沿南北向纵深对称布局的基本模式，一直为后来历代宫室所采用。

秦始皇统一六国之后，修建了规模宏大的阿房宫。此后，凡帝王之居皆为宫殿。“宫”指一组宫殿之全称，“殿”则指宫中的重要建筑。汉代，长安的长乐宫、未央宫、建章宫，洛阳的北宫、南宫，分别组成了规模庞大的帝王宫苑。汉以后，隋之仁寿宫，唐之大明宫、兴庆宫，北宋东京大内，辽、金、元之燕都宫殿，无不日益豪华壮丽。然而，这些帝王宫殿作为前代王朝政权的象征，在改朝换代之中多被毁。现在比较完整地保存下来的仅有两处，一是北京的明、清故宫，二是沈阳的清故宫。沈阳故宫原称盛京宫阙，清军入关之后，改称奉天行宫，具有浓郁的东北地方风格。

北京明清故宫原称紫禁城，自明永乐四年（1406 年）开始，历时 14 年方建成。明清两代共有 24 个皇帝居住于此。故宫占地面积 72 万多平方米，殿宇廊屋 9 000 余间，建筑面积约 15 万平方米。其建筑布局继承了古代帝王宫廷前殿后寝的传统格局，分作“前朝”和“内廷”两部分。前朝以太和、中和、保和三大殿为中心，东西分列文华、武英两殿，是皇帝日常朝会和举行庆典的地方。内廷以乾清宫、交泰殿、坤宁宫为中心，两旁分列东、西六宫，其后有御花园，为皇帝处理日常政务和后妃、皇子们居住、游乐、礼佛敬神之地。中轴线的两侧有慈宁宫、寿安宫、皇极殿、养心殿等，是专为皇太后、太上皇等养老的宫殿。整个建筑和谐统一，金碧辉煌。

宗教建筑是传统建筑的又一类型。佛教和道教作为中国最有影响的宗教，其建筑在宗教建筑文化中占有重要的地位。最早见于史籍的佛教建筑，是东汉明帝时的洛阳白马寺。其后，佛寺随着佛教的流传而在全国范围内兴建起来。至两晋和南北朝时期，印度等诸国的佛教建筑形式和艺术风格传入中国，此时的佛寺布局方式以塔为中心，四周环绕着僧房而形成独立的院落。虽然如此，魏晋时传统建筑样式与印度佛寺样式的融合已很明显，出现“前塔后殿”或“前殿后塔”式的廊院式寺院。佛教建筑集中地体现了中国传统建筑的会通精神。隋、唐、五代至宋，佛教建筑完全中国化了，显著的特点是：布局向宫室建筑形制转化，中国传统建筑中轴线的概念和手法被引入，以塔为主变成了以佛殿为主体，建筑群向心布局变成了沿南北轴线展开的布局。元、明、清时期，藏传佛教寺院在全国各地兴建起来。此类寺院多建于山区，依山就势，布局自由，规模宏大，装饰色彩浓烈。

道教建筑称为观或宫。观原是一种楼阁建筑。因为道教有“仙人好楼居”之说，其建筑故以观为名，又称楼观。唐代时，不少皇帝崇信道教，易“观”为“宫”，以显尊重，后人便以宫观称呼道教建筑。道教建筑和中国传统建筑相同，为木构架建筑，布局上以轴线为主，左右对称，沿轴线构筑院落，形成一定的秩序和节奏。道教宫观多建于名山，体现了一种崇尚自然，追求雅静的文化色彩。

园林建筑是中国传统建筑的重要构成部分。其可追溯到西周初的苑囿合池。春秋至秦汉是它的发展与壮大时期，此时的园林之功能和趣旨，是显示帝王的伟大与富贵。魏晋以后士人园林兴起，中国园林获得了独特的品格，并影响到皇家园林。到唐代，园林艺术进一步发展，但日趋小型化，与现实生活的关系更加紧密。两宋时期，园林呈现出细致精巧的风格。到明清时期，造园活动主要集中于北京为中心的北方和以苏州为主的江南两地，技术上注重以少总多，小中见大，主次相成，虚实相生，追求步移景异的效果。概观之，中国园林的核心是情趣，讲究随地赋形，巧得天工。廊榭台池，山石花木，一切布局都考虑人与自然的情感交流，而且通过园林揭示和领悟自然之美，体现了一种“源于自然，高于自然”的艺术追求。

## 二、中国传统建筑艺术的审美特征

中国传统建筑在漫长的发展过程中，不断丰富着其自身的美学内涵，体现出独特的审美特征。

1．木构梁柱式的结构体系

建筑结构决定着一个国家、一个民族的建筑风格。在中国长期的建筑实践过程中，曾经出现过多种建筑结构，木构梁柱式结构以其各方面的优越性，逐渐成为传统建筑结构的主流。梁柱式结构，以木材为主，由立柱、横梁及顺檩等主要构件组成。各构件之间的结点用榫铆相结合，构成了富有弹性的框架。这种结构主要以柱梁承重，墙壁只作间隔之用，并不承受上部屋顶的重量，因此墙壁的位置可以按空间的大小而安设，按需要而改动。由于梁柱式结构是一个富有弹性的框架，使它具有很强的抗震性能。对地震频繁的中国而言，梁柱式结构无疑是具有一大优点。

2．整齐而又灵活的布局特色

建筑的平面布局是决定建筑形制的重要因素。在中国传统建筑中，主要有两种平面布局的方式。一种庄严雄伟，整齐对称；一种则曲折变化，灵活多样。大型或讲求庄重的建筑一般都采取前一种形式，这种布局的特点是有一条明显的中轴线，在中轴线上布置主要的建筑物，其两旁则布置陪衬的建筑物，以显得主次分明，左右对称。以北京故宫为例。沿着紫禁城的轴线，在其前朝部分布置了象征权力中心的太和、中和、保和三大殿，在其内庭部分的主轴线上，则布置有乾清宫、坤宁宫和交泰殿，构成帝后居住的寝宫。寝宫西侧以太上皇居住的宁寿官为主，东侧以太后太妃居住的慈宁宫为中心。整个布局严整统一，气势恢宏。这种庄严雄伟、整齐对称、以陪衬为主的布局方式完全满足了统治者和神佛教义对于礼敬崇高、庄严肃穆的需要，体现了尊卑有定、内外有别、长幼有序的观念，折射出现实生活中的伦理观念，因此数千年来承传沿袭，且日益完善。另一种布局方式则与之相反，不求整齐划一，不用左右对称，而是因地制宜，相宜布置。举凡风景园林、民居房舍以及山村水镇等，大都采用此种方式。其布局方法是根据山川形势、地理环境和自然条件等因素灵活布局。这种布局方式适应性强，运用范围广，有着科学的理论基础，千百年来沿用不断。灵活布局、曲折多变的园林，依山沿水而建的村镇，便是其现实例子。

3．多样统一的审美追求

建筑是一种空间艺术。优秀的中国传统建筑不仅考虑建筑物内部环境主次之间、相互之间的配合与协调，而且也注意其自身与大自然环境的协调，强调人与自然和谐，追求一种“天人合一”的美学境界。因此，中国古代的建筑设计师和工匠们在进行规划设计和施工的时候，十分注意对周围的山川形势、地理特点、气候条件、林木植被等进行认真的调查研究，务使建筑的布局、形式、色调、装饰等与周围的环境相适应。讲究一个建筑与另一个建筑之间的配合协调，一个建筑组群与另一个建筑组群之间的有机组合。传统建筑学认为，都城应建于广川之上，要避免旱涝；山区城镇、城堡、村庄、寺观、园林、民居等类，则依山就势，相宜布置。具有浓郁民族特色的历代陵墓尤其重视地理环境，往往考虑到周围数里、数十里，甚至数百里范围的地形、风水如何，“龙脉”怎样。

作为一种综合了时空的艺术，园林艺术可以说是传统建筑中充分体现了人与自然和谐、建筑与自然有机结合的典范。它景随时换、步移景异，讲求园内外环境的相互关系、彼此配合。它以“师法自然”作为造园的美学原则，充分利用多种手法，将天地自然浓缩到一方天地之中，与建筑结合在一起再现出一个意趣盎然的自然天地。在自然之中，在人与自然的密切接触之中，在人和自然的亲和之中，自然的一切被人格化了，达到了“天人合一”的人生境界。

# 第七章　中国传统文化与传统艺术精神

传统艺术，作为中国文化的重要构成部分，以其别具一格的辉煌的审美形态，对中国人的审美情趣、人格构成、生活观念产生了巨大而深远的影响。在长期的发展历程中，中国传统艺术逐渐形成了独具特色的美学追求和基本的审美范畴。

## 第一节　中国传统艺术基本审美崇尚

### 一、天人合一

天人合一是中国传统哲学的基本思想。“天”指宇宙主宰或自然，“人”指人类。天人合一的思想远在先秦时期就已经产生。庄子从恢复人性本真的目的出发，强烈主张“无以人灭天”，“法天贵真”，“游心于物之初”，追求一种“天地与我并生，而万物与我为一”(《庄子·齐物论》)的天人合一的精神境界。儒家则从“克己复礼”，改造世道人心的目的出发，主张“天则”向道德化的“人事”合一，以培养成一种“浩然之气”，成为天下第一伟人。到汉代，硕儒董仲舒则把天人合一的观点解释为“天人感应”，认为“以类合之，天人一也”[①]。北宋著名哲学家张载则首次提出“天人合一”的命题。在其名著《西铭》中，对天人合一观作了经典性的论述：“乾称父，坤称母，予兹藐焉，乃浑然中处。天地之塞，吾其体；天地之帅，吾其性。民，吾同胞；物，吾与也。”乾、坤即天地；天地之塞，指充满于宇宙万物的气；天地之帅，指气之本性。就是说，天地犹如父母，人与万物都是天地所生，都由气所构成，气

①《春秋繁露·阴阳义》。

的本性也就是人和万物的本性。人民皆是我的兄弟，万物皆是我的朋友。这种观点，肯定人是自然界的一部分，人与自然界统一于物质性的气，对后世产生了深远的影响。后人的论述几乎没有超出张载的所论范围。

中国古代的天人合一思想，强调人与自然的统一，人的行为与自然的协调，道德理性与自然理性的一致，充分显示了中国古代思想家对于主客体之间、主观能动性与客观规律性之间关系的辩证思考，为中国古代美学奠定了坚固的哲学基石。

从天人合一的思想出发，中国美学强调人的审美意识应顺应符合自然，强调审美过程中的物我同一，心物感应。儒家美学认为“乐者，天地之和也”，主张“大乐与天地同和”[①]。道家美学则指出：“圣人者，原天地之美而达万物之理”，认为“与天和者，谓之天乐”[②]。陆机《文赋》中认为，创作时应“笼天地于形内，挫万物于笔端”。刘勰《文心雕龙·原道》中说，文“与天地并生……实天地之心。心生而言之，言立而文明，自然之道也”。天人合一成为中国古代艺术的审美追求，同时也成了中国传统艺术精神的一个突出部分。是否体现出一种天人合一之美，成了判断中国传统艺术优劣的一个重要标准。

陶渊明的《饮酒》(其五)诗千百年来人诵人爱，主要原因之一便是诗中充溢着一种天人合一之美。诗云：“结庐在人境，而无车马喧。问君何能尔，心远地自偏。采菊东篱下，悠然见南山。山气日夕佳，飞鸟相与还。此中有真意，欲辩已忘言。”这首诗和大部分陶诗一样，在自然恬淡的语言之下深蕴着丰富深刻的哲理：人，只有纵浪大化中，复归于自然，获得精神上的充分自由后，才能做到心静如水，心明如镜，方能排除世俗的思虑，不受功名利禄的诱惑，达到“心远”而“地自偏”的淡泊超远的境界。这在被誉为千古名句的“采菊”两句中有着集中的体现。一个“见”字，犹如点睛之笔，绝妙地把主体宁静悠然的心态端现于眼前，传神地表达出了那种物我相契，天人和谐，真气浑融的至人境界。全诗把人引领到了一个审美的人生极境。

在中国古代绘画中，高度体现了天人合一的审美追求的绘画不胜枚举。中国绘画讲求“气韵生动”，追求“神似”，最忌只求形似。为获“神似”之妙，国画创作注意“外师造化”，更讲究“中得心源”，使物我合一，主客相融。所以有画家宣称：“山性即我性，山情即我情。”“水性即我性，水情即我情。”[③]米友仁干脆说：“画之为说，亦心画也。”倪瓒认为：“余之竹，聊以写

①《礼记·乐记》。
②《庄子·知北游》。
③ 唐志契：《绘事微言》。

胸中逸气耳。”[①]画中之物，已是画家心中之物。此时，形似与否已不重要，重要的是画中之形是否体现出画家浓烈的审美情感，情与景是否妙合为一，物我之间的樊篱之隔是否已经消融。以朱耷《荷花双鸟》为例。画面从左角起画着扭扭曲曲但直蹿而上的两根荷花，荷花荷叶呈支离破碎状，其状表现了作者坎坷的人生和高洁的品性。画中的岩石上大下小，怪诞变形，其险峻之态如向世间挑斗，似有一种不屈的反抗意绪。石上双鸟一上一下白眼相互斜视，是作者发泄愤世嫉俗情绪的典型手法。整个画幅除两方印章之外，没有一点儿彩色，酣畅的墨迹证明是作者一气呵成之作。此画可视为作者的自画像，他向人们讲述自己几度出入山门，亦释亦道的惨淡人生，在沉沦与毁灭的边缘，仍然洁身自好奋斗挣扎的遭遇。整幅画情景浑融为一，物我契合无间，“我”即“鸟”，“鸟”即“我”。

那么，艺术如何才能达到天人合一的境界呢？庄子作了很好的论述，他认为，通过“坐忘”“心斋”这一审美观照过程，便能进入“身与物化”“物我冥合”的审美境界，即天人合一的境界。何谓“坐忘”？“坐忘”就是“堕肢体，黜聪明，离形去知，同于大通”[②]。“心斋”则指“虚心”[③]，“虚心”就是“无为”，“无为”即“堕肢体，黜聪明，离形去知，同于大通”。就是说，在凝神观照的审美过程中，应保持虚静，忘掉审美主体的存在，去掉一切功利之心，让审美主体自由地畅游于审美客体之中，进而把握对象的本质、人生的本质，乃至天地万物的本质，最终臻至天人合一的艺术境界。在“解衣盘礴”的故事里，庄子形象地对这一审美创造的心态作了描绘：

> 宋元君将画图，众史皆至，受揖而立；舐笔和墨，在外者半。有一史后至者，儃儃然不趋，受揖不立。因之舍。公使人视之，则解衣盘礴，裸袒握管。君曰：“可矣，是真画者也。”

宋元君凭什么判定这个大模大样、不拘礼节、裸露身躯的画者是“真画者”呢？主要是就其精神状态而言。其他的画者创作时拘于礼法，患得患失，精神紧张，难以进入“无我”的审美状态。而“解衣般礴裸”者，则“喜怒哀乐，不入于胸次”，心无杂念，精神处于“自得”的状态，也就是处于“心斋”“坐忘”的精神境界，所以认为其是“真画者”。庄子之论，深得艺术创作的妙谛。

天人合一精神贯穿于整个中国古代文化史，是中国传统艺术精神的重要内容之一。有论者将中西方文化比较后得出结论，认为中西审美文化因为天

---

① 倪瓒：《论画》。
②《庄子·大宗师》。
③《庄子·人间世》。

人合一与主客二分这一本源性差异，各自呈现出了不同的审美特征：中国审美文化重感兴，重表现，音乐、抒情诗早熟，人伦色彩浓郁，崇尚物我为一的自然美；西方审美文化则重模仿，重再现，雕刻和叙事诗发达，对自然之美发现较晚，对其评价也较低[①]。这种结论虽然有以偏概全之嫌，倒也基本符合中西艺术发展的事实。

## 二、中和之美

"中和之美"是今人为了表述"中和"的美学价值而创造出来的一个美学术语，指的是主客体彼此协调适中，人与自然、个体与社会和谐统一而形成的美。它是儒家对美的本质的根本性看法，集中地体现了儒家的审美理想和艺术准则。

"中和"包含有"中"与"和"两层含义。"中"，朱熹认为"中者，无过无不及之名也"[②]，即情感的适中，不偏不倚。"和"则指多种事物在既不违背"礼"，又不违背"中庸"原则的基础上的和谐统一，它既包括杂多要素的统一，又包括对立要素的统一。在儒家思想里，"中和"是一个普遍和谐的观念，但具体运用到美学之中，则有其特定的含义：首先，这里的和谐是中正和平的和谐，体现出来的是一种合乎适中精神的和谐美。其次，儒家提倡"礼乐治国"，因此这种"中和之美"，完全服从于伦理道德的原则，并非一般意义上的和谐。

中和之美与儒家的中庸之道有着密切的联系。朱熹在《中庸章句集注》中认为："以性情言之，则曰中和，以德行言之，则曰中庸是也。然中庸之中，实兼中和之义。"由此可知，"中庸"与"中和"有着内在关联，中和之美的基本精神，正是中庸之道的体现。而儒家的中庸之道，不仅只是一种折中调和的人生观和政治观，也是他们的宇宙观和方法论。什么是"中庸"？朱熹的解释多为后代学者认可，他说："中者不偏不倚，无过不及之名。庸，平常也。"[③]不偏不倚，即适中的意思。中庸就是"执其两端用其中于民"，中庸之道就是"正道"，也就是"时中"。所谓"时中"，就是"有君子之德而又能随进以处中"。因此，中庸的思想，就是"过犹不及"的意思，过和不及，都不符合中庸之道，中庸就是要不偏不倚，无过不及，如此才能不移于易，守道不渝。

具体来说，中和之美的艺术精神在文学艺术中，主要表现在以下几个方面。

第一，情与理的中和。《礼记·中庸》里说："喜怒哀乐之未发谓之中，发而皆中节者谓之和。中也者，天下之大本也；私也者，天下之大道也。致中

① 朱立元主编：《天人合一——中华审美文化之魂》，上海文艺出版社 1998 年出版，第 89-128 页。
② 朱熹：《中庸章句集注》。
③ 朱熹：《中庸章句集注》。

和，天地位焉，万物育焉。”明确地提出“致中和”的辩证思想。这种“致中和”的思想运用到艺术领域，便逐渐形成了一种追求“中和之美”的艺术观。孔子从这种艺术观出发，认为“《诗》三百，一言以蔽之，曰：思无邪”[①]。“邪”与“正”相对，“无邪”即中正。具体到某部作品，“子曰：‘《关雎》乐而不淫，哀而不伤。’”[②]在孔子看来，写情诗应如《关雎》，“乐”不过“琴瑟友之”，“钟鼓乐之”，“哀”不过“悠哉悠哉，辗转反侧”，语不涉淫荡，思不入亵渎，真正做到“思无邪”。当然，《诗经》中也有“怨刺上政”的诗，孔子认为只要“怨而不怒”，则诗“可以怨”，例如《小雅》，辞不激切，情不怨怒，真正做到了“温柔敦厚”。由此可以知道，“乐而不淫，哀而不怨”。“怨而不怒”，“温柔敦厚”是孔子诗学批评的重要标准。对于违反这些标准的作品，孔子便深恶痛绝之，比如对郑声，他就主张“放（禁绝）郑声，远佞人”，因为“郑声淫（过分），佞人殆”[③]。

孔子的这种“中和”的文艺观对后世的艺术创作和批评都产生了深远而巨大的影响，使中国艺术对情感的表现在大多数情况下都保持着一种理性的节制。朱熹《诗集传序》里认为：“淫者，乐之过而失其正也；伤者，哀之过而害于和者也。”汉代刘安和司马迁高度评价屈原的《离骚》，因为他们认为：“《国风》好色而不淫，《小雅》怨悱而不乱，若《离骚》者，可谓兼之。”[④]苏轼作品有时好讥诮时事，坦荡的黄庭坚竟也批评说：“东坡文章妙天下，其短处好骂，慎勿其轨也。”[⑤]作品是否中节有度，情理合一，成了判断其优劣的重要标准。

第二，美善和谐。儒家提出“中和”思想，目的是为了“国治而后天下平”，有着强烈的功利色彩。《乐记·乐化篇》认为：“礼乐不可斯须去身。致乐以治心，则易直子谅之心油然生矣。易直子谅之心生而乐，乐则安，安则久，久则天，天则神。天则不言而行，神则不怒而威，治乐以治心者也。致礼以治躲则庄敬，庄敬则严威。”这里的“易直”是简易正直，“子谅”应作“谅诗”，是一种和善之心。所谓“易直子谅之心”，就是一种“中和”的精神。认为接受“中和”之乐的熏陶，可以感发人之善心，起到“治心”的作用，使人们“耳目聪明，血气和平，移风易俗，天下皆宁”。儒家的这种“中和”思想体现在其审美标准上，那就是要求艺术不仅要美，还要善，要美善相兼，

①《论语·为政》。
②《论语·八佾》。
③《论语·卫灵公》。
④ 班固：《离骚序》；司马迁：《史记·屈原贾生列传》。
⑤ 黄庭坚：《答洪驹父书》。

尽善尽美。《论语·八佾》记载："子谓《韶》，尽美矣，又尽善也。谓《武》，尽美矣，未尽善也。"在孔子看来。美善和谐统一的《韶》乐是至乐，因此在他欣赏《韶》乐时，陶醉得"三月不知肉味"。

美善和谐的审美要求，在中国古代艺术中得到了深刻的反映。就古典文学而言，它表现为文与质的统一、文与道的统一、风骨与辞采的统一等等。以处于中国诗歌发展顶峰的盛唐诗歌为例。王孟、高岑、李杜等一大批灿若群星般的诗坛巨匠，把古典诗歌艺术推向了尽善尽美的极境。殷璠在《河岳英灵集》里评价盛唐诗歌时说："文质半取，风骚两挟，言气骨则建安为佳，论宫商则太康不逮。"认为盛唐诗歌兼具《诗经》和楚辞的优点，内容上继承了建安诗歌的"梗概而多气"的传统，而形式上则高于以辞藻华丽著称的太康文字，认为盛唐诗歌是内容与形式高度和谐的典范，达到了"尽善尽美"的程度。综观盛唐诗歌，殷璠的评价是十分中肯的。

当然，强调美善和谐，并非说中国传统艺术轻视真，而是说在重感兴、重表现、重抒情、重人伦、崇尚自然之美的中国古典艺术传统里，"真"不占有突出的位置，不像在重模仿、重再现的西方艺术传统里居于举足轻重的地位。其实，任何优秀的艺术都是真、善、美的有机结合体，只不过在不同的艺术传统里，对真与善的侧重程度有所不同而已。中国艺术也讲究艺术的真实，"美物者，贵依其本；赞事者，宜本其实。"[①]"酌奇而不失其真，玩华而不坠其实。"[②]不过，这种写真写实与"美刺"的观念紧密相连，最终还是为了"经夫妇，成孝敬，厚人伦，美教化，移风俗"[③]。真从属于善！

中和之美在中国艺术之河中闪烁着夺目的光辉。在其影响下，中国艺术在总体上呈现出中正平和、含蓄深沉、意味隽永的艺术特征。但另一方面，中国艺术也因此缺乏一种震撼人心的"真"与"诚"的艺术魅力，至真之情、至深之爱的表达受到严重削弱，甚至扭曲；人性与人格不经意中受到"礼教"血腥气的沾染，使中国艺术既是抒情的但又情有所忌，欲言又止，既是重义轻利的却又有"礼教""诗教""乐教"的功利色彩。中国人的人性呈现出严重的二重性，或许与中国文化注重中和之美有着某种潜在的联系。

## 三、自然之美

如果说"中和之美"体现的主要是儒家的美学思想，"自然之美"则主要是道家的一种审美追求。追求自然之美是中国传统艺术普遍具有的另一种审

---

① 左思：《三都赋序》。
② 刘勰：《文心雕龙·辩骚》。
③《毛诗序》。

美倾向，历代对此多有论述。早在战国时代，庄子就认为“天地有大美而不言”[①]。天地自然自有其美，人们只需听其自然，就可以达到目的。南朝刘勰从缘情言志的角度论述自然表现的必要：“人禀七情，应物斯感，感物吟志，莫非自然。”[②]北宋欧阳修认为自然风格是艺术永恒的标准：“君子之欲著于不朽者，有诸其内而见于外者，必得于自然。”[③]晚明袁宏道倡“趣”，以为“趣得之自然者深”[④]。清初叶燮发挥庄子思想，认为“凡物之生而美者，美本乎天者也，本乎天自有之美也”[⑤]。诸如此论，在中国古代文化典籍中浩如烟海，举不胜举。这一切充分说明，自然之美在我国历来受到人们的普遍关注。

老、庄哲学是崇尚自然、追求自然之美的代表，儒家和禅宗也欣赏自然之美。孔子的“智者乐水，仁者乐山”的旨趣，以及他所欣赏的“浴乐沂，风乎舞雩，咏而归”的精神，就体现着一定程度的追求自然之美的审美倾向。至于禅宗所追求的禅境禅趣，更是以自然为宗，追求一种超尘脱俗的自然之美。王维的“独坐幽篁里，弹琴复长啸。深林人不知，明月来相照”[⑥]，表现了一种安闲自得、尘虑皆空的“清幽绝俗”（施补华《岘傭说诗》）的审美心态，禅意绵绵不绝。可以说，自然之美的艺术精神贯穿中国文化思想史，遍涉儒道禅三家，是一种具有普遍意义的审美崇尚。追求自然之美主要表现在如下方面：

### 1．提倡天然之美，反对人为雕饰

要求艺术具有自然天成之美，反对人工雕饰，露其斧凿痕迹，这是中国古人具有的一种审美要求。这种审美要求的形成，无疑有其深刻的哲学文化渊源。

老庄哲学的“自然之道”，是我国古代美学提倡自然之美的哲学依据。老子认为：“人法地，地法天，天法道，道法自然”，视人—地—天—道—自然为五位一体的关系，其中，道是本体，天地万物都是道的体现，万物归之于道。庄子则把这种“自然”称为“常然”。他说：“天下有常然。常然者，曲者不以钩，直者不以绳，圆者不以规，方者不以矩，附离不以胶漆，约束不

①《庄子·知北游》。
② 刘勰：《文心雕龙·明诗》。
③ 欧阳修：《唐元结阳华岩铭》。
④ 袁宏道：《袁中郎全集·叙陈正甫会心集》。
⑤ 叶燮：《已畦文集·滋园记》。
⑥《竹里馆》。

以纆索。故天下诱然皆生，而不知其所以生；同焉皆得，而不知其所以得。”[①]“自然”与“常然”，即老庄所说的“道”。在老庄看来，“自然”具有两层含义：一为自然界的自在自为的存在现象；二是自然界的自然而然的生存法则。自然天成是其本质特征，而非人工斧凿、雕饰。

针对六朝文学中出现的片面追求形式技巧、讲求四声八病、滥用典故的弊病，钟嵘在《诗品》中提出“自然英旨”之说，认为“文章殆同书钞”、“拘挛补衲”的文风违反“自然英旨”，有人工痕迹，提倡“思君如流水”“明月照积雪”这类自然清新之作。陶渊明诗之所以备受后人赞誉，凭据的正是其平淡自然的风格。辛弃疾在一首《鹧鸪天》里写道：“千载后，百篇存，更无一字不清真。若教王谢诸郎在，未抵柴桑陌上尘。”元好问在《继愚轩和党承旨雪诗》里认为：“此翁岂作诗，直写胸中天。天然对雕饰，真赝殊相悬。”都对自然天成的陶诗给予了高度评价。当然，体现自然之美的文艺作品，并非说它就完全未经锤炼和雕琢，只是不露痕迹，宛如自然天成罢了。李白的《静夜思》：“床前明月光，疑是地上霜。举头望明月，低头思故乡。”胡应麟认为它是太白诸绝句中“无意于工而无不工者”的典范，“妙绝古今”[②]。

2．提倡纯真之美，反对矫情饰性

老、庄认为一切礼法制度，都是人为的限制，束缚了人的天性，所以他们主张“绝圣弃智”“绝仁弃义”，反对礼乐，提倡“道法自然”，回复到动物的自然本性。所谓“道法自然”，即顺乎自然本性，追求纯真天性之美。而此处的“自然”也就是“马蹄可以践霜雪，毛可以御风寒。龁草饮水、翘足而陆，此马之真性也”[③]的“真性”，就是“彼民有常性，织而衣，耕而食，是谓同德。一而不党，命曰天放”[④]的“常性”，即顺应自然，任性天真，不拘执于偏见，不矫情饰性的天然本性。从这种哲学思想出发，庄子强烈反对“东施效颦”“邯郸学步”之举，认为它们失其“常性”“真性”，都违反了自然之美。

老、庄的这种重纯真，弃矫饰的美学思想，对中国古代艺术的发展产生了巨大而深远的影响。明代李贽“童心说”可以说是对此种思想的一个历史回响。针对理学的虚伪和当时文坛拟古复古风尚，李贽提出“童心说”的创作主张，“夫童心者，真心也”，“夫童心者，绝假纯真，最初一念之本心也”，

①《庄子·骈拇》。

②《诗薮·内编》卷六。

③《庄子·马蹄》。

④ 同上。

“天下之至文，未有不出于童心焉者也”[①]，主张创作必须有真心，表现炽烈真情，以情动人。“童心说”对当时和后来的文艺创作产生了强烈的震撼作用，“公安派”文学和写意绘画无不受其影响。

3．提倡素朴之美，反对繁采寡情

“素朴”是“自然之美”的重要内容，老、庄多有提及。老子认为：“绝仁弃义，民复慈孝；绝圣弃智，民利百倍；绝巧弃利，盗贼无有。此三者以为文不足，故令有所属，见素抱朴，少私寡欲。”[②]庄子说：“夫至德之世，同与禽兽居，族与万物并，恶乎知君子小人哉？同乎无知，其德不离，同乎无欲，是谓素朴。素朴而民性得矣。”[③]又说：“素朴而天下莫能与之争美”[④]。综观老、庄所论，他们认为，事物的未经人工修饰的原始状态就是素朴。这有其偏激之处，但更有它深刻的一面。后世论者对素朴之美作了不少论述。刘勰主张文章应该“斟酌乎质文之间，檃括乎雅俗之际”[⑤]，反对“繁采寡情，味之必厌”之作。李白在《古风》中写道：“自从建安来，绮丽不足珍。圣代复玄古，垂衣贵清真”，批评绮丽文风，赞美清真风格。

当然，素朴并非简陋寒碜，真正的素朴之美，应该是“质而实绮，癯而实腴”[⑥]，“外枯而中膏，似澹而实美”[⑦]。以自然本色取胜的陶渊明诗，“采菊东篱下，悠然见南山”，“种豆南山下，草盛豆苗稀”，“方宅十余亩，草屋八九间”……全都明白如话，但却给人一种回味无穷的韵味，“词真意婉”[⑧]，“词淡意浓”[⑨]，融素朴与豪华、平淡与瑰奇为一体。

对自然之美的追求，使得中国传统艺术创作注重以自然为师，反对人工雕琢，注重艺术表现情感的真切自然，崇尚浑然天成的艺术风格。同时，也使许多中国古典文艺作品因此淡化甚至回避对现实矛盾的表现，缺乏对人物内心世界作深刻的描写。震撼人心的史诗性巨著在中国屈指可数，应该说跟追求自然之美的审美趣味不无关系。

①《焚书·童心说》
②《老子》第十九章。
③《庄子·马蹄》。
④《庄子·天道》。
⑤《文心雕龙·通变》。
⑥ 苏轼：《与苏辙书》。
⑦ 苏轼：《东坡题跋·评韩柳诗》。
⑧ 蒋熏评：《陶渊明诗集》卷一《答庞参军》。
⑨ 张谦宜；《絸斋诗谈》《家学堂遗书二种》，清乾隆刻本。

## 四、神韵之美

神韵，是中国古典文艺美学中所特有的概念。神韵之美，是人们所追求的一种审美趣味。何为神韵呢？千余年来，尽管在我国古代文艺批评和审美鉴赏中，人们一直在使用这个概念，但目前为止仍未有一个公认的确切的解释，人们多从前人的有关论说中去管窥神韵一词所具有的深厚的美学内涵。

神韵二字，原本用来指人的风度、气韵，“敬弘神韵冲简”[①]，用以评论文艺作品，则始于品画。南齐谢赫《古画品录》评顾骏之时说：“神韵气力不逮前贤。”唐代张彦远《历代名画记·论画六法》中说：“至于鬼神之物，有生动之可状，须神韵而后全。”用来评诗，则是明中叶以后的事。胡应麟《诗薮》中说：“矜持于句格，则面目可憎；架叠于篇章，则神韵都绝。”王夫之和翁方纲也多有论及。到清初，王士祯积极倡导神韵之说，提出了许多深刻的见解，并对以往的相关论述作了理论总结，提出了“神韵说”。结合前人有关的理论，我们认为神韵说具有如下的主要内容。

### 1. 风神、兴象、气韵是构成神韵的基本要素

“风神”，包含有“神”和“风”两层含义。神的含义十分丰富，就其与形的关系而言，神指精神、灵魂、生气，即生命现象。风在文艺中则专指诗歌思想感情表现出的一种感人力量，是诗歌的内在精神力量的艺术表现。概观之，风神包含两方面的意思：就内容说是思想感情和人格精神；就形式而言，则指这种思想感情和人格精神通过特定的艺术形式表现出来的一种感染力。胡应麟认为：“张子寿首创清淡之感，盛唐继起，孟浩然、王维、储光羲、常建、韦应物，本曲江之清而益以风神者也”[②]，“文当典实，诗贯清空；诗主风神，文先理道”[③]，“至庚肩吾，风神秀郎”[④]等等。王士祯认为：“来教必具悬解，另有风神；无蹊径之可寻，乃入其室，数语尽之”，“格谓品格，韵谓风神”[⑤]。他们认为，文艺作品有风神才有强烈的感染力，有风神才有生气，有风神才有个性风格和审美韵味。

兴象是一种审美意象，它包含两层意思：一是指审美主体的思想感情和意趣所产生的创作欲和艺术趣味；二是指艺术形象的感染力量，即艺术的形

①《宋书·王敬弘传》。
②《诗薮》内编卷二。
③《诗薮》外编卷一。
④《诗薮》外编卷一。
⑤《带经堂诗话》卷二十九“答问类”。

象性及其美学特征问题。胡应麟说："作诗大要不过二端：体格声调，兴象风神而已。体格声调有则可循，兴象风神无方可执……兴象风神，自尔超迈，譬则镜花水月，体格声调，水与镜也，兴象风神，花与月也。必水澄镜朗，然后花月宛然。"[①]王士祯谓："咏物之作，须如禅家所倡不粘不脱，不即不离，乃为上乘。"[②]追求的仍是一种镜花水月的审美意象。

气韵是一个至今无明确定义的概念，最初用来论画，南齐谢赫在《古画品录》中把"气韵生动"列为"六法"之首。后世对气韵一词多有论及。就诗论来说，胡应麟常以气和韵分别论诗之神韵，《诗薮》内编卷四说："宋人学杜，得其骨，不物其肉，物其气，不物其韵，物其意，不物其象。至声与色并亡之矣。如无己《哭司马相公》三首，其瘦劲精深，亦皆得之百练，而神韵遂无毫厘。"[③]又说："太初（左思——自注）以气盛者也，'振衣千仞岗，濯足万里流'，至矣；而'岂必丝与竹，山水有清音'，其韵故足学也。（谢）灵运以韵盛者也，'清晖能娱人，游子淡忘归'，至矣；而'百川赴巨海，众星环北辰'，其气也可称也。"[④]从这段话中，一般认为气重在气骨、骨力、气势，而韵侧重于清远含蓄，有余意。气韵指艺术作品所表现的美感力量。

综观之，风神、兴象、气韵作为构成神韵的几个重要因素，风神赋予神韵以精神风貌，气韵赋予神韵以生命活力，兴象则赋予神韵以具体可感的审美形态。

### 2．清远、自然是神韵之作的主要特色

王士祯论神韵，十分强调作品的"清远"特色，他说："汾阳孔文谷云：'诗以达性，然须清远为尚。'薛西原论诗，独取谢康乐、王摩诘、孟浩然、韦应物，言：'自云抱幽石，绿筱媚清涟'，清也；'表灵物莫赏，蕴真谁为传'，远也……'景昃鸣禽集，水木湛清华'，清远兼之也。总其妙在神韵矣。"[⑤]何谓清远？清远有时又称"清越"，形容意境的莹澈玲珑而深远超越。从思想内容来说，它即指思清而意远；就艺术品格而言，就是格清而调远；就审美心态而言，则是"近而不浮，远而不尽，然后可以言韵外之致耳"[⑥]。概言之，清远就是要求作品的思想境界要超尘拔俗，格调音响要清扬飘逸，又要有言

①《诗薮》内编卷五。

②《带经堂诗话》卷十二"赋物类"。

③《诗薮》内编卷四。

④《诗薮》外编卷二。

⑤《带经堂诗话》卷三"要旨类"。

⑥ 司空图：《与李生论诗书》。

外之意，味外之旨，有逸响，有余音，有余味。

以清远论诗，王维、韦应物一派以冲和淡远为特色的田园山水诗特别受神韵论者的推崇。王士祯说："东坡谓柳柳州诗在陶彭泽下、韦苏州上，此言误矣。余更其语曰：韦诗在陶彭泽下、柳柳州上……又尝谓陶如佛语，韦如菩萨语，王右丞如祖师语也。"①又说："晚唐人诗'日暖鸟声碎，日高花影重'……然总不如右丞'兴阑啼鸟缓，坐久落花多'，自然入妙，盛唐高不可如此。"②"严沧浪以禅喻诗，余深契其说，而五言尤为近之。如王维《辋川绝句》，字字入禅。他如'雨中山果落，灯下草虫鸣''明月松间照，清泉石上流'……妙谛微言，与世尊拈花、迦叶微笑等无差别，通其解者，可语上乘。"③王士祯认为，这些诗幽静闲淡，自然含蓄，是神韵之作。

3．兴会神到是神韵之境得以产生的重要手段

王士祯在《渔洋诗话》中说："萧子显云：'登高极目，临水送归，蚤雁初莺，花开叶落，有来斯应，每不能已。须其自来，不以力构。'王士源序孟浩然诗云：'每有制作，伫兴而就。'余平生服膺此言，故未尝为人强作，亦不耐为和谐诗也。"这里所谓的"伫兴"，就是强调创作必须顺乎自然，认为兴会神到，自然高妙，若是苦吟强作，必无神韵。在王士祯他们看来，具有神韵的诗歌境界，只有在诗人灵感爆发、兴会神到之时方能创造出来。何谓"兴会神到"？王士祯是最早完整使用"兴会神到"一词的人，他在《池北偶谈》(见《带经堂诗话》)中说："世谓王右丞画雪中芭蕉，其诗亦然。如'九江枫树几回青，一片扬州五湖白。'下联用兰陵镇、富春郭、石头城诸地名，皆寥远不相属。大抵古人诗画，只取兴会神到，若刻舟缘木求之，失其旨矣。"王维画"雪中芭蕉"，一般人多认为不合乎节令时序，有违常理。沈括却认为："此乃得心应手，意到便成，故造理入神，迥得天意。"④又说："书画之妙，当以神会，难以形器求也。"⑤显然，王士祯是赞同沈括之论的，并联系诗歌创作实际作了发挥，在《带经堂诗话》中又多次提及"兴会""神会"和"神到"，如"古人诗只取兴会超妙""读者当以神会""皆神到不可凑泊"等等。由此可以不妨认为，兴会神到指的是审美主体（包括作家和鉴赏者）具有的一种自由的审美心态，此时注意力高度集中，伴随有灵感的产生，精神处于

①《分甘余话》。
②《池北偶谈》。
③《带经堂诗话》卷三"微喻类"。
④《梦溪笔谈》。
⑤《梦溪笔谈》。

“精骛八极，心游万仞”的自由状态。兴会神到之作，讲究的是艺术真实，无任何雕琢之迹，有的是自然之风趣，神韵之境灿然毕至。

值得一提的是，神韵之美并非冲和平淡的诗所独有，雄浑劲健的诗歌中同样也可能具有神韵之美的特色。钱钟书引《沧浪诗话》：“其（诗）大概有二：优游不迫、沉著痛快。诗之极致有一：曰入神。诗而入神，至矣至矣，蔑以加矣。惟李杜得之。”他接着说：“可见神韵非诗品中之一品，而为各品之恰到好处，尽善尽美。”[①]认为在严羽眼中，李杜有李杜的神韵，王韦有王韦的神韵。钱钟书所论极是。神韵论者之所以特别推崇王韦的诗作，主要有两个原因：一是冲和淡远的诗歌确实更易于体现神韵的特色；二是出于论者个人的喜好。王士祯选《唐贤三昧集》，以“隽永超诣”为标准，不录李、杜之作，个人爱好是一个原因，标榜“清真雅正”[②]是另一个原因。

## 第二节　中国传统艺术审美的基本范畴

### 一、刚与柔

作为中国古典美学的审美范畴，“刚”与“柔”又称“阳刚”与“阴柔”。在中国艺术史上，它们常被用来标示不同的艺术风格，又有“阳刚之美”和“阴柔之美”之说。阳刚包括雄浑、壮丽、豪放、劲健等风格；阴柔包括修洁、淡雅、高远、飘逸等风格。在语言修辞上，凡阳刚一类，则如掣电流虹，喷薄而出，表现为雄伟劲直；阴柔一类，则如烟云舒卷，蕴藉出之，表现为温秀深婉。在情感表达上，阳刚以热烈奔放为尚，阴柔以含蓄绵密为贵。阳刚之美体现为一种雄伟壮阔、崇高庄严、汹涌澎湃、刚劲有力之美，而阴柔之美则指一种柔和悠远、温婉幽深、细流涓涓、纤浓明丽之美。从总体上，中国艺术可分为阳刚与阴柔两大基本类型。青铜器、汉画像砖、杜甫诗、范宽的全景山水、颜柳楷字、宫殿建筑、民间打击乐，属阳刚之美；彩陶、宫廷舞蹈、婉约词、行书、园林，属阴柔之美。

阳刚阴柔之说，可溯源于《周易》关于天地阴阳之道的哲学思想。《周易》认为，阴阳为天地万物之本，阴阳调和而化生万物，二者各有其不同的性质

① 钱钟书：《谈艺录》，第40-41页。

② “清真雅正”，是清初科举场中取录文章的标准，影响遍及当时一切文学。

特点。阳与天有关，与男有联系，具有刚的特点，表现为动；阴与地有关，与女有联系，具有柔的特点，表现为静。《周易》的乾坤二卦以符号的形式反映了这种观点。曹丕在《典论·论文》中，最早以阴阳二气来解释文字风格，提出“文以气为主，气之清浊有体”。他所说“清气”即指阳刚之美，“浊气”则偏向于阴柔之美。刘勰《文心雕龙·熔裁》中认为：“刚柔以立本。”严羽《沧浪诗话》中论诗之品时说：“其大概有二：曰优游不迫，曰沉著痛快。”一般认为，所谓“沉著痛快”即指阳刚之美，而“优游不迫”指阴柔之美。清初王士祯也曾提出文章应“古澹闲远中实沉著痛快”的问题，至清代桐城派文论家姚鼐出现时，他把“阳刚”与“阴柔”之论推向了高峰。

姚鼐认为天地万物禀阴阳二气而生，作为万物之灵，人的个性、气质也就有阴柔阳刚的不同。文如其人，其文章也就呈现出阳刚阴柔之别。他在《复鲁絜非书》中说：“鼐闻天地之道，阴阳刚柔而已。文章天地之精英，而阴阳刚柔之发也。”其《海愚诗钞序》中说：“吾尝以谓文章之原，本乎天地。天地之道，阴阳刚柔而已。苟有得乎阴阳刚柔之精，皆可以为文章之美。”他认为，人的气质有刚柔之分，偏刚或偏柔有所难免，文章也是如此。同是阳刚之美或同是阴柔之美的作品，也有强弱多少之差，深浅浓淡之异。因此，文章的风格千差万别，纷纷复杂，犹如宇宙万物一般。《复鲁絜非书》中说：“且夫阴阳刚柔，其本二端，造物者糅而气有多寡进绌，则品次亿万，以至于不可穷，万物生焉。故曰：一阴一阳之谓道。夫文之多变，亦若是已。糅而偏胜可也，偏胜之极，一有一绝无，与夫刚不足为刚，柔不足为柔者，皆不可以言文。”姚鼐认为最好的理想文章当是刚柔并重而无所偏的，不过那是非常难也是非常少的。“惟圣人之言，统二气之令而弗偏，然而《易》《诗》《书》《论语》所载，亦间有可以刚柔分矣。”在《海愚诗钞序》里，姚鼐进一步指出：“阴阳刚柔并行而不容偏废，有其一端绝亡其一，刚者至于偾强而拂戾，柔者至于颓废而暗幽，则必无与于文者矣。然古君子称为文章之至，虽兼具二者之用，亦不能无所偏优于其间……文之雄伟而劲直者，必贵于温深而徐婉。温深徐婉之才，不易得也；然其尤难得者，必在乎天下之雄才也。夫古今为诗人者多矣，为诗而善者亦多矣，而卓然足称为雄才者，千余年中数人焉耳。甚矣其得之难也。”姚鼐认为文章应刚柔相济又有所侧重。“偾强而拂戾”和“颓废而暗幽”都不好，“雄伟而劲直”和“温深而徐婉”相结合才是真正的好文章。姚鼐所说是符合艺术的规律的。综观中国文学史，无论是时代风格，还是流派风格，或是作家个人风格，乃至一篇作品的风格，大都存在着以阳刚或阴柔中一种为主而兼有另一种风格美的特点。例如建安文学，虽然以慷慨悲壮、雄劲有力的阳刚之美为主，情韵连绵、温婉深长却也是其特色之一。曹操、曹植多阳刚之美，曹丕、王粲以阴柔之美见长。具体到诗作，以曹操《短歌行》为例，“对酒当歌，人生几何”“山不厌高，海不厌深”这两节，主要是慷慨悲壮的阳刚之美，“青青子衿，悠悠我心”“明明如月，何时可掇”这两节，则主要为阴柔之美。

综观中国古代文艺，提倡“知其不可而为之”“吾善养浩然之气”的儒家更多的推重阳刚之美，倡导“道法自然”“柔弱胜刚强”的道家则多崇尚阴柔之美。而人们最为推重的是刚柔相济之美，阴阳调和之美。一般而言，儒家思想在中国政治文化史上的权威地位，使阳刚之美往往被置于阴柔之美之上，受到大力鼓吹赞美。对建安风骨的倡导，对以杜甫为代表的唐代现实主义诗作赞誉不绝，称颂以豪放为主的辛弃疾等就是突出的例子，因此中国古代文学给人重壮美轻优美的感觉。但事实上并未完全如此。“身在魏阙，心在江湖”是中国士人一个普遍的传统心理现象，历代的文人骚客大多对抒写性灵、悠游山水的诗作赏玩不已。因此，具有阴柔之美特征的艺术在中国也备受尊重。作为代表两类风格迥异的艺术形态，阳刚之美和阴柔之美能满足不同的审美要求，对二者不可随意轩轾，更不能互相代替或忽此重彼。

## 二、文与质

“文与质”是与“美善合一”的艺术追求紧相连属的重要审美范畴。这一范畴出现在春秋战国之交，发展定型于两汉，其后又衍生出文与用、文与道、风骨与辞采等同中有异的新范畴。它对中国古代文艺产生了重要影响。

从已出土的甲骨文考知，至少在商代前期“文”这个字就已出现。许慎《说文解字》里说：“文，错画也，象交文。”错即交错之意，指由不同的线条交错而形成一定可观的视觉形象。先秦典籍中出现的“物相杂为文”“五色成文”即有此意。随后，“文”的含义逐渐延伸，由具体可观的器物向人的外观仪容扩展，其意义亦由具体而变抽象，逐渐引申为文采、文章、文饰、文学、文理、文德等。至此，“文”被约定俗成地规定为一切事物按其本质规定所呈现的有一定特征的外观形式，具有了实体概念与属性概念双重的含义。作为实体概念，“文”是对自然界和人类社会各种事物的外观形式在认识上的抽象概括。就自然界而言，外象的可感形式，就是“文”。《易·系辞上》说：“仰以观天文，俯以察地理。”《正义》里也说：“天有垂象而成文章，故称文也；地有山川原隰，各有系理，故称理也。”就人类社会而言，凡表现人的感情内容的书籍文辞或表现一定道德规范的行为仪则，即为“文”。《易·系辞下》：“圣人之情见乎辞。”刘勰《文心雕龙·情采》：“圣贤书辞，总称文章。”作为属性概念，“文”指自然界和人类社会的各种事物在形式上体现出来的性质特征，如一定的形状、色彩、音响、辞采等以及各种形式因素的有规则的组合。《礼记·乐记》:“故乐者，审一定和，比物以饰节，合奏以成文者也。”《文心雕龙·原道》:“傍及万品，动植皆文，龙凤以藻绘呈端，虑豹以炳蔚凝姿，云霞雕色，有逾画工之妙，草木贲华，无待锦匠之奇……故形立则章成矣，声发则文生矣。”

因此，“文”在美学上的意义，就是指审美对象的形式和形式美。

就审美对象的形式而言，“文”包含有“形文”“声文”“情文”三层意思。按照刘勰的观点:“故立文之道，其理有三：一曰形文，五色是也；二曰声文，五音是也；三曰情文，五性是也。”[①]形文，指一切具有色彩和形状的审美形式（造型艺术）；声文，指具有音乐性质的审美形式（音乐艺术）；情文，即人文，指表达人的思想感情的文学作品（语言艺术）。

就形式美而言，“文”指审美对象在形式上具备的审美属性（特征），其基本特性是寓杂多于统一。《易·系辞下》:“物相杂，故曰文。”《朱子语类》:“两物相对待，故有文，若相离去，便不成文系。”《礼记·乐记》:“五色成文而不乱，八风从律而不奸，百度物数而有常。”说的就是“文”的多样统一的审美特征。“相杂”“相对待”“五色”“八风”“百度”皆指称物的多样性，而“不乱”“不奸”“有常”则指称物的统一性。

作为与“文”相对的“质”，其概念大约出现于西周而形成于春秋，发展于战国。

在哲学上，质首先是指自然界和人类社会的各类事物的本质，它是一事物区别于其他事物的一种内部规定性，质的差别性决定着事物的多样性和事物性质的差别性。早在东汉，范缜《神灭论》中就说:“今人之质，质有知也；木之质，质无知也；人之质非木质也，木之质非人质也，安在有如木之质，而复有异木之知哉？”其次，质是指事物的内容，即事物内在诸要素的总和。任何事物都是质和文即内容与形式的对立统一体。

在美学上，质首先是指审美对象的本质或内容。《韩非子·解老》中说道:“和氏之璧不饰以五采，随侯之珠不饰以银黄，其质至美，物不足以饰之。夫物之饰而后行者，其质不美也。”具体到艺术作品中，质是指艺术家按照自己的社会理想和审美观念选择、提炼、熔铸在作品中的，包含着其主观的审美体验和审美评价的客观现实生活内容，也就是客观的现实生活与作者主观的思想感情意趣的有机结合。其次，质是指审美对象呈现出来的朴素的风格特色，它主要体现为自然之美，是古人所崇尚的理想美之一。陶渊明的田园诗

①《文心雕龙·情采》。

率真质朴，元好问《论诗绝句》赞美说："豪华落尽见真淳。"李梦阳《与徐氏论文书》中主张"贵质者不贵靡"。潘德舆《养一斋诗话》宣称："吾学诗数十年，近始恒诗境全贵质实二字。盖诗本是文采上事，若不以质实为贵，则文济以文，文胜则靡矣。"因此，人们常把追求质朴的艺术风格与抒写真情至情相联系，认为"古之为文者，刊华而求实，弊精神而学之，唯恐真之不及也"[①]。"与其文而失实，何如质以传真也"[②]。都强调艺术实践中"质"的重要性

由上观之，与"文"相同，"质"也是一个双重概念：作为实体概念（名词），是指事物的本质或内容；作为属性概念（形容词），则指艺术品的朴素风格。

在中国古典美学中，质与文构成对立统一的两个方面。在春秋时期，孔子提出了"文质彬彬"的观点，认为："质胜文则野，文胜质则史。文质彬彬，然后君子。"[③]认为具有仁和品质而缺少包含审美的内在的文化修养，人就将是粗野的；极力讲求文饰和美而缺乏仁的品质，则文饰和美将变成一种没有内容的外在虚饰。他要求文与质的完满统一，即言动、容色、生活各方面的美及文化教养与内在的仁义道德品质的统一。孔子这种源于其中庸思想，针对"君子"的修养而提出的文质观，推及到古典文艺创作中，使其总体上始终没有走上片面强调某一方面的道路，文与质的统一成了艺术家和鉴赏者一致的审美追求。但与此同时，孔子强调"兴观群怨""温柔敦厚"的诗学主张，加之后人倡导"必有其质，乃为之文"[④]，"夫水性虚而淪沦结，木体实而花萼振，文附质也"[⑤]，"文以明道"、"文以载道"等文艺思想，使中国古典文艺总体上呈现出在追求"文质彬彬"基础上的重质轻文的特征。至于重文轻质的思想，尽管在汉赋、齐梁宫体诗、北宋西昆体、明代台阁体等诗文创作中有着明显的体现，但是这并非中国文艺发展的主流。

### 三、虚与实

虚与实，是一对十分重要的中国古典美学范畴。它是一个涉及艺术表现和艺术欣赏的直观性和想象性的美学原理，被广泛运用于审美领域的各个方面，特别是各类艺术品的创造、艺术品的审美特征等方面。虚实相生是虚实

① 袁宏道：《行素园存稿引》。
② 章学诚：《文史通义·古文十弊》。
③《论语·雍也》。
④《淮南子·本经训》。
⑤《文心雕龙·情采》。

原理的核心内容。

就艺术品的创造而言，“虚”指艺术家凭借自己所创造的审美形象，通过暗示、比喻、象征、双关等表现手法，间接地表达自己的审美情感和思维倾向。“实”则是指艺术家借助一定的物质手段，用一定的外在的艺术形式，直接创造出具体可感的艺术形象，以表达其对现实生活的审美认识和审美理想。概言之，实即指艺术的直接性，虚指艺术的间接性。而作为一种艺术表现方法的虚实相生，艺术家运用它，可以灵活、自由、含蓄地表现复杂的现实生活和抒写自己丰富的感情和独特的审美体验。以孟浩然的《宿建德江》一诗为例。《宿》是一首抒写羁旅之思的诗，全诗共四句：“移舟泊烟渚，日暮客愁生。野旷天低树，江清月近人。”前两句写行船停岸，本来应该静静地休息一夜，消除旅途的疲劳，谁知在日暮鸟归林的时刻，那羁旅之愁又蓦然而生。三四句写诗人怀着愁心，在这广袤而宁静的宇宙之中，经过一番上下求索，终于发现了还有一轮孤月此时和自己是那么亲近。寂寞的愁心似乎寻到了慰藉，将要化入那空旷寂寥的天地中去。然而，联系此诗是写于作者怀着一腔被弃置的忧愤南寻吴越之时的背景，诗便具有了另一深层含义：此时孑然一身的作者面对这四野茫茫、江水悠悠、明月孤舟的景色，那羁旅的惆怅、故乡的思念、仕途的失意、理想的幻灭、人生的坎坷……千愁万绪，不禁纷至沓来，涌上心头！于是，在“江清月近人”的画面之外，读者仿佛看见诗人的愁绪已经随着江水流入浪潮翻腾的海洋。这一隐一现，一虚一实，相互映衬，相互补充，构成了一个人宿建德江、心随明月去的意境。又如杜甫的《旅夜书怀》，诗中描写了空阔无边的天地，“星垂平野阔，月涌大江流”，写的虽是实境，表现的却是无限的虚境，由天地之大而感到自我渺小，然而，渺小的自我却能自由地遨游于天地之间，与天地同大。“飘飘何所似，天地一沙鸥”，这就在有限中看到了无限，在小我中显示出了诗人自由广阔的胸襟。

虚实相生具有如此独特的表现功能，所以我国古代的文论家都十分强调运用这种艺术手法进行艺术创造活动。陆机在《文赋》中提出：“课虚无以责有，叩寂寞而求音。”刘勰《文心雕龙·隐秀篇》中强调：“隐也者，文外之重旨者也；秀也者，篇中之独拔者也。隐以复意为工，秀以卓绝为巧。”到清代，笪重光在总结前人相关论述的基础上，联系绘画创作，对虚实相生的观点做了精辟的论述。他在《画筌》中指出：“空本难图，实景清而空景现；神无可绘，真境逼而神境生。位置相戾，有画处多属赘疣。虚实相生，无画处皆成妙境。”笪重光认为，在绘画中，当“实景”描绘进入清幽旷远的境界时，“神境”也就应运而生了。当“真境”描绘达到了逼真传神的程度时，“神境”也就应运而生了。他认为只有虚实相生，绘画方臻于妙境，否则，便是赘疣冗笔。

虚实相生这种精妙的特点，使之具有独特的审美功能。以虚实相生的艺术品而论，“实”是指作品中具体可感的艺术形象，它是引起欣赏者美感的基础，也是触发欣赏者进行更广泛、深入的审美联想的条件，制约着欣赏者的自由联想活动。“虚”则是作品中需要欣赏者经过想象才能把握的审美内容，它潜藏着“象外之象”“味外之味”“言外之意”的意思，即由实境所暗示、象征的非直观内容。作品中的实境，给欣赏者提供了直接明确的内容，而虚境则使欣赏者在感官直觉的基础上，依靠自己的主观想象，体验到作品中蕴含的更为深远的意蕴，使欣赏者不仅仅在作品实境的基础上进行合乎逻辑的联想，而且还能超越审美对象的实境，根据各自的审美经验和理想，在想象与联想中补充、丰富、发展甚至改变实境的内容。因此，一部作品如果没有虚境部分，不仅将显得浮露，缺乏意蕴，削弱了实境的审美价值，而且还会因其一览无余，使欣赏者积极的自由联想受到抑制，从而导致美感的严重贫乏。故而优秀的艺术家总是执著于对虚实相生的境界的不懈追求，导致虚实理论与意境、情景、形神、疏密、显隐等范畴交织在一起，形成了富有民族特色的中国古典文学体系。

艺术创作及其艺术形象、意境的虚与实，是对立统一的审美范畴，没有理由也不可能将两者截然分开。对此，清人洪兴全在其《中东大战演义自序》中已作了科学的论述：“苟事事皆实，则必出于平庸，无以动诙谐者一时之听。苟时时皆虚，则必过于诞妄，无以服稽古者之心。是以余之创说也，虚实而兼用焉。”诚哉斯言！

## 四、动与静

动静理论在我国文化史上，最初是作为一个表述世界发展观的哲学概念被提出来的。按照辩证唯物论的观点，事物的矛盾运动是绝对的，静止则是相对的、暂时的。而我国古代思想家则认为，作为宇宙本体的“道”是静的，是永恒的，世界的运动变化则是相对的、暂时的，静是“有常”，动是“无常”。

作为中国古典美学的审美范畴，动与静主要是针对艺术创作而言，是作品的意境美能否产生的重要手段。因此，我国古代十分重视艺术中的动静关系。宋代沈括在《梦溪笔谈·艺文一》中记载了一则故事：“古人诗有‘风定花犹落’之句，所谓无人能对，王荆公以对‘鸟鸣山更幽’。”沈括指出：“‘鸟鸣山更幽’，本宋王籍诗。原对‘蝉噪林愈静，鸟鸣山更幽’。上下句只是一句。‘风定花犹落，鸟鸣山更幽’，则上句乃静中有动，下句则动中有静。”此论极是。“蝉噪”一联虽然以动衬静，可算佳句。但是“风定”一联似乎更为绝妙，寥寥十字，静中之动，动中之静全都有了，显得波澜起伏，曲折有致。

正因此，王安石《钟山即事》里的“茅檐相对坐终日，一鸟不鸣山更幽”两句，有人便认为“却觉无味。盖鸟鸣即山不幽，鸟不鸣即山自幽矣，何必言更幽乎？此所以不如南朝之诗为工也”[①]。这里的“南朝之诗”代指“鸟鸣山更幽”，因为王籍是南朝时宋人。按道理“一鸟不鸣山更幽”，自也有其可取之处，但纯写幽静，便比不上动中之静则更静的“鸟鸣山更幽”一句。从上述两例可知，古人非常重视艺术表现中的动静关系。

在艺术实践中，动静相因的表现手法运用得十分广泛。如王维名作《山居秋暝》，中间四句曰：“明月松间照，清泉石上流。竹喧归浣女，莲动下渔舟。”“明月”一联写出了山中的静谧：明月透过松林，静静地泻在山地上；清澈的泉水在碎石上淙淙流淌。上句突出“照”的静态美，月光皎洁柔和，静中蕴孕着生机。下句突出“流”的动态美，水声叮咚悦耳，洁净诱人。“竹喧”一联写动态的山中景物：循着竹林的喧闹，飘出三三两两洗衣归来的村姑；随着荷叶的摇曳，荡过一只轻巧的渔舟。顿时，寂静的山林中腾起了阵阵欢声笑语，生机盎然，恍若仙境。这是诗，但又是一幅山水画，一支田园乐曲，是超尘绝俗的主人公洒脱心境的“外化”。而这种“外化”，是凭借动静相衬相生的高超手法来完成的。惟其诗人内心静谧安闲，才能敏锐地领悟到泉鸣、竹喧、莲动；山泉竹林的喧闹又有力地反衬出诗人内心的虚静。

北宋刘攽《雨后池上》也是一首运用动静对比手法铸造优美意境的诗作。全诗有四句：“一雨池塘水面平，淡磨明镜照檐楹。东风忽起垂杨舞，更作荷心万点声。”从东风、垂杨、荷等物象判断，这是一首写雨后池塘春景之作。诗的首两句写静景。这是一幅优美的静景：雨后的池塘平静无波，好比一面经人轻拂淡磨过的明镜，屋宇倒映其中。在这里，水面的“平”，池塘的“静”，镜子的“明”，有机地融为一体，使这幅静景描绘得清静动人，玲珑可爱。诗的后两句写动景，平静的池塘霎时间活跃了起来。第三句一个“忽”字，说明情况变化之突然与迅速，平静的池塘忽然动了起来。“垂杨舞”给人强烈的动态感。第四句妙笔一抖，写垂杨舞动了起来，把柳枝上沾着的雨水飞洒在满塘荷叶之中，化为了万千雨声，这声音如同春风拨动琴弦弹奏出的美妙的音乐。全诗以静显动，以动衬静，取得了很好的艺术效果。

就中国绘画来说，动静相因的手法可以说是其创作上的一个特点。依艺术原理而言，古典绘画属于静态的空间艺术，而中国传统绘画却因为较为偏重抒发主观情感，讲求独特的散点透视法，不断变换主体的观察视角，所以中国画的画面组合具有一种运动节奏感，即静中有动，动中寓静。这是从总

① 曾季貍：《艇斋诗话》。

体角度而言。从具体艺术表现来说，优秀的中国画，不论是人物画、花鸟画，还是山水画，都体现着动静相因的艺术辩证法。动静相因是使传统绘画产生“气韵生动”的审美特征的重要艺术手法。人物画中的人，其本身就具有“动”的属性。从人自身来说，其外在形式是静的，内在的生命、精神则是动态的，要有“气韵”，就须在画中体现出人的精神意脉，让人物在画中“活”起来，在欣赏者眼中走出画面，也就是要让人物既在画中又在画外，而动静相宜是产生这类艺术效果的重要手段。在花鸟画中，单纯从形态学的角度讲，花是静的，鸟是动的。同样，山水画中的山是静的，水是动的，况且山水画中往往还有人和驴、马、犬、鸟等等内容出现。花鸟画和山水画要出“画境”，除了要处理好虚与实、形与神等关系之外，还必须处理好动与静，即“花”和“山”与“鸟”和“水”的关系，既要在画中表现出“水”与“鸟”固有的“动态”之神韵，又要在画中描绘出“山”与“花”的“静态”之神貌，还要使二者和谐统一起来。

作为一种既是视觉艺术，又是表现艺术的中国传统绘画，有关的例子很多，例如马远的《踏歌图》。田埂小桥上，四个酒后回家的农夫一路唱着山歌，头一个持杖老翁回首与后面的三个对唱，最后一个挑着酒葫芦，醉意正浓，他们边唱边用脚打着拍子。巨石下躲着两个偷看的儿童，见状大笑。近处一角山石突兀，竹柳丛树掩映；远处高峰削耸，宫观隐现，朝霞一抹。整幅画动静相宜，动静互衬，显得气氛欢快，意蕴清旷。再如黄公望《富春山居图》，画中的平坡、亭台、村舍、舟桥、渔家，动中寓静，静中有动，生意盎然，一切笼罩在初秋意凉的氛围里。

此外，“书画同源”的书法，小桥流水的园林建筑，最为讲究节奏与韵律的音乐，也莫不讲求动静之美。

## 五、雅与俗

雅与俗是一对与中国传统艺术发展紧密相连的美学范畴，它根源于音乐艺术的兴起。一部中国音乐史可以说就是一部雅与俗的轮替消长史。

从雅乐言，它主要指为帝王独专的宫廷音乐，其特点是雍容和雅，华贵神圣，往往与天地、神人、伦理道德附会在一起，具有浓厚的教化色彩，著名的有传说为黄帝时的《云门》《大卷》，唐尧时的《大咸》，虞舜时的《大韶》，夏禹时的《大夏》，商汤时的《大濩》和周武时的《大武》等。这些雅乐相传皆为圣王所作，内容各异，如《韶》讴歌尧舜揖让而治，《武》赞颂武王伐纣之功德。据《论语·述而》记载：孔子“在齐闻《韶》，三月不知肉味”，赞叹道：“尽美矣，又尽善也。”对于《武》，孔子则认为“尽美矣，未尽善也”。

因为《武》表现的尽管是正义的征伐战争，但是存在赞美暴力的倾力。就总体而言，这种宫廷雅乐在声调上是平和的，情感上符合礼的规范和伦理的要求，形式上由于逐渐格式化而趋向僵化。

雅乐还有另外一种存在方式，那就是普遍存在士林中间，例如，《广陵散》《流水》《酒狂》《阳光三叠》《离骚》《醉渔唱晚》等等。这些士林雅乐艺术价值普遍较高，内容上多抒发一己之情，或怒或喜，或哀或乐，但注意节制，追求“中和之美”。它们流传极久远，许多传唱至今。一般认为，此类音乐是雅乐的代表。

俗乐，则主要指民间音乐，它在形式上突破了旧的声律格局的规定。孔子之斥责“郑声淫”，其溢出五声音阶的规范是主要原因之一。音乐语言上，俗乐繁杂而非中正，“过刚而杀伐”，“过柔而淫靡”，也就是说，俗乐不遵循“礼”的规定，毫无顾忌地抒泄喜怒哀乐之情。其刚健激昂者，如怒如嚎；其缠绵柔婉者，如泣如诉。郑声可说是其中的典型。面对这种越规犯纪之乐，汉儒之士竭力予以排斥。孔子对郑卫之音，鼓呼：“放郑声，远佞人。郑声淫，佞人殆”[①]，“恶紫之夺朱也，恶郑声之乱雅乐也”[②]。荀子也认为：“郑卫之音，使人之心淫。”[③]《礼记·乐记》斥道：“郑卫之音，乱世之音也”，“郑音好滥淫志，宋音燕女溺志，卫音趋数烦志，齐音敖辟乔志”。朱熹《诗集传》中说：“郑人几于荡然无复羞愧悔悟之萌”，“卫人犹多刺讥惩创之意”。

孔子他们说的有其一定合理之处，但这些从道德伦理角度发生的鞭笞挞伐之辞，有着明显的理论缺陷。一方面，首先，艺术决定于经济基础；其次，社会整体的艺术如何对艺术的传承嬗变有着重要的影响。另一方面，按照美国当代著名心理学家马斯洛的需要层次论的观点，只有当人的低一层次的需要得到满足后，对高一层次的需要才可能产生。[④]属于“下里巴人”的俗乐与“阳春白雪”的雅乐，二者显然不在同一需要层次上。在全社会倡导雅乐，作为一种理念是可以的，而且从社会总的发展趋势来说也是应该的，但如果采取绝对的斥俗倡雅的态度，显然不是一种辩证的办法，也不符合客观现实。实际上，俗乐流行于民间，它形式多样，内容繁复，欣赏主体非常多，具有极强的艺术感染力和旺盛的艺术生命力。因此，俗乐犹如一股浩荡的东风，冲撞着成千上万人的心扉，贵为天子的君王也很难抵御其魅力。《乐记·魏文侯》

①《十三经注疏·论语·卫灵公》，第2517页。

②《十三经注疏·论语·阳货》，第2525页。

③《荀子·乐论》。

④ 马斯洛把人的需要具体分为五个层次：生理需要、安全需要、归属和爱的需要、尊重的需要、自我实现的需要。参见《动机与人格》，华夏出版社1987年版。

里记载：魏文侯坦率地对子夏说："吾端冕而听古乐，则唯恐卧；听郑卫之间，则不知倦。"事实上，宫廷华府里演奏的多为俗乐，即使是雅乐，许多也是自俗乐演化而来的。

在我国艺术发展史上，尽管其雅的内容有异，儒道两家都推崇雅而反对俗。儒家之雅是"熔式经诰，方轨儒门"；道家之雅则为"玉壶买春，赏雨茅屋，坐中佳士，左右修竹……落花无言，人淡如菊"。到宋代，市民阶层兴起，俗成了其基本的审美情趣。在历史转型的大背景下，俗在明朝中后期形成了强大的声势。儒道之雅的理论基础是礼法和天理道德之心，此时的俗，其理论基础则是与儒道之理相反的童心、性灵、情感。在风格上，俗表现为狂、奇、趣。李贽狂人写狂文，"发狂大叫，流涕痛哭，不能自止。"[①]徐渭遍身皆狂，狂画狂字狂文，自谓"一个南腔北调人"。汤显祖是奇士写奇戏，"士奇则心灵，心灵则能飞动。"[②]公安三袁则以俗为趣，"愚之不肖者之所趣也，以无品也。品愈卑故所求愈下，或为酒肉，或为声伎。率心而行，无所忌惮，自以为绝望于世，故举世非笑之不顾也，此又一趣也。"[③]如果说儒道之雅追求的是韵，那么有明一代的俗之思潮追求的则是态。书法上说"明人尚态"，其实又何止书法，它是当时整个艺术（小说、戏曲、版画、雕塑、歌舞）呈现出来的一种风格特征。

雅与俗之间并不存在泾渭分明的界线。最初的艺术都是以"俗"的形态出现，后来才渐渐有"雅"的艺术的产生。即以小说而论，早期的小说，《汉书·艺文志》定义其为"街谈巷语之说也"，显然是把它归入了俗的美学范畴。随后的千余年里，小说一直被视为"末道小技"，备受歧视。到明清时期，"四大名著"、《儒林外史》、《聊斋志异》等杰作的出现，小说成了这两个朝代的文学代表，取得了与诗、词、文颉颃争胜的辉煌地位，其主流进入了雅文学的领域。类似现象，在元曲身上也有明显体现。

通观中国美学史，雅与俗的对立与并峙，促进了审美意识的发展和审美形态的多样化，丰富了我国独具民族特色的美学体系，奏出了一曲曲响亮的乐章。

---

① 《李贽：杂说》。

② 汤显祖：《序丘毛伯稿》。

③ 袁宏道：《叙陈正甫会心集》。

# 第八章　中国传统文化与各种礼仪习俗

中国传统礼俗是中国独特的文化现象，它在中国文化系统中发挥着极其重要的作用。“礼俗”作为一个专有词汇在周礼中便已出现：“以八则治都鄙……六曰礼俗，以驭其民。”[①]古籍中二者经常配对出现。“君子行礼，不求变俗。”[②]它既可指称礼、俗两种事物，也含有“以礼节俗”之意。

俗，《说文》训作“习也”；郑玄《周礼注》释为“土地所生习也”；《汉书·地理志》：“好恶取舍动静无常，随君上之情欲，故谓之俗。”概括起来讲，俗是地域性极强的自然生成的习俗，它具有地方性、易变性、多样性的特点。

礼的含义极为丰富，古人就有多种解释：“礼，体也”，它是一切事物之本，对国家是立法之本，对个人是治身之本；“礼，序也”，它可“定亲疏，决嫌疑，别异同，明是非”；“礼，履也”，它是人们必须切实照此去做的原则、规范；“礼，理也”，它必须合乎道理；“礼，养也”，它是节制人欲的手段。礼一经形成，便凝结成典章制度，对先于它形成的俗有极大的渗透、影响和制约力量，在实践中将礼和俗不同程度地统一起来，演化成为一种社会调控的机制。“礼则上之所以制民也，俗则上之所以因乎民也。因乎民也无所制乎民，则政废而家殊俗；无所因乎民，则民偷而礼不行也……礼俗以驭其民，其民所履唯礼俗之从也。”[③]正因为礼俗具有特殊的社会调控功能，所以统治者对民间礼俗也就任其发展，使之构成了中国文化的一大特色。

## 第一节　中国传统诞生礼俗

诞生礼，又称生育礼，是人生开始阶段的主要礼仪习俗，包括求子、怀

①《周礼·天官·大宰》。
②《礼记·曲记》。
③ 王安石：《周官新义》。

孕、诞生和养育诸过程。生育是人类自身繁衍的重要活动，因此历来受到各民族的重视。在中国的农业文明形态下，多子成为家庭富足的重要条件，同时“不孝有三，无后为大”的宗法血缘观念，使婚姻的目的成为生育：“昏礼者，将合二姓之好，上以事宗庙，下以继后世。”①

## 一、求子礼俗

古代求子习俗多种多样，在婚礼习俗中的一些礼俗便反映了求子的愿望：如“传袋”，即传代的谐音；撒帐，即在洞房的床铺上塞进红枣、桂圆、栗子、花生等，意在祈求“早立子”、男女孩子“花着生”。

古代的生殖崇拜是人类早期信仰之一。早期人类对于自身的繁衍以及动物的繁殖和植物的生产不能作出科学的解释，他们认为是一种神圣的力量主宰着一切。后世许多地方崇拜山洞中的巨石，由未生育女性去“坐”，或吮吸石凹处积水，以求“神孕”等，便是生殖崇拜的延续。

人们相信吃某种食物可怀子，于是到生子的人家讨喜蛋吃，或吃瓜，意种瓜得瓜等。

## 二、怀孕礼俗

中国传统观念认为，生儿育女是家庭和亲族的一大喜事，故而妇女怀孕被称为“得喜”“有喜”等。对于夫妻来说，怀孕意味着将为人父母，有了后，妇女彻底成为夫家成员，男方在家族中的地位也得到稳定。对于家族来说，新妇怀孕意味着香火的延续将得到保证，家族的谱系得以续写。因此在家庭里举行庆贺，以示对怀孕夫妇的祝贺，送鸡蛋、红糖、小孩衣帽鞋等物，祝福孕妇安康、顺利、早生麟子。

在民间观念中，孕妇是“双身人”“四眼人”，被认为是不吉祥的，因而对孕妇规定了许多约束禁忌。

行动方面：孕妇不许到庙里去，不许在亲友婚礼时进入喜房，也不能在亲友的婚礼中担任娶亲、送亲等各种职务，如不遵守，对孕妇和新婚夫妇都不利；孕妇也不能参加丧葬活动，这不仅会影响他人，更重要的是会导致胎儿发育不全、难产、怪胎等；孕妇忌入生子人家，这种禁忌源于小儿魂魄不全，易受侵害等迷信观念，孕妇的出入会给小儿带来种种灾厄；一些工艺性强的生产活动也忌孕妇到场，如豆腐坊、首饰坊等；修造、动土、上梁也忌孕妇。

①《礼记·礼义》。

饮食方面：怀孕期间的妇女生理变化较大，常出现恶心呕吐的情况，俗称“害喜”。其间妇女想吃许多新奇特殊的食物，但民间认为有的东西对胎儿有害，故有许多禁忌。《古今图书集成·人事典》三十五卷载：“儿在胎，日月未满，阴阳未备，腑脏骨节皆未定，故自初迄于将产，饮食居处皆有禁忌，妊娠食羊肝令子多厄，食山羊令子多病；妊娠食驴马肉令子延月，食驴肉难产；妊娠食兔肉令子无声并缺唇；妊娠吃鸡肉糯米令子多寸白宏；妊娠食鸡子及干鲤鱼令子多疮；妊娠食椹并鸡子令子倒出心寒；妊娠食雀肉并豆腐，令子满面皆默黯黑子；妊娠食雀肉并酒，令子心淫乱不畏羞耻；妊娠食鳖令子短项；妊娠食冰浆绝胎。”同时鼓励孕妇多食桂圆，认为它能使出生的孩子眼睛又圆又大；多吃黑芝麻，能使胎儿的头发又黑又亮。

冲犯胎神、星煞的禁忌：俗传妇女胎孕事有胎神掌管，胎神常在孕妇左右。故而家有孕妇者，修造动工、穿凿钉补皆须查明胎神方位，然后再动工。若触犯胎神，便会造成不幸；或流产，或生残缺儿，甚至母子俱亡。

传统观念认为，妇女受孕三月后，胎儿开始成形，但此时“形象未有定仪，因感而复”[①]。“逐物变化，禀质示定”[②]。胎儿尚无定型，具有极强的可塑性；同时胎儿“逐物变化”“因感而复”“感于善则善，感于恶则恶”[③]，故而胎教十分重要。

原始宗教认为人的生死是轮回，出生是灵魂的投胎转世，婴儿的新生存在着人与鬼、灵与肉时时诞生的危险，死胎、怪胎、孕妇生育死亡都被视为“凶兆”。因而民间以矛盾的心态迎接新生命的到来，一方面视生育为第一要事，妇女怀孕称为“有喜”；另一方面，在十月怀胎中又有一系列避讳的惯俗不得违背。

## 三、诞生礼俗

基于对“分娩不洁”的认识，旧时礼俗认为分娩的产房应避开神圣所在，一般就在孕妇妊娠期间的住所。也有的让孕妇到坟旁、路旁搭一棚子生育，直至满月回家。还有的讲究不能回娘家生产，因为它会招致娘家破落、子女不吉。临产时，家人把置在屋里的所有箱柜、房门打开，祈求产妇骨缝大开，快生快养；有的地方在院门上挂弓箭，以求抵御、射杀各种邪祟，祓除它们的障碍，让婴儿顺产；也有的贴老虎剪纸，意义大致相同。孕妇顺利分娩后，

① 陈自民：《妇娘方·胎教门论》。
② 孙思邈：《千金方·养胎论》。
③《古今图书集成·人事典》。

便洗浴新生儿，“以猪胆一枚取冲投汤中，以浴儿终身不患疮疥”[①]。洗浴时先双眼，谓“开天门”；次洗鼻子，谓“点龙鼻”；再洗嘴，谓“开龙口”；最后由头部洗到胸部、手足。[②]脐带用红纸包好，满月后托人扔到热闹之地，认为经人践踏，孩子胆志都大。古时还有男方代替妻子坐月子的“产翁制”习俗，这一习俗在现今一些少数民族中仍存在。

婴儿一降生，便要到亲友、邻家去报喜，这是婴儿初生时的一项礼仪活动。各地习俗有所不同，常见的是携红蛋（也称喜蛋）去岳家报喜，“富者生儿育女则大送红蛋报喜，以示多子多福”[③]。也有带其他物品的，如湘西提鸡报喜，而且“公鸡以示生男孩，母鸡以示生女孩，双鸡表示是双胞胎”[④]。同时在自家门口挂出诞生标志，《礼记·内则》载：“子生，男子设弧于门左；女子设帨于门右。”陈皓《采说》释道：“弧，弓也；帨，佩巾也。此二物为男女之表。弧示有武事，表男；帨示事人，表女。”诞生标志有提醒不知情者或特殊之人（孕妇），不要贸然闯入或应自动回避，以免影响产妇和新生儿的安康。之后一直到婴儿周岁的一年之内，有一系列礼俗，如三朝、满月、40天、百日、周岁等。

三朝礼：新生儿诞生的第三天举行的正式礼仪，亲友携贺礼前来道喜，生子之家设宴招待客人。这一礼仪古时便有，后来有所变化。较有代表性的三朝礼有落脐炙囟、开奶与开荤、“洗三”等。其中，“洗三”是三朝礼中最典型最完善的礼俗，安徽寿春“婴儿三日后，必为之净洗，谓之洗三朝，置红鸡于床前，使产妇焚香祷告，谓之拜床公、床母。若产妇有病，令洗婆代拜”[⑤]。洗三礼俗唐时就有，它有清除污秽、消灾免祸之意。

满月礼：婴儿出生整满一月举行，又称“弥月礼”。亲友携小儿用品等贺礼前来道贺，主人宴请客人。满月礼中又包含剃头礼与游行礼等仪俗。满月剃头也叫“铰头”“落胎发”，是满月礼中的主要仪俗，绍兴一带，剃满月头时外婆家要送圆镜、关刀、长命锁等物，圆镜照妖、关刀驱魔、长命锁锁命。剃头时额顶要留“聪明发”，脑后要留“撑根发”，眉毛全剃光。“胎发”又称“血发”，由父母收好，或包好缝在婴儿枕头上，或搓成圆团，用彩线挂在床头。所谓游行，就是在婴儿已适应新环境和产妇身体基本得到恢复的情况下，婴儿在他人帮助下外出挪窝。宋代满月礼落胎发后，“抱牙儿入他人房，谓之

①《古今图书集成·人事典》。
②《古今育儿习俗》。
③《中采镇志》稿本。
④《古今育儿习俗》。
⑤《中华全国风俗志·安徽》。

移窠”[①]。即由外婆或舅舅把婴儿接到自己家礼节性地小住。《中华全国风俗志》载：安徽寿春婴儿满月剃头后，须请舅父怀抱，游行通衢之上，遇行人则谓小孩日：“认得否？弗要怕！”其目的是让孩子见世面，不怕生人。

百岁礼：也叫百晬，孩子出生百天时举行的礼仪。“生子百日置会，谓之百晬。”[②]晬，意为出生一周岁，因而百晬也就是一百周岁，这显示百日礼有祝福长寿的因素。最能体现祝福健康长寿物品的是百家衣、百家锁等。人们认为，集各种颜色、多户人家的布做成的百家衣，能保佑婴儿健康长寿。百家锁亦是化百家之缘而做成的，多由外婆家送。

周晬礼：孩子周岁的礼仪，最普遍的周岁仪式便是“抓周”，也叫“拈周”“试周”“试晬”“试儿”“揸生日”。在小孩周岁生日当天，摆放各种象征物品，随其抓取，试其志向。此俗最晚始于南北朝。与其他人生礼仪一样，抓用仪俗也透露出原始信仰的遗迹。殷商时代，生产力水平的低下，限制了人们认识自然的能力，人们对诸多事物不理解，便认为万事万物在冥冥之中有神秘力量能指示前途，预兆未来，于是便求助于这种超自然的力量，坚信预兆与未来的必然联系，从而形成征兆灵异的信仰。抓周便属于征兆灵异信仰的具体礼仪，它近似于占卜孩子未来的命运，因此很受重视。

在诞生礼仪的系列中，命名礼是一种重要而又颇具文化意义的礼仪。《礼记·内则》详尽地记载了当时的命名礼仪：保姆抱婴儿与其母来见其父，讯问应答之后，其父执子之右手，给他命名。其母记下丈夫所言，并回去将婴儿交给师傅，师傅将婴儿的名遍告女客与家中妇女。其父又将婴儿的名字报告给宰，宰则遍告诸男，并记下婴儿出生年月日而收藏起来；同时，又通告闾史，闾史记录，一式二份，其一上报更高一级的行政长官州史，州史再上报给州伯，州伯便让手下人把“户口”收藏在“档案柜”里。后世的命名礼虽不再那么严格，但仍是郑重其事。民间对婴儿非正式的名字，即乳名或小名，较为随便，多用吉祥、喜庆的字眼，也有的为免灾易养而取牲畜的“贱名”，越鄙俗越好。儿童入学时由启蒙老师或父母长辈取正式的名字，称学名、大名、族名等，多依家谱上规定的辈分用字，再加另一个字组成，这样同族同辈人中第二或第三字必然相同，同宗同姓的人一问姓名，便知辈分。也有通过拜认干亲而命名的，拜认干亲在古代是一种较普遍的礼俗，它是一种怕孩子不好养活或孩子命相不好，与父母相克，通过拜干亲转变命相的方

---

①《东京梦华录》。

②《东京梦华录》。

法。拜干亲的礼俗，方式很多，但有个共同点便是干亲要给孩子按自家的排行取名，甚至为孩子换姓。还有的父母为保证孩子的健康成长，将婴幼儿送到寺庙，请和尚命佛门中的名号，在礼仪、象征的基础上把孩子寄托佛门，叫“寄名神佛”。

## 四、养育礼俗

在养育子女的过程中，各种礼仪活动仍然连续不断。一年一度的生日是连续性的礼仪活动，孩子小时每年都举行，以此来祝福孩子的成长。到六七岁时，有钱人家要给孩子启蒙授书，这是传统的“童蒙礼”。12 岁时举行圆锁礼，把满月或百日时戴的长命锁摘下来，即所谓圆锁，表示 12 岁的孩子魂魄已全，能独立应付灾厄与邪祟，因而这类礼仪也含有成年的意义。“成年之后冠礼久废，惟 12 岁时，于奶奶庙会，必亲到庙还愿，表示以后脱离奶奶之势力范围，亦成年之一种表示。”[①]还愿即为寄名神佛的孩子了结原先所许之愿。接下来的人生礼仪是最为重要也非常普遍的成年礼，它是为步入青春期的少年举行的专门仪式，只有经此仪式的人，才算成人。据《礼记》载：古代男子 20 行冠礼，女子 15 行笄礼。传统社会重男轻女，故冠礼较笄礼庄重。古人认为冠礼是“礼之始”，极为重视，并规定了一套周密而严整的仪式，大致是：冠礼在宗庙举行。即将加冠的青年的父亲先用筮决定行礼的日期，并且用筮决定请哪一位“宾”来为青年加冠。确定后，把日期通知“宾”家。至行礼那一天，早晨将一切准备好，等待加冠的青年立于房中。其父请“宾”进门，入庙就位，随即让青年出房就位，然后行礼。“宾”把规定的服饰加于青年，共行三次，称为始加、再加、三加，于是以酒祝福青年。青年由西阶而下，去拜见他的母亲。见过母亲后，回到西阶以东，由“宾”给他起一个字（名字），于是礼成。青年之父送“宾”出庙门。被加冠的青年见他的兄弟姊妹，随后再见乡大夫、乡先生等。其父以酒款待所请的“宾”，送他束帛、俪皮，最后敬送出家门。[②]笄礼，也称加笄。古时无论男女，幼年时都不结发，头发自然下垂。女子 15 岁时用笄把头发盘起，表示成人。因此，15 岁的女子也称及笄。举行笄礼标志着女子到了婚龄。由于历代婚龄不一，且多为早婚，后世一般在婚前或订婚时举行笄礼。民间笄礼一般是给少女修剪额发，绞脸颊汗毛，俗称“开脸”，“挽髻加簪”。

---

①《中国地方志民俗资料汇编 · 华北卷》。

② 李学勤：《古代的礼制和宗法》，《中国文化史讲座》，中央广播电视大学出版社 1984 年版。

行完成年礼，诞生礼仪也便结束，它标志着一个人结束孩提时代而进入成人的行列。

## 第二节　中国传统婚姻礼俗

两姓的结合称之为婚姻或婚媾，这种结合经历了由随意的乱婚到高级的一夫一妻制，结合的形式也由简单到复杂，婚姻因而也逐渐形成了一套完整的礼俗。

### 一、婚姻的形成及形式

普遍的和无禁忌的杂婚，是人类最先的婚姻形态。在远古社会，人类的始祖过着杂乱的两性交合生活，孩子知母不知父。这种婚姻形态在各民族神话传说中多有反映。之后便是婚姻集团按辈数划分的血缘群婚，形成祖父母辈、父母辈、子女辈、孙子女辈的每辈之间的群婚，隔代之间不许婚配，故称血缘群婚或班辈婚。族外婚则是排除了族内兄弟与亲妹妹之间的婚媾，男子只能以其他氏族女子为妻，女子只能以其他氏族男子为夫。族外群婚的发展，出现一个男子在一群女子中有一主妻，同样，一个女子也有一个主夫，婚姻对象相对固定，这便是对偶婚制。对偶婚的发展，婚姻对象进一步明确、固定，形成了以一对男女结为夫妻的一夫一妻的婚姻形态，它的确立标志着人类从原始社会进入文明社会。一夫一妻制是父系氏族的产物，它以经济条件和私有制战胜原始社会公有制为基础。丈夫在家庭中居于统治地位，女子的作用是确保为丈夫生育纯丈夫血统，因此可继承丈夫财产，延续夫家血脉的“合法”子女。这种个体婚姻确立了男子的父权、夫权，确立了男权世系严格的血亲亲属制度，由此，婚姻习俗被规范化、理念化，并进一步制定成婚姻。

婚姻的形式，古代大致有如下一些：聘娶婚，即男子以聘的程序而娶，女子由聘的程序而嫁；买卖婚，以财物为代价购买妻妾，不包括含有买卖性质的聘娶婚；交换婚，两家互以其异性家属交换婚配，尤以双方父母以女儿换取媳妇为最常见；服役婚，男子以劳务代替财货，作为娶妻的条件；掠夺婚，也称抢婚、抢劫婚，即男子未征得女方同意，用劫夺的方式达到婚姻的目的；自由婚，这是男女相悦，私订终身，经过抗争而成的婚配；指腹婚，也称胎婚，封建社会特殊的包办婚姻，两家同时怀孕的胎儿预订婚约，如产一子一女，则结为夫妻；招养婚，也称入赘、招婿上门等，指男子到女家成婚，成为女家的家庭成员，传宗接代；冥婚，也称嫁殇婚、鬼婚等，是为死去的未婚男女结成夫妻的婚姻。此外，古代还有若干特殊的婚姻类型，如罚婚、赠婚、赐婚、续嫁、养媳、招夫等。

## 二、古代婚姻礼俗

婚礼是为男女两姓正式结合举行的礼仪活动，是人生大礼，也是男女两姓的家族大事。所谓“婚礼者，将合两姓之好，上所事宗庙，下以继后世。故君子重之”[①]。“礼之大体，而所以成男女之别，而立夫妇之义也。男女有别，而后夫妇有义；夫妇有义，而后父子有亲；父子有亲，而后君臣有正。故曰：昏礼者，礼之本也”[②]。由此，自西周以来便形成一套约定俗成的礼仪，后世传承中虽有变异，但总体原则未变，凡经过这些礼仪程序的婚姻行为及其结果，便获得合法地位，这便是所谓的聘娶婚，它是中国古代婚姻形式中唯一的标准婚式。婚嫁过程从先秦以来规范为六个程序，称为“六礼”，即纳采、问名、纳吉、纳征、请期、亲迎。宋代朱熹裁为三礼，即纳采、纳币、亲迎，但内容未变，大意仍存。

纳采。即男家请人向女家说明缔婚的请求。相当于后世的“提亲”“说媒”。秦汉以来，“男不自专娶，女不自专嫁”逐渐成为一种社会道德，婚姻必有“父母之命，媒妁之言”，只有这样，婚姻才被社会认可，而青年男女是没有自主权的。到当婚、当嫁的时候，男家家长便请媒人向物色好的门当户对者提亲。纳采要带礼物。古时用的是雁，“用雁者，取随时南北，不失其节……又取飞成行，止成列……长幼有序，不相越也。”[③]实际上是告诉女家应像雁那样适时择其所，同时雁飞翔时又排列有序，不相逾越。六礼中除纳征礼外，其余五礼都以雁为礼，称“奠雁”。后世纳采的礼物增加了，有的多达30多种，有合欢、鸳鸯、九子蒲、双石、五色丝、鱼、棉絮等，多有吉祥象征的意义。

问名。女家收下礼物后，第二步便是问名，即问清女方名字及其年庚八字，以便占卜凶吉。古人阴阳五行观念极重，有五行相生相克之说，又有属相相冲相克之说，如一事不合，婚事便没有希望。如木命遇火命，水命遇土命，火焚木，水掩土，便不合；“龙虎相斗，狗兔不合”，便不能缔结婚姻。

① 《礼记·昏义》。
② 《礼记·昏义》。
③ 胡培翚：《仪礼正义》。

若碰到命相、属相相合的，婚事便有成功的可能。同时择偶还要问清对方的身世，尤其是在门阀世族极盛时，这更为重要。问名的礼物也是雁。问名之后有的地方要交换“草帖子”，通报各自的情况，包括曾祖、祖父和父亲三代姓名、官职，男女双方出生年月，母亲姓氏，女方还要包括嫁奁数量等等。

纳吉。郑玄注《礼记》云：纳吉“归卜于庙，得吉兆复使使者告往，婚姻之事于是定”。可见纳吉是订婚的标志，较为重要。民间在讨得女方庚帖（有的女方也要男方庚帖）回来压在佛龛或灶神香炉下，若三日内细若盘碗破碎之事都未发生，则拿男女的生辰八字去合婚，八字合则可通婚，不合则退还庚帖，中断提亲。合婚通过，男方家长在媒人安排下到女家探访家境和察看女方容貌举止，若满意，则留一两件首饰为订婚凭证，这一行为俗称“相亲”“相门户。”女方家也可相看女婿。男女双方都要受到社会伦理的约束，婚姻的终止也不是随便之事，而要经过双方的协商或外人的调解。

以上三礼，民间又称议婚、议亲、提亲等，属婚姻缔结的开始。

纳征。也称纳币、纳成。“征，成也，使使者纳币以成婚礼。”[①]民间称下聘礼、送采礼、茶礼等。传统观念以此表示婚姻已定，一般不得反悔。纳征是中国婚俗中最重要也是最具特色的一环，因而聘娶婚实际上含有买卖婚的性质。纳征礼数有规定，古代用玄纁、束帛、俪皮。汉代从史籍记载可知，多用金银，以后此风俗日烈，受到许多人的反对。南北朝时颜之推说：“近世嫁娶，遂有卖女纳财，买如输绢，比量父祖，计较锱铢……贪荣求利，反招羞耻，可不慎欤！”[②]然而世俗的力量无法阻止。民间聘礼分两次，一次是相亲同意之后送，称放小定，一次是在结婚前送去重礼，称送大定、过彩礼等。宋代以后聘礼中必有茶，意在茶“种植不可生”，暗指聘礼意味婚姻缔结不可反悔，故女方受聘也称“吃茶”。

请期。男家占卜择定合婚吉日良辰，请媒人告知女家，征求女家的同意，后世称“下日子”“送日子”等。古时请期也用雁。请期是婚仪中的第二次迷信占卜活动，原则大体与问名后占卜相同，选择适当的迎娶吉日，合适的迎亲、送亲之人。吉日良辰的选择，民间一般选双月双日，如二月二、六月六等，娶嫁月份一定不能犯男女双方的属相忌讳，否则就是“犯月”。迎亲、送亲的也不能犯属相忌讳。请期在古时是口头进行，后世则口

①《仪礼·郑注句读》。

②《颜氏家训·治家》。

头、书面皆有。

亲迎。即民间的娶亲、迎亲，是婚姻礼仪的最后一道程序。民间的观念娶亲才是真正的婚礼。先秦时的亲迎礼较简单，“父亲醮子，而命之迎，男先于女也。子承命以迎，主人筵几于庙，而拜迎于门外，婿执雁入，揖让升堂，而拜奠雁，盖亲受之于父母也。降，出御妇车，而婿受绥，御轮三周，先俟于门外，妇至，婿揖而入，共牢而食，合卺而酳，所以合体同尊卑以亲之也。”[①]归结起来，有父命子迎、女家礼遇、新婿奠雁、夫御妇车、婿揖妇入、同牢合卺几个程序。后代婚仪礼俗日益烦琐，主要有：请期之后，女家要为女儿“开脸”“上头”；娶亲前几天，男方给新娘送去上轿的衣饰和礼物，也称催妆，女家则要“过嫁妆”，把陪嫁送到男家；婚典前一天，女家则要派几位妇女到男家整理新房，或由男家自己安排，谓之“铺房”“暖屋”，新郎则要到亲友家行礼，这叫“行家礼”，有表示成年之意；娶亲当天，新郎家准备好花轿，轿里放父母双全的“压轿童子”压轿，敲锣打鼓到女家迎亲。周代迎亲在昏时，后改在上午。到女家门口，要“拦门”，然后行礼、奠雁；女家邀村中姑娘哭嫁，由兄长将新娘抱至轿中，“泼水”以示女儿如“泼出去的水”；起轿后，一路鼓乐齐鸣，新娘要从轿里扔馒头，引村童争拾；过井、桥、庙要用红毯遮起来；若两家迎亲的相遇，则要交换新人胸前红花；到男家门口，先要闭门“憋性子”，以便新娘过门后和气孝顺；在鼓乐爆竹声中，新娘抱着装有五谷金银的“宝瓶”下轿，由伴娘牵引入门；进门槛时要跨马鞍以求平安；进门后要“撒谷豆”驱邪；要传袋，“今人娶新妇，入门不令足履地，以袋递相传，令新妇步袋上，谓之传代。”[②]然后在宽敞、肃穆的正厅拜堂，一拜天地，二拜高堂，夫妻对拜；入洞房后，新郎用秤杆“挑盖头”，取“称心如意”之义；家人要“撒帐”，“凡娶妇，男女对拜毕，就床，男向右，女向左坐。妇以合钱彩果撒掷，谓之撒帐。”[③]之后夫妻要“同牢”“合卺”，即新人入洞房后一起吃饭，吃长寿面或子孙饺子，喝交杯酒；同时主家开筵席，大宴宾客，新人由父母引领向来宾敬酒；晚上亲友来“闹洞房”。这是婚礼的高潮，也是任何婚礼都少不了的仪俗。《抱朴子》云：“世俗有戏妇之法，于稠众之中，亲属之前，问以丑言，责以慢对，其为鄙黩，不可忍言。”“无论如何喧闹，主人不但无言，且以愈闹愈发，喜可加倍焉。”[④]次日一早新娘拜见男家

①《礼记·昏义》。

②《新知录》。

③ 孟元老:《东京梦华录》。

④《中华全国风俗志·浙江湖州》。

全体成员，称“认大小”；三日后新娘下厨为公婆做馔，称“盥馈礼”，俗称“下厨”，表示新妇的孝顺。公婆食毕，然后新妇共食于堂上，公婆斟酒给新妇，以示回敬。随后公婆从宾位下堂，新妇从主位下堂，表示新妇从此代理公婆之事。如公婆已死，则于三日后到公婆庙参拜，叫“庙见”。不行庙见礼，新娘便不被承认是夫家的正式成员。

## 第三节　中国传统丧葬礼俗

丧葬礼俗简称丧礼或葬礼，是人们在丧事活动中所遵守的程式化的行为规范。有广义和狭义之分。狭义指处理死者殓殡祭奠的仪式；广义的丧礼，包括葬式、谥法、陵墓、庙、碑铭、祭祀、神道摆设等等。人们通常所讲的是狭义上的丧礼。

### 一、古代丧礼的社会意义

“丧者，亡也。人死谓丧。何言其丧：亡不可复得见也。不直言死，称丧者何？为孝子之心不忍言也。”[①]丧的本义是逃亡，因孝子不忍心直言自己父母的死，故用丧作为死的隐讳语，后世人们常把死亡二字连用。自人类有丧葬活动开始，丧礼也就产生了。两万年前山顶洞人在尸体周围放赤铁矿末，并随葬石珠、骨坠等物，证明当时已有安慰亡灵和安排死者死后之事的仪式。很显然，丧礼的原始心理依据是“灵魂不死”，并由此对死者产生既怕又爱的双重感情，于是人们将死者送到另一世界，并尽力让他们在那里过上优裕的生活，以此抒发自己内心的复杂感情并给自己的生活带来好处。出于这样的目的，便产生了一系列具有固定程序的丧礼。

人类进入文明社会后，丧礼被赋予了“社会杠杆”的意义，如生者利用丧礼替自己挣面子、争社会地位，统治者则利用它来别亲疏、显贵贱，以维护一定的社会秩序，致使丧礼离产生的原始出发点已很遥远，而殡葬操作中较固定的程式化规范行为，则又协调了人们在丧礼活动中的行为，达到有序性和一体化，使人们在情感、心理、价值观念和思维方式、行为等方面能达成同一，并互相交换，这可从主观上帮助人们维持心理平衡并进行社会教化，

---

①《白虎通·崩薨》。

也在客观上起着一种促进社会一体化、加强社会联系的纽带作用。

社会的发展使人们的观念日益复杂，表现在丧礼上，就是形式日益繁琐。生、死是大事，因而人们对丧礼非常认真。宋代司马光《书仪·丧礼》把这些丧礼归结为25种，分别是：初终、复、易服、讣告、沐浴、小殓、大殓、成服、卜宅兆（葬日）、启殡、朝祖、赙赠（亲友致奠仪）、陈器、遣奠、送葬、墓地、下棺、祭后土、题虞主、返哭、虞祭、卒哭、小祥、大祥、谭祭。这套烦琐的葬礼过程所体现的原则是"孝"和"敬"，古人希望通过规范人们行为的丧事操作来淳化人，强调对祖先的孝。魏晋以来，佛教传入和道教确立，丧礼中渗入二教内容，但儒家精神则一直是其核心。

## 二、古代丧礼的程式

各民族的丧葬礼俗体现着社会习俗和信仰习俗的特点，因此葬仪形式虽大同小异，但内容却五花八门，形成复杂深邃的丧葬文化民俗。后世的民间传统丧礼大致可分为初终、殓、殡、出殡、下葬五大步骤。

初终。从周代开始，便有把危重病人从床（炕）上移到地上的习俗，称"废床""移床"，民间盛行用门板接人，因为人出生于地，卧地有生还的希望。断气时，用新丝棉置于口鼻，确定是否停止呼吸，这叫"属纩"。死而未僵时，用东西把死者的嘴撑开以备含口称"楔齿"。为防止死者双腿蜷曲，要"缀足"，称"绊脚索"。古代人初死，亲属要持其衣帽登屋顶面北或朝祖先发源地方向三呼死者姓名，后再将此衣覆在死者身上。这叫"复"，又叫招魂。有的地方是用竹竿将屋顶捅一个洞以让死者灵魂回来。对于客死他乡者，则要到其初终地招魂。行复礼是"尽爱之道也，有祷祠之心焉。望反诸幽，求诸鬼神之道也"[①]。丧礼中的孝道由此而始。接着易服，即准备丧服，然后向亲友、邻里报丧，这叫"讣告"。讣，《说文》作"赴"，即跑、奔走，说明报丧是跑着完成的，它含有请生者来与死者作别和邀请他们来协助丧事之意，也有请亲友邻里来检验死亡之意。旧时死者脸上用方巾或纸覆盖，称覆面纸。民间传说此俗源于吴国，吴王夫差悔恨自己不听伍子胥忠告而亡国，认为无颜见伍子胥，死后用布遮面。

殓。人死后被认为是到另一个世界去生活，故要为死者沐浴，民间称"抹尸"。之后入殓。殓通敛，即为死者穿衣及入棺。"衣尸入棺曰敛。敛者收也，

①《礼记·檀弓上》。

收藏不复见也。"[1]殓分小殓、大殓。三日后给死者穿裹衣衾为小殓，"三日而后敛者，以俟其生也。三日不生，亦不生矣。孝之心亦益已衰矣。宗室之计，衣服之具，亦已成矣。亲戚之远者亦已至矣，是故圣人为之断决，以三日为之礼制。"[2]入殓的衣帽鞋袜都是特制，冠以"寿"字。据官爵的高下尊卑或家庭财力各有差别，衣服多取单数，质地有麻、棉、绸，习惯上不用缎子，因为缎音同"断"，有断子绝孙之忌。给死者穿一套衣服便要扎带一圈，称"袭"。殓时还有"含饭礼"，更衣后，把珠玉或米饭纳含死者口中称"含口"，古人认为"缘生事死，不忍虚其口"。清以来多用铜钱。大殓时，棺木中要放入死者生前常用之物，以供死者在另一个世界享用。

殡。盖棺后的停灵仪式称为殡。《说文》："殡，死在棺，将迁葬柩，宾遇之。"死者已是彼岸之人，故用宾客之礼待之。其间亲属要换丧服，亲属根据与死者关系的亲疏远近，穿戴不同的丧服，谓"成服"；同时要选坟地，"卜其宅兆，而安厝之。"[3]殡期长短因死者的社会地位而异。周礼定为天子七日，诸侯五日，大夫三日，士逾日。以便让远近亲朋有足够的时间前来吊唁。死者家里布置灵堂，孝男孝女守灵举哀，每夜都有亲友守灵，灵堂内的供桌上燃一小油灯，时时添油，称"长明灯"。家里用具用白布、白纸遮蒙，饮食改为素食。自周代起，就有赙赠之俗，"知死者赠，知生者赙"。赙，即以财物助生者；赠，即以奠品吊死者。出殡前一天晚上，丧家通宵不眠，谓"伴宿"。晚饭后，举行"辞灵"仪式，南方称"做道场"。丧家请僧、道之人前来念经超度亡灵，亲属哭灵，这是"孝心"的表白，哭的气氛越浓就越显出孝心。哭诉的内容是回忆死者功德及对死者的怀念之情，通常持续至半夜甚至天明。所谓隆丧便是体现在殡期间的规模上，也体现了"事死如事生，事亡如事存"的儒家孝道精神。

出殡。民间称送葬，是丧礼的高潮。先秦对出殡日期无特别讲究，汉魏以来，受佛道二教影响，则要选吉日出殡。西周时对出殡已有规定，"助葬必执绋"[4]。绋就是拉柩车的大绳，由穿白服的亲友来拉，称"白衣执绋"。执绋、抬柩的人数古礼有规定，民间出殡多用 8 人杠，并以孝子摔瓦盆为起动信号。古时执绋者要唱挽歌，以示对死者的哀悼。唐以后，此俗盛行，并因此而有专门从事此一职业的"挽歌郎"。灵柩经过之地，亲友沿途设奠祭祀，

---

① 刘熙:《释名·释丧制》。

②《礼记·丧问》。

③《孝经·丧亲章》。

④《礼记·典礼上》。

曰“路祭”。路祭者越多，死者就显得越尊贵。出殡时还要朝祖，即朝拜祖庙，替死者完孝心，“丧之期也，顺死者之孝心也。其哀离其室也。故至于祖、考之庙而后行。”[①]还要陈器，即陈列明器，“陈器之道，多陈而省纳之可也，省陈之而尽纳之可也。”[②]别人馈赠的明器要全部陈列出来，表示人情被接受，但不必完全收入墓圹中，而自备的明器不必完全陈列，但要全部放人墓圹中以示孝心。

下葬。祭奠完毕，把棺柩埋入墓穴称“下葬”。“下葬”后，要祭后土，即告祭土地神以佑灵魂的仪式。接着把用桑木制成的“祖宗灵牌子”捧回家，这叫“题虞主”。家中再设灵座，把灵牌供上，众人再哭称“返哭”。“既葬，还祭殡官曰虞。”[③]后世的虞祭礼改在葬后，隔几天举行一次，共三次，称“卒哭祭”“三虞卒哭”。郑玄注：“卒哭，三虞后祭名。始朝夕之间，哀至则哭；至此祭，止也。朝夕哭而已。”即卒哭祭之后，孝子在朝夕一哭即可。魏晋以来受佛教影响，民间举行七日一祭，祭七次，四十九日毕，称“断七”。

父母去世后一周年的祭礼曰小祥，是服丧期间一次较大的祭礼，祭后可解除部分丧服并改善生活，如孝男可把头上麻制孝带改为练（熟丝织的缯）冠，也称练祭。父母去世后两周年为大祥，这是服丧期间的又一次重大祭礼，男子可去丧衣而戴白色生绢缟冠。三周年祭称“谭祭”，届时举行孝期满仪式恢复正常生活。

## 三、古代的丧服礼俗

中国古代对葬礼的重视，还表现在丧服制度上，这是古代丧礼中根据生者与死者血缘关系的亲疏远近而穿不同丧服的礼俗。通常在大敛次日开始成服，直到礼制规定允许解除的期限为止，它源于西周的宗法制。古代宗法血缘关系一般上溯（或下延）五代，故丧服也称五服。《仪礼·丧服》规定：丧服有斩缞、齐缞、大功、小功、缌麻五种，原则上服制越重，其丧服形式也越粗糙，以示不同程度的哀痛之情。

斩缞服。五服中最重的一种，是用最粗的生麻布制成，衣旁和下边都不缝边，故曰斩（即不缝缀之意），对象是：儿为父，诸侯、臣为天子，妻妾为夫，未婚女为父（母），为人后者（继嗣）为嗣父等，居丧期 3 年。斩缞服

①《礼记·檀弓下》。
②《礼记·丧服》。
③《释名·释丧制》。

全套服饰装饰非常复杂，“斩缞裳，苴绖，杖，绞带，冠绳缨、菅屦者。”[1]郑玄注：“凡服，上曰缞，下日裳。麻在首、在要皆曰绖……首绖象淄思悬，缺项（冠的后部）；要绖象大带，又有绞，带象草带。”完整的丧服是：上衣（缞）、下衣（裳）、首绖、腰绖、苴杖、绞带、丧冠、菅屦等。绖，丧期结在头上或腰上的麻布条，在头为首绖，在腰为腰绖。苴杖，即哭丧棒。服丧倚杖，表示悲痛而不能站立，桃木丧棒也含有驱鬼之意。绞带是紧束在腰的麻绳，表示大瘦，仅以苴绖还束不紧。菅屦是用菅草制成的草鞋。女子丧服与男子大致相同，只是不用冠，而是用一条寸宽的麻布从额头绕到脑后，结成发髻，称“髽”。按儒家文化解释，孝女子着此类丧服是表示丧期中放弃世俗享乐，表示对死者离去的悲痛、思念之情。

齐缞服。用熟麻布制成，因衣边缝制整齐，故名齐缞。《仪礼·丧服》载：齐缞分四等：一齐缞三年，母为长子的服丧。二齐缞杖期一年，父在为母，夫为妻的丧服。三齐缞不杖期一年，用于孙为祖父母、伯父母、兄弟、叔父母，妻为嫡妻，出嫁女为亲生父母等。四齐缞五月或三月，为曾祖父母或高曾祖父母的丧服。

大功服。用较粗一类的粗熟麻布制成，粗麻布经草木灰推洗后，较细白。服期九个月，对象是：男子为堂兄弟、已嫁的姊妹、姑母等；出嫁女为丈夫的祖父母、叔伯父母，为自已的亲兄弟等。

小功服。五个月丧服，其服较大功布更为精细，其对象是：男子为从祖祖父母（叔伯祖父母）、从祖父母（堂叔伯父母）、从祖兄弟、从父姊妹、外祖父母及舅姨；女子为丈夫的姑母、姊妹、妯娌等。

缌麻服。五服之中最轻者，用加工更细而疏的麻布制成。对象是男子为族曾父（母）、族祖父（母）、族父（母）、族兄弟、外孙、曾孙、外甥、婿等，妻为夫之曾祖父母、叔伯祖父母、从祖父母、从父兄弟之妻等。

后世的丧服，服制形式略有变异，但孝文化和宗法血缘关系的基本精神却没有改变；服丧对象亦有调整，调整的总趋势是加重而不是减弱。

从上述烦琐的丧葬礼俗中，可看出古代丧礼具有重孝道、明宗法、显等级、隆丧厚葬的基本特征。丧礼成了推进孝道的重要环节，丧礼中的礼俗，如五服等，明确了各自所属的宗法关系网以及个人在其中的权利和义务。人活着存在等级差别，死了也存在等级差别，仅从对死的称谓便可见一斑，“天

①《仪礼·丧服》。

子死曰崩，诸侯死曰薨，大夫死曰卒，士曰不禄，庶人曰死”[①]。

由于丧事是综合显示死者社会地位的一种方式，而古代中国社会又允许此类消费，故而历代都有隆丧厚葬的习俗，并成为传统。儒家“重生”，重生则重教化，事死也是为了重生。三礼中的丧礼包含了最复杂的社会含义，并形成了一套最具条理化的系统规则。

## 第四节　中国传统禁忌礼俗

禁忌是关于社会行为、信仰活动的某种约束限制观念和做法的总称。其基本意义是禁和戒，其对象是所畏、所敬、所恶之物。它是由对不洁事物的厌恶和对危险事物的敬惮以及对于神圣事物的崇敬所产生的禁制，是一种传统风俗。它让人相信，触犯和接触到任何一条宗教规则或社会惯例中的禁忌都将遭到不同形式和程度的自然、社会及自身的惩罚。

禁忌一词在汉代已常用，“及拘者为之，则牵于禁忌，泥于小数，舍人事而任鬼神”[②]。禁忌与避讳意义相同，《史记·秦始皇本纪》引贾谊《过秦论》云：“然所以不敢尽忠拂过者，秦俗多忌讳之禁也。”中国是礼仪之邦，早在先秦礼制中对避讳就有过规范，“礼不讳嫌名，二名不偏讳。逮事父母，则讳王父母。不逮事父母，则不讳王父母。君所无私讳，大夫之所有公讳，诗书不讳，临文不讳，庙中不讳。夫人不讳，虽质君之前，臣不讳也。妇讳不出问。大功小功不讳。入城而问禁，入国而问俗，入门而问讳。”[③]从记载可见，先秦时便有避讳，每到一国、一城、一家便要问清所忌、风俗、家讳等，但并不十分严格。更多的禁忌是在文化传承中不断形成的，各类千奇百怪的禁忌也不断渗透于生产、生活的各个方面。古代禁忌礼俗从内容上可分为以下几个方面：自然禁忌、动物或植物禁忌、生产禁忌、日常生活禁忌、婚育禁忌、时间禁忌、文字禁忌、丧葬禁忌等。

### 一、自然禁忌

古人将自然力或自然物，如日、月、星、风、雨、雷、电、水、石等看

①《礼记·曲礼》。
②《汉书·艺文志·阴阳家》。
③《礼记·曲礼》。

成是不可侵犯的事物加以崇拜，进而发展为禁忌。

因为太阳代表光明，由对光明的崇拜和对黑暗的恐惧，产生了晦日、日食、朔月、朔日的禁忌。《周礼》载：日食是因阴侵阳，即大臣侵犯国君造成的，而月食是阳侵阴，是国君对大臣暴虐造成的。故而在日、月食时，要用弓箭射太阴和太阳。国君离开正殿，国人奔走相告，太史代表大臣自责。民间则认为日食和月食是由于日月被龙或其他怪物所噬，因而产生诸多禁忌。月食出生的人不能长寿，因为月食的夜晚无月而无法看到小孩的影子，无影便会短寿。晦月不能出兵打仗，否则一定失败，"举事而星月，月盛壮则攻战，月亏则退兵。"[①]古人认为晦月无月，是大自然对人间过失的谴告和惩罚，故而人们要静思己过，不唱歌，不娱乐，对天威表示敬爱，否则司掌寿命的神便要减其寿数[②]。晦日百官休息，不可治事，"时二月晦，群司皆休息"[③]。"非月晦日月光气与月朔异也"[④]。月晦和月朔的晚上都看不到阳光，因此月朔也有禁忌，如"小民正月朔日尚恐毁坏器物"[⑤]，"俗说：正月长子解浣衣被，令人死亡"。[⑥]"元旦，俗忌扫地、乞火、汲水并针剪"[⑦]。月朔之时尤其是元旦之时不损坏器物，不洗脏衣被、扫地、乞火、汲水、用剪等，生怕亵渎和得罪出来活动的鬼怪。

水是人类生活必不可少的物质，先民们从对水的崇拜而引发到对与水相关的井的崇拜，并产生了与之相关的禁忌。如"讳厉刀井上"[⑧]，认为在井上磨刀是对龙神的一种杀机。也不在井上种桃[⑨]，因为桃是避邪驱鬼之物，花落水中便是以龙神为鬼怪。有人甚至认为井通黄泉，如做梦梦沉水井，是很忌讳的。

先民认为雷电由雷神掌管，能代天行道，故而多有禁忌。"若有疾风迅雷甚雨，则必变，虽夜必兴，衣服冠而坐。"[⑩]尤其是在不该有雷电的时候出现雷电，则是灾祸之兆，民谚云："二月打雷粪谷堆"，"十月雷，人尸拌来推"，在他们看来，二月、十月打雷是大忌。

①《史记·匈奴列传》。
②《抱朴子·微旨》。
③《新唐书·宋申锡传》。
④《论衡·四讳》。
⑤《汉书·鲍宣传》。
⑥《风俗通·释忌》。
⑦《清嘉录》。
⑧《论衡·四讲》。
⑨《抱朴子·微旨》。
⑩《礼记·玉藻》。

古人对星宿忌讳很多，如荧惑、彗星、天狼星、流星等。认为“荧惑为凶衰”、彗星为“妖星”、天狼星主侵略，流星意味着死亡。其中对彗星的禁忌尤甚。彗星又叫孛星、拂星、扫星，“其状不同，为殃如一。期不过三月，必要破国乱君，伏死其辜，余殃不尽。当为饥旱疾疫之灾。”[①]

坚硬的石头，给人以神秘的威力感，对石头的崇拜在民间广为流传。如有些地方的汉族在建房时，要在路口、河流、街道等处置石片、石块并刻“石敢当”字样镇之，否则便有不吉和灾祸发生。

## 二、动物禁忌

有些动物，由于其相貌、声音、生活习性的特点及其与人们的生活密不可分而引起人们对它的畏惧与崇拜，并产生了许多禁忌，以免去灾难，获得福佑。

鹦鹉，又名鸲鹆、八哥，因能模仿人的语言，人们以为奇异，加之八哥自己不筑巢而是占据其他鸟类的巢穴，因而，每有八哥飞临，则被认为是主人将去而不祥的征兆。

乌鸦因其叫声凄婉而被禁忌。人们认为，凡乌鸦清晨在屋脊上鸣叫，或飞在人头上叫，都不吉利，是祸事来临的预兆。故而在遇到乌鸦当头叫时，要痛骂“断你的命!”并随即吐唾沫，以破凶兆驱祸。

在夜间活动频繁的猫头鹰（又名鸱鸮）、鼠、蝙蝠也为人所忌。因为其在夜间活动，生活习性与古人心目中的鬼相同。人们认为这些东西夜间出来是专摄人精气的，而人的精气被摄，自然要死亡。

古人对蛇具有崇拜心理，相信蛇可福佑于人，禁打杀。而龙是源于蛇的，蛇的升华便是龙，因而有些地方对蛇讳直呼其名，而是称为“小龙”或“卷龙”。但忌见到两蛇交配，“见蛇交，三年死”[②]。“夏之衰也，褒人之神化为二龙，以同于王庭。”[③]“夏后氏德衰，诸侯畔之，天降龙二，有雌雄。”[④]两龙在夏的朝廷上交尾，是夏将崩溃的不祥之兆。在古人眼里，龙、蛇一旦毫无顾忌地把其交配暴露于人们眼前，便是一种警告，是不祥之兆。

鸡在民俗文化中占有重要地位，因音谐吉，故常以鸡为祭品。民间称鸡为“知时畜”，鸡鸣报辰吓跑了夜间活动的鬼魅，因而古人认为鸡能避邪驱鬼。

①《唐开元占经》。
②《酉阳杂俎》。
③《国语·郑语》。
④《史记·夏本纪》。

正月一日“贴画鸡于户上，悬苇索于其上，插桃符其傍，百鬼畏之”[①]。鸡的升华便是凤凰，正因为鸡的神圣化，在鸡身上发生的一些异常现象，便成禁忌。“牝鸡之晨，惟家之索。”[②]民云：“牝鸡司晨家必败。”破此兆必将鸡头挂在竹竿或树上，焚香禳解，以求消灾免祸。

民间对牛也多有禁忌。“杀牛，必亡之数。”[③]高诱注：“牛者，所以植谷者，民之命。是以王法禁杀牛，民犯禁杀之者诛，故曰必亡之数。”又载：“杀业至重，牛有功于稼穑，杀之业尤重。”[④]农业生产离不开牛，同时牛图腾与龙属同一图腾族，因而崇拜它，并因此而设食牛、屠牛的禁制。

## 三、生产禁忌

传统民俗在农业生产、养蚕、渔业、狩猎、商业等各部门都有相关禁忌。如农事中，对草木灰极为崇拜，“季夏之月……大雨时行，烧薙行水，利以杀草，如以热汤，可以粪田畴，可以美土疆。”[⑤]由此引出五月五日，烧菊叶成灰杀死小麦中的蛀虫。在出殡时，把灰撒向门外以驱赶死鬼。草木灰的肥料功能已引发为驱鬼作用。

养蚕也有许多禁忌，要敬蚕神，因为蚕极娇嫩、神圣，有灵性，若冒犯它便会神秘死去。故在养蚕业发达的江浙一带，禁忌极多，如：“四月为蚕月，家家闭户，官府勾摄，征收及里间，往来庆吊俱罢不行，谓之蚕禁。”[⑥]此时邻里间不相往来，并禁止生人上门。

渔民在造船时有“头不顶丧，脚不踩槐”的俗话；禁女子上渔船，妇女不可跨在网上；孕妇和丧服者不能摸渔具；忌讲翻、沉、破、往、离、倒等词。

古代江浙一带商家忌讳人站在店门槛上，忌用手敲账桌，认为这会使生意蚀本或不顺，忌朝店小便或学徒向外扫地，认为这会把财气扫出门。

## 四、日常生活禁忌

禁忌渗透到日常生活的方方面面。如古代对衣服的形制、颜色、纹饰、质地均有禁忌，它是身份的象征。只有皇帝才能穿明黄色的龙袍，其他官员“三品以上服紫，四品五品服绯（大红色），七品八品以绿，八品九品以青。妇人

---

①《荆楚岁时记》。

②《尚书·牧誓》。

③《淮南子·说山训》。

④《阅微草堂笔记》。

⑤《礼记·月令》。

⑥《西吴枝乘》。

从夫色"[①]。宋代"其士农工商，诸行百户，衣装各有本色，不敢越外"[②]。民间认为黑、白两色是寿衣和丧服的颜色，一般忌用；绿色是贱色，为娼妓、优伶所用服饰色，故演化为绿色与淫等相连的心理，对此色禁忌颇多，如帽子忌为绿色。衣服样式也有禁忌。唐代规定，贵族的腰带，三品以上为金带，六品用犀带，七品用银带，以示区别。

饮食方面：家有丧事，不得饮酒吃肉。吃饭时"毋流歠，毋咤食，毋啮骨，毋反鱼肉，毋投与狗骨，毋固获，毋扬饭，饭黍毋以箸，毋嚃羹，毋絮羹，毋刺齿，毋歠醢。客絮羹，主人辞不能亨。客歠醢，主人辞从窭"[③]。

"将上堂，声必扬。户外有二屦，言闻则入，言不闻则不入，将入户，视必下。入户奉肩，瞻视毋回。"[④]将上堂时要大声说话这是提醒室内人。将入室时则要低头下看，忌左顾右盼。如果看到门外有二双鞋，室内又没有传出声音便不能进。在室内，"坐毋箕"[⑤]，古人讳"箕踞"，即坐时两脚伸直而岔开，形似簸箕，这是不敬的表现，因古代内衣不全，箕踞则下体暴露。其他还有如忌照镜，照镜元气被摄，伤魂魄；某些日子忌用针等等。

## 五、婚育禁忌

亲父不为子媒，这是关于翁媳间的禁制；"诸母不漱裳"[⑥]，这是父之妾与子的禁制；叔嫂间"嫂不抚叔"，"叔嫂不通问"。"男女同姓，其生不蕃"[⑦]，"同姓不婚，惧不殖民"。[⑧]在男女婚娶中，因各族信仰、习俗不同而又有不同的禁忌。如聘礼数目要成双；婚礼要择吉日。在陕西高陵地区，要避开女方经期，否则"红马上床，家破人亡"；寡妇和丧服者不能参加婚礼；喜宴上忌打破碗碟；忌将空盘重叠，以免犯重婚之讳；古时嫁娶多在昏时，取阳往而阴来之意，若不照此，便为不吉："士娶妻之礼，以昏为期，因而名焉。必以昏者，阳往而阴来。"[⑨]昏时娶亲也带抢婚遗风，因为昏时便于抢劫。

妊娠中的禁忌在诞生礼仪中已详述。《论衡·四讳》载：人们对女人生小孩十分忌讳，认为这时与她接触不吉利，故而凡将去做吉利事者或将外出远行

①《唐会要》。
②《东京梦华录》。
③《礼记·曲礼》。
④《礼记·曲礼》。
⑤《礼记·曲礼》。
⑥《礼记·曲礼》。
⑦《左传·僖公二十三年》。
⑧《国语·晋语》。
⑨《淮南子·精神训》。

者都不与产妇往来。有的地方甚至在墓旁、路旁临时搭一小棚让产妇住，直至满月才让其回家。这源于对产血所设的禁忌，因为古人认为血液是人的精华，“血气者，人之华也。”[①]由此对血产生崇拜，认为血可避邪，同时也认为血可致邪，对经血则十分忌讳，“妻子将生子及月辰，居侧室……至于子生，夫复使人再问之。夫斋，则不入侧室之门。”[②]生子有产血，月经来潮有经血，均视为忌讳，故妻不敢见夫。

## 六、时间禁忌

我国传统民俗中时间禁忌极多，比如忌日，先是父母去世之日为忌日，不许饮酒作乐。后扩展到祖先去世日、皇帝皇后去世日及亲友去世日、不利行事的日子等，由小到大愈忌愈多。其他如正月前七天忌杀生，“一日不杀鸡，二日不杀狗，三日不杀猪，四日不杀羊，五日不杀牛，六日不杀马，七日不行刑。”[③]每月五、十四、二十三日为忌日，这几天是至尊之日。还有忌月，古人认为，一年中正月、五月、九月为忌月，以五月为甚。古人认为五月是毒月、恶月。这月间蛇、蝎、蜈蚣、壁虎等毒虫开始活动，而且鬼魂活动也十分频繁，“五月五日四民并踏百草，又斗百草之戏。采艾以为人悬门户上，以禳毒气，是日以五彩丝系臂，名曰辟兵，令人不病瘟。”[④]故“五月盖屋，令人头秃。”[⑤]“五月，忌曝床荐席”[⑥]，“勿取女，不可与长也”[⑦]；“五月到官，至免不迁”[⑧]。民间还讳五月五日生孩子：“武威郡俗多妖忌，凡二月、五月产子，及子与父母同月者，悉杀之。”[⑨]古人认为在五毒并出的五月婚娶、交接而怀孕生子，必受感应，各种鬼魂、疾病会侵蚀到婴儿体中，故而五月不婚和不育孩子。

## 七、丧葬禁忌

民间在丧葬中多有禁忌。如丧期不举茶托，怕亡魂返家依托附体；“邻有丧，舂不相。”[⑩]怕舂米的声响使亡魂误入家门。居于冥世崇拜，守丧者

①《淮南子·精神训》。
②《礼记·内则》。
③《荆楚岁时记》。
④《荆楚岁时记》。
⑤《风俗通义·释忌》。
⑥《风俗通义·释忌》。
⑦《周易·象辞》。
⑧《风俗通义·释忌》。
⑨《后汉书》。
⑩《礼记·曲记》。

和对死者都有许多禁忌。“有丧者专席而坐”[①]，这是为避免以席子为媒介而把丧气传给他人的禁忌；“三年之丧，与新婚者，期不使也。”[②]守丧期间，大臣不能从政；夫妻不能同房，倘同房生子亦不可养，否则要获罪；守丧期间不洗澡、剪指甲。因为古代丧服的含义有驱避鬼魂之意，“悲哀在中，故形变于外”[③]，让鬼神不认识，而洗澡必除丧服，鬼魂便会乘机袭入或附体。手中的哭丧棒为桃木所制，为驱鬼之物，“羿死于桃棓”[④]。高诱注：“棓，大杖，以去煞羿。由是鬼畏桃，今人以桃梗作代，岁旦植门以避鬼。”因后羿被人用桃棒打死，故鬼怕桃棒，后世以其驱鬼。死者的遗物一般要随葬，“父没而不能读父之书，手泽存焉尔。”[⑤]为死者沐浴时剃下的头发、胡子，剪下的指甲要埋在地里或放在棺中，不能与人接触，否则便是与死者相接触而对生者不利。同时丧礼中使用的帷帐等物不能再用。这些禁忌归结起来不外是怕死者的鬼魂通过某一载体传给生者而给生者带来不吉，其实质是因对死亡的恐惧而产生的。

## 八、文字禁忌

民间以阴晦、晦气、死伤等语为忌。《古今谭概·迂腐》载：“民间俗讳，各处有之，而吴中为甚。如舟行讳往，讳翻，以箸为快儿，幡布为抹布；讳离散，以梨为圆果……”《礼记》规定不在父母面前提老字，对死字的忌讳更深，“至平原津而病，始皇恶言死，群臣莫敢言死”[⑥]。对一些同音字亦很忌讳，如庚与更，更有变化之意，如遇庚年时则忌讳；桑与丧同音，讳桑；愁与筹同音，筹码改为喜码。这也称讨口彩，实则是一种心理安慰，一种避让。

从以上这些禁忌中可看出，许多禁忌源于上古的崇拜，而产生这些崇拜的重要原因是生产力水平低下，人类认识自然的能力受到限制，对许多自然现象无法理解，如人的死亡、四时变化、日月的阴晴圆缺等，于是产生恐惧、敬畏，进而演化为对某物的崇拜、禁忌，一些迷信的禁忌也日益增加，致使人们的行为、心理受到束缚，这些迷信禁忌违背了科学精神，应加以铲除。

---

①《礼记·曲礼》。
②《孙子家语·礼运》。
③《礼记·问丧》。
④《淮南子·谣言训》。
⑤《礼记·玉藻》。
⑥《史记·秦始皇本纪》。

## 第五节 中国传统节日礼俗

### 一、节日的由来及形成

中国古代传统节日源于农事，是在岁时节令的基础上发展形成的。传统的农历把一年分为 12 个月，按气候变化，分 5 天为“一候”，三候为“一气”，共 24 气，俗称“24 节气”，它按季节和气候特点起了名字，其顺序和名称是：正月立春雨水、二月惊蛰春分、三月清明谷雨、四月立夏小满、五月芒种夏至、六月小暑大暑、七月立秋处暑、八月白露秋分、九月寒露霜降、十月立冬小雪、十一月大雪冬至、十二月小寒大寒。在这些节气中，有的是标志四季交替的“交节”，在岁时节令中特别重要，故被称为节日。同时由于历法因素，以月亮朔望和干支排列，定出一些特殊的日子来作为节日，如月朔（初一）为“上日”又称“元日”，正月朔日为“元旦”。这样由古代历法年月日和气节时令构成的岁时，在生产生活中逐渐发展，形成了大小不同的节日。

这些节日从性质上看，可分为单一性的节日和综合性的节日两大类。单一性的节日，绝大多数是农事节日，目的和内容都很单一，活动规模和范围也很狭小，随着风俗的变迁，很多已消隐为日常。综合性节日，则是在节日传承发展过程中不断复合汇聚多种目的和内容而形成的，例如春节，本是作为月朔的元日而定，但后来逐步形成活动方式繁复多样的盛大节日。从内容上看，传统节日又可分为农事节日、祭祀节日、纪念节日、庆贺节日、社交游乐节日五类。

中国传统节日在其长期的传承发展过程中形成了自己独特的习俗，节日习俗的形成过程中渗入了历代人们生活方式的细枝末节，表现出一定时代人们的心理特征、审美情趣和价值观念。古代节日活动，大多以家庭和村社为单位，能集中地展现各项民俗，较多地体现人们祈福消灾的善良愿望。由于中国幅员广大，同一节日的活动内容各地也不尽相同。在节日的传承演变中，往往会与历史事件和人物发生联系，产生一些解释这些习俗的传闻，形成不同历史时期和不同地区的不同内容，而一些节日中的礼俗被人们约定俗成地接受和承袭下来，成为民俗文化的一部分。

## 二、单一性节日

单一性节日多为农事节日。最早的有四立二至二分，又称“四时八节”。

立春在夏历正月间（阳历二月四日前后），被看做是一年农耕生产开始的重要节日。周代立春之时，天子亲率三公九卿诸侯大夫迎春于东郊，并有祭祀仪式。因为东方属木，色青，东方青帝是春天之神，但实际作用则是在春耕前去踏看一下冬田。汉代以后活动内容增加，妇女们在立春这一天用青色绸子或纸剪成小幡模样戴在头上，表示春天的到来。由于农业经济中牛是主要畜力，故自唐代始便有立春鞭打春牛的习俗，叫“打春”。

立夏在夏历四月间（阳历五月六日前后）。周代立夏时，天子亲率三公九卿大夫到南郊迎夏，并举行祭祀炎帝、祝融的仪式。宋代礼节繁杂，除迎夏外，还要祀南岳衡山于衡州，祀镇南会稽山于越州，祀南海于广州，祀江渎于成都。明代还有尝新风俗。

立秋在夏历七月间（阳历八月八日前后）。周代立秋时，天子率三公九卿诸侯大夫迎秋于西郊，并举行祭祀少皞、蓐收的仪式。汉以后杀兽以祭，表示秋来扬武之意。宋代男女则戴楸叶以应时序。

立冬在夏历十月间（阳历十一月七日前后）。周代立冬时，天子亲率三公九卿大夫，迎冬于北郊，并举行祀颛顼、玄冥的仪式。唐时进方平帽，表示冬至御寒四方平安之意。明代民间以西北方主禾稻丰稔，并以晴雨占卜一冬天气，有“立冬天雨看冬至，冬至无雨一冬晴”之谚。

农事节日是农业生产活动的标志，它起着安排生产活动、促进农业生产发展的重要作用。24 节气中，小暑、大暑、处暑和小寒、大寒反映气温变化；雨水、谷雨、寒露、霜降、小雪和大雪反映四季雨水变化；惊蛰、清明、小满和芒种反映物候和农事。此外还有“三伏”“九九”“小阳春”三个特殊的农事节气。三伏是夏至后第三个庚日开始的头、中、末三个 10 天，共 30 天，其间夏收夏耕夏种繁忙；九九则是自冬至后的九个 9 天，共 81 天，其间天气由寒转暖，历经小寒、大寒、立春、雨水、惊蛰等重要农事节气。“冬月之阳，万物归之，以其温暖如春，故谓小春，亦云小阳春。”[①]整个十月均为小阳春，此时人们便忙于秋收和秋种。

## 三、综合性节日

在农事节日的基础上，经传承演化，不断复合汇聚多种目的和内容，便

①《初学记》。

形成了很多综合性节日，主要有：春节、人日、元宵节、寒食节、清明节、浴佛节、端午节、七夕节、中元节、中秋节、重阳节、腊八节、祭灶等节日。

春节：古称元旦，“元”者始也，“旦”者晨也，即农历正月初一。也称过年，春节是辛亥革命以后的叫法。自殷商起，把月圆缺一次算做一月，初一为朔，十五为望，每年的开始从正月朔日子夜算起，叫“元旦”或“元日”。到汉武帝时，由于“观象授时”经验的日益丰富，人们创制了《太初历》，俗称“夏历”，确定了正月为岁首，定为夏历新年。自古以来，春节就有许多的活动，旧时从过小年到元宵节，都属新年范围，其活动主要有：

年前家家户户打扫房屋尘埃，目的在于清除一切秽气、穷气和晦气；男子理发洗澡，以使面目一新；因春节无市，每户人家要购置好过年应用之物。

除夕当晚，门前挂桃符、贴春联、挂年画、贴门神、放爆竹以避山魈恶鬼；全家吃团年饭、饮团年酒；晚辈向长辈行礼互道平安，曰“辞岁”；晚上用松枝、柏枝燃火堆，曰“[illegible]岁”。同时还要“守岁”，“除夕……士庶之家，围炉而坐，达旦不寐，谓之守岁。”[①]守岁即含有辞旧迎新之意。

拜年是初一的一种传统习俗。“男女依次拜长辈，主者牵幼出谒邻族戚友，或止遣子弟代贺，谓之拜年。”[②]相传太古时代有一怪兽叫“年”，每到岁末便出来残食人群，人们无奈只得在门前置肉以躲避侵害。初一早上人们相互见面，不免要作揖道喜还活着。到宋代，拜年改为用一种梅花笺纸裁成的 2 寸宽、3 寸长，上写有自己名字的卡片。未成年的子女拜年可从长辈那里得到压祟钱，这一习俗由来已久。传说古代有一种叫“祟”的怪物，常在春节期间惊吓孩子，使他们变得又痴又傻，后来八仙变成八枚铜钱，藏在孩子的枕头下，待祟再来时，八枚铜钱便放出一道光芒吓跑祟。这以后给压祟钱的习俗越传越广，压祟钱到了今天也被称作压岁钱。[③]

祭祖也是春节期间的一项重要习俗。《礼记·月令》载：“腊先祖五祀，劳农以休息之。”郑玄注：“此《周礼》所谓腊祭也。”唐孔颖达疏：“腊，猎也，谓猎取兽以祭先祖五祀也。”先秦便有腊月祭祖的习俗。汉代以后祭祖多在除夕晚上和正月初一。据汉崔寔《四民月令》所载，东汉时已有初一祭祖的风俗。“崔寔《四民月令》曰：“正月一日谓正日，洁祀祖祢，进酒降神。”[④]人们不仅在家中祭祖，而且还要上坟祭扫，“携糖茶果盒展墓，谓之上年坟”。光绪《太平县志》也载：“元旦时，人们去坟上祭拜，墓上亦插竹点灯，曰‘送

①《东京梦华录》。

② 柴萼：《梵天庐丛录》。

③ 胡敏：《汉族四时八节风俗》，广西教育出版社 1990 版。

④《初学记》（卷四）。

坟灯'”[1]。

初一晨起，放爆行以驱鬼，并挂桃符，《山海经》:“于是黄帝乃作礼，以时驱之，立大桃人，门户画神荼、郁垒与虎，悬苇以御凶。”“大桃人”即最早的桃符形态。远古时代桃木是一种驱鬼的神木，后桃符逐渐演变成门神和春联，它们与桃符一样具有防止鬼怪侵入的作用。门神一般包括文神和武神，常见的有“神荼”“郁垒”、秦叔宝、尉迟恭等。

过年还要喝屠苏酒、椒柏酒，吃鸡蛋、饺子、年糕等食品。喝屠苏酒、椒柏酒是中国年俗饮食中的一个组成部分。晋《荆楚岁时记》载:“于是长幼悉正衣冠，以次拜贺。进椒柏酒，饮桃汤，进屠苏酒，膠牙饧，下五辛盘，进敷子散，服却鬼丸。各进一鸡子。”人们认为，吃了这些东西可避鬼祛病，确保平安。饺子、年糕、馒头便于贮存，是早些日子便准备好的“万年粮米”，春节时吃有年年有余之意。

春节期间还有舞龙、要狮子、踩高跷等活动。自初二始亲友相邀吃年酒，直到上元节止。其间初五为财神诞辰，家家户户恭迎财神，以先夺利市，初四子夜就要具牲礼糕果香烛，鸣锣击鼓礼拜出接，叫“抢路头”。大小店肆也于初五开始营业。

人日：即正月初七。相传正月初一是鸡的生日，初二、三、四、五、六分别是狗、猪、羊、牛、马的生日，初七是人的生日。盘古开了天地，女娲在初七日创造了人。这一天，古人要把五彩丝织品或金属箔剪成人形，不分男女戴在头上，叫“人胜”，吃春饼和一种用七种菜做成的“七宝羹”，还要“送穷鬼”，将家里秽物扫出门外，并煎饼七枚，覆盖其上置于通衢，是为“扫穷”。

元宵节：也称“上元节”“元夕节”。每年夏历正月十五晚上举行。因是一年中第一个月圆之夜，故名。自西汉始，元宵就有张灯观赏的风俗，又称灯节。商肆寺观居民都高悬形式各异的彩灯，点花炮放焰火，游人络绎不绝走灯观灯。灯节节期从 11 日到 18 日共 8 天。这一天也是道教上元天宫赐福之辰，要吃元宵糖丸，后民间还吃年糕、饺子，以示家人团聚、生活美满。是夜，除张灯外，还有猜灯谜、走百病、秧歌、高跷、舞龙、滚狮等活动，至今不衰。

寒食节：亦称“禁烟节”，时间在冬至后 105 天，一说 103 天，即清明前一、二日。这一天民间禁止烟火，只吃冷食，故名。此俗来源有二说。一说为纪念介之推。春秋时，历经磨难的晋文公即位后封赏功臣，独忘了曾割自

[1] 顾铁卿:《清嘉录》(卷一)。

己的肉让他充饥的介之推，介之推与母隐居绵山（今山西介休县），文公多次寻找不到，便焚山以求之，介之推不愿出山，抱木而死。后文公为纪念介之推，葬其尸于绵山，修寺立庙，并下令介之推亡日禁火寒食。一说源于周代禁火旧制。后因与清明节相连，唐以后便与清明合为一个节日。

清明节：夏历三月间（阳历四月五日前后）。传统习俗中最重要的节日。它既是节气，又是节日。唐以后与寒食节融合为同一节日，形成插柳、植树、扫墓、踏青等风俗。民间有"清明不戴柳，红颜成皓首"的谚语。山西等地有插柳的习俗，为介之推母子招魂，也有驱毒、明眼、祈年之意。同时民间还要祭祖扫墓。清明这一天，"官员士庶，俱出郊省坟，以尽思时之敬……"[①]表示对死者的悼念。清明正值暮春三月，人们把扫墓与郊游结合起来，到野外郊游，也叫踏青。踏青时，有射柳、拔河、荡秋千、采百草等一系列活动。民间有"吃清明团""送百虫""水嬉"等风俗。人们认为这一天生子最佳，因为清明与"聪明"谐音，并有抱婴儿向邻里乞讨"清明团"，意为"讨聪明"。这一传统节日人们至今仍十分重视。

端午节：亦称"重午""端阳"。端午有纪念屈原五月初五投汨罗江自沉的活动，如划船竞渡和向水中投粽子，表示救他，后竞渡的舟做成龙形，形成赛龙舟等一系列竞技活动。民间还有以兰草汤沐浴的习俗，又称"浴兰节"。民间妇女还要缝香袋佩挂给儿童。这一天还要饮雄黄酒，并以雄黄酒洒在儿童额上，书"王"字以涂耳鼻，以驱邪毒。

七夕节：夏历七月初七，又称"乞巧节""女儿节"。相传牛郎和织女因触犯天条，被隔在天河两边，每年七夕才可通过鹊桥相会。"七月七日为牵牛织女聚会之夜……是夕，众家妇女结彩缕，穿七孔针……陈瓜果于庭中以乞巧。"[②]夜晚还有妇女在豆棚瓜架下听牛郎织女私语的习俗。

中元节：也称"盂兰盆节""鬼节"，俗称"七月半"。夏历七月十五日。《大藏经》中说，目连因母堕饿鬼道中，食物入口即化炭。目连求救于佛，佛令作盂兰盆，于七月十五日以奇果素食放在盘中供佛，目连母因而得以食用。晋以来演绎为初一到十五间供奉历代祖先，办盂兰盆会，以解脱饿鬼的倒悬之苦。道教认为这一天是中元地宫的赦罪之辰，道观作斋醮荐福，并放河灯，以普度亡灵，又称中元普度。

中秋节：亦叫"仲秋节"。夏历八月十五日，因恰值三秋之半，故名"仲秋"。是夜月亮又圆又亮，民间以合家团聚赏月为重要内容，寓圆满之意。中

① 吴自牧：《梦粱录》。
②《荆楚岁时记》。

秋一词，始见于《周礼》，隋唐以后，成为一个节日，宋代最盛。“中秋夜，贵家结饰台榭，民间争占酒楼玩月。”[①]民间还有吃月饼、赏月、拜月之俗。这一习俗一直延续至今。

重阳节：亦称“登高节”“重九节”等。古人以九为阳数，月日都逢九，故叫“重阳”。《风土记》载：“以重阳相会，登山饮酒，谓登高之会，又名茱萸会。”这一天人们要出游登高、赏菊、饮菊花酒、佩戴茱萸、吃重阳糕，据说这样可避邪去恶。先秦便有重阳赏菊的习俗，东汉增加了登高活动，相传东汉时汝南人桓景拜仙人费长房为师，费长房对桓景说，某年九月九日有大灾，携家人佩茱萸登山饮菊花酒，可避此祸，桓景照办，全家平安无事，但家中鸡犬牛羊都暴死。此后人们照此习俗，以求消灾免祸，并历代相传。

腊八节：夏历十二月八日。“腊”是古代的一种祭礼，一年辛勤劳作，喜获丰收，先民便以猎物答谢自然界一年来的风调雨顺，并祈来年祥福。同时人们也腊祭先祖百神。故十二月称腊月。佛教传入中国后，与纪念释迦牟尼得牧女杂米粥救命，于十二月八日成佛得道的佛事相融，佛寺每到此时便要煮粥纪念这一日子。这一习俗也传到民间，《梦粱录》载：“此月 8 日，寺院谓之腊八。大刹等寺俱设五味粥，名曰腊八粥。”宋时腊八粥已流传开。最初仅用红小豆煮，后来“腊八粥者，用黄米、白米、红米、小米、菱角米、栗子、红豇豆、去皮枣泥等，合水煮熟，外用染红桃仁、杏仁、瓜子、花生、榛穰、松子及白糖、红糖、琐琐葡萄，以作点染。”[②]这习俗一直延续至今。

祭灶：一种源远流长的旧俗，先秦时便被列为重要的祭礼——“五祀”之一。腊月二十三日，人们在锅台后边摆上麻糖做的糖瓜、黏糕、草料等供品，焚香膜拜，然后把灶王神揭下焚烧，这便是送灶王上天，除夕再贴新的“灶马”。因相传灶王二十三日这天要向玉帝汇报述职，人们怕他说人间坏话，便用糖瓜、黏糕粘住他的嘴，以免引起灾祸。这一习俗古已有之，只是供品各有不同，日子也有差异。这一习俗也一直延续至今。

①《东京梦华录》。
②《燕京岁时记》。

# 第九章　中国古代各种制度

## 第一节　宗法制度

宗法制度，是中国奴隶社会特有并延续到封建社会的父权家长制的大家庭形式，它是以氏族社会的血缘关系为纽带的家与国相结合的族制系统，是维持奴隶主贵族世袭统治的一种制度。进入封建社会后，这一制度虽发生了变化，但维护统治的功能并未改变。

### 一、宗法制度的形成和完善

所谓宗法，是指一种以血缘关系为基础，标榜尊崇共同祖先，维系亲情，而在宗族内部区分尊卑长幼，并规定继承秩序以及不同地位的宗族成员各自不同的权利和义务的法则。

宗法制是由父系氏族的家长制演变而来的。在父系氏族社会，世袭以父亲计，父亲支配着家庭成员。父权制后期，生产力的发展使私有制随之产生，父亲死后，其权力和财产需要有人继承，这样就按一定规则建立了继承程序。同时父亲们生前的权威在其死后仍使人敬畏，子孙们幻想得其亡灵的保护，于是产生了对男性祖先的崇拜及随之而来的种种祭祀祖先的仪式，这一切都为宗法制的产生准备了条件。

进入阶级社会后，宗法制逐渐形成。禹传位于启，家天下取代了公天下，第一个奴隶制王朝确立。“大人世及以为礼”[①]。以子继父为世，以弟继兄为及，王位世袭制随之确立。据《史记·夏本纪》载，夏共 14 世、17 王，其中两次是兄终弟及，一次是弟之子死而王位复归于兄之子，其余为父死子继。商代宗法制更趋严密。卜辞中常见“王族”“多子族”“三族”“五族”等字，

①《礼记·礼运》。

还有“大宗”“小宗”等。商代的土地和奴隶为奴隶主国家所有，即所谓普天之下莫非王土，率土之滨莫非王臣。天子代表国家是土地和奴隶的所有者，除王畿之田由天子直辖外，其余的土地和奴隶按嫡庶系统分封给宗族和亲属，作为俸禄，世袭享用。天子以下的各级奴隶主采取同样的方式再次把土地和奴隶分封给自己的宗族、亲属。《史记·殷本纪》说商代王子受封，以国为姓，有殷氏、来氏、宋氏、空桐氏、稚氏、目夷氏等，说明早在商代分封制便已出现。周代封建弟子，便是商代分封制的扩大。

周取代商后，承袭了包括宗法制度在内的商人文化。为维护其统治秩序，西周统治者结合本族原有习惯，把分封制与原有宗法制紧密结合，同时在更严格地区分嫡庶，确立嫡长子的优先继承权的前提下，在宗族内区分大、小宗，无论大宗、小宗，都以正嫡为宗子，宗子具有特殊的权力，宗族成员必须尊奉宗子。相应地，为了加强族内的凝聚力，祖先崇拜也被推到新的高度。这一切使宗法制度在如下方面更加完善。

### 1．严格嫡庶之分，确定了嫡长子继承制

“别子为祖，继别为宗，继祢者为小宗。有百世不迁之宗，有五世则迁之宗。百世不迁者，别子之后也。宗其继别子者，百世不迁者也。宗其继高祖者，五世则迁者也。尊祖故敬宗。敬宗，敬祖之义也。”[①]“别子为祖，继别为宗，继祢者为小宗。有五世而迁之宗，其继高祖者是也。是故，祖迁于上，宗易于下。尊祖故敬宗，所以尊祖祢也。”[②]别子是除嫡长子以外的其他嫡生子，即嫡长子的同母兄弟，“但此名别子，则就诸公子之中专推其嫡弟言之。有别出诸弟之义。故公子原该母庶二弟，而此别子则专用母弟，不问其长幼，而以嫡为主。”[③]诸侯与天子一样，世代由嫡长子继位为君，只有嗣位之君才能世守祖庙。别子不敢祖诸侯，只能分出另立一系，即受封为卿大夫，领有封邑采地，其后世即奉之为始祖。这便是“别子为祖”。这个分出去的别子又会有嫡子、庶子，同样也是世代以嫡长子为继承人，这一支就是“继别为宗”的直系大宗。“宗者，尊也。为先祖主者，为宗人之所尊。”[④]别子是一宗的正支，负继统与统率人责，虽经百世仍得继承和祭祀其始祖，故称大宗。祢是诸弟之意，继祢，就是继承别子诸弟的子孙，是大宗的旁支。传至五代之后，因其与别子的关系超出同一高祖范围，因此不再祭祀别子的祖先，而另祭本

①《礼记·大传》。
②《丧法小记》。
③《大小宗通释》。
④《白虎通·宗族》。

支的祖先，故称小宗。因小宗五世则迁，小宗所尊之祖不至与大宗所尊之祖平行，而小宗的地位也不至与大宗的地位平行，使其在宗法系统内部永远保持从属关系。这种以血缘为纽带的嫡长制继承制与分封制密不可分。

2．完善了分封制

分封制是由宗法制度直接衍发出来的一种巩固政权的制度。周王自称天子，王位由嫡长子继承，称为整个天下的大宗，是同姓贵族的最高家长，也是天下共同的政治领袖。天子的其他儿子分封为诸侯。诸侯对天子来说是小宗，在本国来说是大宗，其爵位由嫡长子继承，以国名为姓氏。诸侯的其他儿子分封为卿大夫。卿大夫对诸侯来说是小宗，在本家则为大宗，爵位亦由嫡长子继承，以官职、邑名、辈分等为氏。卿大夫的其他儿子分封为士。士对卿大夫来说是小宗，在本家是大宗，爵位同样由嫡长子继承。即所谓“天子有田以处其子孙，诸侯有国以处其子孙，大夫有采以处其子孙”[①]。很明显，各级大宗的继承是嫡嫡相传，凡有嫡长子的便由长子继承，无嫡长子的，由嫡次子、三子承袭，如无嫡子，则由庶子、庶孙承袭。天子的领土叫天下，诸侯的领地叫邦或国，卿的领地为采邑，士的领地为禄田。采邑和禄田统称为家，所谓“齐家治国平天下”，其义盖于此。

3．完善了宗庙祭祀制度

宗法制既然是以血缘亲疏来辨别同宗子孙的尊卑关系，以维护团结，故而十分强调尊祖敬宗。这一问题后面详述。

## 二、宗法制度的作用

凡世袭的嫡长子孙都称为宗子，是全体宗族成员宗奉的对象。宗子有“宗子权”，也称“宗主权”，即统率之权，“大宗能率小宗，小宗能率群弟。”[②]宗子的统率权反映在宗法制度上有三方面：祭祀、收族、政治。

1．祭祀作用

祭祀共同的祖先，是维系宗法组织最有效的措施。祭祖是一种神圣的仪式，只有宗子才有主祭权，“庶子不祭，明其宗也。”[③]“支子不祭，祭必告于

①《礼记·礼运》。
②《礼记·丧服小记》。
③《礼记·丧服小记》。

宗子。”[1]凡是无主祭权的大小宗子之弟，在祭祀时只能分别敬侍各自宗子左右。同父的兄弟在祭祀时共侍父宗的宗子祭父，堂兄弟共侍祖宗的宗子祭祖，再从兄弟共侍曾祖宗的宗子祭曾祖，族兄弟共侍高祖宗的宗子祭高祖。所谓“宗将有事族皆事”[2]。“凡故有事于大庙，则群昭群穆咸在而不失其伦，此所谓亲疏之杀也。”[3]祭祖时，宗子要带自己的子孙及族内其他子孙共祭。

《礼记·祭统》载：“凡祭有四时，春祭曰礿，夏祭曰禘，秋祭曰嘗（尝），冬祭曰烝。”《礼记·王制》疏文说：“春曰礿者，礿，薄也。春物未成，其祭品鲜薄也。夏曰禘者，禘，次第也。夏时物虽未成，宜依时次第而祭之。秋曰尝者，尝，新谷熟而尝之。冬曰烝者，烝，众也。冬之时物成者众。”即共祭始祖每年举四次，其中以夏禘、秋尝最重要，因为夏、秋分别是禾苗茂盛和收获的季节，借此可起到鼓舞农业生产者情绪的作用。

从文字上看，宗族、宗法的“宗”是会意字。《说文》：“宗，尊祖庙也。”在甲骨文中，宗字作⿵宀丅，宀像宫室屋宇之形，丅则表示祖先的神主牌位，宗的本义是祭祀祖先的场所，即宗庙、祖庙。“亲亲故尊祖，尊祖故敬宗，敬宗故修族，修族故宗庙严，宗庙严故重社稷，重社稷故爱百姓，爱百姓故刑罚中，刑罚中故庶民安，庶民安故财用足，财用足故诸志诚，诸志诚故隶属刑，隶属刑然后乐。”[4]可见主祭权不仅是身份的象征，还起着按血缘亲疏关系团结族人的作用。

### 2．收族——对社会的作用

“大宗者，收族者也。”[5]收族有两层含义：一是在宗子统率范围内，各个分支的小家庭中如果出现一家死绝无人继嗣的情况，则可将其遗产收归宗内共有；如有鳏寡孤独无人抚养者，则将这些人收归宗族抚养。二是统理宗族内事务，这些事务，据史料载，共有：

第一，统理宗内财产。“异居而同财，有余则归之宗，不足则资之宗。”[6]“大宗能率小宗，小宗能率群弟，通其有无，所以统理族人者也。”[7]显然，宗子负责收其有余，资其不足，以互通有无。但事实上，族内无法实行完全的同族共财，平均分配。《礼记·内则》载：“支子‘虽富贵，不敢以富贵入宗子

①《礼记·曲礼下》。
②《白虎通·德论》。
③《礼记·祭统》。
④《礼记·大传》。
⑤《礼记·丧服》。
⑥《礼记·丧服》。
⑦《白虎通·宗族》。

之家。虽众车徒，舍于外，从寡约入。子弟犹归器，衣服、裘食、车马必献其上，而后敢用其次也。”可见族内即使有人比宗子富贵，但仍要尊重宗子，所用器物不超过宗子标准。

第二，教导族人。“妇人先嫁三月，祖庙未毁，教于公室；祖庙既毁，教于宗室。教以妇德、妇言、妇容、妇功。教成祭之。”[①]妇女在婚前三月须接受宗子宗妇或在祖庙或在宗子家里的教导。为维护族内秩序，宗子对旗内其他人也有教导权。

第三，掌管婚丧等重大事务。宗子是一族首领，族内大小事宜均须宗子请示报告。“奉宗加于常礼，平居即每事咨告，凡告宗之例，宗内祭祀、嫁女、娶妻、死亡、子生、行来、更易名字皆告。”[②]族人的婚丧之事，由宗子主持，生子要由宗子书于宗籍，出远门、来客人等都要告宗子，同时宗子有责任帮助族人料理婚丧等事，“若宗内有吉凶之事，宗子亦率其党以赴役之”[③]。

第四，会聚族人。宗子要“以饭食之礼，宗亲族兄弟”[④]。即宗子要定期举行宴会集合族人联络感情。

3．政治作用

以嫡长子继承为核心的宗法制与等级制、世卿世禄制互为表里，使宗法制具有某种政治作用。天子、诸侯、卿、士的嫡长子孙可永远继承大宗宗子的位置和爵位、禄田，百世不变。而其他子孙，在五代内祢本宗小宗，之后便从本宗迁出去。迁出去的嫡长子孙便是新立宗的大宗宗子，其他子孙则为新立宗的小宗，如此连绵不绝。大小宗是相对的，而且不断变化，原来的小宗变成分支大宗的宗子，自然成为家天下的基层统治者。《周礼·地官·大司徒》载：“五家为比，比置比长；五比为闾，闾置闾胥；四闾为族，族置族师；五族为党，党置党正；五党为州，州置州长；五州为乡，乡置大夫。”这里的比长、闾胥、族师、党正、州长、大夫等各级小头目，自然是由各分支大宗宗子担任。这样国家的各级政权机构，在一定意义上讲，正是扩大了的宗族制度，是国家机构与家族组织合而为一的统一组织。

## 三、宗族组织在封建社会中的演变

春秋战国时期，随着奴隶制家天下的崩溃，宗法制逐渐失去了其赖以生

---

①《礼记·昏义》。
②《贺氏丧服谱》。
③《贺氏丧服谱》。
④《贺氏丧服谱》。

存的社会基础。但由于儒家在政治、法律、道德诸方面竭力倡导宗法主义，加之宗法观念对封建统治确实有利，故而宗法制的残余和宗法观念在新的历史条件下，与小农经济生产关系相结合而演变为家族并存的“宗族制”。

“父之党为宗族。”[①]宗族是同姓、同宗的男系血族团体，宗族不再是同居共财的共同生产单位与生活单位，而是各家自居，家庭的生产、生活由家长指挥，宗族不再干预。很显然，宗族是比较松散的族人联合体。由于宗法观念的影响和儒家的孝悌观念，以及自给自足的自然经济形态带来的封闭性，人们为了寻找到适合自己生存的环境，往往聚族而居，形成一个独立的政治军事的自治团体，这便是宗族。

宗族的首领叫族长，由选举产生，多由辈尊年长、德行足以服众者担任。宗族中仍有宗子，但只执掌主祭权，而无其他权力，宗子仍是世袭产生。宗族事务由族长总领，他是宗规族约的主持人和监督人。族内发生纠纷由族长召集族中“宗贤”加以解决，对不服者，族长有权根据宗规族约给予制裁。有的大宗族除族长总揽全族事务外，还设有分管各项事务的负责人。宗族的一般成员称为族人或宗人。“同昭穆者百世犹称兄弟，若对他人称之皆为族人。”[②]为了标志同族的不同辈行，同辈族人取单名者用同一偏旁的字，取双名者都带有同一个字，这样各自的辈分一目了然。族人服从族长的教令和统率，必须遵守宗族规约，不能扰乱族内秩序，而应共同维护宗族利益，互相帮助，共同防御外敌；族内事端，应先报族长处理而禁止轻易诉诸官府。

各宗族为纪录宗族的历史和标示宗族间的身份关系，都编有族谱或宗谱。它是宗族结合的象征，也是宗族的行为规范。甚而有的朝代，国家也对世族的谱牒进行考察和编订。如南北朝时，以门第定官品，对族谱的考察就很重要。唐代为打击门阀士族而重订世族谱。宋以前的族谱，多限于世代图例、行为规范和人物传记等，较为简单。宋以后的族谱则包括三个部分：第一是立谱宗旨、原则、废跋、凡例、目录；第二是包括以人物为中心的谱系、传记、墓志铭、遗像等；第三是包括以宗族生活为中心的宗约、族规、家训及各种规章制度，俨然是宗族内的法令汇编和百科全书。族谱被视为族中圣物，要严密守藏，永久保存。

宗族的凝聚力来源于同一血统，因此宗族崇祖是宗族的首要义务。族谱能记录历代祖宗事迹并能分清世系，具有敬祖意义。同时宗族共同为始祖建立大祠堂，各支各派又为支部祖先建小祠堂。在每年冬至日，在大祠堂举行

①《尔雅·释亲》。
②《颜氏家训·风操篇》

祭祖仪式。大祠堂里还设有全族会议的场所。许多宗族都置有祭田、祠田、墓产等，其收入和孳息作为祭祖、修墓、修祠之用。

宗族有执法、维护社会治安、举办教育、为族人在生产、生活等方面提供互助等职能。历代的乡村组织往往与宗族组织合而为一。因为宗规与国法共源于礼制规范，二者基本精神的一致性，使国家对宗族内部的惩罚规矩、族内纠纷的调解结果予以承认。聚族而居的自然团体可维护社会治安，并在族内设学塾，对族中子弟进行义务教育，对学有所成者，给予奖励，这无疑是鼓励族中子弟读书做官，以壮大宗族实力的一种方法。

封建社会里残存的宗法观念，使人们的政治活动仍离不开宗族的背景，宗族势力对政治仍具有不可低估的影响，事实上历代封建统治者对封建王朝都以宗族作为其进行政治统治的桥梁和纽带。历代的“荫补之法”“袭荫之法”以及法律上的“三族之诛”“五族之诛”“九族之诛”“缘坐”等，无一不是宗法观念在政治中的表现。由此可见宗法血缘观念对中国社会的影响。

## 第二节　家庭制度

家庭是人类社会在一定发展阶段上出现的社会现象，随着人类物质资料生产方式的发展变化，家庭的结构和职能也随之发生变化。群婚制的出现，使以母系为中心、血缘为纽带而结成的母系大家庭得以形成。而生产力的发展，私有制的产生，又使得母权制被父权制取代，并随之形成父权家长制家庭。生产力与生产关系的不断发展，又致使不同历史时期父权家长制家庭的形式不断发生变化。

### 一、家庭的产生和发展

原始社会初期，“男女游杂，不媒不聘”[①]，没有婚姻关系，也无亲属关系。“昔太古尝无君矣，其民聚生群众，知母不知父，无亲戚兄弟夫妻男女之别。”[②]经过漫长的岁月，当人们厌恶不同辈分之间发生性关系并加以禁止时，才出现婚姻与家庭的萌芽。婚姻是组成家庭的基础与前提。随着群婚制的出现，以母系为中心的氏族大家庭便形成了。在以母系为中心的氏族大家庭中，

①《列子·汤问》。

②《吕氏春秋·恃君览》。

血缘按母系计算，氏族成员之间是平等的，妇女是氏族生产和生活的中心。黄河流域的仰韶文化遗址便较全面地反映了中国母系氏族后期的社会风貌。云南丽江地区的摩梭人，至今仍保留着母系大家庭。对偶婚是向一夫一妻制过渡的婚姻形态，对偶婚后期，母系家庭转化为父系家庭。这是原始社会末期生产力发展、私有制产生的结果。在父系家庭中，世系按父系计算，财产按父系继承，氏族首领为男性担任，管理氏族的一切事务。这便是父系家长制的雏形。

进入阶级社会后，形成了统治阶级的以血缘为纽带的宗家合一的宗法制大家庭。这种宗家合一的奴隶主家庭，由若干自由人和奴隶在宗子（家长）统率下组成，从祭祀和政治职能上看是宗法的组织，从生产、生活的职能上看，则是家庭单位。同时还形成了以“养君子”而存在的附着于土地的农奴小家庭，“方里而井，井九百亩、其中为公田，八家皆私百亩，同养公田，公事毕，然后敢治私事。”[①]这种小家庭是奴隶主的剥削对象，也属于宗族社会。

随着生产力的发展，井田制崩溃，宗法组织逐渐解体，代之而起的是宗族与家庭并存的家族社会。在家族社会中，宗族不再是共同的生产和消费的单位，每个家庭各自分居，独立生产、生活，以家族为主体的家庭，从宗族中分离出来，成为社会的基本组织形式。宗族家庭按亲缘关系，可分为核心家庭、主干家庭、联合家庭和家族家庭等。由夫妻及未婚子女组成的家庭是核心家庭；由夫妻及其未婚子女为基本单位，有父母者则与之同居，有祖父母者亦然，这种因有家族的根干而无家族枝叶的家庭，称主干家庭；主干家庭构成之外，又加上一对或一对以上的第二代夫妇的家庭为联合家庭，即父母同两个以及两个以上已婚儿子再加上未婚子女及孙子女组成的家庭；比联合家庭复杂，人员更多，并累代同居、作十字形上下左右延伸的家庭，家庭成员除亲兄弟外，有堂兄弟、再从兄弟、族兄弟关系，甚至包括姨父、舅母、表兄妹等一同生活，由血缘关系把它的成员集合起来，构成家族家庭。这些家庭中，家长凭借他丰富的生产经验和天然的宗法血缘关系，确立了他在家庭中的权威，同时由于家长是生产资料和全部家产的继承者、所有者、支配者，因而也就进一步确定了他在家庭中的主宰地位，这便形成了家长制。按家庭的规模分，核心家庭、主干家庭通常被称为小家长制家庭，而联合家庭、家族家庭则被称为大家长制家庭。家庭结构随着社会生产方式诸因素的变化而变化，在中国古代社会，不同的时期家庭的类型也有所不同。

---

①《孟子·滕文公》。

## 二、封建家长制家庭的类型及职能

春秋以后，随着生产力的进步，井田制瓦解，原来的大批奴隶变成了租种地主土地的自耕农，农民小家庭迅速增加。“民有二男以上不分异者，倍其赋。”[①]这种家庭规模不大，汉代每户约五口人，“今一夫挟五口，治田百亩。”[②]唐代农户家庭人口约五至七口，元明清各代与唐代相差不大。这些家庭人口较少，规模较小，结构较为简单，多是主干家庭或核心家庭。

小家庭的出现与当时的社会发展、生活方式等因素密切相关。一是生产力的发展、生产工具和技术的进步，使一家一户的生产方式有利于生产积极性的提高，但收获物有限，难以养活更多的人口。二是封建制度的建立、郡县制的实施，需要一家一户的小家庭，作为国家基层单位，作为封建专制的经济基础。三是小孩存活率低。加之民间的迷信习俗，凡忌日（如农历五月五日）出生者，一胎三子和婴儿坠地后未能睁开眼的“寤生儿”，与父母生日同月者均不养育。[③]在中国封建社会里，小家庭是普遍的社会组织形式。

东汉以后，中国封建社会官僚、地主阶级的大家庭逐渐形成。这是由于西汉后期到东汉时，封建大土地所有制的发展，使大田庄出现，也为封建大家庭的出现提供了经济基础。而东汉末至魏晋南北朝长期战乱的社会环境，又使社会生产受到严重影响，商业萧条，加之自给自足的自然经济，致使货币需求量减低，北朝“魏初至太和，钱币无所周流”[④]。在社会动乱和自然经济强化的条件下，聚族而居的农村自治村社建立并发展起来。这些世家大族因经济力量雄厚，平时对宗族、乡党进行剥削、压迫，但在灾荒和动乱年代，又常对宗族、乡党进行保护、接济，使得世家大族的家长自然成为整个宗族和乡党、村社的领袖，并对地方拥有实际的统治权力。东汉以后的统治者把封建家庭礼制经典作为教材，使之家喻户晓，儒家“亲亲”思想主张的是大家庭制，故而在东汉以后大家庭逐渐形成并有所发展。

这类家庭的人口总和，仅占社会总人口的极少数，但他们占据着全国绝大部分土地和生产资料。大家族家长制多以地主庄园内的封建大家长率其亲属与宗族及累世同居的形式出现。东汉以后的社会动乱，加上门阀士族两姓世为婚姻的政治联姻，致使家庭结构多为“联合家庭”或累世同居的家族家庭，这类大家庭结构复杂，人口少则十几人，多则几十人，甚至更多。崔慎

①《史记·商君列传》。
②《汉书·地理志》。
③ 应劭：《风俗通义·佚文》。
④《魏书·食货志》。

由大惊曰："中外亲族数千口，兄弟甥侄仅三百余人"[①]。这种累世同居的家庭，多为三世至五世，有一定家法、家风为其思想基础和精神力量。

家庭，既包括两性和血缘关系，又包括物质生活和精神生活，担负着多种社会职能。通常，家庭具有组织生产、生活，对家庭成员进行教育和繁衍后代的职能。但社会的物质生产方式和物质生活条件以及各自所处的阶级地位等因素，决定了家庭的本质和职能有所不同。因此各类家庭的职能不可能是等齐划一的。

其一，家庭具有人的再生产职能。由于生产力水平的低下，依靠人力的手工劳动是主要的生产方式，因而子嗣的多少，决定着家庭的生产规模。同时，家庭还承担着养幼赡老的职责，为老有所养，"多子多福"，"福莫大于昌炽，祸莫大于无嗣"[②]成为人们的共识，故而繁衍子孙成为家庭的主要职能之一。

其二，家庭具有物质资料的生产、分配和消费职能。奴隶主的家庭，在家庭内组织农业、畜牧业等生产活动，并组织家庭成员的消费生活，家庭全部财产和奴隶属家长所有，家长对奴隶有生杀予夺之权，对家庭成员和自己的妻子儿女也有绝对统治权力。封建主的家庭摆脱了对宗法组织的经济依附，成为社会生产、生活的完整细胞，家长经营农业，压榨农民，聚敛家产，组织家庭消费生活。家长对家庭成员也有巨大支配权力，妻子儿女是统治对象。这两种家庭都是剥削单位，组织对奴隶和农民的剥削活动。农民家庭则与之不同，它有少量生产资料或根本没有生产资料，主要是从事生产劳动，通过男耕女织等方式，维持家庭成员的生存、生活，同时还要被迫向剥削阶级交纳租税、服劳役，是供剥削阶级压榨和延续供应劳动力的单位。他们的社会和经济地位低下，生活始终处于贫困、半贫困状态。

其三，家庭具有教育职能。由于学校教育不普及，不发达，家庭生活构成了个人生活的基本内容，因而家庭成了教育的主要场所。由于子承父业，农民家庭的家长尽力把自己掌握的生产技艺和管理经验传授给儿子，使其掌握谋生本领而成为生产经营中的主角；以经术致官的家长，则竭力把经学传给子孙，以求世代为官；工商之家也由家长把自己的本领、经验传给子孙。教育责任者多是家长，"父不教子，兄不正弟，舍是谁责乎？"[③]

其四，家庭具有祀祖的职能。这是家庭精神生活的重要内容。崇拜祖先，自原始社会后期形成，便一直延续下来。它利用人们对祖父的自然情感，依靠根深蒂固的宗法观念和宗法伦理道德，适应社会结构的变化，满足家庭的

①《旧唐书·裴遵庆列传》。
②《太平御览》(卷四十四)。
③《盐铁论·周秦》。

精神生活。

其五，家庭具有巩固国家的政治职能。从政权与家庭的关系看，奴隶主家庭是奴隶制国家政治、经济的分支机构；封建主家庭具有两重性，既是封建政权的统治对象，又是封建政权实施封建统治的帮凶；农民和奴隶家庭被迫将自己的劳动果实通过交租、纳税、服役等各种方式送给奴隶主、地主和国家，他们是国家征敛赋税和征发兵役、徭役的基本单位，是一个提供剥削的直接客体。而且所有父权家长制家庭，家属都没有独立的权利能力和完整的行为能力，家庭是以家长为代表的组织。历代统治者却把家庭作为组织国家生活的对象，国家赋予家长统治家属的权力，同时要其对国家负责。例如历代法律均把脱籍规定为犯罪行为，但并不追究脱籍者本人的刑事责任，而是拿家长是问，“凡一户全不附籍，无课役者减二等”[①]。对脱籍惩罚最严厉的是晋代，“举家逃亡，家长处斩”[②]。

## 三、家长制家庭的特征

由家长与家属组成的家庭，在自给自足的自然经济条件下，是共同的生产和消费单位，存在着较强的凝聚力。与此相适应的生产关系是封建国家以家庭而不是以人为统治对象。家长对内统辖家政，对外代表家庭，这使父权家长制形成了如下特征：

其一，父权至上，父家长处于至尊地位，在家庭中实行专制。“家无二主，尊无二上。”[③]父家长在家庭中统理财产，对家务实行专制。在家庭成为基本经济单位后，家长被认为是全体家属的供养者，全部家产都属于家长名下，家长有处置这些财产的绝对权力，家属无权动用家财，甚至全部收入也要上交家长，不许有私产。家长的绝对权威，使现在家长对子女的婚姻状况有决定权，家长的意志是子孙婚姻能否形成的决定条件。因为婚姻的意义是“合二姓之好，上事宇宙，下以继后也”[④]。这使结婚与婚姻当事人关系不大，只能由家长决定。如果家属不服家长的专制，家长有权对家属行使处分和惩戒，通常方式是打骂，即使“挞之流血”，儿子也“不敢疾怨”[⑤]。家长的权威与家长对家庭的义务和责任分不开，他必须负责供养家属，同时有教育子女、为子女完婚、保卫家属等义务和责任。正因为家长享有这些权力和所承担的

①《唐律·户役》。
②《晋书·刑法志》。
③《礼记·场记》。
④《礼记·昏义》。
⑤《礼记·内则》。

责任，拥有家长身份者必须是家庭中的最尊者。在包括父母子女两代的家庭里，父亲是家长；在包括祖孙三代的家庭里，祖父是家长。

其二，父子是家庭的主体、核心，父子关系最为密切。家庭中，按父系确定家族世系和家产以及家长身份继承权；农业社会中，作为社会基本经济单位的家庭，农业是主要的生产部门，而这一部门的主要劳动力是男性，这样农民家庭生计主要是依靠父子“手足胼胝”和“不避寒暑”[①]的辛勤劳作，才得以维持的。家庭的发展，家业的兴盛，主要是“父子僇力”[②]的结果。贵族、官僚家庭，子可承父的爵位，并可任官，“虎贲诸郎皆父死子代”[③]。

其三，家庭结构以宗法的等级格局为特征。家庭中的各种人际关系，如父子、兄弟、夫妻、婆媳、祖孙、叔侄、主仆等关系，均纳入宗法等级格局之中，它以孝为最集中的体现，讲求尊卑有别、贵贱以位、夫尊妻卑、轻女重男、兄友弟恭、长幼有序等。其中“三纲五常”“三从四德”“从一而终”等观念，使妇女完全依附于丈夫，没有独立人格，也没有财产继承权，连姓氏也要随夫。男尊女卑是封建守法等级格局在家庭中最明显的特征。

其四，家长制家庭对外是一个排他的封闭性小团体。因为家庭的人际关系特别密切，加之家庭中家属人身依附于家长，家庭作为一个基本经济单位，极少对外交往，家长是唯一的全权的对外交往代表，这自然就加强了家庭的排他性。

## 第三节　职官制度

中国古代官制源远流长，其源可上溯到原始社会后期。据文献载，黄帝以云为官，按春、夏、秋、冬为职。尧舜时代，公职机构增多，出现管农事的后稷，管百工的司空，管教化的司徒，管刑狱的士，管郊庙祭祀的秩宗，管承上宣下的纳言及管礼、典、乐等职事的官员，这说明由于当时生产力的发展，使得阶级分化和对立已经出现，凌驾于社会之上的权力机关正在形成。官制就是伴随着最初国家政权的产生而出现的。

中国官制自夏形成，历朝前后沿袭，而又有所不同，其变化趋势是围绕中央集权的进一步加强。

---

①《汉书·贡禹传》。

②《盐铁论·水旱》。

③ 荀绰：《晋百官表注》。

## 一、夏商周官制

约公元前21世纪时建立和巩固起来的夏王朝，是中国历史上最初形成的国家，是中国奴隶主阶级建立和运用国家机器，确立和进行阶级统治的开端，与此后的商、周，史称“三代”，是我国奴隶制国家的形成和发展时期。

夏商周三代实行以君主为核心的专制和以分封贵族为主的政体。夏建立时，最高统治者称后，以后称王。王字的本义，三横代表天、地、人，一竖是贯通三者之间的人，即王。《说文解字》也说：“王，天下之所归也。”商代，王仍是最高统治者，又称“一人”，“予一人”，王权比夏朝有所加强。到周代，王又称周天子，既是百官首脑，又是外服诸侯之主，王权更甚。

据文献载，夏商周三代官员人数是“夏百二十员，殷二百四十员，周六万三千三百七十五员”[①]。数目虽不准确，但说明夏商周三代国家机关在不断发展。三代官制分为内外服，内服指在中央任职的各级官吏；外服指被封在王畿范围以外和边远地区的贵族、侯伯。内外服之称始于周。三代官制有共同之处，即都是建立在诸侯对王朝纳贡、遵命服役的基础上，故而整个国家行政体制都是按王国和诸侯分为内外系统。这一系统有利于王权的加强。

夏代的内服官有三正、六事之人、遒人、啬夫、大理、太史、羲和、瞽、官师等。其中三正、六事之人最为重要，“正”是官吏的通称，与直接为王室服务的掌车服的车正、掌膳食的庖正、掌畜牧的牧正不同，它指高层次官长，主管政事，通常有二三人。“六事之人”常在王左右，地位很高，有戎事时，可代王统率军队。“羲和”掌历法；“瞽”是乐师，掌祭祀和王娱乐时的音乐，也有较高的地位。由此可看出，神权在夏代政治生活中已居主导地位。

殷正百辟是商内服官的概括，百辟是百官、众官之意。重要的有“尹”“宰”“卿事”和“三公”等。“尹”是治理的意思，在王左右，辅佐王治理国家；宰是主管内廷事务的官员；卿事，后称卿士，是高级官员的泛称；三公则是因人而设的一种尊贵官称。除此还有史官、宗教官、臣、师等。其中宗教官有卜、祝等，掌占卜，地位较高，商王受命、祭祀、战争等均要占卜。

西周的内服官有卿事寮和太史寮之分。卿事寮是卿士及下属百官的概括，以师、保、传、尹最为重要。《大戴记·保傅篇》说：“保，保其身体；傅，傅其德义；师，导之教训，此三公之职也。”三公之下，主要的政务官有“三事大夫”“三有司”，分别指负责执行政务的任人，负责司法的准人，负责民事的牧和掌土地的司徒，掌工程的司空，掌军政的司马。太史寮包括史、卜、

①《通典》卷十九《职官一》。

祝等官，史官有太史、内史、御史，掌历法、记事、起草天子任命等；卜的数量小于商，祝除掌宗教事务外，还负责宗庙祭祀，故又称宗祝、宗伯。这些职务大多世袭，也称世官。除此还有为宫内服务的官，例如王室事务总管太宰，守卫宫廷的虎贲等等。

夏的外服官主要有派往各区征牧员赋的“牧”，更多的则是部族首领“伯”，夏王朝通过统领部族首领而统治畿外土地的。

商代边侯甸是其外服官的概括。侯、甸是外服官中最重要的两种官称，此外还有男、王、邦伯等，多由商王诸妻、诸子、功臣及臣服于商王的部族首领担任，对商王有义务。

西周外服官的设置与分封和宗法制密切相关。周王把王畿以外的土地分封给诸侯，其封地为国；诸侯在自己封国内，又划出一部分土地封赐给卿大夫，同时周王的位置由嫡长子继承，为周的大宗，其余诸子受封为诸侯，为小宗。在封国内，诸侯的嫡长子为大宗，其余诸子为小宗，封卿大夫；在采邑中，卿大夫的嫡长子称大宗，其余诸子称小宗，封士。故国、邑成为西周地方行政区，诸侯、大夫则是地方最高长官。诸侯名称有公、侯、伯、子、男，诸侯国官制与中央略同，诸侯对周王承担镇守地方、出兵从征、缴纳贡赋、朝觐谒见等义务。

## 二、春秋战国官制

春秋、战国是中国历史上发生巨变的时期。这时，奴隶制走向没落，封建制逐渐确立，作为“共主”的周天子地位已名存实亡，王已不再是周天子的专称。楚、吴、越各国国君均已称王。到战国，各国国君均称王，王室已如小诸侯。王权的变化给各国官制带来新的变化，即以宗法血缘关系为基础的世卿制逐步瓦解，而以文武分职为标志的官僚制开始形成，宗教官地位有所下降，中央集权制也渐趋形成。

春秋各国官职一般由世官充任，世官即世袭的卿、大夫、士等。“世卿执政”构成这时官制最突出的特点，执政即总领政务，执政代表国君行使权力，为最高政务长官，执政之下有各种政务官。中央官制与周变化不大。各国地方组织出现了县、郡。各国君主兼并了小国或吞并本国大夫采邑后，设县或郡为行政区。县设县大夫，县大夫下设县师、司马、司寇，分管民事、军队、刑狱，县的各级官员由国君任命，军队也由国君统一调动。

战国时，世官制被官僚制所取代，同时官分文武。战国初期各国的改革加强了中央集权，世官制进一步削弱，楚国吴起提出：“使封君之子孙三世而收爵禄"[①]，赵国任仲连提出："选练举贤，任官使能"[②]，秦国商鞅提出宗室贵族无军功者不得有爵位。可见，军功、贤能成为授爵封官的原则，世官垄断的局面受到冲击，而一种新型的国君可随意任免、官员领取实物俸禄并被定期考核的官僚制正在形成。赵、魏、韩等国首先设作为百官之长的"相"，同时又相继设立了将军之类的武官，即文武逐渐殊途。"将""相"是国君的左右手。各国官制名称虽不尽相同，但"官分文武，王之二术也"[③]使君权得以加强，相应的为君主服务的官职也随之增加，有君主秘书的御史，有三闾大夫、师傅等等，这一切均有利于君权的加强。到战国时郡县制已完全确定，郡大于县，郡的长官称守，管行政、军队、防务，守下有尉，管军务。县的长官称令，主管一县事务，下设丞、尉、司马、司空等官，分别管理财政和司法、军务、马政、工程建筑和刑徒等。令、丞、尉、司马、司空之下各有属吏。

## 三、秦汉官制

秦汉是我国封建社会初期的两个统一王朝，专制主义中央集权的国家正是在此间建立。秦始皇统一后，为了巩固对全国的统治，确立了以皇帝为核心的官僚制度。嬴政认为："天下大定，今名号不更，无以称成功、传后世。"[④]故而兼采传说中三皇、五帝的尊号，自称"始皇帝"，自此中国以皇帝为核心的官僚制发展到一个新阶段。至两汉，皇权进一步加强，皇帝拥有至高无上的权威，这种权威并不断地被人为地神圣化和绝对化。

中央官制：秦汉中央官制基本相同，都实行三公列卿制。三公指丞相、太尉、御史大夫（东汉称司徒、司空、司马）。丞相是最高的行政长官，"掌丞天子，日理万机"[⑤]，辅佐皇帝处理全国政务，置左右二丞；太尉掌全国军政及兵马，两汉时罢置无常，官名屡易；御史大夫，为丞相副职，又掌监察百官之权及主兰台收藏的国籍秘书，至东汉称司空，但无监察之责。东汉主持监察的是御史台长官御史中丞，且改隶少府，归皇帝直接领导，地位仅次于尚书令。到汉代，三公虽位尊但已无实权。三公之下有列卿，其中奉常掌礼仪祭祀，汉代更名为太常；郎中令掌宫殿门户，汉更名为光禄勋；卫尉掌宫门卫屯兵，汉更名中大夫令；太仆掌宫室车马和国家马政；廷尉掌刑狱，汉更名大理；典客掌少数民族及对外事务，汉代更名大行令；宗正掌皇族事

①《韩非子·和氏》。
②《史记·赵世家》。
③《尉缭子·原官》。
④《史记·秦始皇本纪》。
⑤《汉书·百官公卿表》。

务；治票内史掌全国财政经济，汉更名为大农令；中尉，汉更名执金吾，掌巡察京师，防备盗贼及水火非常之事。将作少府，汉更名将作大将，主管宫室修建。此外还有少府，掌山海池泽之税，供皇室享用。其中，有与皇帝处理政务相关的，如尚书、太医、都水等，有与皇帝日常生活相关的，如御府、大官、乐府、尚衣、尚食、尚沐、尚庸等。汉武帝时，尚书地位提高，士人任尚书职称尚书令，掌“臣下章奏上尚书，尚书进于天子及下丞相；有政事，天子常与之议”[①]。属下分四曹，即常侍曹、二千石曹、户营和客曹，分掌事务，形成所谓“中朝”限制甚至代替以丞相为首的外朝。光武帝时，尚书的权责日益上升，由事务官演化为政务官，尚书台成为东汉中央重要的办事和决策机构。尚书台以尚书令、尚书仆射为长贰，由左右丞辅佐，下设六曹尚书，即三公曹、吏曹、民曹、客曹、二千石曹、中都曹等，位尊而权重，故有“虽置三公，事归台阁”之说，使皇权得到进一步加强。

地方官制：秦汉时，地方以郡县统治。汉初则实行郡县制与王国并行制。秦初置 36 郡，后增至 40 余郡。京师为内史郡，以内史治之。郡设郡守，为一郡行政长官；设郡尉管军事，又有郡监，掌监察。县则设县令或县长，县之户满万称县令，不足万称县长，均由朝廷任命，下设尉、丞等。县以下有乡里等基层组织，乡设三老掌教化，啬夫掌司法赋役，游徼掌治安。百户为里，设里正，边地、域区、交通要冲设亭，以亭长掌缉捕盗贼等事。秦地方郡、县、乡、里、亭之设，说明中央权力已系统地分布于国家的每一角落。

两汉地方组织郡县和诸侯王国并存。

汉代京师为内史郡，沿秦制置内史治之，后分为左、右史，与主爵中尉共治京师，武帝时分别更名京兆君、左冯翊、右扶风，合称三辅。汉武帝时在京师在司隶校尉，督察京师及附近地区，可纠察百官。东汉时置司隶校尉部，隶校尉地位提高，纠察京师百官及所辖附近各郡，朝会时，与尚书令、御史中丞号称“三独座”。

各地的郡设守、尉，后改守为太守，尉为都尉。太守为一郡之长，都尉佐助太守，管理武职甲卒。东汉时，裁都尉，并其职于太守。县级组织仍设县令（大县）、长（小县）、丞、尉，县以下基层组织为乡、亭、里，与秦制同。

与都县并存的诸侯王国，汉初有七个异姓王国，后在翦灭异姓王国的同时，又分封同姓子弟为王，诸侯国官制与中央相同。在皇帝平定七王之乱以后，各帝相继削弱诸侯势力，元帝时，诸侯国仅为衣食租税职其国内，受郡监督，东汉时称郡国，仅衣食租税。

---

①《汉宫答问》。

汉武帝时，为加强对郡（国）县的监察，把全国分为 13 个监察区，叫 13 州部，每部辖若干郡国，有刺史 1 个，刺史“位卑而命之尊，官小而权之重”，故能起到“大小相制，内外相维”[①]的作用。东汉时刺史权限比西汉大，有领兵权，并有固定治所且属吏大量增加，成为事实上凌驾上郡国之上的地方行政长官。灵帝时，改刺史为州牧，由一批朝廷重臣出任州牧，不少地方的州牧成为拥兵自重的割据势力。

## 四、三国两晋南北朝官制

自东汉末年起，除西晋短暂统一外，中国又出现了近四百年的分裂动荡局面。这是一个战争连绵、政权迭变的历史时代。同一时期内，有几个皇帝并存，地位也不巩固。各国君主都想统一全国，都想恢复皇帝在国家政权中的至尊地位，反映在官制上便是频繁调整，调整的总趋向是从秦汉时的三公九卿体制向三省六部体制过渡，目的在于加强中央集权。

中央官制：三国在秦汉官制基础上作调整后，两晋南北朝多遵循而小有变化。三国时设丞相，西晋初年不设相，八王之乱后才又置丞相，丞相位高权重。同时仍设三公九卿，三公称呼有所改变，无实权，九卿中光禄勋与少府变化较大。光禄勋职权开始下降。少府的变化是尚书台、御史台完全独立出去。尚书台设尚书令，主持选官，总典纪纲。左、右仆射为副职，下设五曹，即掌选官的吏曹，掌缮修功作、苑池的左民曹，掌外国使臣朝贺的客曹，掌军队的五兵曹和掌财政的度支曹，各曹长官的尚书，一令二仆射与五曹尚书合称“八座”。列曹之下设 25 郎。从这一机构的职能可看出，原三公事权和九卿的职权部分转到尚书台诸曹，成为事实上的总理全国政务的机构。到两晋，尚书台已成为最重要的机构之一，组织也更加严密。成为朝廷内外、中央地方各级政务的汇集处。南朝，尚书台称省，机构设置承前代，它不参与决策中枢议政，而是以九卿领袖身份处理日常行政事务。御史台在三国时已成为中央监察机构，实权极大。

中书省是三国时所设机构。曹操时曾设秘书令，管理图书秘籍，并负责尚书奏事，后改秘书令为中书令，又置中书监，并掌机密。中书省为其机构，属官有中书通事郎（后改中书侍郎）、中书通事舍人等。两晋时，中书省成为重要的机构之一，其职责是承皇帝旨意制作诏令。《通典·中书令》载：“魏晋以下，中书监、令掌赞诏命，记会时事，典作文书，以其地在枢近，多承宠任，是以人因其位，谓之凤凰池焉。”中书省地位日高。南朝时，中书省实权

---

①《日知录·刺史》。

移到中书舍人，这是因为中书监、令由门阀士族出身的官员担任，而南朝的几个皇帝均出身寒门，故而重用寒门出身的中书舍人。

侍中始设于东汉灵帝时，以侍中、诸事黄门侍郎领门下诸事，即处理皇帝身边各种事务。魏时设侍中四人，地位更加尊贵，且在皇帝左右务顾问。西晋时正式称门下省，为皇帝近侍顾问机构，凡涉及重要政令和军国大事，皇帝都要向门下省咨询，此外门下省对尚书台奏事，有“驳奏”之权，东晋时又有“驳诏”之权。南朝时，门下省的任务是“封玺书”，即下行诏敕经过门下省审核，许可后付相关机构执行。同时实权从侍中之手转到员外散骑侍郎和给事中之手，这两个职位往往由中书舍人兼任，“寒门党执要”，反映了士族衰落、寒族崛起的趋势。

地方政权：三国分州、郡（县）、县三级，少数民族地区设校尉。两晋实行分封制和州郡县制。晋初，分封皇族27人为诸侯王，各王国自辟文武吏。郡县沿用魏旧制，东晋州郡长通常军民两政一身二任，郡守、刺史带有都督、将军称号，这易于割据，于集权不利，是造成分裂的一大原因。

## 五、隋唐五代十国官制

隋唐时期，我国统一多民族国家进一步发展，政治上，以皇帝为中心的专制主义中央集权制度进一步完善，官制采汉魏以来官制变革之大成，使之规范整齐，显得更加严整完备。

隋中央重要官职有三师、三公、五省、三台、九寺、五监等。

三师即太师、太保、太傅，无僚属，属荣誉职。三公即太尉、司空、司徒，可参与国家大事，但无实权。五省即尚书省，为全国政务总政务的最高机构，下设六部；门下省，审议机构；内史省，掌机要；秘书省，掌艺术图籍；内侍省为宦官机构。三台是御史台，掌监察；谒者台，掌通政；都水台，掌水利、水运。九寺是太常寺、光禄寺、卫尉寺、宗正寺、太仆寺、大理寺、鸿胪寺、司农寺、太府寺。五监为国子监、将作监、少府监、都水监、长秋监。其中三省官职分掌中央政务，位高权重。

唐代，基本沿用隋制，三省六部是主要的政务机关，并且三省分职。“唐制：每事先经中书省，中书做定将上，得旨，再下中书，中书以付门下。或有未当，则门缴驳，又还中书，中书又将上，得旨。再下中书，中书又付门下，若可行，门下又下尚书省，尚书但主书撰奉行而已。”①故尚书省掌执行，下设吏、民、礼、兵、刑、工6部，长官为尚书，分管文官的选用考课、土

①《朱子语类》（卷128）。

地与财政、祭祀与教育、军政、刑狱、工程等具体政务，每部设4司，计24司执行中书、门下省的决议，这一管理体制直到清末。

中书省曾更名西台、凤阎等，主要职掌是起草诏命，颁发制敕，长官为中书令，副长官为中书侍郎。三省长官在分职辅政同时，遇有重大事务共同议政于门下省的政事堂。唐中期以后，皇帝常派低品进入政事堂参与议政，有时竟成为事实上的核心人物，即真正的宰相，以此来削弱三省长官的权力。这使政事堂由单纯的会议场所变为重要的办事机构，并以“同中书门下平章事”为“宰相”头衔。

三台、九寺、五监等官尚隋制。在唐玄宗年间出现翰林学士，选朝宫中有词艺学识者充任，不计官阶，也无官署，轮班在宫内学士院住宿，备皇帝咨询，代拟诏诰文书，多转为宰相。代宗时设内枢密使，专用宦官，执掌机密章奏，酿成宦官乱政的后果。

五代官制与唐相差无几。

地方上，隋及唐初行州、县两级制。州设刺史，县设县令。且中央收回地方官自辟僚属的权力，凡入品级的地方官均由中央任命。京师或陪都所在地称府尹。周边地区设都督和都护府管辖，设官与州相仿。贞观年间，州以上设道，道以节度使为主要长官，主管监察。安史之乱前后，节度使权力扩大，总揽地方政务，极具独立性，“号令自出，以相侵击，虏其将帅，并其土地，天子熟视不知所为，反为和解之”[①]。县以下的基层组织是乡、里、保、邻，五邻为保，百户为里，五里为乡。乡置耆老，里设里正。五百户以上市镇设坊，置坊正，城郭外设村，置村正。

## 六、宋辽夏金元官制

宋朝（960—1279年）的建立，结束了五代十国的分裂局面。但宋并非大一统王朝，在北方先后有契丹族建立的辽朝（916—1125年）、女真族建立的金朝（1115—1234年）、党项族建立的西夏（1038—1227年）、蒙古族建立的元朝（1271—1368年）与之并存，直到1279年南宋灭亡，中国才又归于统一。宋官制非常繁杂，因为北宋初年不仅从形式上全部继承唐朝官僚机构，而且把使职差遣制度化。辽、金、西夏、元四个少数民族建立的政权，官制一方面受唐宋官制的影响，另一方面又具有本民族所固有的特别。尤其是元朝，其官制对后代影响深远。

宋初，统治者鉴于五代分裂之弊，太祖尽收地方之权于中央，进而收中

①《新唐书》（卷50）。

央之权于君主。中央机构可分为行政、军事、财政、司法监察和为王室服务五个系统。从行政系统看，最高长官仍为宰相，但权力比前代小。宋初实行二府三司共同治国的权力体系，军政由枢密院掌管，财政由三司控制，宰相只是行政首脑，而且还受副宰相参知政事的牵制。三省六部二十四司形同虚设。从军事系统看，是枢密院三衙体系，枢密院为全国军事最高行政机构，与中书门下并称二府，长官为枢密使。其职责是："掌军国机务、兵防、边备、戎马之政令，出纳密令，以佐邦治。屯戍、赏罚之事皆掌之。"[①]虽有调兵之权，但不直接统领军队。掌管禁军的是三衙（侍卫马军司、寺卫步军司、殿前司）。这样枢密院与三衙互相牵制，便于集权。从财政系统看，国家财政管理的主要机构是三司和内库。三司指盐铁、度支、户部，为皇帝间接控制的财政机构，而内库则由皇帝亲自控制，主管多为内臣或专派的朝臣。从司法系统看，置刑部、大理寺、御史台和审刑院。主审判的大理寺内部分左、右二寺，分掌断刑（判决）和治狱（审问），相互监督，可提高司法质量。宋代翰林学士比唐代多，待遇优异，地位仅次子正副宰相、枢密使，为皇室服务的宦官机构有入内侍省和内侍省。宋代官朝机构的交叉重叠以及官员的互相牵制，造成官僚机构的庞大和工作互相推诿，效率极低。

地方机构分路、州（府、军、监）、县三级，路是改唐代道而来，主要机构为安抚使司掌军政，长官为安抚使，通常由本路最重要的州府长官兼任；转运使司（南宋称漕司）掌财政，长官为转运使，又设副使，判官等；提刑司（南宋称宪司）掌司法，长官为提点刑狱公事，提举党平使为长官。府、州、军、监为同一级，一般称州，领数县或十几个县；国都、陪都以及皇帝即位前居住或任过职的州称府；军事要冲之地称军；盐铁矿冶之区称监，分别设知州事、知府事、知军事、知监事，多为文职，主长官之外，另设权力很大直接向皇帝负责的通判互相牵制，以便控制地方。

县分赤（京师内）、畿（京城外）、望（4 000 户以上）、紧（3 000 户以上）、上（2 000 户以上）、中（1 000 户以上）、中下（不足 1 000 户）、下（500 户下）8 等。县有县令，主治民政，也兼兵马都监或监押。其他官员有县丞、主簿和县尉。

辽代官制分南面、北面两大系统。北面官又称辽官，治契丹本部，南面官称汉官，治理汉人。地方实行特殊的投下军州制，这种州县是以被俘掠的汉人或渤海人建立的，民户少则 1 000 人，多则四五千人，实质是隶役外族奴隶的塞堡，是契丹贵族大大小小的领地。

①《宋史·职官志二》。

金建国之初，推行勃极烈制度。勃极烈是女真语，意为“治理众人”，最高治理官都称勃极烈。有类似宰相的国论勃极烈；有军事统领官忽鲁勃极烈。与南宋对峙时期，女真名号废止，只设尚书省，以尚书令、左右丞相、平章政事为宰相官。地方政权仿宋制设路、府、州、县。路府州的军事和行政系统合一。县设县领管民政。

忽必烈统治时，中央官制形成四大系统，即管理政务的中书省，管理军事的枢密院，管理监察的御史台，管理宗教和叶蕃事务的宣政院。四个系统互不统属，依据自己所管辖的事物的范围，“得官自选”[①]直接对皇帝负责。中书省是管理全国政务的最高机构，长官中书令由皇太子兼任，实际长官是左右丞相，下设六部，职掌与宋同，惟兵部不掌军政，只负责邮传屯牧。枢密院是最高统军机构，除怯薛外，“天下兵甲机密之务，凡宫禁宿卫、边庭军翼、征伐戍守、简阅差遣、举功转官、节制调度，无不由之。”[②]枢密使由皇太子兼领，实际长官是知枢密院事，各级军官世袭，地位高于文官。御史台是最高监察机构，“掌纠察百官善恶政治得失”[③]从中央到地方的监察官由御史台自选，奏请皇帝批准。这在历史上绝无仅有，说明元代对监察工作的重视与加强。宣政院是最高宗教和民族事务机关，元代重视利用宗教来加强思想统治，构成元政治的一大特点。四个系统联合，使皇帝能从各方面掌握各种情况，加强了皇权，这种统治方法，实是对前代各种制度兼收并蓄的结果。地方上有行省和土司两个系统，行省，即行中书省，简称省，元代除大都周围一带称为“腹里”，直属中书省管辖，还设了岭北、辽阳等 10 个行省。行省是中书省分出来的地方最高一级行政机构，“凡钱粮、兵甲、屯种、漕运、军国重事，无不领之”[④]，官同中书省，多由蒙古亲王充任，权力极大。行省的建立有效地防止了分裂，是郡县制的一大发展。省之下设路、府、州、县。路、府、州、县均设达鲁花赤为最高长官，并设总管、同知等官分掌政务。达鲁花赤是蒙古语，意为镇压者、制裁者、掌印者，转意为监官、总辖官之意。达鲁花赤由蒙古人担任，是各级地方最高行政兼监督长官，反映元代官制的特点。在重要地方设巡检司，如浙江行省泉州路设澎湖巡检司。县以下有乡都和村庄，为地方基础组织，乡都设里正，村庄设主首。

土司设置于边陲少数民族地区，有宣慰司、宣抚司、招讨司、元帅、万户、千户等官，由少数民族首领担任。土司的设置，是唐朝羁縻州县的进一

①《元史》卷 21《成宗纪三》。
②《元史》卷 86《百官志二》。
③《元史》卷 86《百官志二》。
④《元史》卷 91《百官志七》。

步制度化，为明清两朝继承，对巩固祖国统一很有作用。

## 七、明清官制

明（1368 年—1644 年）、清（1636 年—1919 年）时期，我国已进入封建社会后期，专制主义中央集权极端加强及其对社会发展的某些阻碍，在官制中更突出地反映出来。1840 年鸦片战争后的清王朝虽对官制作了些修补厘定，但最终无法挽救封建统治的危机。

明清时期官制的特点之一是废除了丞相制度。明初废丞后，六部直属于皇帝，成为中央主理政务的最高一级权力机关。六部序列是吏、户、礼、兵、刑、工，每部辖四司，户部例外辖十三司，府、院、寺、司是与六部相配合的机构。清代六部之官为满汉复职，通常司官掌印为满员，办事为汉员，而且六部权限小于明代。特点之二是确立了内阁制，明初废丞后，宰相的部分职权为内阁代替。内阁成员为大学士，常为六人，明代冠以四殿（中极殿、建极殿、文化殿、武英殿）二阁（文渊阁、东阁），清代冠以三殿（文华殿、武英殿、保和殿）三阁（体仁阁、文渊阁、东阁）。以文华殿大学士为首辅，当时官分九品十八等，明内阁学士不过正五品，后才有所提高，内阁职责是“献替耳否，奉陈规诲，点检题奏，票拟批答”[①]。清代，内阁虽属百官之首，仍是满汉复职，但权力逊于明朝，清初的政务中心是由满洲亲贵大臣组成的议政王大臣会议。清世宗以后，设军机处，其职责是“掌军国大政，以赞机务”[②]，军机处设军机大臣和军机章京，均为兼职，“军机大臣，惟用亲信”，一切秉承皇帝的意志行事，钦承宸断，表明君主集权达到空前的高度，宰相制度的影响被彻底消除。特点之三是宦官机构完备、庞大且凌驾于政务机构之上。明朝宦官机构称二十四衙门，由十二监四司八局组成，有出使、专征、监军、镇守地方及掌管特务机关等重要权力，特别是司礼监的秉笔太监，有“批红”特权，挟持皇帝权威来推行自己的意图。清代内务府为总管宫廷事务的机关，最高长官为主管内务府大臣；内务府所属有七司三院，还有方渊阁、武英殿、修书处、敬事房等，机构相当庞杂，除大批匠役、军丁、太监不计外，仅内务府官员就达三千余人，超过政务机构六部职官的总数近一倍。

此外，明清还有三公（太师、太傅、太保）和三孤（少师、少傅、少保），合称官保，都是荣誉性虚衔。有通政使、翰林院、詹事府，改御史台为都察院等等。清还设理藩院，专管少数民族事务。

---

①《明史·职官志一》。

②《清史稿·职官志一》。

明清两代，地方行政制度基本相同，府州县以下建制无太多变动，而省一级变动较大，这表明朝廷既要集权于中央，而又要放权于地方，以让其更好地履行职能。明代改行省为承宣布政使司，由承宣布政使司、都指挥使司、提刑按察使司分别掌行政、监察和司法、军事的“三司制度”，三司互不统属，实则将一省的地方军政权力一分为三，三者互相监督和钳制。同时通过督抚加强对地方控制。抚指巡抚，“巡行天下，抚治军民”；督指总督，监督地方军政事务。督抚为中央委派官员，加都察院正官衔，目的是以文臣钳制武臣，协调各省、军及省内三司间的关系，防止互不相属。清代省级行政机构改革是把督抚制制度化，总督兼两省或以上事务的高级地方官，“掌厘治军民，综制文武，察举官吏，修饬封疆”①。巡抚是负责一省工作的首长，“掌宣布德意，抚安齐民，修明政刑，兴革利弊，考核郡吏，会总想以诏废置”②，是名正言顺的地方大使。中央对督抚的控制极严，一切重大政务都必须报告皇帝等候批示。在边区设将军、都统、大臣等官，有吉林将军、盛京将军、黑龙江将军、察哈尔都统、热河都统、伊犁将军、西藏驻藏大臣等，将军、都统、大臣由皇帝从满族贵族中选派，秉承皇帝意旨行事，职权与内地总督相似。在云、贵、川少数民族地区实行改土归流。

省以下分府（州）、县两级，其中州有散州（亦称属州）、直隶州之分，“属州视县，直隶州视府，而品秩相同”③，府、州、县名设知府、知州、知县，下设左官和负责具体事务的官员，对州县境内的一切生产生活、诉讼纠纷、宗教、教育、户籍、保甲负责。县衙内设三班六房吏役，设置分工细，清代沿前朝。

## 第四节　选举制度

原始社会，由于生产力水平低下，生产资料公有，大家集体劳动，部落首领由民主选举产生，所谓“大道之行也，天下为公，选贤与能，讲信修睦”④。原始社会后期，生产力的发展，首领的选举标准发生变化，尧在选举联盟首领时，提出“悉举贵戚及疏选隐者”⑤。这与“天下之公”的原则相冲突，明

①《清史稿·职官志三》。
②《清史稿·职官志三》。
③《明史·职官志四》。
④《礼记·礼运》。
⑤《史记·五帝本纪》。

显地把贵戚即本部落氏族贵族的地位突出出来。司马迁在《史记·五帝本纪》中曾详细记载了舜让尧的儿子丹朱为帝和禹让舜的儿子商均为帝的过程，说明父系家长世袭的传统已影响到首领的选举，本部族势力的大小，已成为竞争联盟首领的重要条件。进入阶级社会，选举制为世袭制所取代。

夏商周三代，官职基本以世袭为主，但为了维持国家机器的正常运转，据《礼记》载，出现了两种选拔人才的方法，一是乡里选举；一是从诸侯向天子贡献的“士”中选拔。

乡里选举由乡选出的“秀士”，由乡大夫交到司徒处，称为“选士”，司徒选中者为“俊士”，也有不经乡、司徒选举而直接投考者，称“造士”。俊士和造士由司马考辨其才能，据其才能由王确定其职位，所受推举或直接报考者都是诸侯各卿大夫的子弟，他们因不是嫡长子而无继承权，但受过教育，且为王室禁卫军中服务过，以此取得入士资格。

贡士由诸侯选拔贡献给天子，故称“贡士”。贡士要经天子考试合格，依其才能才给予官职，有的因才辩出众，而得到爵位封土。

这种选拔制度给无继承权的嫡子和庶子提供了入仕机会，也使国家官僚机构的基础得以扩大。

春秋战国时期，各国相继从世卿世禄制过渡到官僚制，官僚制是建立在“主卖官爵，臣卖智力”[①]的人身依附和雇佣关系的基础上的，这使官吏选拔制度发生了很大变化，当然世卿制在很长时间依然存在。当时选拔制主要有荐举、学校、游说自荐、军功、任子“养士”等选官途径。

荐举初始时提出“君之所审者三。一曰德不当其位，二曰功不当其禄，三曰能不当其官”[②]，作为国家治理的“三本”，以德、功、能作为推荐的标准。战国中期以后，规定朝中大臣和郡县主要长官应定期向君主推荐人才，量以授官，并实行荐举连坐，荐举成为制度。

学校在西周时就已成为选拔人才的途径，许多没有继承权的“士”通过官学取得任官资格。春秋战国时在官学基础上发展起许多私学，致使“士”阶层十分活跃，他们凭借自己的才能和学到的知识四处游说自荐，奔走于诸侯之间，对时局提出自己的分析与对策，如荀况、商鞅、张仪、苏秦、李斯等人，他们以自己的才能和业绩博得重用，并在此基础上奠定了官僚制度。

养士是国君和贵族公子把一批有学问有才士的人供养在自己身旁，国君随时可从这些士中选取适当人才，派任官职。

①《韩非子·外储说右下》。

②《管子·立政》。

因功授官是官僚制度的基本原则之一。因为“功”较易看到，以此为标准能为大多数人所接受。因此“授官、予爵、出禄不以功，是无当也”[①]。功在军事上最好表现，各国多以军功提拔人才为将领，秦商鞅变法后，明确规定军功入仕制度。

世官制在官僚制中的遗存，主要体现在荫及子孙方面。“蒙恬因家世得为秦将”[②]的记载，说明荫子制度确实存在。

秦汉以来至隋，为适应专制主义中央集权的需要，先后建立和发展了以察举、考试为主体的，从荐举、征辟、军功、纳资、任子等为辅助的，多种途径的官吏选拔制度。

察举，亦称荐举，是由汉王朝的三公九卿及地方郡守等高级官吏依据考核，把民间及基层官吏中的德才兼备者推荐给朝廷，由朝廷授予他们一定的官职或提高其官位，是在先秦乡里举荐制度基础上发展起来的选官制度，盛于两汉，衰于南北朝。具体方法是：由皇帝下诏指定举荐的科目，由丞相、诸侯王、公卿和郡国守相按科目要求考察和荐人才，应举者按不同的科目进行考试，考试由皇帝出题策问，或由丞相、御史二府及九卿策试，根据对等成绩分别授官或为郎官候补。到魏晋南北朝时，察举被纳入了受中正制约的范围内，所谓“吏部选用，必下中正”[③]但其品第的高下要由其考试成绩决定，考试成为察举制的特色部分，当时察举经常举行考廉与秀才两科考试，皇帝通过考试，复兴皇权的官僚政治，抑制士族政治，这是隋科举的前身。

察举的科目繁多，有孝廉、茂才、贤良方正、贤良文学、明经、童子、勇猛知兵法科、治剧科、有道科、明阴阳灾异科、尤异科等等。从其性质看，又分常科和特科或特举。常科是经常举行的科目，每年定时由各州郡长官按规定名额向朝廷荐举人才之制，有孝廉、茂才等科；特科是根据皇帝需要临时指定的特别选士科目，有贤良方正、贤良文学、明经、明法、至考、童子等科。

孝廉科：即按照孝子廉吏的标准察举人才的科目，始于汉武帝年间，“初令郡国举孝、廉各一人”[④]，东汉时孝廉便“合为一种”[⑤]，是两汉察举中最受重视的科目。约20万人荐举一人，被荐举的人，选试任一年，能胜任者转为正式官职，若不能胜任即被撤换，而且推举者也要受处罚。由于察孝廉是

---

①《韩非子·外储说右下》。

②《史记·蒙恬列传》。

③《通典·选举》。

④《汉书·武帝纪》。

⑤《文献通考·选举七》。

以“声名”取士，加上察举大权操纵在公卿宰相之手，士人无门第和靠山难以被举荐，在此情况下，经常出现弄虚作假，以致“窃名伪服，浸以流竞，权门贵仕，请谒繁兴”[①]。许多有真才实学者难以被选拔，以至出现“举秀才，不知书；察孝廉，父别居；寒素清白浊如泥，高第良将怯如鸡”[②]的怪事。南北朝时，成为察举的主要科目。

茂才（秀才）科：西汉称秀才，东汉改称茂才，主要是选拔奇才异能之士。设于汉武帝年间，始为特举，东汉改为岁举，与孝廉并称、并举，被举者须是奇才异能之士，若无相当才识与经验者难以应选，故而所举者多授以县令或相当于县令之职。南北朝时是察举主要科目。

贤良方正科：指德才皆优者，始于文帝年间，为汉代察举特科中较常见并最受重视的科目。此科多开在国家遇有日食、地震、奇特星象、瘟疫流行及各种自然灾害之后举行，这是依据董仲舒“天人感应”之说而顺天应人的举措。察举贤良方正，是依皇帝诏令，由诸侯王公卿等高级官吏举荐，被举荐者多为现任博学通经、明达政务的官吏及州郡属吏，察举出的贤良送到朝廷，由皇帝就治国之道、历代兴衰之变或经义问题进行策试，据策试高下，授予官职。

明经科：察举通晓儒经之人才，东汉专置明经科。

明法科（治狱平）：察举明习法律的人。西汉后期定为岁举，此科的开设，在宣扬儒术德志的同时，也强调了法治的重要，给予研习刑法律令者以升迁机会。

童子科：年龄在12岁~16岁，能“博能经典”的可选入童子科，汉初便设此科。察举童子是一种发掘早慧、奖励天下儿童的方法。

察举名目较多，其选官标准归结起来有：“一曰德行高妙，志节清白；二曰学能行修，经中博士；三曰明达法令，足以决疑，能按章复问，文中御史；四曰刚毅多略，遭事不惑，明足以决，才任三辅令；皆有孝悌廉公之行。”[③]举察由地方官府掌握，使地方政府控制了官吏的推举权，于专制主义中央集权统治不利。

征辟：汉代选官的重要方法。征辟分征召和辟举，征召是对有名望的人才，皇帝派专人去聘任，是一种较尊荣的仕途。辟举是按一定科目征用所需人才。

考试：汉代选吏，还实行考试，有对策和太学考试。对策主要是察举贤

①《后汉书·左雄传论》。

②《抱朴子·审举》。

③《后汉书·百官志》。

良方正，是由皇帝亲自主持进行。太学考试是汉代发现人才、选拔人才，充实汉朝官僚队伍的一种选官方法。西汉一年一考，东汉时两年一考。汉代太学考试促进了官僚队伍儒学化，为汉朝提高吏治效能、强化中央集权发挥了重大作用。

荐举：有私人荐举和官府荐举之分。是察举制的补充，带有一定的保举性质，被举荐者犯法，举荐人要负连带责任。

任子：是勋臣子弟依靠父吏的官秩和功劳被保任为官的方法。按规定“吏二千石以上视事满三年，得任同产若子一人为郎”[①]。后发展到任及家人，不限视事三年不限官秩。由于这种选官方式是为照顾官僚们的利益，以换取官僚阶层对现政权的支持，故得以长期任留和发展。一些官宦之家，因累代受任而日益扩大，形成世家门阀。

军功是适用于战时的特殊选官方式，秦在商鞅变法后，即有按军功大小赏给爵位和官职的制度，秦代大多数官吏都是靠军功而得到爵位和官职的。以后各代均有以军功入爵才。“军功多用超等，大者封侯卿大夫，小者郎。”[②]魏晋南北朝时，军功成为寒门入仕而跻身于显宦的重要途径。

计吏：秦汉国郡国的上计吏去中央汇报时，有的被朝廷留任为官，称“计吏拜官”，逐渐成为一种入仕途径，伴随考课制度而形成。

纳资：即用资财和金钱而得官。秦入粟拜爵，开纳资职官的先河，以后各朝在国家财政困难时卖爵卖官，以解财政危机，至清，范围更广，人数也更多，虽缓一时之急，但从体制内部腐蚀当时吏治。

魏晋南北朝时期的分裂，战争频繁，士人流散各地，乡、亭、里地方组织遭破坏，致使察举制难以实行。这时豪强地方垄断政权，形成了势力强大的门阀士族集团，于是权力的再分配，导致选举制度的改革。魏文帝曹丕采用吏部尚书陈群的建议，把曹操“唯才是举”的选官制发展为“九品中正制”，也称九品官人法，是魏晋南北朝时的主要取士制度。做法是：任用“贤有识鉴”的现任朝廷官员，担任本籍州郡的大小“中正”，中正官负责察访与之同籍的士人，了解其家世源流，整理其德才表现，并据此作出简短的总评语。“家世”也称品，本人德才谓之“状”，中正官注明士人“品状”，后评定其等第。等第分为上上、上中、上下、中上、中中、中下、下上、下中、下下等九品，然后按品级向主管选官的吏部推荐。吏部据中正报告，按品授官，名列上品的，可做大官，下品的只能做小官，已授官的，由中正定期负责向吏部建议

①《汉书·哀帝纪》。

②《南齐书·高帝纪下》。

升降。一切决定于中正。这种制度使荐举之责不再属于中央和地方长官，而改由专职举士的中正负责。选用的标准除德行，乡闾清议外，又加了家世、才实的内容，这种行选举制，既是名士望族以“月旦评”，控制士人的方式在国家用人制度中的反映，也是对名士望族的制约，这使九品中正制具有一定的进步性，确实起过选贤使能、唯才是举的积极作用，一度“儒雅并进”。尤其在初始时，许多中正官符合“德充才盛”和“贤有识监”的标准，中正官一般比较认真负责，不负责者受到纠弹，品第人物以才德为主要依据。这样在一定程度上扭转了江汉以来州郡名士操纵舆论、左右荐举和征辟的局面，或多或少地扫除了浮华朋党的歪风邪气。中央对选举权的控制得以加强，国家也得到有用之才。九品中正制初创是选士制度的革新。

但魏晋之际，士族势力日益膨胀，中正官全由士族豪门所把持，他们品评人才多以门第为重，而选用者也是士族，所以“至中正之法行，则评论者自是一人，擢用者自是一人，评论所不许，则司擢者不敢违其言”[①]。“台阁选举，徒寒耳目，九品访人，唯问中正。故据上品者，非公侯之子孙，则当涂之昆弟也[②]。在以门阀士族为统治核心的当时，“上品无寒门，下品无士族”[③]，“公有公门、卿有卿门”[④]，九品中正制成为巩固门阀政治、阻塞寒素人才入仕的工具。再加上“士人皆厚结姻缘，奔驰造请，浸以成俗”，更促使九品中正制日益腐败，九品中正制已不能适应社会发展的需要，迫切需要一切新的选官制来替代它，隋代科举考试应运而生，成为隋代以后各朝的选士制度。

## 第五节　科举制度

隋唐专制主义中央集权制的再度确立，需要庞大的官僚机构，而九品中正制的官员选举制无法适应，加之士族的衰落、庶族地主的兴起，需要一套相应的选举制来满足国家官僚机构的需求和庶族地主进入仕途的愿望，于是隋代在南北朝察举考试的基础上，创立了科举制。

科举即分科取士，是隋以后封建王朝用公开考试的方法来甄别人才高下、

①《文献通考·选举》。
②《晋书·段灼传》。
③《晋书·刘毅传》。
④《晋书·王沈传》。

选取官吏的方法，也是古代选官的一个重大变革，它始于隋朝，完善于唐代，发展于宋元，极盛于明清，于清末被废。

## 一、科举制的兴起和完善

隋文帝废九品中正制，于开皇七年（587 年）设“志行修谨”“清平干济”两科。隋炀帝大业 3 年（607 年）始置“文才秀美”科，即进士科，进士科以考试策问为主，科举制由此生产。科举考试，把录取和任用权完全集中在中央，其录取标准专凭试卷，专重资才，声名德望已不是主要依据，这在一定程度上限制了门阀士族把持选士的局面，为庶族地主参政开辟了道路，扩大了统治阶级的阶级基础，受封建知识分子的热烈拥护，在古代的选仕制度上是一大变革。

隋代的科举制属于开创阶段，并不健全，唐朝积极推行科举制，扩大考试科目，增加考试内容，完善考试程序，使科举选士进一步完善，并作为一种取士制度固定下来，成为以后历代选官的主要制度。

太宗时重振教育，以确保科举取士的质量与数量，同时大力推行科举制，开科取士，实行学校和科举并重的方针；高宗时期，科举考试制度渐趋健全，取士名额有所扩大；武周时，开创科举中的殿试，开设武举，针对考场舞弊之风，实行“糊名”法，并大开制科考试，通过制举，“文策高者特授以美官”，“起家或拜中书舍人、员外郎、次拾遗、补缺”[①]；玄宗时，在京师和地方设崇玄学，并增设道举来选拔精通道家著作的人才，同时规定凡参加科举者，须到中央和地方官学学习。到唐中期，科举制度已发展成一完备的制度。

唐代科举考生来源有“生徒”与“乡贡”两类。“生徒”即官学的学生，可直接报考；“乡贡”即不在官学者，自行向州、县报考，合格后再由州县送尚书省。不论“生徒”或“乡贡”送到尚书省报到后，均要填写姓名履历及具保结（担保人），省试合格后参加吏部复试，合格者可授官，即考试程序为：乡试（州、县考试）、省试（尚书省礼部考试）、吏部复试。

唐代科举有常举和制举两类。考试科目繁多，仅每年举行的常举就有秀才、进士、明经、明法、明字、明算、一史、三史、开元礼、童子、道举、武举等科，其中以进士、明经最为重要，应试者人数较多。

进士科，初考时务策五道，后增加考试贴经和杂文。贴经是考默写经书的能力；杂文是指以规谏、告诫为主题的考试。进士科录取分甲、乙两等，

①《通典·选举三》。

甲等授予九品上之官职，乙等授予从九品下之官职。唐代报考进士者极多，而录取者极少，《通典》载："其进士大抵千人得第者百一二；明经倍之，得第者百十一二。"究其原因，是进士及第者受到重用，甚至位到宰相，录取人数不少，故进士科最难考。

明经科，又可细分为五经、三经、二经、学究一经、三礼[①]、三传等[②]。明经科考儒家经典著作。录取分为四等，分别授予从八品下，正九品上，正九品下，从九品下等官职，明经科考试只要熟读经义注疏就行，对经义也未必真懂，录取比例也大，约每十人中的一二人。故唐有"三十老明经，五十少进士"的谚语。

秀才科，考方略策（计谋策略）五道题，依文理通顺透彻程度分上上、上中、上下、中上四等录取，隋唐均从秀才科为最高，录取人数少，后被中止。

明法科，即法律科，主要考律、令知识。考生来自律学的学生和州县乡贡，录取人数很少。

明字科，也称"明书科"或"书科"。先试贴经，然后口试，最后试策。考生来自书学学生，合格者再经祭酒审定，然后参加省试，省试及第，经吏部铨选后放官，品阶是从九品下。明字科考核的是文字、训诂知识和书法，反映了唐重视书法的风尚。

明算科，即算术科，着重考核算术，要求详明术理。考生来自算学生，算学生学业完成后参加国子监考试，合格者再参加科举省试，及第者吏部铨选后叙任官员为从九品下。

诸史科，即历史科，一史主要考《史记》，三史考《史记》《汉书》《后汉书》。

开元礼科，即礼制科，主要考玄宗开元年间所制的礼仪制度。

童子科，规定凡十岁以下能通一经及《孝经》《论语》的，皆可参加童子科考试，能背十卷的可授官。

道举科，主考《老子》《庄子》等，这是唐注重道家思想，扶持道教势力的反映。

武科，创于武则天统治时，由兵部主持，分平射、武举两种，主要考步射、马枪、马射、负重、语言、身材等。州县考选后，报至兵部再考，每年应试者数百到数千，及第者不过数十人。

制举是由皇帝临时定名目，考试时间及内容都由皇帝临时决定，名目极

---

①《周礼》《仪礼》《礼记》。

②《春秋左氏传》《春秋公羊传》《春秋穀梁传》。

多，有贤良方正、直言极谏、文辞清丽、博学通艺、军谋越众、详明政术可以理人等百十余种。制举是皇帝亲自网罗人才的一种办法，士人和官吏均可参加，考中后，原是官吏的立即升迁，原来不是官吏的，也立即由吏部给予官职，但制举出身的当时并不被视为正途，而看成是“杂色”。

唐代科举与前代选士制度相比较，有三个特点：一是把选拔官吏的权力更有效地由地方世族与地方长官手中集中于中央，加强了中央集权，满足了庶族地主参与政权的强烈愿望，扩大了统治集团的社会基础。二是把读书、应考、授官三者密切联系起来，为封建社会的知识分子打开了获取高官厚禄的门径。三是力图改变选官只重品行、门第，而忽视知识、才能的弊端，它具有一定的客观标准，因而选拔了一些有才干的人。

从政治上看，科举的确立，满足了封建君主专制的政治要求，收到集权于中央、巩固封建统治的效果。官吏选用权收归中央，加强了全国政权的统一；选官有统一标准，想要做官者必须全力适应这些标准，只要认真读书，均有可能入仕，加强了思想统一；庶族地主甚至平民都可以考试入仕，有利于政权稳定，这使科举制在中国封建社会存在1300余年。

从文化教育上看，科举制促进了学校教育的发展。通过科举可入仕，使一般中下层知识分子要求进校读书，推动学校教育的发展；同时科举考试的内容是儒家经典的著作，从学校到社会都重视读书、习文、作诗赋，并研究儒家经典。这对于改变魏晋以来不重教育的风气有积极意义。然科举制也使学校教育成为科举的预备机关，科举考什么，学校便教什么，这不利于选拔和培养有实际能力的人才；同时科举制把读书、应考、做官三件事紧密联系起来，科举成了封建知识分子进入官场的阶梯，禁锢了人们的思想。

## 二、科举制在宋元时的发展

宋朝为防止割据势力再起，便把加强中央集权作为首要的政治任务，宋朝统治者采取各种措施，把政权、军权、财权、司法权等收归中央政府掌握，形成比隋唐时代更进一步的中央集权制，官僚机构也随之膨胀，反映在对官吏的任用上，科举在科目、考试方法等基本沿用唐制的基础上，又有明显的发展。

一是扩大了科举取士的名额。唐进士及第每次不过50人，经常才一二十人。宋朝扩大录取名额，一般总有二三百人，多达五六百人。如端拱元年（988年），礼部已取进士28人，诸科100人，发榜后议论纷纷，太宗又从未录取人中复试，取700余人。宋不仅扩大录取名额，而且还优待考生，最大限度地笼络中小地主及中下层知识分子。

二是确立殿试制度与提高及第者的地位和待遇。殿试，唐武则天时曾举行过，但未成定制。宋太祖开宝六年实行殿试，以后渐成制度。宋太祖说："向者登科名级，多为势家所取，塞孤贫之路。今朕躬亲临试，以不否进退，尽革前弊矣。"[①]很明显地说举行殿试是为避免官僚贵族舞弊。其实殿试还有利于加强中央集权，强化皇帝的权威，由皇帝亲自考试并确立名次，考生只能是"天子门生"，即提高了及第者的身价，也防止了考官和考生之间以"座主"和"门生"的关系而结党营私。殿试成为常制后，便确立了宋科举制的三级考试制度：州试（地方官主持）、省试（礼部主持）、殿试（皇帝主持）。

唐朝科举及第后，只是得到做官资格，还要通过吏部考试之后，优胜者才能授官。宋代科举及第后，不需吏部考试即可授官，名列前茅者，可得高官。宋朝进士分三等：一等进士及第；二等赐进士出身；三等赐同进士出身。如仁宗时代，开科 13 次，每次发榜的前三名共 39 人之中，绝大多数都做高官。据《宋史·宰辅表》载，宋 133 名宰相中，科举出身的文士达 123 名之多，占宰相总数的 92.4%，大于高于唐代，唐代宰相 368 人，进士出身 143 人，占宰相总数的 39%。甚至屡考不中，年过五六十岁的考生，也可奏请皇帝开恩，赏赐出身资格，委派官职，这些人被称为"特奏名"。

三是严密立法，防止作弊。为避免唐代科举考试弊端的发生，宋朝大力提倡科举取士的同时，进一步完善科举，防止作弊。

考试由唐代的一年一次改为三年一次。州试时，通判主持进士科考试，录事参军主持其他各科考试。考官用朱笔阅卷时，回答正确的写"通"，错的批"不"，考官和监考官最后须在试卷末尾签署姓名，如发现州试者有作弊之事，考官与监考官都要受处分。州试录取的考生要将家庭、年龄、籍贯、参加科举次数如实写明，并有 10 人担任，如有违反考规，10 人连坐，并取消考生的考试资格。唐代考官由吏部出任，人员固定，宋代则改由皇帝任命，年年更换，并配有"权知贡"举（副主考官）若干人，使其互相监督，互相制约；如考官有子弟或亲属参考，要回避，称"别头试"。宋代将唐的御史监试之法强化，贡院大门、中门有官监守，并搜索士子衣物，防夹带；如有夹带或耳语等现象，逐出考场，并停止参加科举考试一次；设巡察员，监察考官与考生行迹，叫巡察制；实行"糊名"与"誉录"制度，糊名即把考生的姓名、籍贯等密封起来，故也称"弥封"，"誉录"即为防止考官认识笔迹，派专人将考生试卷另行誉录，这样考官评卷时，不仅不知道考生的姓名，连考

①《续资治通鉴》（卷八）。

生的字迹也无从辨认，以示公平，它对防止考官“徇情取舍”确实起过作用，但对各阶层的知识分子也起了很大的欺骗作用，使他们认为只要埋头读书，作好文章，入仕之途并不遥远，故而甘愿把一生消磨在书堆和科举考试中，可见宋的科举制，方法比唐完善，效果也比唐朝明显。

但宋代科举的作弊现象仍层出不穷，防不胜防，其弊端不可避免。

与宋同时并存的北方辽、金、元少数民族政权，科举制也带有民族统治的色彩。科举制的作用在于笼络汉族地区，居于统治地位的少数贵族入仕则通过其他途径，故而科举规模不大，且多仿宋朝。元朝科举制有些变化，元朝统治期间，其16次进士考试，每次录取名额最多100人，仅两次，少则50人。元代科举分乡试（行省考试）、会试（礼部考试）和御试（殿试）三种。蒙古、色目人考两场，且考试内容较容易，南人考三场，且考试内容较难，考中后蒙古、色目人列一榜，叫“右榜”（蒙古以右为上）；汉人、南人列另一榜，叫“左榜”，派官也以等级次序分派。民族歧视也反映到科举考试上。元代科举制日趋严密，据《元史·选举志》载：除规定可携带书籍外，其余一概不准携带；考生自备三场文卷并草卷，卷首写明籍贯、年龄、祖父三代名字；凡娼优之家及患废疾、犯十恶奸盗之人，不得入试，考生与主考官有五服内亲者，当回避；如发现考试作弊及令人代作者、汉人南人有居父母丧服应举者，不准参加下两届考科；实行试卷弥封糊名、誊录制，各级考试，每名考生遣一士卒监视。除此，贡院内考官、弥封官、对读官、誊录官、监试官、内帘官、外帘官等各司其职，有越轨者治罪。元代科举在考试内容上有重大变化，规定将朱熹的《四书集注》作为考试的解经标准，即把程朱理学纳入科举考试的殿堂，自此朱熹所提倡的《四书》与《五经》并列，成为科举考试出题的范围，明清所沿袭，故元代科举虽不完善发展，但却在唐宋与明清之间起了承前启后的作用。

## 三、科举制的极盛——明清

明清时期科举考试突出进士一科，在沿袭前代的基础上，更加严密和完备。考试分四级完成，即童试、乡试、会试和殿试。

童试即州县级的考试，通过者称“生员”“庠生”，俗称“秀才”。明正统年间，各省设一人专管教育的学官，由学官主持州县考试，故童试又称“院试”。获得秀才资格者才可参加高一级的考试。乡试即省一级的考试，三年举行一次。固定在8月，故又称“秋闱”。每场乡试设主考2人，同考4人，统称为“内帘官”，考官一般由皇帝临时任命；提调官负责行政和总务工作，监试官负责监督，二者统称“外帘官”。乡试在各省省城举行，考三场计9日，通过者称为“举人”，乡试中举称“乙榜”，也叫“乙科”，第一名叫“解元”。会试是中央礼部主持的考试，因在春季举行，故又称“春闱”或“礼闱”。由皇帝任命主考 2 人，同考 8 人负责，后同考增到 20 人，提调官、监试官各 2 人。会试录取名额不限。有时 30 余人，有时多达 400 余人，考中者称“贡士”，第一名叫“会元”，明朝录取名额有南北之分，清代实行“分地而取”的原则，照顾各地区的利益。

殿试也称廷试，会试之后举行，由皇帝亲自主持，只派读卷大臣协助，只试策问一场，考生当场交卷，弥封后送读卷官审阅。参加贡试者均能获取进士资格。殿试结果，出榜分为三甲。一甲三名，赐“进士及第”：分别是“状元”（又称殿元）、“榜眼”“探花”，合称“三鼎甲”。一甲照列在翰林院任职；二甲赐“进士出身”若干人；三甲赐“同进士出身”若干人。二三甲的进士可参加翰林院庶吉士的考试，叫“馆选”，馆选录取后入翰林院学习，三年后补授重要官职，馆选未中的被直接授官。

乡试、会试分别在各省省城和京城贡院进行，考场一字一号，每间号房约 6 尺高、3 尺宽，考试期间，考生经搜身后，携带笔墨、卧具、蜡烛、餐食半夜入号房，吃饭、睡觉、写文章都离不开号房。答卷用墨笔，卷录用朱笔，仍沿用宋的弥封、誊录之法。殿试在太和殿举行。

明清科举制采用排偶文体，即“八股文”，它是一种以四书、五经命题，限制用一定格式、体裁、语言、字数的应考文章，每篇文章由八个部分组成。一是“破题”，说明文章题目的意义与内容，文字简洁含蓄；二是“承题”，承接破题的意义而引申说明，承上启下，作主题的补充；三是“起讲”，即议论开始，因为八股文要“代圣发立言”故而常用“意谓”“若曰”“以为”等字开头，总括全题，以上三个部分也被称为“帽子”，只是说明题意；四是人手，用一两句或三四句引入本题；接下来是“起股”“中股”“后股”“束股”，这四部分是文章的主要部分，每一部分有两股两相比偶的文字，共计八股，所以叫八股文，其文字繁简、声调缓急，都要相对成文。字数约在 300~700 字，不能多或少，违者不录。八股文形式死板，内容空洞，千篇一律，按一定格式和字数填写，要用古代圣贤口吻和思想，毫无发挥余地，故考生预先把书中可作试题写成文章，或请人代写，死记硬背，而对本经一概不知。它把知识分子的视野局限于孔孟之道与朱理学之中，禁锢了人们的思想，阻碍科学文化的发展，实不足取。

清代为广揽人才，于正科之外，增设特科，如“博学鸿词科”等，只考诗赋经史等，不考八股，一些社会上有声望的，一律录取，并以高职。

科举制发展到明清，尽管制度日益严密，规矩也增多，但科举中贪污受贿、弄虚作假的现象十分普遍，如贿买、夹带、传递、顶名、冒籍等，屡见不鲜，科场丑闻层出不穷，反映了封建社会末世的衰落。

清末以来，对科举考试从内容到形式均进行过改革，然积弊已深的科举制、职官制并非一些细枝末节的改革所能挽救的，于1905年，科举制废止。

# 第十章　中国古代天文历法

中国是世界上天文学发展最早的国家之一。由于生产、生活的需要，人们从远古时期便已对天文星象进行观测，经世代连续不断的努力，积累了日益丰富的天文学知识，并逐渐形成了内容丰富、独具风格的天文学体系。天文知识的丰富、历法的形成，成为古代天文学的核心。由于星象家们把星象变异与人间政事相附会，使得中国古代的天文历法独具特色。

## 第一节　中国古代天文知识

“天文”一词，最早见于《周易》。文即“纹”字，是纹理、纹路、纹饰之意。天文实际是指天上的图案，就是由日月星辰乃至云气所构成的种种形象，实质上是人们将天上众多的星星区分成不同的星宿，想象成不同的事物。而天文学，正如《汉书·艺文志》天文序所说：“天文者，序二十八宿，步五星日月，以纪吉凶之象，圣王所以参政。《易》曰：‘观乎天文，以察时变。’”可见，古代天文学是通过序二十八宿，步五星日月来记录人事的吉凶福祸的，甚至能供圣王据以参政。观天文的目的是为了察知时事变化。由此可见，古代的天文知识实际包括了古人对日月星辰的认识观测及占星术，即根据天空各类星象的性质、位置及异常变化来占卜预测地球上的自然灾害及人类社会中政治、军事方面的异常事变的学说和技术。

### 一、古代星象知识——日月五星二十八宿

中国特殊的地理环境及农业文明的特征，使得先民们在原始社会的母系、父系氏族时期便发明了星象说，用以指导人们的生产及各种行为活动，并有一些具有专门知识的人（巫师）在传承和研究星象学。“陶唐代之火正阏伯居

商丘，祀大火，而火纪时焉。”[①]“火正阏伯”是专门观测大火星运行状况的天文官。进入阶级社会后，对星象研究更进一步。商代甲骨卜辞中，使用了干支纪日法，用10干与12支相配，组成60干支来循环记日。干支纪日法既是历法的基础，也是星象学的基础，对星象学的发展有重要意义，表明星象学发展到相当水平。卜辞中还有大量天象记事，并有5次日食记录，28宿中的重要星宿火星、水星在卜辞中均有记载。到周初28宿已基本确定下来,《诗经》中提到定、毕、心、箕、斗、参、昴等星宿名称，加上前代的共11宿已有明确记载。同时对五大行星的观测有更多记载,《诗经》中有“子兴视夜，明星有烂”“东有启明，西有长庚”的句子，这里“明星”“启明”“长庚”均指金星。还有木星（也称岁星）的记载，并创造了一种与岁星纪年相应的“太岁纪年法”。春秋战国时期对日月五星的认识与研究已相当深入，甘德、石申观测到火星、金星的逆行现象，测定了金星和木星的会合周期的长度。这时28宿体系已完备。对异常天象的观测成绩显著，在《春秋》中记载日食37次，其中的33次是确切的；对天琴座流星也有记录，“夏四月辛卯夜，恒星不见，夜中星陨如雨。”[②]还有哈雷彗星的最早记录，“秋七月，有星孛入于北斗。”[③]秦汉时有太阳黑子、新星的记录。对日食的记录，不仅有发生日期，还有食分、方位、亏起方向和初亏、复圆的时刻。对彗星有运行路线、视行快慢及相应时间的记录。同时汉代对宇宙奥妙表现出了浓厚的兴趣，春秋以来的宣夜、盖天、浑天三种论天说形成了完整体系，其中以张衡的浑天说对传统文化的影响最深，张衡认为“浑天如鸡子，天体圆如弹丸，地如鸡子中黄，弧居于天内，天大而地小。天表里有水，天之包地，犹壳之襄黄。天地各乘气而立，载水而浮”[④]。以后各朝的天文学研究多是在汉以前的星象学基础上加以深化，研究程度更深、更细。古代对天上图案的研究在汉以前已基本定型，而融入易学、阴阳五行等观念而对人事政治加以附会的星占术，是在日月五星及三垣二十八宿四象的基础上完成、发展的。

1. 日月运行

我国古代，人们对天象的观测极为精勤。人类观测天象的第一目标是太阳，在山东大文口龙山文化遗址出土的樽上有太阳的陶文。太阳一升一落构成了一个自然的时间周期——一日。

①《左传·襄公九年》。
②《春秋·庄公十年》。
③《春秋·文公十四年》。
④《浑天仪图注》。

人类观测的第二目标是月亮。月亮的圆缺是夜空最显著的天象，有准确的周期性，约 30 天，也是人们最早认识的天象，由此产生了朔望月的概念。朔望月是借相变化来表述的时间周期。月的圆缺在无灯烛的古代十分重要，狩猎、捕鱼、放牧和某些农事活动都可利用月亮进行。朔望月的认识对古代有十分重要的意义。

对农牧业生产十分重要的四时变化的时间周期更长，认识过程相对长一些。最早人们认识到 12 个朔望，季节便重复一次，这就是太阴年。由太阴历而生产 12 地支、12 辰的概念，“冯相氏掌十有二岁，十有二月，十有辰，十日，二十八星之位，辨其叙事，以会天位。科夏致日，春秋致月，以辨四时之叙。”[①]这些数字，是古代天文学中最基本的常数。

对日、月观测的精勤，发现了日食、月食的记载。“乃季秋月朔，辰弗集于房……瞽奏鼓，啬夫逐，庶人走。”[②]这是我国最早的日食记录，它记录了九月初一发生日食时人们惊慌奔走和击鼓的情况，甲骨文中在前 12~14 世纪能够确定的日月食分别是四五次。随着人类星象知识的丰富，人们知道日食在朔，是月亮相掩太阳缘故，“日蚀者，日往蔽之。”[③]月食则在望，“月望，日夺其兴，阴不可以乘阳也。”[④]同时对太阳黑子和日、月食时同时伴随发生的现象日珥、日冕有观测。正因为古代对太阳、月亮的运动规律与相互关系认识得十分清楚，故在东汉，天文历法家已用日、月食推算来验证历法的准确性。

### 2．五大行星

在繁杂的星空中，有五颗星星很亮，而且在天空的相对位置时常发生变化。这就是先民在星象观测中发现的五星，先秦五星称为“岁星（木)、荧惑（金)、镇星或填星（土)、太白（金）与辰星（水)。岁星自西向东在恒星间移行，12 年一周天，而当时一周天被分为 12 次，正好一年行一次，用它以纪岁；荧惑星光度变化大，运行的形态错综复杂，足以惑人；镇星或填星，约 28 年移行一周天，大体与 28 宿的数目相同，就像每年轮流坐镇或填充 28 宿一样；太白光耀夺目，为众星中之最白者；辰星距太阳最近，从地球上看，仿佛总在太阳两边摆动，离太阳不超过一辰（30 度)。这些行星的命名，反映了先秦人民对五星有一定的认识，同时也可看出，五星的命名，至迟当与 12

①《周礼 · 春官》。
②《尚书 · 尧典》。
③《五经通谘》。
④《淮南子 · 说山训》。

次、12 辰、28 宿的形成在同一时代，即春秋战国时期。后来五行学说盛行，将金木水火土五元素分别配在五星之上，成为现在我们所熟知的名称。

五大行星中，水、金、火三星行动飘忽，木星和土星移动较慢，因此对这两大行星的运动规律的测定较早。通过观测，发现木星的周期是 12 年，比真正的恒星周期长 0.14 年，误差很小。战国时，五星的运行现象被星占家们把它与世间的治乱祸福相联系，司马迁则用大量观测事实证明五星运行与天下治乱无关。与此同时，人们对五星运行的现象及行星亮度的变化也有一定认识，石申、甘德等人把五星亮度分为四类：喜、怒、芒、角，并分别作了说明："润济和顺为喜"，"光芒隆谓之怒"，"光五寸以内为芒"，"光一尺以内为角，岁星七寸以上谓之角"[①]。此后对五星亮度的变化便沿用这四个名词加以描述。

古代星象记载中还有彗星、流星等记载。彗星在中国传统文化中的影响非常深远。古代民间称彗星为扫帚星，史书称孛星、拂星、扫星等，它是一种较罕见的天象，古人很早便注意到它。"鲁文公十四年（前 613 年）秋七月，有星孛于北斗"[②]，这是关于彗星的最早记录。由于它出现的方位和形状各异，所取名也不同，如《史记·天官书》里把在东北发现的叫天棓，东南发现的叫彗星，西北发现的叫天欃，西南方发现的叫天枪。在民间彗星常使人们感到恐慌，以致认为彗星的出现是战争、饥荒、洪水、瘟疫等灾难的预兆。

### 3．三垣二十八宿

由于对星空的不断观测，人们逐渐将天空中的星星分为若干群，并用想象中的线把星星联结起来，想象成各种事物的图形，并加以命名，这便是星官。早期的星官名称，多是生产生活中常接触的事物所命名，如箕、斗、船、车、织女等。到七世纪末王希明编《丹元子步天歌》，集前代命名之大成，将天空分为三个大区，即三垣二十八宿，成为中国传统天文学一重要特征，而二十八宿说法至迟在春秋已存在。

所谓垣、宿，都是星次的意思。垣星为大区域，宿星是小区域。三垣是紫微垣、太微垣、天市垣。三垣星围绕着北极和比较靠近头顶天空的星象，分为紫微、太微、天市 3 区，各区都有东西两藩的星，围成垣墙样，故称垣。

28 宿是沿天球黄、赤道带，将其临近天区划分成 28 区域的恒星区划系统，是我国古代天文学的重大创造。它把全天连续通过南中天的恒星分为 28 群，

---

①《开元占经》（卷六十四）。

②《春秋・文公十四年》。

各以一个名字来命名，即：角、亢、氐、房、心、尾、箕、斗、牛、女、虚、危、室、壁、奎、娄、胃、昴、毕、觜、参、井、鬼、柳、星、张、翼、轸。它们像太阳、月亮的行官，随运行时间的变化，古人可据太阳在28宿的位置，推算出一年的季节。至迟在春秋作为一个完整的系统已形成。28宿系统的建立，为日月五星及若干天象发生位置的确定提供了一个统一的和定量化的背景和依据，因为太阳、月亮在恒星之间比其他星球距地球近，故而成为人们最重要的观测对象，在观测日月及四时变化时，自然与28宿相联系，“二十八宿为日月舍，犹地有邮亭，为长吏廨矣！”①这使历法制定离不开它，农业生产同样离不开它。

28宿又分四大星区，用动物命名，称四象，即东苍龙、北玄武、西白虎、南朱雀。它把28宿按次序分4组，每组7宿，分别与4个地平方位、4种颜色、4种动物形象相匹配，叫四象，分别是：

东方苍龙（或青龙）：角、亢、氐、房、心、尾、箕7宿，青色，括46个星座，300余颗星，围成的形象似一苍龙。

北方玄武（即龟蛇）：斗、牛、女、虚、危、室、壁7宿，黑色，共65个星座，800余颗星，组成蛇与龟的形象。

西方白虎：奎、娄、胃、昴、毕、觜、参7宿，白色，共54个星座，700余颗星，组成白虎图案。

南方朱雀：井、鬼、柳、星、张、翼、轸7宿，红色，即赤色的凤凰，与长蛇座口相一致，共42个星座，500多颗星，在南方7宿中央有轩辕及太微众星，是指示南方的主星。

## 二、传统星占术

星占术是根据天空各类星象的性质、位置及异常变化来占卜预测地球上的自然灾害及人类社会中政治、军事方面的异常事变的学说和技术。其内容包括利用对天、日、月、五星、二十八宿、流星、客星、杂星、彗星等星象的异变的观测来占卜预测人类社会各种异常事变。例如占星术观测一种叫“天裂”的天空现象的变异，这本是一自然现象，但星占给予它不同的解释和意义，“天开见光，流血滂滂。”②天开即天裂，流血滂滂，即是流血很多，人世将出现大屠杀和战争。同时星占术不仅观测记载天空星象的异常变化，在预测未来的事变中，还有一套相应的阐释理论。例如“天裂”预示兵变战乱，

① 王充：《论衡》。
②《京氏易妖占》。

按星占术理论，就是因为宇宙天地间的阳气不足而阴气太盛的缘故。天、君主属阳气类，而地、大臣属阴气类，阳气不足而阴气太盛，天便会裂，表示君主势弱而被后妃或大臣欺凌。古代人认为天地人为一体，都是在阴阳二气运动变化主宰之下，故而天与人的事变均属于一个道理。

古人对天象的观察之所以表现出异乎寻常的重视，就其起源来说，是为农牧业生产服务的。为了确定生产的季节气候而制定历法，最重要的依据是天象，其次是物候。同时古人认为天地万物有神，而人类对自己命运无法把握，众神对人类活动有主宰力量，由此认为天象的任何变化都预示着祸福凶吉。为预测人事，人们对许多与历法制定无关的天象如日月食、变星、彗星等加倍注意，称之为“天变”。一旦发现“天变”，人们便惊恐不安，要采取许多祭祀禳祓等活动以解除灾难。星占术的思想便是源于原始社会，泛滥于战国秦汉之际的天人感应思想。

春秋战国时，随着星象学的发展，星占术也产生、发展。由于星占是利用奇异天象及日月五星在恒星背景中运行的状况占卜，只有天文知识发展到一定程度星占才可能产生；同时春秋战国时期社会的动荡不安，人们更信天命、星占。司马迁在《史记·天官书》中记述了这一现象：“秦、楚、吴、越，夷狄也，为强伯。田氏篡齐，三家分晋，并为战国。争于攻取，兵鞭起，域邑数屠，因以饥馑病疫焦苦，臣主共忧患，共察讥祥候星尤急。”

星占中，先把恒星命名与地上的皇权制度联系起来，为了配合根据行星、月亮等运动的占卜，又把太阳、月亮及五星视运动所在的范围（即黄带附近），按中国所有的州或诸侯国分为几等份，互相对应起来，这便是分野，有按 28 宿分配的，有按 12 次分配的，有按五星分配的。通过分配，天上日月五星的运动就与地上列国的命运相联系。根据日、月、五星在恒星座称上的运行方位确定凶吉。

担任过太史令的司马迁，总结了汉以前的天文资料，在《史记·天官书》中记下 558 颗星，创造了司马氏星官体系，奠定我国星官命名的基础。

太白（金星）占：太白属西方，主秋，日当庚辛，主杀，以它所在的分野卜所当之国的吉凶。太白星大约一岁行一周天。一个周期，凡出入东西方各 5 次，共历 8 年，即 2 920 日，再与“营室”同于清晨出现东方，开始下一周期。始出时距地高，则用兵深入吉，不然凶；距地低，则深入凶，不然吉。用兵应依循太白，太白行得快，军队也当疾行，反之亦然。星有芒角，则军士敢战；星动摇而轻躁；则军队也轻躁，星圆而稳静，则军队也稳静。顺星角所指而行军则吉，反之则凶，星出则出兵，星入则收兵。太白颜色多变，在太白伏行时出兵，则兵有灾殃。太白与列星相犯，则有小战；五星相犯，则有大战。出现于东边为德，行事尚左且顺着太白则吉，出于西边为刑，行事尚右且背太白之行则吉，若反过来则都凶。“亢宿”是天上的外庙，也即是太白庙。太白是大臣，号上公。

岁星（木星）占：为东方木之精，主春，日当甲乙。有失义之国，其惩罚就出于岁星。岁星运动有赢有缩，以它所在的星宿占卜与此星宿分野相应的国：岁星所在星宿分野相应的国家，不可去讨伐，而这个国家可征伐他国。岁星运行有一定的路线和所属星宿，如行至某宿，当居而不居，或虽在却不左右摇动，还有不当离去却离去，以及在那儿与别的星相会，那星宿分野所当国有凶；停留太久，那国定有深厚的德威。若岁星形状各有变异，角的闪动变化大，那所出现国度不可兴事用兵，如与太白相遇，所当国有破败的军队。

辰星（水星）占：辰属北方水，为太阳的精气，主冬，日当壬癸。若刑罚失中，则有惩罚出于辰星，即呈现在它的不规则运行上，以它所在的宿位卜分野所当的国家。由于辰星接近太阳，以辰星所在的宿位推测太阳宿位而判定四季，应出现时而不出现是失时，主追兵在外而不战。一季不出，当季天下不和；四季不出，天下将大饥荒。其颜色，若春青黄，夏赤白，秋青白，则当年有丰收；若冬季黄而不明，即使再改变颜色，那一季也将百物不生。春季不见辰星，将有大风，秋天无收成；夏季不见，将 60 日干旱，且有日蚀；秋季不见，有兵乱，来春草木不生；冬季不见，半阴雨 60 日，有流离失所，来夏万物不长。

荧惑（火星）占：为南方火之精，主夏，日当丙丁。有失礼之国，便会现不规则的荧惑的运行以示惩罚，其规则是：出现则有兵乱，隐没则兵解，以它所在的分野卜那相应国家的吉凶，荧惑代表了悖乱、伤残、贼害、疾病、死丧、饥馑、兵灾等。“心宿”是天上的明堂，也是荧惑的庙。

填星（土星）占：起于“南斗”，岁镇一宿，28 岁一周天，因此观察它与“南斗”的会合以定位，填星为中央土之精，主季夏，日当请查，中央帝为黄帝，主德，是女主的象征。填星一岁坐镇一宿，它所居那一宿分野所当的国家吉。其另一名字叫地候，主年岁丰歉。其运行若赢，则为王者不得安宁；若缩，则军队出战将无法安返。其色黄，有九道芒角，音中黄钟之官，它失次超过二三宿的称为赢，所当的国君将亡，否则就会有大水；失次迟过二三宿的称缩，所当的国家王后有悲戚，这年将亡而不复，否则会天崩地动。

《开元占经》，又称《大唐开元占经》，是我国古代星占和天文学的主要著作，唐人瞿昙悉达撰，记述了五星犯 28 宿的诸多内容。例如：太白犯西方七宿：犯奎，则大水横流，兵变西方；犯娄，则其政和平，国家有喜庆之事；

犯胃，则有刀刃之灾，万物不成；犯昴，则干旱大暑，民多疾病；犯毕，则大战难以胜，将军在外凶；犯觜，则万物不生长，大臣谋乱；犯参，则天下发兵征战，迎战大胜。

## 第二节　中国古代历法知识

历法是识别节气、记载时日、确定时间计算标准等的方法。它的内容是说明每月的日数如何分配，一年中月的安排和闰日、闰月等的规则以及节气的安排等等。

伴随着人类对日月四季的认识及对星象观测的进一步深入，历法产生并得到发展，同时统治者对星象与人间政事的附会和历法的编制也渗入人文的因素，构成中国传统历法的一大特点。

### 一、中国古代历法的起源和发展

古代的历法，要安排好年、月、日的配合，须正确地定出冬至的时刻，使每月初一是朔日，并安排闰月用以调整各个回归年中相差的日子，安排好一年中的24节气，还要预报日、月食的来临等等。

人类在生产与生活实践中，从太阳的东升西落、月亮的盈亏，得到日月的概念；从植物的生衰消长、开花落叶以及寒暑侵袭等现象，得到年的概念，并对各种各样的自然现象的演变规律有了一定认识，氏族首领便在此基础上授民以时。进入阶级社会后，历代帝王以组织制定历法并颁布历法作为皇权的象征，于是更注重对太阳、月亮在天空中的运动规律，并认识和测量恒星，通过对星象知识的不断丰富，相应地制定出了历法。从最早的历法《夏小政》到殷商时期的阴阳历，春秋战国的四分历，秦代的颛顼历到清代的《崇祯历书》，我国共使用过60余种历法，较著名的有10余种。

《夏小政》原是《大戴礼记》中的一篇，是目前我国所知的流传下来最早的历法。它载有一年12个月中各月份的气候、天象、气象和农事等内容，集物候历、观象授时法和初始历法于一身。相传是夏代使用的历法。

商周以后，便使用阴阳历。阳历主要以太阳运动为根据，以一个回归年，即太阳从春分点运行到下一年的春分点为一年。从春开始，然后顺着四季生产，而尽于冬春之交，考察星象，订定历法，建立五行生克的理论，发明阴阳消长的道理，整齐每年的余分置闰。现通用的公历就是阳历。其特征是，年的长短依据天象，以地球绕太阳一周（365. 24219 日）为一年，平均长度约等于回归年（365. 2422 日）。置闰的法则以公元纪年为标准，被 4 除尽的年为闰年。月的长短是人为规定，与月相盈亏无关。

阴历则主要以月亮运动为依据，以一个朔望，即以月亮从合朔（月亮位于太阳和地球的正中间）到下一个合朔为一个月。12 个朔望共有 354 天，比一个回归年少 11.2 天。古代以回归年为一年，朔望月为一月。其日子的相差数隔若干年添加一个闰月来弥补。阳历的年和阴历的月相结合，叫阴阳合历。

春秋战国时是我国古代奴隶制向封建制过渡的社会大变革时代，生产力的发展促使包括科学技术在内的古代文化的长足进步，天文观测与描述由定性向定量转变，对二十八宿、恒星区划命名及五星的观测、计算更加准确。人们用土圭测量了日影最短的一天来定出冬至日，对月球与太阳运行周期的差异加以调整，得出一年共 365 又 $\frac{1}{4}$ 天。用 365 日作为一年，每 4 年需增加一日为 366 天，故而此历法叫四分历法。12 个月中，以 29 天为小月，30 天为大月，一大一小相间，每隔二到三年，插入一个闰月来补充 12 个月与一年间的差数。同时用 19 个回归年加进 7 个闰月的办法来制历，叫十九年七闰。二者关系日益规整、系统，它标志着阴阳历的明确、完整，在我国使用 300 年后，希腊人才发现此方法。可以说，早在 2600 年前，我国便在一定程度上掌握了编制历法的科学规律。这时 28 宿、五星位置的推算及 24 节气是历法的组成部分。

前 221 年秦始皇的颛顼历和前 104 年汉武帝的太初历是最早的可考定内容的历法。太初历经西汉末年刘歆改造成三统历，而成为我国现存第一部完整的历法，它以实测历元为历算的起始点，实元封七年十一月甲子朔旦冬至夜半为历元，其实测精度较高；仍以十九年七闰为闰周，但对 19 年中 7 个闰月的具体设置，首先发明了以不包括中气的月份定为闰月的方法。该法不但较好地调节了回归年与朔望之间的关系，而且还把冬至、大寒、雨水等 12 个中气与 11 月、12 月、正月等月序一一对应起来，形成固定不变的关系，从而方便了生产季节的推算和运动；太初历首次引进交食周期（指原先相继出现的日月交食又一次相继出现的时间间隔）和食年（指太阳相继两次通过一个黄金交点的时间间隔）两个天文学概念，并定出明确数据；还定出比战国时精确的五星会合周期，正确建立了五星合周期和五星恒星周期之间的数量关系。它所定出的五星在一个会合周期内的动态表，是我国古代保存最早、最完整的动态表。但太初历所采用的回归年和朔望月长度的精确度不如四分历。

东汉末年的刘洪，在 20 多年的研究中发现一年的长度并非是一个整数，而且还在缓慢地变化着，一个回归年 365 日，余下尾数 1/4 日，仅是个近似数，时间一长便有误差，于是在其乾象历（184 年）中定出 365. 2468 日的新值；还肯定了月亮运动不均匀性的认识，用月亮的实际运动来修正以平均运动所得的朔、望日期（称“平朔”），可以更准确地定出合朔的日子（称“定朔”）和计算日、月食。

晋代的虞喜观测到冬至点（或春分点）在天球黄道上自东向西移动，这便是“岁差”现象。测定太阳在冬至（或春分）那天的准确位置（即冬至点或春分点）的工作是古代历法的重要工作。虞喜通过计算得知：每经 50 年冬至点沿赤道向西移动一度的数值，这是古代经由特殊的途径独立地得到的第一个岁差值。祖冲之于 463 年撰成的大明历，把岁差概念引入历法，他测得冬至点在斗 15。由于我国古代历法在计算日月五星位置时，是以冬至太阳所在恒星的位置作为基准点的，所以岁差概念和数值的引进，使这一基准点的位置得以较好的校正，从而使日月星位置推算的准确度得以根本保证。大明历取回归年长度为 365. 2428 日，误差仅 46 秒[①]；在回归年和朔望月长度精确的基础上，选定了 391 年 144 闰的新闰周，这是古代的最佳闰周；还定出了交点月（月亮相继两次通过同一个黄白交点的时间隔）长度值；27. 2122 日，误差仅 1 秒，已达相当高的精度水平。[②]

北魏、北齐的天文学家张子信，经 30 多年在海岛上的研究，发现了太阳运动不均匀、五星运动不均以及食差现象。隋代刘焯于 604 年定皇极历，把张子信的三大发现引入历法，并成功地解决了三大发现的具体计算和合理应用问题。他进一步用二次内插法来校正太阳和月亮运动造成的不均匀性，改革了节气的计算方法，把原来将一个回归年的日子分成 24 等分的平气，在这些相等的日子里，因太阳不等速运动，其运行路程不相等的情况，改革为把黄道平分为 24 等分，太阳每走同样长短的一段轨道，就叫一年节气。各节气之间的日子并不相等，而太阳行走的距离是相等的，叫定气。冬至前后，太阳在黄道上运行较快，一个节气只有 14 天多，夏至前后，运行得慢，一个节气近 16 天。这对准确地预报日、月食关系很大。

唐代僧一行于 727 年作大衍历，其编次结构合理，逻辑严密，体例完整，成为后世历法体例的楷模。从其内容上看，对太阳运动的不均匀性进行新的描述，发现了不等间距二次差内插法，建立了更准确的定气计算方法，同时对五星运动规律进行了新的探索和描述，确立了五星运动近日点的新概念，

① 陈美东：《论我国古代年月长度的测定》，《科技史文集》（第 10 辑）。
② 陈美东：《论我国古代年月长度的测定》，《科技史文集》（第 10 辑）。

明确进行了五星近日点黄经的测算工作；他又测定了全国十三处地方的北极出地高度，能更好地推算各地日、月食见食的食分。

辽宋金时，科学的进步，历法编制得也很多。沈括曾建议用固定节气的日子来编历，性质已同现代阳历相仿。姚舜辅的纪元历（1106 年）创立测金星定太阳位置的方法，同时得出一食年长度为 346. 6199 日，与理论值之差仅 7 秒，是我国古代得到的最佳交食周期值。[①]杨忠辅的统天历（1199 年）测算了回归年长度为 365.2425 日，误差仅 22 秒，是当时世界上最佳数差值[②]。同时指出回归年的长度是变化着的。他在设立历元时不用所谓元积年。长期以来，定一个甲子夜半朔旦冬至的日子作历元总是上推到数十万年甚至数千万年以前，叫上元积年。他最先改革这一陋习，元授时历完全取消。

元代郭守敬在进行大量天文观测的基础上，获得了切实可靠的一手材料，编订了授时历。授时历废止了上元积年法，而以实测历元取代之，即它以 1281 年为历算的起始年份，这一年的各历法要素，如冬至时刻和平朔、月亮、过近点和降交点、五星平合等等，都由实测而得，并分别令其为有关历法问题计算的起始点。废除了古代用分数来表示小数的办法，而用万分法取代，创用了十进位小数。对日月五星运动不均匀改正的计算方法，授时历明确运用三次差内插法，比欧洲早 4 个世纪。同时还提出黄道宿度变换、白赤道宿度变换和太阳视赤纬计算的数学公式，测定黄赤交角（黄轨道面同地球赤道平面的交角）23°90′30″，是历史上最精密的。郭守敬还组织了遍及全国的日影测量和北极出地高度测量。这使授时历成为古代最优良的日历，使用 360 余年，为我国古代传统历法的最高峰。明代大统历承袭此历，直到明末徐光启编《崇祯历书》，清代改用西法。

## 二、中国传统历法的几个基本概念

### 1. 干支

即天干、地支，是我国古代用以计时的一套专门的序数系统，也是古人用于记录年月日时的 10 天干与 12 地支的合称，至迟商代已用干支记日。由甲乙丙丁戊己庚辛壬癸为 10 天干，子丑寅卯辰巳午未申酉戌亥为 12 地支。干支按顺序两两相配，至 60 循环一周，称一个甲子。干支的命名本为“干枝”，即以树木枝干纵横扶疏的状态来形容 10 干和 12 支的相配，表明是一个纵横

---

① 杜石然等:《中国科学技术史稿》(下)　1982 年科技出版社。

②《新仪象法要》。

有序的整体。同时也由于 10 干与 12 支分别来自对日、月活动特点的认识，日为太阳，月为太阴，古人以天为阳、地为阴，故而自然以 10 干配天、12 支配地而称“天干地支”。

干支记地主要用在记年、记月、记日、记时辰等。

60 甲子中最早的用法是记日，在卜辞中，几乎每一片甲骨都有干支纪日，既简单又准确，不论大月、小月、闰年、平年，总以 60 循环一周的方法依次记下去。

从战国起以太岁纪年，太岁又称阴岁、太阴，是人们设想中的一个理想天体。它在天穹上自东向西均匀运行，与传统的 12 辰方向一致，每 12 年运行一周天，每年运行一辰，人们便以太岁所在的辰来纪年，这是太岁纪年法。到汉代，历法家们为了纪年的准确便利，以 10 干来配 12 辰，组成 60 个年名，即干支相配的 60 甲子。东汉时，干支纪年以政府命名的形式颁行全国，直到近代。

古人很早就有“月健”的概念，即把子丑寅卯等 12 支与 12 月份相配，以冬至所在月为子月，然后类推。

以干支记时辰自汉代已实行。做法是将一昼夜划分为 12 个时段，再配以 12 地支名。这是古人根据一日间太阳出没的自然规律、天色的变化以及自己的日常生产活动、生活习惯归纳总结而得出的一种把昼夜分为 12时段的历法。

干支配合可用来记年、月、日、时，干支纪年，其方法是把每一年配上一个天干和一个地支，天干在上，地支在下，按干支的顺序依次向下排列。天干第一位甲与地支第一位子相配便是甲子，这一个就是甲子年。从甲子年开始天干和地支相配合，每年不同，天干往复排列 6 次，地支往复排列 5 次，共得 60 年，便是一周或一个甲子。古代历法，计年月日时皆由甲子开始，一年分 12 个月，一日分 12 个时辰，每逢 5 年有 60 个月，5 天有 60 个时辰。

2. 农历

又称“阴历”，是我国长期使用的日历。中国古代历法是阴阳合历，它既重视月相盈亏的变化，又照顾寒暑节气，年月长度都依据天象而定。历月的平均值大致等于朔望月（平均 29.5 日），大月 30 日，小月 29 日，每月以月相为起讫，朔为始，望为中，晦为终。历年的平均值大致等于回归年（回归年长 365. 2422 日）平太阳日 365 日 5 时 48 分 46 秒，平年 12 个月，全年 354 或 355 日，比回归平年平均少 10 月 21 秒，需每 3 年一闰，5 年再闰，19 年 7 闰，闰年 13 个月全年 384 或 385 日。24 四节气对农业生产有重要意义，也称为农历，它起源于阴阳历。节气表示四节寒暑变化的时期，但节气是根据太阳在黄道上的位置而决定的，应属于阴阳历中的阳历部分，从科学角度看，把旧历叫做“农历”是不恰当的。由于“农历”在我国历史悠久，各族共同使用，众多民俗增多与农历及其24节令密切相关，“年中行事”，均以农历来确定岁时、岁事、时节、月令、时令的。

3．二十四节气

我国民间传统节令。古人根据太阳在黄道上的位置（黄经）变化和地面气候演变次序，将全年划分为24个段落，每段约隔半月，分在12个月里，有立春、惊蛰、清明、立夏、芒种、小暑、立秋、白露、寒露、立冬、大雪、小寒12个节气及雨水、春分、谷雨、小满、夏至、大暑、处暑、秋分、霜降、小雪、冬至、大寒12个中气，统称24节气。与农业气候密切相关，是先民为适应天时的总结，它综合了天文与物候、农业与气象的经验，是农历的重要组成部分，是祖先在历法上的独创之举。

从先秦时“土圭”测日影，定二分二至到秦的8个节气（二分二至四立），至汉代已形成完整的24节气。24节气各有含义，大多与农业生产相关，例如24节气之首的立春，表示春季开始，气温回升，草木复苏，农村开始准备春耕。惊蛰，表示天气转暖，冬眠动物出土，渐有雷鸣。华中有“过了惊蛰节，春耕不停歇”的农谚。昼夜几乎等长的春分，越冬作为进入生长期。华中有“春分麦起厚，一刻值千金”之谚。谷雨有“雨生百谷”之意。民间有谚“要得棉，谷雨前”。作为夏季开始的立夏，是农作物生长旺盛、田间管理繁忙之时。有“立夏三朝遍地锄”的农谚和“立夏不下雨，犁耙高挂起”的占卜丰歉的农谚，等等。

4．“朔”

日月的黄道经度相同的时刻叫朔。月亮绕地球转动的速度不均匀，其速度变化周期叫一个近月点，太阳周年初运动速度也不均匀，其变化周期直到明末以前一直认为就是一个回归年。由于日、月运动的不均匀，连续两次朔望之间的时间也不相等，于是只能通过长期观察统计而得一个相对稳定的平均数，这一平均数就是一个朔望月。

## 三、中国古代历法中的人文因素

星象的变化与人间政事的附会，致使以星象观测为基础而编订的中国古代历法亦不可避免地渗入了人文因素而独具特色。

民间信星命之说，星宿家们根据黄道上六大星的运行来划分吉日，这便是所谓黄道吉日。这六大星是青龙、明堂、金匮、天德、玉常、司命，六星值时的日子，诸事皆宜，不避凶恶，为黄道吉日。星宿家认为，六大星辰，得之为吉，不得为次，悖之为凶。凶神值日，自然凡事不取；凡破大耗之日，则为大凶。喜、丧、庆、典自然要挑办事吉利的黄道吉日。

周代，“告朔”（即颁布朔日）是一种权力的象征，故历代王朝对新的颁布看得很重要。同时，各朝代为维护自身统治地位，要借助各种规章制度，来规范政治经济和社会生活，要配合天象、民情、习俗、数理等各种形式来编制历书，因此历书成了具有特殊功能的工具，因是皇帝授命所订，又称皇历，清代以后封面多用黄色，又称黄历。历书编制在各朝代均为官方所把持。以清代为例，历法编纂以实行、政权、礼制为基本标准，不仅限于记载农时、节气、春种秋收之类，还包括集星相学、历算书及江湖术士的所谓五行、阴阳、吉凶、福祸、命运、婚配、住宅、坟地等内容，几乎成了民间各种活动的行为规范和指南。这与最早的皇帝颁布历书的初衷大相径庭。

# 第十一章　中国文化中的自然科学创造

纵观中国几千年的文化发展史，可以自豪地看到，中国古代的科学技术成就是极其光辉灿烂的，在一个相当长的历史时期中一直居于世界领先的地位。中国古代科学和技术方面所取得的成就是多方面的，这些成就几乎遍及科技领域的各个方面，从数学、物理、化学、天文、地理、生物以及医学等学科到建筑、冶金、纺织、机械、造船、航海、造纸、印刷、陶瓷等技术领域，无不有着相当突出的成就，对于整个人类文明的发展做出了杰出的贡献。

## 第一节　中国古代科技体系的基本特征

在众多领域和学科取得辉煌成就的中国古代科技，虽内容各异，但在成就取得的过程中却具有共同的或相似的思维方式和动因，在对科学技术的探求中出现这种一致，由此可反映出中国古代科技体系的一些基本特征。

### 一、实用传统

在长达 2000 多年的封建社会里，中国古代科学技术的发展从未脱离社会生产的实践和社会的需要，具有讲究实际以及和生产活动密切联系的特点。难以计数的具有高超工艺水平的发明创造，在中国文化的人文传统和务实精神的影响下都鲜明地体现着实用性特点。

中国是以农业立国，物质生产方式的主体是农业自然经济，社会组织以宗法制度和专制政体为基本形态，从“农业—宗法”社会的土壤上生长出来的伦理型的中国文化是以人为中心，社会伦理与人事实际的思考成为首要问题，因而是面向现实、重视人生的。古代哲学中不懈追求“天人合一”的境界，强调天与人的和谐，实则把人类社会的伦理原则赋之于天，强调人与自然的协调，社会的稳定，人性化的“天”仍然是为人服务的。这种以人为本的精神造就了中国人重实际而黜玄想的务实精神，在价值和行为取向上则注重实际，因此，在科学技术领域里实用理性充分体现。

发明创造的实用与否，其标准取决于统治阶级，可以说古代科技领域中实用性的表现“绝对地以国家的实用为主”。中国文化产生、发展在中国形成一个统一的多民族中央集权国家的社会背景下，伴随着大一统的历史进程，封建专制统治日益强化，科学技术的实用就首先表现为是为统治阶级服务的。

中国古代天文学非常发达，早在夏、商时代就有许多天象记录，更有后来张衡等天文学家的出现以及天文学理论体系和发明创造如浑天仪的出现，但对天文的观测与研究并不是对宇宙奥秘的理性探索，而是出于占星和历法的需要。天象的变化被认为预示着统治阶级的吉凶，历法则与农业生产密切相关，统治者重视天文历法，“敬授民时”，是出于维护封建国家的经济基础的考虑。又如和农业生产休戚相关的水利工程，历代统治者十分重视。以都江堰、郑国渠、灵渠、大运河为例，这些浩大工程的实施，需要各门学科和技术的综合运用，同时也促进了各门学科知识和技术的发展。这些水利工程对发展农业生产起到了重要作用，但要为重要的是，这些水利工程的实施，为统一的中央集权的统治模式，实现大一统政治，维护统治秩序创造了有利条件。可见，科学技术已不仅仅是出于经济活动本身的直接需要，而是为统治阶级服务。

总之，以人为本的伦理型文化表现出积极入世的求实精神，关心和提倡社会整体的物质利益和幸福，科学技术首先就服务于现实生产生活的需要，同时与统治阶级利益密切相关的技术往往得到统治阶级的大力扶持，基于这些原因，我国古代的实用技术高度发达，居于世界领先地位。

## 二、整合思维

重视整体利益的维护，以整体为思考单位，从而达到和谐状态，是中国文化基本精神的一种表现。要达到和谐的目的，就必须在价值取向、思维方式、心理品质等方面认同整体观念，并外化为一种具体的行为，这种思想反映在科学技术领域，就体现为整合思维机制。

中国哲学孜孜追求人与人的和谐、人与自然的和谐，把天、地、人看作统一的整体，以“人与天地万物为一体”“天人合一”为最高境界。这在伦理道德上，就表现为顾全大局、维护整体利益的价值取向；反映在群体与个体的关系上，就以维护社会安定、群体协调为宗旨，以群体利益作个体利益的参照，要求每个社会成员通过自身道德修养与实践提升思想境界，把个体融入群体，个人的价值必须以群体的价值为转移，个体价值成为以维护社会整体利益为特征的自我道德价值，把人与自然、社会的统一纳入个体的道德、人格自我完善的过程中。集体利益至上，“以天下为己任”就是这种价值和行为取向的集中表现。

注重整体、从整体出发考察问题的整体观念赖以生存发展的社会基础是农业—宗法“制”的社会背景，中国古代是以个体小农生产的自然经济为基本经济结构，由于与封建专制主义的政治统治有机结合，因而具有极强的稳定性和强大的制约性，把分散的个体农民用土地加以牢牢束缚，通过家庭、宗族加以控制，最终认同封建政权，被纳入封建社会的整体之中，而自给自足的自然经济也必然要求个体通过群体实现自身的存在，才能使个体的价值在群体中得以实现。因此，在宗法观念下，个人被重重包围在群体之中，首先考虑的是个人的责任和义务，以及个体在群体中所扮演的角色，从而完成个体融入群体的转化。

在中国科学技术的发明创造中有着深刻影响的整合思维机制，表现为重视综合、归纳，重视从整体上把握事物的全局和规律，注重事物的内部结构、功能以及相互间的联系，在研究具体事物时，总是把它纳入一个包容着这个具体事物的更大的环境体系中进行考察。以作为中国文化宝贵遗产的中医学为例来看，其最具整合思维的典型性。中医学的理论基础是用中国古代盛行的阴阳五行学说，来说明人体的生理现象和病理变化，阐明其间的关系，并将生理、病理、论断、用药、治疗、预防等有机结合起来，形成一个整体观念的理论体系。中医学以人体为对象，把人看作自然界整体的一部分，把人体放在自然界整体运动和广阔的动态平衡中进行研究。因此，中医学非常重视疾病与人体自身精神状况、生活状况以及外部环境的关系，在治疗时强调“治病必求于本”[①]；同时，把人体本身看作是一个有机整体，把各脏腑、经络、气血、津液等紧密联系在一起进行全面的考察。这些理论和原则，用现代科学观点和方法进行分析，也是非常准确深刻而具有积极意义的。

中国古代天文学的成就，是源于对“天道”的探求，因为“天道”影响、规范着人道，左右着人间世事，关联着年成的丰歉，预示着吉凶祸福和社会治乱，所以对天象的观测和研究不是出于认识了解宇宙奥秘的需要，而是它关系着国家社稷的安危，古代天文学才由此备受重视，而大规模有组织的天象观测和数学的成果相结合，就最终服务于历法的改进，以至形成一门综合性的“历算之学”。天文历法，密切相关，两者又相统一于为农业生产服务的

①《素问·阴阳应象》。

范畴之内，农事也就置于天地人的宇宙大系统之内，注重天时、地宜、人力相结合来探索农业生产的发展途径。

注重整体观念的整合思维机制，反映出中国文化所受到的认识了解客观外部世界时的原始自然观念的影响，也构筑了中国古代科学技术的理论体系和模式，由此创造出了举世赞叹的科学技术成就。

## 第二节　中国古代的科学技术创造

中国古代科学技术的发明、创造，无论是数量还是质量，在古代世界都是无与伦比的，它对整个人类的文明与发展做出了巨大的贡献。英国科学史家贝尔纳说，中国“许多世纪以来，一直是人类文明和科学的巨大中心之一”[①]。英国著名学者李约瑟也指出：“中国在公元三世纪到十三世纪之间保持一个西方所望尘莫及的科学知识水平。”[②]由于中国古代的科技成就举不胜举，在此仅对中国古代的天文学、数学、医学成就以及四大发明作一些简要的介绍。

### 一、数学

数学很早就在我国萌芽。奴隶社会时期，农业、手工业的发展，商品交换的扩大以及防治洪水和开挖沟渠、建筑城市和宫殿、测量土地、编制适合农时的历法等，都需要数学知识和计算技能，因而数学知识在这一时期获得了较大的进步。远在商代以前，中国就已采用了“十进位值制”记数法，从商代的陶文和甲骨卜辞中已有很多计数文字，其形状经后世不断变化，但记数方法却未中断，并不断沿袭，日趋完善。十进位值制的记数法是古代世界中最先进、科学的记数法，对世界科学和文化的发展有着不可估量的作用。正如李约瑟所说：“如果没有这种十进位制，就不可能出现我们现在这个统一化的世界了。”

在计算数学方面，中国在商周时期已有四则运算，到春秋战国时整数和分数的四则运算已很完备。出现于春秋时期的正整数乘法歌诀“九九歌”，成为数学的普及和发展最基本的基础之一，一直延续至今。在这一时期，发明了“算筹”进行计算。“筹”是一些粗细、长短相同的小竹棍或木棍，通过算

---

① 贝尔纳：《历史上的科学》“为中文译本写的序”。

② 李约瑟：《中国科学技术史》（卷一），第3页。

筹的摆列，进行加减乘除以至开平方、开立方等运算，称之为“筹算”。

基于这种基础，中国古代数学以长于计算为特征，并逐步形成了以算筹为计算工具，具有自己独特风格的数学体系的形成，而《九章算术》是这一体系形成的重要标志。《九章算术》成书于公元一世纪中叶，是集战国和秦汉数学成就之大全的著名古代数学著作。该书共分九章，以应用题集形式写成，共收入实际生产生活中的数学问题 246 个进行解答。《九章算术》不仅形成了独具特色的数学体系，而且其数学水平处于当时世界的先进行列，如“方程”章中已引入了负数的概念，并已产生和运用了正、负数的加减法则，远远地早于印度和欧洲。以《九章算术》为代表的中国数学体系，其特点是以解决社会实际问题为主要目的，以算筹为主要计算工具，以十进位值制的记数方法进行运算，包括算术、代数、几何等内容。这个数学体系不断充实和发展，逐步走向高峰，创造出更新的成就。三国时刘徽利用为《九章算术》作注的形式，不仅对《九章算术》的大部分算法一一给出了理论上的论证，同时还创立了“割圆术”的新方法，求得圆周率为 3.1416，成为当时世界上最精确的圆周率数据。南朝的祖冲之在此基础上更进一步，求得的圆周率在 3.1415926 到 3.1415927 之间，这一结果远远走在当时世界的前列，直到 1000 年后，阿拉伯数学家和法国数学家才得出更精确的数据。宋元时期是中国数学发展的高峰，出现了秦九韶、李治、杨辉、朱世杰四大数学家，他们解三次方程的方法、高阶等差级数求和、联立一次同余式等成就，把中国古代以筹算为主要计算工具的传统数学推向了新的高度。

相比较而言，在实际生活中遇到几何问题，是用算术代数方法进行解答，在一定程度上就限制了中国古代几何学的发展。但《墨经》中所提出的圆、直、点、线、面、体、平行等各种命题和概念，勾股定理及其应用，制图工具规、矩的普遍使用，也都反映了中国古代在几何学方面取得了相当的成就。

尽管取得了很高的成就，但中国古代数学未能发展为一门独立的学科，只是天文、农业、赋税、商业的附庸。数学偏重于解题和运算技巧，数学思维及理论的逻辑严密性则被忽略，使数学未能上升到理性化的高度，这是中国古代数学的重大缺陷。

## 二、医学

中国古代的医学拥有自己的理论、方法和内容，形成一个完善的科学体系。

中医学体系是以中国古代盛行的阴阳五行学说为理论基础，其内容包括以脏腑、经络、气血、津液为基础的生理、病理学，以望、闻、问、切“四诊法”进行诊断而后施治的治疗学以及药物学、方剂学、针灸治疗学，此外还有推拿、气功、导引等独特的治疗方法。这个体系创立于春秋战国时期，早期以《内经》《伤寒论》《神农本草经》等著作为代表，经不断发展完善，成为中国古代文化中珍贵的遗产。

中医学把人体看做是自然界整体的一部分，不是孤立地研究人体，而是把人体放在自然界整体运动和广阔的动态平衡之中进行研究。在治疗中把握住疾病的原因和本质，针对不同的情况进行辨证施治，把人体看做一个有机整体，不是简单、孤立地研究疾病症候，而是进行全面的考察。这种医学理论正是中国文化中注重整体观念的表现。

据《史记》记载，战国时名医扁鹊已能通过脉诊确定病人的病情，对症下药，说明脉诊在当时已被掌握，而脉诊的应用则表明中国古代已在一定程度上掌握了脉象与身体各部分的关系的知识，即关于心脏、血液与血管关系等解剖生理学方面的知识，用现代医学的观点来看，也是具有充分的科学依据的。在外科学方面，中医坚持了整体观念，既重视体表疾病的局部表现，更重视患者肌体的内在变化，而且能够进行复杂的外科手术，“刮骨疗伤”就是一例。麻醉药物的发明，是中医外科的又一重大成就，据《后汉书》记载，东汉名医华佗已在外科手术中应用了麻沸散，这是世界上最早发明使用的麻醉药。

针灸是中国独创的一种治疗方法，起源于新石器时代，周代以后逐渐形成为一项专门的治疗方法。其理论基础是经络学说。在长沙马王堆汉墓出土的周代古医书籍中，有《足臂十一脉灸经》《阴阳十一脉灸经》等帛书，反映了当时经络学说已确立。在《黄帝内经》中，又进一步把人体的主要经脉总结为十二条，并对每条经脉的运行部位以及经脉和疾病、治疗的关系进行了总结。针灸疗法早在汉唐时就已外传，至今仍受到重视和欢迎。

在药物学方面，中药在药物的自然属性和在人体内的治疗作用的基础上，总结出一套独特的理论，并形成了独特的制药、用药方法。中国古代关于药物学的专著很多，“药王”孙思邈著有《千金方》《新修本草》，是第一部由国家编定和颁布的药典，明代李时珍的《本草纲目》堪称古代世界的药物大全，流传于世界，被誉为“东方医学巨典”。

### 三、机械制造

中国古代在机械制造方面的创造发明，是中国古代科学技术运用的综合体现，也是古代科技成就的重要表现。在机械制造的各个方面，如风力、水力机械及齿轮传动系统，中国古代都有众多创造发明，其匠心独运的精巧构思、巧夺天工的设计制造，无不蕴含着高度的智慧结晶和高超的工艺水平。在此仅介绍几例突出的机械发明。

1. 指南车

又称司南车，相传为黄帝所作，实际上是在西汉时出现。《西京杂记》记载："司南车，驾四，中道。"东汉的张衡、三国时马均都制造过指南车，以后历代史书都有关于指南车的记载。《宋书·礼志五》中说："其制如鼓车，设木人于车上，举手指南。车虽回转，所指不移。"在宋代以前，各种记载都过于简略。

《宋史·舆服志一》对指南车的大小、规格、型制以及内部的齿轮结构、大小和齿数有着非常详细的记录。根据这些记载，可以对指南车有一个大致的了解：指南车车身是一辕双轮车，车厢为重立结构，上立一木人，引臂指南，车厢内设有一套可自动离合的齿轮传动机构。当车子行进中偏离正南方向时，左右两侧的齿轮就根据左右转向而相应放落，与车轮相连齿轮咬合，而车轮的转动能带动木人下方的大齿轮转动，使车辆转弯时木人手臂仍指南方。当车子向正前方前进时，车轮与齿轮传动系统是分离的，因此木人手臂所指的方向不受车轮转动的影响。无论车辆行驶方向如何，木人所指方向总是正南，指引着方向。

2. 地动仪

东汉著名天文学家张衡于公元 132 年发明，是世界上第一部观测地震的仪器，李约瑟称之为"地震仪的鼻祖"。地动仪"以精铜铸成，圆径八尺，合盖隆起，形似酒樽"。内部构造精巧，中间为"都挂"，周围分"八道"，按八个方向装置八组机械，外部八个方向各设一条口含铜珠的龙，龙头下有一只张口向上的蟾蜍。一旦发生地震，"都挂"因震动触动地震方向的机关，使这一方向的龙口张开，使铜珠落入蟾蜍口中，就能测到何时、何方发生了地震。据记载，地动仪成功记录到公元 138 年甘肃发生的一次强烈地震，证明了地动仪的准确性和可靠性。

3. 走马灯

大约为唐代发明。《全唐诗》崔液《上元夜六首》之二有云："神灯佛火百轮张，刻像图形七宝装。影里如闻金口说，空中似散玉毫光"；宋范成大《石湖居士诗集》中记载"转影骑纵横"，都生动地描绘了走马灯的形状。走马灯的构造是在一根立轴上部横装一个斜翼系统和叶轮，立轴下端附近安装一盏灯或蜡烛，点燃之后，上方空气受热膨胀，密度降低，热空气上升，冷空气由下方进入补充，产生空气对流，从而推动叶轮旋转，并带动与立轴相连的各种图像转动。走马灯的制作原理，与现代燃汽机一致，可称为燃汽机的始祖。但遗憾的是这项发明仅仅被当作玩物，未能进一步深入研究，用于实际生产。

## 四、四大发明

造纸术、指南针、印刷术、火药这四大发明是中国古代科学技术最杰出的成就。造纸术的发明为人类提供了质地优良、方便而又经济的书写材料，极大地促进了人类文化的保存、传播、延续和发展。印刷术、指南针和火药的西传，则成为促进欧洲近代文艺复兴和科学革命的有力杠杆。英国著名科学家、哲学家培根评价说："它们改变了世界上事物的全部面貌和状态，又从而产生了无数的变化，看来没有一个帝国，没有一个宗教，没有一个显赫人物，对人类事业曾经比这些机械的发现施展了更大的威力和影响。"

四大发明主要是属于技术创造的范畴，可以说是服务于国家政治活动的"实用性"产物。纸张、指南针和印刷术，作为统一的国家社会中的通讯工具而产生，火药的发明与古代炼丹术有关，但作为一种实用技术应用于社会，仍然是出于统一的国家政治活动的需要。在中国大一统的历史进程中，加速了这四大发明的产生与发展，并对世界历史产生了深刻的影响。

### 1. 造纸术

史籍中关于造纸最早的记载见于《后汉书·蔡伦传》，因而据此认为东汉的蔡伦是纸的发明者。随着考古的不断发现，证明纸是在西汉时发明，蔡伦并非首创，但蔡伦对造纸技术的贡献是巨大的。

蔡伦总结了前人造纸的经验，用树皮、麻头、破布、烂渔网为原料，造出一种经济实用又轻便的纸。公元 105 年，蔡伦把制成的纸献给汉和帝，大受赞赏，这种纸因蔡伦被封侯而称为"蔡侯纸"。蔡侯纸的出现，在造纸术的发展历史上影响深远，不仅对从前的造纸技术进行了重大改革，而且开拓了造纸原料的新领域，蔡伦首创了用树皮作为造纸的新原料，这是造纸技术上的一项重大的技术革命，既为纸的制造开辟了一个更加广阔的原料来源，又促进了纸的产量和质量的提高。正是由于蔡伦的贡献，为人们提供了廉价、优质、适于书写的纸张，从而使纸张的应用得到普及和推广，并引起了书写材料的变革，标志着纸张开始取代竹帛的关键性转折。

自蔡伦以后，中国的造纸术持续发展，人们一方面不断地开拓着新的造纸原料，一方面在工艺技术上不断地进行着改进，使纸的品质越来越高，品种越来越多样。

造纸术的发明与发展，对人类文化的保存和传播、普及和提高产生了不可估量的影响，有力地推动了人类文明发展的进程。

### 2. 指南针

中国是世界上最早发现磁铁指极性的国家。大约在战国时期，人们就利用磁铁的指极性发明了磁性指向仪器“司南”。东汉王充曾说：“司南之杓，投之于地，其柢指南。”①“司南”是用天然磁铁磨制成杓状之物，放在光滑的罗经盘表面，杓柄就会指向南方。

从司南到指南针，经历了一个漫长的演进过程。大约到宋代，发明了人工磁化法，使针磁化以代替笨重的天然磁石。北宋沈括所著《梦溪笔谈》对指南针有了明确记载，指出指南针是方家（堪舆家）首先发明和使用的，用的是“磁石磨针锋”的人工磁化方法制成，并且记述了水浮、置指甲上、置碗唇上和悬丝等四种指南针的装置方法以及各种方法的长处和缺陷，使人们对当时的指南针有较清晰的认识。记载中所说的指南针“常微偏东”，说明当时已注意到地磁偏角的情况。

公元 11 世纪，指南针已被用于航海，郑和下西洋时，指南针发挥了重要作用。公元 12 世纪，指南针传入阿拉伯，后来又传入欧洲，对欧洲新航路的开辟和地理大发现以及由此促进欧洲资产阶级革命全面爆发产生了不可估量的影响。

指南针的发明和广泛应用，对发展海上交通贸易、促进中外文化交流起到了极为重要的促进作用。当然，也应该注意到，指南针在中国古代更多的是用于观测风水阴阳的占卜之事。

### 3. 印刷术

由于廉价优质纸张的大量生产，为印刷术的出现提供了必要的物质条件，而刻印、印石以及染织上的镂版印花技术，则为印刷术准备了技术条件，因此随着社会文明的发展，印刷术诞生了。中国古代印刷术的发展，可分为两个阶段，一个是雕版印刷术，一个是活字印刷术。

雕版印刷，渊源于古老的印章和石刻，据记载隋代已有雕刻佛经的雕版。到了唐后期，雕版印刷在社会上更盛行，人们由于政治活动和日常生活的需

① 王充：《论衡 · 是应篇》。

要，常用印刷佛经、日历书、阴阳杂说等。现存最早的雕版实物是公元 868 年（唐咸通九年）所印的《金刚经》。雕版印刷到了五代时，更被用来印刷大量的儒家经典而“广颁天下”。

活字印刷术是北宋庆历年间（1041 年—1048 年）毕昇发明。他用胶泥刻成单字，火烧令坚，另置一铁板，上敷松脂、蜡和纸灰合成的药品，用时把字镶入铁板，以火烤药熔后，用平板把字压平，冷却即可用墨印刷，不用时可将铁板上的字拆下。活字印刷是雕版印刷技术的重大革新，活字印刷工艺简单，使用和保存方便，工效又高，克服了雕版印刷费工费时、用材浪费、工效低、雕版用后保存不便等缺陷，把印刷技术推进到一个新的发展阶段。此后，除了泥活字外，元代又出现了木活字，明代出现了铜活字、锡活字。印刷术在唐时传入朝鲜、日本和波斯，后又经波斯传至埃及和欧洲。

印刷术的发明对于文化的传播和发展起着重大的促进作用，也是中国文化对世界文化的一大贡献。印刷术的出现，使人们的文化生活普遍得到提高，而其西传，也启迪和推动了世界的精神文明。

#### 4. 火药

火药的发明起源于炼丹术。唐代的炼丹家已在炼丹实践中认识到，硫黄、硝石、碳混合在一起，遇火后会引起燃烧或爆炸，这三种药物的混合物就是初始的黑火药。初期的火药简单粗糙，威力不大，主要是利用其燃烧性来加强燃烧的效力。大约在唐朝末期，火药开始在军事上应用。

宋代兵弱，为了提高战斗力，不断设法改进武器装备。由于火药的威力较铁兵器具有更大的杀伤力，因而受到特别的重视，火药的质量和火药武器得到较快的发展。在战争中，金、元也都掌握了火药和火器的制造方法，并有所改进和发展，而且火炮、火箭、火球、霹雳炮等火药武器也在交战中得到使用。

北宋曾公亮主编的《武经总要》，其中记载了火药的几种配方，并总结了一些火器的名称和用法。宋元时期火药武器上的一个重大成就，是管状火器的出现，这是火器史上的划时代成就，后世的枪炮就是在这种基础上发展起来的。另一突出成就是火箭的出现，利用火药燃烧产生的推力把箭镞发射出去，大大提高了箭镞的射程，这是现代火箭的始祖。

元朝时，随着元军的远征以及中外交通贸易的发展，火药和火药武器分别由海路传至阿拉伯，陆路传至欧洲。火药的发明，改变着战争的方式、规模和破坏力，在世界兵器史和军事史上引发了重大的变革，同时也推动着人类文明的进步。

## 第三节 中国近代科技发展迟滞的原因

中国古代科学技术的辉煌成就在一个相当长的历史时期中一直居于世界领先的地位，令举世赞叹，对于整个世界的文明进程做出过杰出的贡献。然而，进入近代以来，面对西方蓬勃发展的近代科技，中国科学技术的发展却停滞不前，与时代的潮流越离越远，最终被西方所超越。近代中国的屈辱，也正是因为在与西方的对抗和碰撞中的这种差距而付出的惨重代价。

有时人们这样认为：中国科学只是在近代才落后于西方，而西方科学水平也似乎是一夜之间就赶超上中国。实际情况当然不是这样。领先与赶超，实际上是中国与西方的科学技术在不同的社会历史条件下沿着各自不同的发展道路和模式运行发展的必然结果的反映。

科学不等于技术，技术也不等同于科学。技术属于应用的范畴，是关于工具、物质产品以及它们被用来达到实际目的的方式的知识，可以从经验积累中摸索出来，而科学则是对于自然现象各方面的规律进行系统的研究，不仅要有精密的工具和方法，还必须有精确的理论说明。中国古代的科学技术水平主要是以技术水平来体现的，虽达到很高的水平，却缺乏严密完整的理论思想与体系。西方文化孕育了探索自然规律的科学思想，近代以后，这种科学思想与技术结合，产生了近代工业，使西方科学技术水平有了一个质的飞跃，而此时的中国科学仍旧停留在技术的层次，未能上升为具有严密理论的科学。

中西科学技术发展的不同轨迹，反映出各自社会背景、价值取向、思维模式等的差异，这正是各自社会结构和文化结构的迥异而导致。因此，通过对照比较，对中国近代科技发展迟滞的原因应纳入到深层次的社会、文化结构中进行考察。

于此，从总体上归纳出以下几个方面的原因加以探讨。

### 一、传统科技思维的局限

在长达2000余年的封建社会里，中国古代科学技术的发展从未脱离社会生产的实践和社会政治活动的需要，具有讲究实际以及和生产活动密切联系的特点，体现着鲜明的实用传统。这种特征促使中国古代的科学技术水平主要是以技术水平来体现，中国古代科技所取得的众多发明创造和高超的工艺水平表现为实用技术成果。同时，这种特征也造成了中国古代科技忽视理论探讨，缺乏系统严密的理论论证体系，而往往出现“知其然不知其所以然”的缺陷，虽然在技术成果中孕育着许多科学原理，却始终未能上升为近代的科学，也阻碍了技术的进一步发展。

中国古代数学尽管取得了很高的成就，但也是以解决实际问题而著称。数学偏重于解题和运算技巧，它的发展主要是运算技巧越来越高超，而研究的对象基本是社会现实生活，尤其是政治、经济生活中的具体问题，以《九章算术》为代表的中国数学体系以实用性、有效性构成了评价数学成果的主要标准，而数学思维及理论的严密性和一致性则被忽略，这种重运用而轻视理论的发展倾向，使数学本身没有加以很好地抽象、提高，使其更具理性化的程度。

天文学的成果也是直接用于历法的修订和指导农业生产，因而必然导致其技术化的发展，虽然天文学留下了关于天象的十分丰富的记录，但却没有进一步规律性的研究。天文学还被认为与国家政治活动密切联系，天象变化预示着政治统治的吉凶与走向，因此天文学还出现了政治化的倾向，许多大规模天文观测活动由国家组织，许多天文学家本身就是政府官吏，历代政权都设置专门机构和人员从事天象观测，“天人感应”论成为这种发展走向的依据。人们运用天文、历法、星象、气象等知识，在政治上发挥了强大的功能，但也把天文学局限于政治的领域之内，使之不能发展为纯粹的科技体系。

这种重实用、轻理论的传统科技思维，使天文学、数学等学科知识终未能摆脱对技术活动的依附而独立发展，反而沦为政治活动、农业、商业的附庸，再加之缺乏浑厚的理论积淀，使中国古代的科学和技术难以进一步发展并产生近代科技思想和成果。

中国古代科技成果主要表现为技术，技术属于应用的范围，往往是通过经验的积累而获得。中国古代偏重于直觉思维，在认识事物、分析现象时往往从日常生活的经验出发，凭直觉办事。这种思维方法是建立在经验基础之上，不是运用严密的逻辑推理和系统的认识论来认识事物，就使认识过程不够严密，对对象的认识模糊而不明晰，其结论当然令人难以信服。仍以数学为例。中国传统数学思维重运算不重论证，虽然在计算的水平和方法上遥遥领先，但不加明确严格定义和忽视逻辑推理，严重妨碍了数学公理化演绎体系的建立。数学发展的规律表明，当运算水平、计算理论发展到一定程度，获得大量具体的计算方法后，需要通过逻辑推理、概括，才能有所突破和发展。西方古代数学的形式化、公理化，不仅有力地推动了数字各分支的成长，也促进了各门学科以及民族思维素质的发展，成为近代科学出现的基础。中国数学则没有发展到这一高度的内在条件。

以实用技术为主体内容的中国古代科技曾达到了很高的水平，其成果涉及各个领域，但仍然是靠一点一滴的经验积累。当中国古代科技客观上需要进行理论总结和升华，从而在更高的层次上向前发展时，传统科技思维却无法提供充分的逻辑思维方法。中国的传统文化中并非没有理论思维，战国时墨家在诸子百家中独树一帜，比较重视功利，重视知识，墨家在逻辑思维和自然科学方面的贡献尤为突出，墨家经典《墨经》是推理证明式，易导致理性探索。墨辩逻辑被称为体系完整，首尾一贯。梁启超这样评价："于名理披析，皆极细密。今世伦理学之重要问题，略具矣。"[①]墨家的思想离开了单纯的技术层次，表现出一种理论倾向，产生了从具体事物中抽象出概念的科学方法。然而，随着统一的封建国家的形成，讲求"义利之辩"的儒家思想成为封建社会的统治思想，墨家因其政治主张不符合当时社会发展的要求而走向消沉，此后，这一类型的科学思想就再未出现。

中国传统科技思维注重整体观念，重视综合、归纳，重视从整体上把握事物的全局和规律，并以此为出发点和归宿去认识了解事物。这种整体直观的思维方式，充满了朴素的辩证法，看到了认识对象的广泛联系，但也忽略了对局部、个体内部深层结构的深入探究，即使得到一些规律性的认识，也是一种笼统的、普遍性的原则，从而导致认识结果的模糊性和不准确性。这种思维机制自然也不重视实证和分析，仅满足于用朴素的对立统一观念来泛泛地解释一切，沈括在《梦溪笔谈》中所记载的实验科学也就只能是一种萌芽。而科学实验方法是近代自然科学赖以发展的必要条件，爱因斯坦指出："西方科学的发展是以两个伟大成就为基础，那就是希腊哲学家发明形式逻辑体系和通过系统实验发现有可能找出因果关系。"近代自然科学就是在这两者结合的基础上发展起来的。很显然，这正是中国古代科技发展中最欠缺之处。

## 二、传统观念的束缚

生长于"农业—宗法"社会基础之上的中国文化是以人为中心的伦理型文化。中国文化的传统观念重视人，追求人与自然、人与社会的和谐发展。

---

①《梁任公近著第一辑》(下卷)，第 191 页。

人是“万物之灵”，是衡量宇宙万物的尺度，人对自身的认识和改造是置于人的一切活动的首位，自然不能离开人而存在，人改造自然的物质活动，包括科学技术的创造发明，都是服从于人对自身的改造。在这种思想观念的支配下，对自然界的研究当然不可能成为人的首要任务。

对人与自然、人与社会和谐发展的追求，是通过伦理道德来实现的。传统的天人合一思想，强调了天人之间的统一性与合理性，把人的伦理道德和情感贯注于天，使天成为人们实现道德理想的手段，把协调人际关系的行为准则和价值尺度的伦理道德原则，上升为世界本体，从而成为自然、人、社会共同遵循的普遍原则。人的价值、生命的意识都被放在一定的伦理关系之中方能实现，人也必须遵循相应的道德规范，才能实现人生目标。这样一来，认识的对象和主体发生了转化，对外部世界的认识首先取决于人对自身道德观念的反省和道德践履，把道德实现提到至高的地位。这种思想观念将人们的视野局限于社会历史甚至只是道德领域，注重道德理性的发展而忽视了对自然界的认识，表现出重人伦轻自然的学术倾向，妨碍了人们对自然科学的研究。古代社会常把工艺钻研和器物制造蔑称为“雕虫小技”，就是这种观念的表现。

中国古代思想家往往以“代圣贤立言”为标榜，以圣贤之是非为标准，从不质疑。随着封建大一统的确立，儒学逐步取得正统地位，儒家经典备受重视，形成了不加思辨理解认识的经学。汉代儒学独尊，经学更为昌盛，儒生们埋首苦读只是为了注解前人思想。至宋明，经学态度发展更甚。朱熹曾说：“曾经圣人乎，议论安敢到？”这种流于经学态度的思想观念影响深远，形成了一种因循守旧、不思创新的思想作风，阻碍了创造性思维的发展。

中国传统文化忽视对自然科学的探究，最集中地体现为重道轻器传统观念的影响。它表现在义与利、社会与自然、名与身、主体与客体的关系上。

在义利关系上，表现为重义轻利，生与义二者不可得兼时，舍生而取义；在社会与自然关系上，重社会，轻自然。伦理本位的原则，道德至上的价值取向，把人们的思维重心和实践活动限制在社会历史领域。特别是汉代确立了重宗法人伦的儒学为主导思想后，三纲五常成为人们言行的价值标准，对外部世界的认识首先来自于人内心的道德修养；在名与身的关系上，重名轻身，道德判断成为人们认识事物、鉴别价值的根本原则。在主客体关系上，重视对主体道德修养而忽视对客体的探求与改造，把人束缚于特定的关系之中，通过个体道德修养而恪守规范，从而维持特定的关系和群体的存在与发展。

重道轻器思想，是重精神而轻物质，重义理把握而轻器物制造，使人们轻视自然，蔑弃技艺，从而阻碍了科学技术的发展。近代中国落后被动，科技发展缓慢，这也是一个重要的思想原因。

## 三、封建制度的制约

中国封建社会漫长的历史发展进程，根深蒂固的自然经济基础，登峰造极的中央集权专制统治，在曾经创造了高度繁荣的封建政治、经济、文化的同时，也制约着科学技术的进一步发展。

自给自足的自然经济是中国封建社会长期赖以存在的主要经济基础和支柱，它把人们牢牢地束缚在土地之上，缺少商品的交换流通机制，愈是其稳固而至僵化时，生产力发展速度愈是缓慢。产生于明清之际的资本主义萌芽在此基础上只能是萌芽，难于挣脱封建生产关系的枷锁而健康地发展。科学技术的发展和社会生产需要是紧密联系的，社会生产力的发展不仅为科学技术的产生提供了前提条件，而且使它的发展成为可能，由生产力迅猛发展而产生的强大社会需要，对科学技术的发展起到了相当重大的推动作用。中国由于自给自足的小农经济的束缚，制约了生产力的发展，扼杀了资本主义的萌芽，从而使自己的科学技术越来越停滞不前。

中国封建社会的发展进程，也是中央集权的专制统治空前强化的过程，中国由此形成了一个以君主为中心，以知识分子为主体的庞大官僚政治体制。知识分子以协助政务、治理国家为己任，“学而优则仕”成为最有发展前途的人生道路选择。知识分子从事科学技术工作，并非出于探索自然界奥秘的动机，而是为了入仕做官，以服务服从于政治需要为目的，在实质上，他们是轻视科学技术，视科学技术为末技，注重的是苦修“内圣外王”之功，经史治国，最终实现“修齐治平”。在人才选拔机制上，通过科举制度操纵控制知识分子为封建政治服务，而经学盛行，八股取士则使人们思维和认识趋于僵化，在这样的社会背景下，探索大自然奥秘的独立科学思想和科学精神没有也不可能在中国形成。

中国以农业立国，封建统治阶级主要依靠地租、赋税和封建特权来满足其骄奢淫逸的生活，而不必像西方资产阶级那样靠发展生产和商业利润来满足自己的要求，因此，工商业和科学技术的发展都不受重视甚至被摧残。历代封建统治者都不断强化自给自足的自然经济基础，表现在措施上，就是奉行重本抑末、重农抑商的政策，把农民禁锢于土地之上，视一切非官方科学技术成就为异端而严加禁止，从而也产生了“焚书坑儒”、大举“文字狱”等文化惨祸的怪异现象。这种保守、封闭、专制的思想氛围，对科学技术的发展无疑有着极大的扼制作用。

此外，在漫长的封建社会中，封建统治者滋生了妄自尊大、闭塞保守的心态，以至于近代不知科技为何物，自然也就漠视中外的科技文化交流。明清两代都奉行“闭关自守”的政策，政策上关闭了中外科技文化交流的大门，使中国文化与科学技术无法在交流中汲取更多的新的营养而获得新生。

# 第十二章　中西传统文化之比较

人类历史上曾出现过众多的文明形态，岁月沧桑，只有中国文化延绵数千年，高峰迭起，以独特的风貌、辉煌灿烂的成就、博大深邃的内涵成为举世瞩目的“东方”之谜，显示出强大的生命力。但近代以来，在帝国主义的枪炮与工业文明的冲击下，华夏古国也有过丧权失地、备受欺凌、民不聊生的惨痛历史。在世界格局多极化、全球经济一体化的今天，只有全面、深刻、准确地把握中西传统文化根本精神的异同，汲取其中的丰富养分作为发展的强大精神动力，才能使古老的中华文化重放异彩，在后发性跨越式发展中再现辉煌。

## 第一节　中国文化特征形成的思想基础

### 一、独特的农业文化心态

古老的华夏文明是从黄河、长江流域发源的，那里的沃土为中国先民从事精耕细作的农业生产提供了条件。中国人的祖先自新石器时代起已经选择了农业作为基本的生产方式，大约在6000年前后，就逐渐超越狩猎和采集经济阶段，进入以种植经济为基本方式的农业社会。“禹、稷躬耕而有天下”[①]，中原地区的古代部落能够统治天下，是发展农业的结果。至晚在战国时代，中原的牧地及林地已逐渐变成农地。至汉代，农耕技术已经发展到精耕细作的水平，在人多地狭的核心地区精耕农业已半畜牧业及工商业逐渐排斥。古代中国素以“以农立国”，列朝帝王都有耕籍田、祀社稷、祷求雨、下劝农令的仪式和措施，并且多把“重本抑末”作为“理国之道”[②]。中国农具的制作、

①《论语・宪问》。

②《后汉书》。

牛耕的发明、农书的刊行都著称于世。自汉代便形成的精耕农业与农舍手工业相结合的自给自足的农村自然经济，在中国大地上延续了两千多年。其间，虽也出现过诸如元、清等朝代游牧民族入主中原，在短时期内退耕还牧的状况，但终究无法抵御根深蒂固的农业经济传统的影响而被同化，而明朝中叶出现的城市手工业资本主义萌芽毕竟也未发展壮大成为中国社会经济的主流，农业经济一直在中国占统治地位。

长期的农业经济影响、积淀了深厚的农业文化传统，也形成了独特的农业文化心态，归结起来，主要是重稳求实、持贵中和。

中国农业经长期发展可说是一种与众民寡土现象相伴的精耕农业，中国边陲土地广袤，理应有大量移民屯垦。但精耕制下的农田，往往是几代人辛苦经营的结果，农民不愿离开长期经营的良田，勉强迁移的人口多为受朝廷之命戍边屯垦的官吏将士、被流放的罪犯或溢余的人口，其在新土地上，往往也集中于最好的谷地或平原，人口不饱和，便不更进一步地迁移到不毛之地。中国土地面积不算不大，但移民开垦新土地的速度却相当缓慢。长期的南迁，至今西南各省人口的分布仍很不均匀。中国是农业大国，采用的主要是农业劳动与土地这种自然力相结合的生产方式，农民固守土地，既是农民自身的要求，也是统治农民的地主阶级的需要。农业文化本质上是土地文化：生产工具用来整治土地、耕种、收获的；自然劳动是以土地为轴心的自然经济；私有财富是以土地的多少来衡量的；阶级的划分是以是否拥有土地来确定的。人离不开土地。农业文化就是一种以土地为对象的文化，农业文化熏陶下的中国人，把依赖于土地而进行生活当作唯一可信赖的生活方式，把农耕看作财富的根本来源，并导致了相应的价值趋向。离开土地去从事其他生计，大多是因为生活所迫，弃农经商是歪门邪道，工艺技术被贬为“雕虫小技”，只有固守本土、世不徙业才是正经生计。古代中国人所追求的是从事周而复始的自产自销的农业经济所必需的安宁和稳定，以“耕读传家”自豪，这与中亚、西亚多次崛起的游牧民族以军事征服、战争掠夺为荣耀的心理大相径庭，也与以商品交换和海外殖民为致富手段的民族对外展拓的意向迥然不同，体现出建立在自然经济基础上的大陆性农业民族重土避迁、平安求稳的文化心理。农业经济也形成了中国文化中的务实精神，中国哲人一贯倡导“大人不华，君子务实”的精神，创立了一整套实用的经验理性哲学。章太炎的“国民常性，所察在政事日用，所务在工商耕稼，志尽于有生，语绝于无验”[①]的论述，深刻地阐明了以农民为主体的中国人“重实际而黜玄想”的民

①《章太炎政论选集》。

族性格，西方人将中华民族视作“最善于处理实际事务”的民族。正是这种民族性格使中国自周秦以后两千余年间虽有种种土生的或外来的宗教流传，但基本上没有陷入全民族的宗教迷狂。故在作为西欧文化黑暗时代的中世纪，中国人却创造了世界上最辉煌的封建文化，在十五、十六世纪以前的一千余年间，中国文化长期处于世界前列。中国封建文化的辉煌被认做是人类文明史上的继希腊罗马奴隶制文化后的第二个高峰，这不能不归功于中国农业社会的发达和成熟，归因于中国农民和士人经验理性主义精神。

中国传统的农业文化心态的另一显著特征便是“持中和贵”，与西方文化重分别对抗形成强烈反差，这一差异在很大程度上反映了农耕文明与商业文明的区别。中国古代文明植根于“静态”的农业文明，表现为重视人与自然、与社会的和谐，人与人之间的和谐以及人自身的身心和谐的和合精神最典型的体现是“天人合一”的思想传统。在中国古代文化中，天与人、天道与人道、天性与人性是相通的，故可致和谐统一。在人与自然的关系中，中国文化重视人与自然和谐统一，西方文化强调人要征服和改造自然。中国传统文化的支柱——儒家、道家都主张天人合一，反对天人对立。以儒家为代表的中国传统文化中“以和为贵”的思想观念侧重于人与社会以及人与人之间的和谐统一，孔子的“礼之用，和为贵”及孟子的“天时不如地利，地利不如人和”都是明证。“持中和贵”不仅是中国传统文化中极其重要的思想观念，也培育了中华民族的群体心态，在中国文化的各个领域都有明显体现。“极高明而道中庸”“执其两端而用其中于民”“致中和”等，无不是农业自然经济和宗法社会培育的人群心态。经过长期的历史积淀，和谐精神逐渐泛化为中华民族普遍的社会心理习惯。如政治上的“大一统”观念、经济上的“不患贫而患不安”“不患寡而患不均”的思想，文化上的“天下一家”情怀，为人方面的“中行”人格，艺术上的“物我通情相忘”，美学上的“以和为美”的审美情趣……“持中和贵”对于保持社会稳定和发展，对于统一的多民族国家的维护，对于促进人与自然的和谐相处，无不有积极作用，但这也导致中华传统文化在某种程度上缺乏如西方文化的竞争、进取精神。

## 二、以家庭为本的宗法集体主义倾向

任何民族性、国民性或文化心态的产生和发展，任何思想传统的形成和延续，都有其现实的物质生活根源。中国传统文化中非常重要的社会根基，是氏族宗法血亲传统遗风的强固力量和长期延续，它在很大程度上影响和决定了中国社会及其意识形态所具有的特征，即鲜明的以家庭为本的宗法集体主义倾向。所谓宗法制，是起源于氏族社会的一种以父家长制、嫡长子继承制为基本原则，以血缘关系的亲疏远近作为决定个人贫富贵贱根据的制度。中国古代的社会制度和组织发生过种种变迁，但宗法制度却延绵数千年之久，直到近代还保留着明显的痕迹。

氏族社会的宗法制度本来是一种习惯性的历史事实，进入阶级社会以后，由统治阶级及其知识分子加工改造，使之理论化、固定化、系统化，铸造出一整套宗法意识，深刻影响了中国人的国民性格，使宗法制更加根深蒂固。中国的宗法制度是在氏族社会血缘关系的基础上演化而成的，约产生于商末，西周时“周公摄政”“六年制礼乐”[①]，形成了较为健全的宗法制度。商、周确立了“亲贵合一”“世卿制度”，孔孟儒家学说又提出了一整套伦理为中心的国家学说，主张“修身齐家治国平天下”“家乃国之本”等理论，秦始皇建立大一统的封建国家时推行郡县制，最基层的组织便是按家庭组成的什伍、里等，人民被组织在有连坐责任的家族集团里，国家制度同家族制度便紧密地结合在一起。宗法制在战国到秦朝之间曾经历了一次不彻底的瓦解，但汉初又在封建地主制的经济结构基础上得到重建。由于传统儒学的理论结构体现了宗法制的“尊尊”与“亲亲”的统一，所以儒学和用儒学理论武装了头脑的儒生士大夫利用以“礼”为核心的道德规范体系来调动封建社会的各种矛盾冲突，维护“家国同构”的封建宗法制度。儒学的理论核心是“仁”，“仁”的基本含义是“爱人”，它以理论形式反映和概括了中国先民们在进入阶级社会后对远古氏族社会人际关系中那种基于血缘亲情的相亲相爱、平等相待原则的追求和向往之情。“仁”的观念形成后就成为儒家的最重要的理论基石，也成为中国封建社会永恒的、最高的道德理想。儒家最重家庭血缘关系，提出了以孝慈为核心的家庭伦理，试图把调节家庭成员之间关系的准则扩展到整个人际关系和政治关系之中，也为以血缘为纽带，以等级秩序为基础的家庭关系设置了温情的光环。为了实现“仁”的理想，儒家提出了一整套以“礼”为核心，以“三纲”“五常”“十义”为具体内容的社会道德规范，明确了君臣、父子、兄弟、夫妇之间的相处原则，从理论高度确定了以家庭为本的宗法制度。此后，宗法制的“亲亲”与“尊尊”相统一的原则就一直是维系中国封建社会保持稳定的最深层的因素，宗法制把阶级、等级特权统治罩上由血缘亲情编织的外衣，从而使地主封建制社会的政治经济结构具有一种能够通过周期性的大震荡的调节而再生和重建的机能，宗法制本身也得以继续存在和发展。在一定意义上，中国的奴隶制社会是宗法奴隶制，封建社会是宗法封建制。中国古代的奴隶制和封建制国家，始终是父家长制政治体制，父

① 《尚书大传》。

亲在家庭中“君临一切”，君主则是全国的“严父”，宗法关系渗透到社会生活的最深层，以至直到无产阶级领导的新民主主义革命运动还要把宗法制度及其具体表现——封建的政权、族权、神权和夫权，作为革命的基本目标。

中国古代社会宗法制的产生有其深刻的经济、自然、思想文化等诸多方面的原因。由于自然环境和生活方式的不同，中国和西方的血缘关系方面表现出重大差异。西方社会在从蒙昧走向文明时，大多经由暴力革命等方式使血缘政治彻底转变为地缘政治。比如，作为西方文明源头的古希腊，其居民生活在多岛的海洋型地理环境中，从事工商贸易较早，生活方式的流动性较强，故较早冲破了血缘纽带，形成以地域和财产关系为基础的城邦社会。中国属大陆性地理环境，自然条件优越，农耕文明盛行，在自给自足的自然经济下，人们的活动范围狭小，少与外界交流。因此，中国历史在由原始社会向奴隶社会过渡过程中，并未像希腊、罗马那样发生奴隶主民主派推翻氏族贵族统治的革命，而走上一条维新、渐进的道路，氏族首领直接转化为奴隶主贵族，建立起“家邦”式而非希腊、罗马的“城邦”式国家，并以血缘纽带维系奴隶制度，形成一种“家国一体”的格局。这样，氏族社会的解体在中国完成得很不充分，氏族社会的宗法制度及其意识形态的残余大量积淀下来。同时，由于中国社会长期处于自给自足的农耕经济状态，而家庭是农业生产的基本单位，需要大量稳定的劳动力，故中国家庭的规模往往比较大，常常包括两代以上的亲属，有曾祖母、祖父母、父母、夫妇、子、孙、曾孙等直系亲属，也有兄弟、姐妹、妯娌、堂兄弟、堂姐妹，以及伯父母、姑母、祖姑母、侄子女等旁系亲属。在古代中国社会，聚族而居、几世同堂的大家庭往往是受尊敬和称颂的对象。带有浓厚氏族血亲色彩的家庭是中国社会的细胞群，由家庭而家族，再集合为宗族，组成社会，进而成为国家。中国的家庭不仅具有社会、伦理方面的功能，更重要的是其政治作用，中国的国家基础结构便是家庭，社会和国家没有清晰的划分，家庭的伦理道德同政治始终是紧密结合在一起的，“父父子子”的等级金字塔形的服从关系在中国政治生活中占主导地位，民主精神泯灭，“君君臣臣”“家天下”“世袭制”“父母官”和“一言堂”一直存在。家国同构、家国同治成为中国政治文化的典型特征。因此，中国人的家庭、家族观念相对于世界其他国家和地区而言是比较强烈的，以家庭为本位、对家庭依赖性强、家庭成员间感情联系紧密、自我独立性不强、“非我族类，其心必异”“一人得道，鸡犬升天”等思想的影响一直延续至今。

中华民族由于家庭本位的社会结构和儒家礼教文化的传统，培育了一种宗法集体主义或整体主义的观念。在哲学领域，中国哲学孜孜追求人与人的和谐，人与自然的和谐，把天、地、人看作统一的整体，以“人与天地万物为一体”“天人合一”为最高境界。哲学家处理问题，总是“上考之天，下揆之地，中通诸理”，以便“上因天地，下尽地财，中用人力”，使万事万物各得其所。君主执政施教，也是“仰取象于天，俯取度于地，中取法于人”，使天地人“贯而参通之”，从整体考虑问题，而不执著于一偏。整体观念表现于政治领域，是“春秋大一统”的观念；在社会领域，表现为个人、家庭、国家不可分割的情感；在文化领域，表现为兼收并蓄、和而不同的宽容精神；在军事领域，表现为“全军为上，破军次之”的战略思想；在伦理领域，表现为顾全家庭、家族乃至其上的国家的大局，必要时不惜牺牲个体或局部的利益，在此基础上，形成了克己奉公，为社会、为民族、为国家而献身的传统美德。

儒家素有“人文”精神，自孔、孟开始，儒学“心性”说即特别重视以发明“本心”来显示人的主动性和能动性，其认为万物皆备于我，外在的礼教纲常本是人“心”的产物，只要加强内省修身，人人皆在道德人格上媲美尧舜。表面上看，这些主张似乎是在否定外力束缚人性，鼓吹个人的理性尊严与人格平等，但实际上却是以维护“尊卑有序，贵贱有种”的宗法等级依附秩序、铲除个人的自由平等渴求为最终目的的。它与古希腊文化注重人与自然的关系以及希伯来文化、印度佛教文化重视人与神的关系不同，强调将个体与类、将人—自然—社会交融互摄，强调人对宗族和国家的义务，注重个人与群体共存亡、调节个人欲求与君体利益冲突的人生价值观和道德修养观，可以说是一种宗法集体主义或封建集体主义的“人学”。在儒家的“人文”精神中，包含一种明晰的价值取向，即一切以“群体”的意志、欲望来作为人观察、思考和评判万事万物的是非标准和价值尺度。在宗法制社会中，由于家庭、家族的整体利益关系到每一个成员，因此要求把维护家庭、家族的整体利益作为首要的价值取向。儒家所谓的“礼”，精神实质上就是一种秩序精神，强调整体秩序对个体的意义，要求个体服从并服务于整体。从《诗经》提出的“夙夜在公”，《书经·周官》的“以公灭私，民其允怀”，墨子的“举公义”，直到贾谊《治安策》中的“国耳忘家，公耳忘私”，顾炎武的“天下兴亡，匹夫有责”，林则徐的“苟利国家生死以，岂因祸福避趋之”，无不在反复强调一种为整体、为国家、为民族献身的集体主义精神和情操。

正是从国家利益和整体利益的原则出发，在个人对他人、对社会、对群体的关系上，儒家强调“义以为上”“先义后利”，儒家对“群体”价值高度重视，认为群体是人们得以生存发展的最重要的基础，如《荀子·王制》说：“(人)力不若牛，走不若马，而牛马为用，何也？”曰：“人能群，彼不能群也。”群是人与动物的重要区别之一，也是人类征服自然、发展自身的前提。个人的能力是有限的，“天时不如地利，地利不如人和”[①]，“类同则志和，志和则力并，力并则事可成、功可成”[②]。故此，在公私关系上，儒家主张公而忘私、大公无私、以公灭私、先公后私；在义利关系上，主张先义后利，以义制利。因儒家认为，公私是区分君子和小人的标准之一：“君子小人趣向不同，公私之间而已。”[③]奉公对个人和社会都具有重要意义，就个人而言，以公心行事就会畅通无阻，还会对他人的行为产生广泛影响，“公则四通八达”[④]，“人心公则如烛，四方上下无所不照”[⑤]，如果官民上下都能积极奉公，就会国泰民安，为私则必致“天理灭绝”，人性泯灭，与禽兽为伍，损害人际关系，扰乱社会秩序。在公私之辨的基础上，儒家又提出应该行我义后利、义重利轻，必要时甚至舍生取义，因为“君子喻于义，小人喻于利”[⑥]，对义利的抉择不论对个人还是社会都具有举足轻重的意义，“先义而后利者荣，先利而后义者辱”[⑦]，“义胜利者为治世，利胜者为乱世”[⑧]。儒家文化中大公无私、重义轻利的思想充分显示了一种集体主义或群体主义精神。

## 三、重人伦轻自然的学术思想

生长于宗法氛围中的中国文化，有厚重的“伦理本位”的思想底蕴，属于以“求善”为目标的“伦理型”文化，同西方文化以“求真”为目标的“科学型”颇有差异。中国文化中，传统伦理思想、道德观念一向居于重要地位，它是传统文化的核心，规范和调整着人与人之间的关系，也维系着社会统治秩序，并渗透和贯穿于人们的价值观、人生观、审美观、历史观乃至整个思想认知之中。哲学、政治、文学等各领域的许多观念的产生，都以伦理思想为起点、为核心，向外作水波式的扩散。如阴阳这对范畴，从人伦（夫妇）推及到政治（君臣）、哲学（一阴一阳之道）、文学（刚柔正变），又如中国文化高度强调“教化”功能，史学以“寓褒贬，别善恶”为宗旨，都是伦理本位的突出表现。

高度重视伦理道德学说，不只是中国某一学派的观念，而且是整个中国

①《孟子·公孙丑下》。
② 李觏：《与章秘校书》。
③ 朱熹：《四书章句集注·孟子集注》。
④ 薛瑄：《薛子论道（上）》。
⑤ 薛瑄：《薛子论道（上）》。
⑥《论语·阳货》。
⑦《荀子·大略》。
⑧《荀子·大略》。

文化系统的共同特征。《易经》最先出现“人文”一词，含有教化风化之意，显露出人伦至上、伦理经世的观念。二程释曰：“人文，人理之伦序。观人文以教化天下，天下成其礼俗，乃至圣人用贲之道也。”（《周易程氏传》）“人文”释为人的伦理秩序，视为圣人教化民众，使人循礼守俗的依据。作为中国封建社会主导学派的儒家始终认为，人所以高贵和伟大，是因为人外能缔结和恪守等级有别的礼制伦常，内有天赋善性所滋育的道德自觉，这既是区别于禽兽、夷狄的文明标志，也是人的价值和力量的鲜明体现。儒家创始人孔子极端注重伦理学说是人所共知的，他以“仁”为“至德”，把孝悌、忠信、礼、勇等德目都从属于仁的总原则下。“仁”讲的就是如何处理人际间的伦理道德关系，它以“亲亲”为出发点，认为“孝悌”是“仁”的根本，又由血亲之爱推及广泛的“仁者爱人”。“仁学”是宗法思想与封建国家观念的中介，在封建社会备受推崇。孟子将孔子的学说条理化，进一步提出“仁义礼智”“孝悌忠信”和“五伦”（父子有亲、君臣有义、夫妇有别、长幼有序、朋友有信）等德目。此后，无论是董仲舒讲“天生五谷以养人”，还是宋代程朱讲“天命之性”“气质之性”的天理人欲之辩，张载“民胞物与”的思想，都是将自然和社会伦理化，渗透了人伦思想。以”三纲”（明德、新民、止于至善）、“八目”（格物、致知、诚意、修身、齐家、治国、平天下）为人生哲学的儒家修养理论和认识，完全是以对道德的自我追求和完善为宗旨。这种人伦思想也在其他学派中有所体现，道家希望不为境累、不为物役、绝圣弃智、洁身自好，实际是以对自由人格的追求，表达对实现个体价值、建立良好的社会伦理秩序的向往。佛家宣扬万法皆空，了无自性，慈悲为本，普度众生，以劝善恶为旗帜，仍不脱尘世间伦理的框架。法家提倡“人皆以计算之心以相待”[①]，被后人称为“非道德主义”，但实际上大儒董仲舒倡扬的作为封建社会伦理精神核心的“三纲”之说，却源于大法家韩非，可见，法家思想也颇具伦理色彩，且与儒家伦理是相补相融的。各家各派的演进过程中，相互影响、渗透、交融，最终凝聚成为中国学术思想鲜明的伦理色彩。

中国文化中的伦理本位主义，表现出强烈的以人为本的人文主义精神。自孔、孟突破商周神学樊笼，开掘扬人抑神、积极入世思想的先河始，儒学“以人为中心”的“人文”伦理精神虽几经流变跌宕，却绵延不绝，世代传承。历代中国学者谈天说地论人，始终带有浓厚的伦理色彩，并从不同角度赞美人的高贵，认为人是万物之灵长，是参天地育万物的伟大的世界主宰。中国文化的主要内容、中国文化的价值体系，都始终围绕着人生目标和人的自我

---

①《韩非子·六反》。

价值的实现而展开。中国传统文化将人推尊至很高的地位，所谓“人为万物之灵”“人与天地参”，“天有四时，地有其材（资源），人有其智”，把人与天地等量齐观，并列论之。但是，中国传统文化中的人本主义与西欧 14~16 世纪文艺复兴时期兴起的人文主义存在着本质区别。中国人本主义以家庭为本位，以伦理为中心；西方人文主义以个人为本位，以法治为中心。中国文化重人，并非尊重个人价值和个体的自由发展，而是将个体融入群体，强调五伦，强调人对于宗族和国家的义务，是一种宗法集体主义人学，是一种以道德修养为宗旨的道德人本主义。西方文化中的人文主义重个体价值，强调个人的权利与自由，强调人与人之间的平等契约关系，实质是一种个性主义，是西方民主制度和法律体系的重要思想基础。

中国文化中强烈的伦理本位色彩导致中华文明最突出的成就与最明显的局限都与其作为主导倾向的伦理品格有关。中国伦理文化中的人本主义传统，重视道德伦理、角色意识、义务履行，对维系社会正常运转、人际和谐和人生修养等方面都具有积极意义，但也存在着重人伦轻自然、重群体（家庭）轻个体的倾向，与封建专制主义也有较密切关联等消极方面。中国古代思想家由于重人轻物、重视伦理研究而不屑于对自然的研究，故存在明显的非科学主义倾向，其中尤以儒家为甚。这种重人伦轻自然的学术思想，虽有助于人们合理对待人与神的关系，增强人的主体意识，抵制宗教迷信的影响，但也对中国古代科学技术的发展有很大的负面影响，而科学技术的落后又成为中国在近代被动挨打、遭受西方列强侵略欺凌的重要原因之一。

科学以自然为研究对象，科学发展的直接结果是增强人利用和改造自然的能力，以创造更多的物质财富。但是作为中国封建社会思想主导的儒家却重义轻利，孔子说“君子喻于义，小人喻于利”，义与利是对立的：义是为人的根本，是最重要的；利则是人欲的表现，是低级乃至恶的东西。儒家的义利观决定了他们对实用科学的基本态度。

首先，儒家虽不决然否定实用科学和技艺的作用，但他们认为，这只是“小道”，君子不可沉溺其中。如孔子对当时的实用科学和技艺都有一定的了解和研究，但他认为，技艺“虽小道，必有可观者焉；致远恐泥，是以君子不为也”[①]。因为实用科学和技艺解决不了人安身立命的根本问题，故孔子主张“志于道，据于德，依于仁，游于艺”[②]。孔子是大教育家，但他的教学内容主要是古代文献、典籍和处世之道，“子以四教：文、行、忠、信”[③]，不

①《论语·子张》。
②《论语·述而》。
③《论语·述而》。

讲对自然的研究。北宋大儒朱熹提出“格物致知”说，认为通过接触具体事物可以获得有关理的知识，但他认为光局限于具体事物的研究是做不成大学问的，甚至还会迷失做人的方向。“兀然存心于一草一木一器一用之间，此是何学问？如此而望有得，是饮沙而欲成饭也。”[①]朱熹提出，“格物”的目的是“明理”。“理在事中”，万事万物都是“天理”的体现，所谓“天理”是指被本体化了的人伦纲常，只有它才是真正的认识对象，值得认真研究。“格物致知”归根结蒂就是“究天理，明人伦，讲圣言，通世故”。理学研究远远高于实用科学和技艺的研究，把握做人的道理和根本远远比对具体事物的研究重要。

其次，儒家还从社会分工的角度来贬低对实用科学和技艺的研究。孟子把人分为“劳力者”和“劳心者”，把从事各类实用技艺如耕种、纺织、陶冶、制器等研究和工作的人也归入“劳力者”之列。在他看来，这些都是“小人之事”，不是君子做的。“劳力者”和“劳心者”的地位有天壤之别，“劳心者治人，劳力者治于人；治于人者食人，治人者食于人。天下之通义也。”[②]孟子看不起从事实用科学或技艺工作的人，他对自己的学生彭更“尊梓匠轮舆而轻为仁义”的行为给予了严厉批评。荀子也有类似看法，他把学业分为两类：一是“精于物者”，如农精于田、贾精于市、工精于器，他们都对某一种具体技艺有一技之长；二是“精于道者”，他们长于管理和使用那些有技艺的人。“精于道”，是君子应该努力的目标，“精于道者”优于“精于物者”，“精于道者”应掌握用人、治人之道。

当然，中国古代也曾出现过重视科学技术的学派，如先秦墨家就曾以科学探索精神活跃一时，但终因儒家的独尊地位而中绝。儒家在中国古代社会长期居主导地位，它轻视、贬低实用科学和技艺的非科学主义倾向，对中国古代科技的发展有重要的消极影响。中国封建时代的教育制度和官僚制度更把儒家“重人伦、轻自然”的传统用行政强力固定下来。尤其是隋唐以后沿袭千余年的科举制度，驱使士人把精力集中在儒家经典的考订和解释上，以求“金榜题名”“蟾宫折桂”，至于自然科学知识的研究，尤其是生产技艺，被排斥于读书人的视野之外，成为“雕虫小技”，是士林不齿、社会藐视的行当。许多取得成就的科学家和技术能手，大都是被“儒学正宗”“科举正途”抛弃后才“绝意功名”、弃儒从医从技的，他们的成就也得不到社会承认，其科学思想或技术成果非但没有可能纳入学校教育内容，通过书院、私塾加以研习和传递，而且其著作往往无人问津、迅速绝版。加之政治功利主义使科

①《朱子文集·答陈齐仲》。
②《孟子·滕文公上》。

学技术在古代中国没有独立地位，只有那些与国家功利直接相关的科技门类（如天文历算、工程技术）才能不时得到国家赞助并有政府部门管理（如钦天监之于历算、工部之于工程技术），其他科技学科只能在草野民间自生自灭。在这样的社会氛围中，科学技术的发展受到了严重压抑，也阻碍了中国社会的变革和进步。

中国是文明古国，曾取得过诸多辉煌的科技成就，不但以其“四大发明”著称，而且总体上在15、16世纪以前科学技术的发展一直处于世界前列。但此后，西方近代科学不断进步，并成为世界科学技术的中心，而中国却落后了，差距还日益增大，其中很大程度应归因于中国传统文化中重人伦轻自然的学术思想的实践。

## 四、尊君重民相辅相成的民本观念

由于中国以血缘为纽带的原始氏族社会解体得不彻底，华夏文明所依托的是宗法—专制社会结构，加之私有制和商品生产与交换不发展，因此人与人之间以平等为前提的民主观念历来就不发达。但是统治阶级及其思想代表们出于维护君主专制的根本利益以达到长治久安的目的所倡导的尊君重民相辅相成的民本观念倒是有所发展。

农业社会存在和发展的前提是农业劳动力——农民安居乐业，一旦这种格局遭到大规模破坏，“民不聊生”“民怨沸腾”，便有可能导致彻底的覆亡，这使封建统治者很早便领悟到民为水、君为舟，“水能载舟亦能覆舟”的道理，因此，“民为邦本”“使民以时”“民贵君轻”等民本思想成为中国这个农业社会中的一种传统观念，反对“杀鸡取卵”“竭泽而渔”的“仁政”“王道”学说即由此派生出来。重民意的民本思想作为中国文化系统中比较富于人民性和朴素民主精神的部分，对中国文化理论体系的构筑和创作活动的展开都产生了深刻影响，从屈原的“哀民生之多艰”，到杜甫的“朱门酒肉臭，路有冻死骨”，都闪烁着民本主义精神，但是，保民、恤民、尊重民意的思想，根本上还是为了维护君主专制的政体。由于中国长期存在的是小农的自然经济，缺少商品交换，人财物流动性较小，整个社会结构比较松散，因此需要一个至高无上的政治集权加以统合，以御外侮和各种灾害，君主便是居于集权顶端的神圣整合力量。因此，中国一直有浓厚的尊君传统。“爱民”“恤民”的思想与“忠君”“敬上”的专制君权主义既相互对立，又相互补充，共同构成中国式农业社会政治思想的主体。

王权至上的思想自殷商、西周时代即有体现，从甲骨文和古代文献中看，殷王已拥有至高无上的权力。《礼记》中的“君天下曰天子。朝诸侯、分职、授政、任功，曰予一人”和《尚书·盘庚》中的“勉出乃力，听予一人之作猷”都是明证。周灭商后，更突出宣扬天子地位的神圣性和权力的绝对性，“礼乐征伐自天子出”，“普天之下，莫非王土，率土之滨，莫非王臣”。王还被当作上帝和天的人格体现，自周成王后，周王直接被尊为“天子”或天之“元子”，这种尊称一直沿袭到封建社会末期。殷周时期乃至以后，宗法制下的祖先崇拜一直盛行，周天子被认为是天下之大宗，通过尊祖敬宗强化其统治地位。在强调王权至上的同时，这一时期的重民思想也随之产生。早在《尚书·泰誓》中就已显示出了鲜明的“保民”思想：“惟天地万物父母，惟人万物之灵，亶聪明，作元后，元后作民父母”，即说由于“人”为万物之灵，所以是天地中最珍贵的，“人”在社会关系的表现就是“民”，上天是保佑下民的，“天佑下民，作之君，作之师，惟其克相上帝，宠绥四方”[①]，上天立君立师都是为了佑护下民，所以君主应当像父母一样承担保护人民的责任，以实现上天的意志。《泰誓》中进一步说：“惟天惠民。天矜天民，民之所欲，天必从之。天视自我民视，天听自我民听。百姓有过，在予一人。”主旨便是讲天爱护人民，倾听人民的意愿作为自己宰理人间的意志。这种“天民合一”的思想在世界文化史上最十分独特的，是一种“民意论”的天命观。天意在民，民意即天意。上天的意志被认为有了明确的伦理内涵，成了民意的终极支持者和最高代表。由于民众的意愿具有体现上天意志的强大道德基础和终极神学基础，所以在理论上民意比起皇天授命的君主更具有优先性，因为皇天授命君主的目的是代行天意来爱护人民。在这样的思想信念下，在上天面前，君民并不平等，人民对君主具有优先性和重要性。人民对君主并没有无条件服从和忍受压迫的义务，相反，以皇天为终极支持者，人民有权要求君主实行德政；若君主不施德政而行暴虐，则人民视君主为寇仇是正当的，代表正义的上天会降罚给君主或改变他对人间君主的任命。

民意论的天命观在西周是对统治阶级而言的，并非意味着它为民众提供了抗拒君主暴政的合法信仰和道德力量，但周人发明的民意论，后来真正成为中国古代政治文化的传统，并为后来的儒家政治思想所继承，从而具有道德上的约束力。孔子在讲治理政事时，强调要“节用而爱人，使民以时”[②]，希望统治者“因民之利而利之”[③]孟子则进一步提出“民为贵，社稷次之，君为轻……得乎近民而为天子，得乎天子为诸侯”[④]。先秦道家亦主张统治者应

①《孟子·梁惠王上》。

②《论语·学而》。

③《论语·尧曰》。

④《孟子·尽心下》。

顺民意，“圣人无常心，以百姓心为心。”[①]历代中国君主在实际施政中多少也意识到人民的力量之重要。唐太宗李世民即位后慑于隋末农民起义的威力，居安思危，任贤讷谏，体恤民情，并承认他孜孜勤政是为使公卿百官“长守富贵”，即从封建地主阶级的根本和长远利益考虑。当时最著名的谏臣魏征所讲的“君，舟也；民，水也。水能载舟，亦能覆舟”[②]，不仅为李世民奉作理政之本，也为后世明君所推崇。北宋王安石在《再上龚舍人书》中说：“百姓所以养国家也，未闻以国家养百姓者也。”大文豪苏轼也在《上神宗皇帝书》中把君民关系比作鱼水关系，强调帝王的统治凭借民心，失民心者失天下。即使是致力强化君主专制的明太祖朱元璋，也承认人民关系到王朝的存亡：“所惧者民，苟所谓一有不当，上违天意，下失民心，驯致其极，而天怒人怨，未有不危亡者。”[③]明朝李贤总结自夏以来历朝治理得失的经验，强调民心向背是至关重要的：“民心之向背，系天命之去留，有天下者不能固民心，而欲久安长治者难矣。”[④]

可见，中国古代文化的发展过程中，有悠久的民本思想传统，甚至产生过相当激进的言论。但“民”从来也未真正成为政治的主体，而只是被仁爱、恩赐和惠施的对象，出于统治的需要才加以考虑，由于缺乏相应的经济和阶级基础，不可能产生真正的民主思想。但是，尊君保皇的君主专制思想却一直是中国政治文化的主流和正统思想，这一是由于中国君主专制政体肇始早（在商周即萌芽，秦时正式确立）、时间长（直到20世纪初辛亥革命推翻清政府的统治），二是由于封建小农经济基础浓厚稳固，三是由于君主专制与宗法制相互结合。故此，中国的君主政体是世界上发展最早也是最完备的，维护君权至上的尊君思想也是相当系统和翔实的。

商周以后，儒家、道家、法家从不同角度来强调和维护君主的至尊地位。儒家不是赤裸裸而是通过礼治和仁政的结合，比较精致地维护和论证君权的至高无上。孔子通过强调维护“周礼”来维护君权。“周礼”的核心是推行以天子为核心的中央政权的自上而下的集权统治，其中带有浓厚的晚期氏族统治的特征，一方面，它由少数贵族垄断，有上下等级、尊卑长幼等明确而严格的秩序规定；另一方面，它又在一定程度上保存了原始的民主性和人民性。齐景公问政于孔子，孔子对曰：“君君，臣臣，父父，子子。”[⑤]强调天子的权

①《老子》第四十九章。

② 吴兢：《贞观政要·政体》。

③《明太祖实录·洪武元年七月诏》。

④《明经世文编》卷三六：《上中兴正本疏》。

⑤《论语·颜渊》。

威，以此来恢复和巩固自中央到地方的政治秩序，达到长治久安。孟子从天命论出发论证君主的崇高地位，他肯定《书经》的说法："天降下民，作之君，作之师，惟曰其助上帝，宠之四方。"[①]他认为"天"选的"天子"都是有德的圣人，是依照民意选出的，应施德政，又在此基础上提出仁政说，为后世儒家奠定了政治思想的理论基础。孟子的思想具有人民性，后世明君多提倡仁政即源自此。董仲舒提出"君权神授论"，以论证君权的神圣性、合理性和永恒性，认为"天子受命于天，天下受命于天子"，故君主具有最高权力，并把这种绝对的君权神授同"天人感应"论联系起来，强调君主统治是天意，违反君主的统治就是违反天意。宋明理学从理学的基础上论证君权的合理性。二程认为万事万物都是"天理"的体现，从而把封建制度等看作是合理的、永恒的。人类社会中的尊卑贵贱也是取决于天理，并由此论证忠君思想："君令臣行，劳于臣者，臣之职也"[②]，为臣的要"竭其忠诚，致其才力"，把君臣关系看作是绝对主、从关系，并认为这是永恒不变的天理。

比较言之，法家是最强调君主至上论的。中国很早就有法治思想，夏有"禹刑"，殷商的刑法也很严酷。管仲、子产、商鞅、申不害、韩非等法家在古代刑法思想的基础上，提出了强调君主至上前提下的法治思想。法家的代表人物韩非致力建立一个中央集权的君主专制的统一的封建帝国，核心是主张一切权力都集中于君主手中，实行君主独裁，建立一个"以法为本"[③]，法、术、势三者结合的完整体系。这种思想为秦始皇统一六国，建立中央集权专制的封建国家起了重大作用。西汉以后，独立的法家学派消失，其法治思想被吸收到儒家学派的体系中，德刑并用，成为维护地主阶级专政的有力工具。

道家以其独特的方式维护封建专制统治和君主的崇高地位，他们从总结统治者所以被推翻的经验教训出发，提出改善君权和统治的主张，讲述了许多统治人民的方法。声称："古之善为道者，非以明民，将以愚之。民之难治，以其智多。"[④]在推行愚民政策的同时，还强调要运用权术，治民做事应该以"柔弱胜刚强"，主张"退让""谦下""不争"，做到"以其不争，故天下莫能与之争"，方可为"社会稷主""天下主"。常使民无为，"则无不治"[⑤]。道家的这些主张实质上是从另一方面来维护君权。后世统治者在施政中，也推行了道家的主张。秦始皇"焚书坑儒"便是一种愚民政治，汉初轻徭薄赋、休

①《孟子·梁惠王下》。
②《周易程氏传·坤卦》。
③《韩非子·饰邪》。
④《老子》第六十五章。
⑤《老子》第三章。

养生息的政策体现了“贵老无为”的政治思想。

诸如此类的以不同方式崇尚君权强调君主统治地位的思想一直在中国文化思想中占主导地位，直到明清之际，随着资本主义生产关系的萌芽，才出现了批判传统君权至上思想的启蒙思想家，如顾炎武、黄宗羲等。

“民为邦本”的民本思想与君权至上的尊君思想在中国古代社会得到了有机的结合，既使宗法制社会能在君主集权下有强固的统治力量，又是一种对虐民苛政在精神道德层面的制约因素，对于中国古代封建社会的长期稳定起了重要的作用。

## 第二节　西方文化发展的基本特征

由于地理环境、历史发展、民族性格等诸多方面的差异，中西方文化在长期演进过程中形成了各自不同的特色。学术界一直认为，科学、民主、法治是西方文明的三大支柱，也是西方文化能在世界近现代文明史上处于领先地位的主要原因，但这些因素在中国文化发展中却显得比较薄弱，对中国文化的现代转型造成极大的阻滞作用。

### 一、重视人、表现人——西方文化演进的动力

西方文化中向来存在人本主义或人文主义传统，主张以人为衡量一切事物的标准，这种倾向在古希腊时期已现端倪。古希腊由于以血缘为纽带的原始氏族社会解体比较彻底，私有制和商品经济比较发达，所以在自由民范围内以平等为前提的民主思想比较发展。荷马史诗中那些大量的希腊神话，反映了经过幻想加工的自然现象和古代希腊人对自然的斗争，实际上是借神话的形式歌颂了人的精神和力量，荷马史诗是希腊理性和人文精神的胚胎，此后，希腊文化进入全面发展阶段。公元前 5 世纪伯利克里时期的雅典实行民主政治，在政治、思想、文化领域出现生动活泼、百花齐放的盛况。自此，揭示人的地位、业绩及其历史作用，可以说贯穿于整个希腊文明史之中。在那里，由于希腊城邦制的发展，作为城邦主体的公民个人的作用不断得到体现，因而也就不断强化了对个人价值、个人主义与个人尊严的信念，以至古希腊智者学派的代表普罗泰戈拉提出了他千古流传的名言“人是万物的尺度”，强调以人为中心，从人的观点出发衡量一切事物，打破了此前和当时一切重大问题都要请示“神谕”，对一切以神的意志作为尺度的传统观念作了大

胆的、革命性的否定，成为公元前 5 世纪至前 4 世纪希腊世界理性思潮中的一面旗帜。与他同时代的西方哲学泰斗苏格拉底开创的道德哲学（伦理学）、柏拉图提出的“理念论”、亚里士多德创立的逻辑学中无不体现着直接从人本身出发、研究人的本质及人与自然的关系，强调人的地位、作用及价值的特色。与此同时，在戏剧与艺术等领域中，更有着意渲染与表现人的意志、人的力量、人的创造性的作品问世，对世人不乏振聋发聩的启迪作用。扩而言之，这种构成希腊文化所有方面的人文精神，便成了古希腊文明的一种典范。

西方文化的另一重要文明源头——古罗马文化中也有重视人、表现人的传统。例如，罗马文化中成就最突出、对世界文化贡献最大的罗马法制，其浩繁复杂的各种法律无不是围绕规范人的行为，使之更加符合奴隶主贵族民主制的国家政制来制定的。其中规定的法制观念、自由、平等观念，对于个人充分发展自我，以及近代的政治、法律观念产生了持久而深刻的影响。15、16 世纪，除英国之外的西欧各国出现了采用罗马法的热潮。1804 年，法国出现了被恩格斯称为“典型的资产阶级社会的法典”——《拿破仑法典》，其从结构、内容、基本原则甚至法律术语上都继承了罗马法。罗马文学中渗透了继承自古希腊的现实主义和人文精神，最能体现罗马艺术的雕刻也是以表现人为中心的，如巴洛克艺术风格的名作拉奥孔群像（表现特洛伊祭司拉奥孔及其二子被巨蟒吞吃的传说），炉火纯青地表现了人的动态与感情，其艺术风格和人文精神为后世艺术家莱辛、歌德等推崇备至。

公元 5 世纪西罗马帝国灭亡至 15 世纪西欧文艺复兴的 1000 年左右的时间被称为“中世纪”或“中古时代”，封建宗教文化占据统治地位，宗教渗透到西方社会文化生活的每一层面，各阶层的精神和物质生活都厚重地打上了宗教烙印。“上帝创世论”“原罪说”、天启论、教权至上论等宗教正统思想使人文主义精神受到残酷扼杀。上帝、教会系统成为文化的中心，哲学成为神学的附庸，教育为教会所垄断，基督教文学成为正统的官方文学，几乎不存在独立于宗教的艺术。由于人文主义传统的衰落，对西欧文化的演进速度和发展水平产生了严重的负面影响，也妨碍了西欧的科技进步、民族文化的形成以及封建体制的发展与成熟。

14 世纪至 17 世纪，西方进入了社会、经济、政治、文化科学发展全面转折的伟大时代——文艺复兴时期，新兴资产阶级在思想文化领域里向封建主义和基督教神学体系发动了猛攻，解放了人们的思想，重塑了人文主义精神，从根本上动摇了西方神学世界观的基础。人文主义者倡言：“我是人，人的一切特性，我无所不有”，他们提倡以“人”为中心，以“人性”反对“神性”，以“人权”反对“神权”，以理性和科学反对蒙昧主义和神秘主义，重视人的世俗生活和世俗享受，反对作为封建制度精神支柱的中世纪神学。人文主义，或称人本主义（Humannism）一词也是在15世纪出现的。在有人本传统的古希腊、罗马文化重新被发掘和研究的前提下，产生了以人本主义为核心的新文学和新艺术，标志着西方近代现实主义文学和艺术的诞生。无论是“文艺复兴文学三杰”但丁、彼得拉克和薄伽丘，还是“艺术三杰”达·芬奇、米开朗基罗、拉斐尔，他们的作品都是以“人”为核心创造了文艺史上的不朽辉煌。科学家们也冲破神学樊篱的束缚，在天文、物理、数学、医学和生理学等方面均取得了划时代的突破，开了近代科学的先河。人文主义者还以16世纪欧洲的宗教改革运动，从教会内部存除了封建的伦理观念，树立了以人为主体的新思想，建立起了适应资产阶级需要的新教神学思想体系，对近代西方文化精神的形成起了至关重要的作用，其带来的人的思想解放和理性的发扬，在世界史上率先推进了西方近代资本主义的文化。

从18世纪20年代开始，法国出现了波澜壮阔、影响深远的思想解放运动——启蒙运动，人文主义更加发扬光大，出现了伏尔泰、孟德斯鸠、卢梭等一大批思想巨匠，他们高举“理性”旗帜，对封建专制制度和宗教神学进行了无情的批判，强调人的创造力的至关重要性，用天赋人权、自由平等、自然法、社会契约等一系列先进的思想理论证明反抗腐朽的封建专制统治是人民不容剥夺的、正义的权力，为后来各国的资产阶级革命做了思想上的准备，同时也推动了文艺、科学等方面的大发展。资本主义制度在西欧各国先后确立后，人本思潮更加高涨，经过康德、费尔巴哈等哲学大师的理论构建，近代意义的人本主义理论体系已相当完善，而在马克思、恩格斯的科学社会主义理论中对于人全面的真正的发展给予的关注更是空前，由此引发的西方文化的发展更是突飞猛进。

现代西方的人本思潮肇始于19世纪中叶，主要包括以叔本华、尼采为代表的唯意志论，以狄尔泰、柏格森为代表的生命哲学，以海德格尔、雅斯贝斯、萨特为代表的存在主义以及弗洛伊德的精神分析学、法兰克福学派的社会批判理论等诸多学派，其主要观点是：哲学研究应当突破传统模式，由以往强调的对外部世界的研究转向对人本身的内在结构的探索；由倡导感觉经验或理性思维的可靠性转向肯定人的内在心理体验；由对普遍人性，即人类共同的本性以及普遍的自由、平等、博爱的颂扬转向对个人独特个性、生命、本能的强调，要求冲破以往哲学家用普遍的、绝对的理性概念编织的束缚个人发展的罗网，恢复和维护人的本真的存在，发现和发挥人的内在的生命力和创造力。现代西方人本主义哲学虽然有其消极、悲观的一面，但也反映了现代人对高度发达的物质文明给人类带来的烦恼、困惑、无助的沉重精神压力的反思，以及企图重塑人与世界和谐共处的状态、寻回精神之根的探索，有助于人们缓释精神压力，努力实现个体的全面、真正的自我发展。

纵观整个西方文化，以重视人、表现人为核心的人本主义一直是西方文化发展的强大助推力。随着各种关于人的地位、作用和价值探讨的不断深入，束缚文化发展的种种思想上的阻碍也逐渐消除，辉煌灿烂的文化成就由此不断取得，而西方文化也实现了其由低级向高级的演进过程。

## 二、商业城市文化特质

西方文化的源头——古代希腊罗马文化，都以城市为中心，西方近现代文明更是著名的“都市文明”，洋溢着典型的商业文化气息。

西方文明的源头古希腊并非一个统一的国家，而是由许多城邦构成的，这种城邦制国家是后代来近代真正意义上的商业城市的雏形。公元前 330 年，马其顿征服希腊后，开始了远征活动，也开始了希腊文化的传播过程，在远征中希腊雇佣兵被留下驻守一系列要塞，形成了许多希腊式城市，在征途中也建起了许多此类城市，它们是所在地域内的知识和文化中心。随后的罗马帝国和查里曼帝国的城市，其性质与希腊式城市类似，但也都还算不上真正意义上的近现代城市——城乡界限不明显，市民仍然耕种城市周围的土地，只不过城市人口较为集中，每星期有一至几次集日而已。那时的城市居民有许多既是市民又是农民，市场也明显地附属于封建农业庄园经济。欧洲盛行封建采邑制，最初的城市大多建立于商人从封建贵族的领地上租借来的、远离封建领主的城堡，比较荒凉、贫瘠，对经营农业的封建领主价值不大的土地上，但对商人们来说这些土地或处在通衢大道的交汇点，或位于江河湖海的入海口、半岛的尖端，交通便利，易于开展贸易活动，商业价值较大。商人们将租得或购得的土地作为自己的售货点和居住点，具有商业性质的“城市”便这样产生了。随着商品经济的发展，城市规模不断扩大。欧洲的这种城市自形成时就远离王城、贵族都邑和领主城堡，故既非行政都城，又不是封建文化中心。其在发展初期虽免不了要受封建领主的管辖和行政治理，但因其偏僻而管理甚为费力，加之城市中自由且蓬勃发展的市民经济有利于增加封建主和王室的经济收入，以及市民对封建势力的强烈反抗，贵族逐渐将城市的治理权用赎买等方式委托于商人代表，给予城市“自治权”。这样，城市逐渐有可能独立于农业文化的汪洋大海之外，成为与封建城市迥异的“经济特区”“文化特区”。8 世纪至 10 世纪前，由于外族入侵、长期的战争影响，以及西欧一直处于被撒克逊人包围封锁的状态，对东方的商路被切断，因此，整个社会陷入纯粹的农业状态，商业极度衰落，城市只是在军事和宗教意义上才存在，经济和商业意义的城市已几近灭绝。10世纪起，中世纪西欧出现了一次商业和城市复兴，近代意义的商业城市纷纷建立，商人、手工业者纷纷从庄园流入城市，城市则依靠自身的努力在封建庄园的包围中获得自由的空气和独立的地位，各城市、乡村之间的商品交换空前繁荣，但城市受封建领主的压迫仍然十分沉重。中世纪晚期，西方社会生活发生巨变，最显著的是商业的兴起和城市的再次复兴，市民阶层作为一个新兴阶层在社会中形成，这改变了原有的社会秩序，使社会财富由封建贵族手中逐渐转移到新兴市民阶层手中，市民阶层随着实力的增强开始不满于教会文化大一统的局面，要求发展与商业发展相适应的世俗文化，清除封建壁垒，加强王权，从国家政策上确立商人的地位，保护和鼓励城市商业的发展。于是，顺应新兴市民阶层的要求，以文艺复兴、启蒙运动为思想先导，引发了西欧各国的资产阶级革命，随着资本主义制度在各国确立，现代意义的城市也在西方各国确立，原来只在城市中兴盛的城市文化，上升为整个国家的主导文化。

中国具有商业功能的城市早在西汉时期就已出现，当时市镇发达，人民“舍农桑，趋商贾”，“游手为巧，充盈都邑，治本者少，浮食者众；商邑翼翼，四方是极”，比欧洲几乎早了1000年。后来城市和商业经济也曾在唐、宋、明各朝商业经济中繁盛一时，但这种城市和商业的繁荣并未像西方中世纪晚期那样形成历史的持续性，往往是每个王朝覆灭都留下满目疮痍的荒凉，经济发展的成果被政治动乱、社会震荡彻底摧毁，一切发展都几乎必须重新开始。同时，由于漫长的中国封建社会有根深蒂固的重农抑商的传统，商业意义上的城市文化一直受到压制，故直到明末清初才出现资本主义萌芽状态的城市文化，而且并未在整个中国成为主流文化，只不过是农业社会的一个有机组成部分，农业文化的主导地位基本没受撼动，极大地影响了中国工业化和近代化的进程，成为中国在近代经济落后、遭受西方列强欺凌劫掠的原因之一。

城市文化较之农业文化有很大区别。从经济基础的角度看，主要是城市文化以工商业为本，农业文化以农业为本。经济基础的差异，决定了在其上建立的作为上层建筑的东西方文化的明显区别。主要是：

第一，城市文化是一种“开放型”的动态文化，而农业文化是一种“内敛型”的静态文化。城市中商人进行商业活动要求的是社会流动，而农业经济奉行的是自给自足，各安其位；城市文化追求自由开放的空气，而农业文化则以重稳求实为特征；城市文化是一种张扬自我个性的创造性文化，而农业文化则是一种强调整合与划一的趋同性文化。商业活动要求在尽可能大的范围内进行贸易活动，实现人、财、物的自由流动，以谋求利益最大化，故此与外界的交流较为广泛，因而比较容易培养开放的文化心态，文化上的盲目自大和排外心理相对农业社会为弱，易于吸收外来文化为己所用。例如，盛极一时的古罗马文化就充分继承了希腊文化的传统，并在罗马帝国对外扩张的过程中，汲取了东方文化的许多养分，并加以改造，形成了既有民族文化特质又有外来文化特色的博大精深的文化内涵。同时，城市文明往往比农业文明先进，更符合现代化的要求，在人类要求文明进步的思想影响下，城市文明的传播趋势是不可阻挡的，城市文化也随着文明的传播渗透到其他文化当中，比如，波斯、马其顿、罗马等帝国在对外扩张征服的过程中，均把本国的城市文化传播到所征服的地区，也在一定程度上将被征服地区的文化带回本国，客观上促进了人类文化的交流。尤其是在西方资本主义殖民运动过程中，由于资本的扩张本性和城市人口的易饱和性，西方城市文化更是伴随资本主义殖民活动传播到了亚洲、非洲、拉美、大洋洲等各殖民地，例如最典型的移民国家美国的文化便是多元性文化，英、法、德、意、爱尔兰等国的本土文化都在美国文化中打下了各自的烙印。20世纪初，马克思·韦伯在《新教伦理与资本主义精神》中，着重强调了基督教精神与商业文化的一致性，提出追求财富与金钱的活动本身就是目的，而不是手段，也不是一种罪恶，无止境地追求利益是应当和必要的。深厚的功利主义传统，确立了一种为工业化积累财富、不断增殖生产力的价值导向，使此时的西方社会形成了勤俭、进取的道德观念，对西方城市商业文明是一种强大的助推剂，也是资本主义产生和发展的内在动力。相比较而言，中国作为农业国家，其主导文化却是内敛性的农业文化。在古代中国，“知书达理”是衡量人的重要标准，封建宗法社会扬“本”（农业）抑“末”（商业），重义轻利，典型伦理道德型社会对城市商业文明的兴盛是强大的桎梏。

第二，商业城市文化中蕴含浓重的公众或集团意识。古代希腊罗马由于氏族社会解体比较彻底，故集团生活取代了血亲家庭生活成为社会的重心。古希腊城邦政治学的代表苏格拉底、柏拉图等人对如何使个人利益更好地与城邦的集体协调，以促进城邦的总体发展作了许多深入的探讨。“斯巴达人白昼处于露天之下，夜宿营幕之中，饮食相共，人无独居之时，亦罕家庭生活”[①]，便是当时西方社会集团生活的一个极端写照。基督教成为西方中世纪社会主导意识形态后，强调上帝绝对唯一性、兼爱同仁、以上帝为父、人人皆如兄弟姐妹之亲、超脱世俗，这推翻了各家各邦的家神邦神，打破了家族小群体和阶级制度，人人均团结在超家族的组织——教会之中，这种风尚在城乡均比较明显。10世纪末西方商业城市复兴之初，各地都趋向自主，极盛时期的

① 桑戴克:《世界文化史》(冯雄译)。

一些大城市俨然一个独立国家，有主权、有海陆军队，对内实施统治，对外进行外交，近代民族国家兴起后，在一个统一国家下，许多城市的自治权还是相当大的。现代西方商业城市中，集团生活的趋向更加明显，家庭亲族的概念相当淡薄，个体均处在大至国家、小至公司的各种利益集团当中。长期处在城市集团生活的锻炼当中，西方人逐渐形成了一种强烈的包括公共观念、纪律习惯、政治能力、法制精神等在内的"公德"观念。而古代的中国文化是以家庭为本位的宗法制社会，有"家国同构""家天下"的传统，个人对家庭的依赖较重，社会公共意识则比较淡薄，由于城市没有自治传统，而归于封建大一统的君主专制体系下，故难以产生民主、法制等意识。

第三，城市的商业文明是西方近现代法制兴盛的重要原因。古希腊文明是典型的海洋文明，古希腊最早的居民是从欧洲大陆迁徙而来的，汤因比认为"在民族大迁移的过程中的一个重要成果是形成了新的不是以血族为基础，而是以契约为基础的政治传统。[①]古希腊在城邦形成、发展的过程中，又采取了一系列步骤，经过长期的努力，不断削弱血亲组织，约从公元前 8 世纪起，希腊"由氏族社会进入以地域和财产为基础的政治社会"[②]。由于此时的希腊城邦已经摒弃了以氏族的血亲原则来调整社会关系的传统，便开始以法律作为规范人际关系的准则。古希腊智者派的杰出代表普罗泰戈拉对此有过理论阐述：人类最初过着贫困的野蛮生活，迫于生活需要，他们联合起来，组织社会，建立城市。天神宙斯给人类带来了"礼敬"和"公正"，作为治理城市的准则，以免除互相侵害，城市有了这些准则，才形成了城邦国家。随着希腊城邦政治的衰落，集体主义的城邦政治论让位于思考个人自由幸福的学说，个人主义的理论悄然兴起，为罗马法学政治观奠定了理论基础。古罗马因为城市平民对于贵族垄断立法权及任意解释习惯法的行为不满，阶级矛盾不断激化，而产生了著名的成文法《十二铜法表》，并由此形成了庞大的罗马法系，以及伊壁鸠鲁、斯多噶派、西塞罗、卢卡莱修等著名法学家。恩格斯认为，罗马法是简单商品生产即资本主义前的城市商品生产时期最完善的法律，"是纯粹私有制占统治的社会的生活条件和冲突的十分经典性的法律表现，以致后来的法律都不能对它作任何料质性的修改"。[③]商业城市文明的基本原则是自由贸易，西方近代商业城市建立后，为了保证自由贸易的正常进行，必须有相应的法律规范和管理机制，因此在市场法建立的基础上，各类法律也不断形成和完善。随着资本主义制度的确立，城市商品经济的社会关系渗透到

①《历史研究》（上卷），第 132 页。

②《古代社会》（上册），第二编第十章。

③ 恩格斯：《论封建制度的瓦解和民族国家的产生》。

原先封建制的农村，升华为在全社会具有普遍意义的政治关系，原来只在城市有效的法律也放大为全社会的规范和准则。由于城市商业文明的影响，法治成为西方政治社会的重大统治基础，与中国封建宗法制度下人的“人治”传统形成了鲜明的对照。

## 三、理性的科学主义传统

西方文化本质上是科学文化，其各门人文科学乃至全部文化很大程度上都是运用科学方法建立起来的。倡导对自然的研究，主张建立科学的人的王国，并颂扬人的理性的力量，相信用理性的方法即可获得对世界绝对真知的认识和把握，这种理性的科学主义传统是西方文化迅速演进、科学不断进步、学术民主不断发展的哲学基础和思想认识根源。

中国文化注重人伦道德，西方文化则讲求理性。理性是一种认识方式，也是一种思维模式，其基本过程是通过概念、判断、推理来认识和思考社会、自然和人生，其特征是注重思维的逻辑性、科学性，强调对事物作冷静、理论、抽象的把握，这造就了西方文化性格的理性特征，也是西方科学蓬勃发展的一个重要原因。

西方科学渊源于古希腊，但当时并未产生“科学”这一概念，与之相近似的是“知识”。“科学”一词起源于拉丁文，西方最早使用“科学”这个词的是法国，但那已是近代自然科学出现以后的事了。在西方人看来，科学大体上具有共同的内涵，即科学是一种关于自然现象的有条理的系统知识，或者说是以范畴、定理、定律形式反映现实世界的多种现象的本质和运动规律的知识体系。[①]作为独立形式出现的科学产生于 15 世纪的西欧，此前的科学混杂于古代的宗教和哲学社会意识形态当中，是以自然哲学的形式出现的。近代自然科学主要是在近代的西欧完成，从 16、17 世纪起，西欧的科学技术就一直走在世界前列，人类历史上的四次科技革命均发生在西方。而在东方国家（中国、巴比伦、埃及、印度），虽然在古代也积累了大量的构成后来科学重要前提的某些知识，但毕竟最终没有产生近代自然科学。

古希腊荷马史诗中表现的对世界永恒秩序的认识和追求完善的个体的观念，是古希腊世界观的基础，由此形成了古希腊独具特色的理性主义的自然观，这正是科学精神最基本的因素。古希腊把自然界看成独立于人的一个有规律的、并且其规律可以为人们所把握的对象，并创造了一套数学语言，力图把握自然界的规律。对“自然”的理解和认识直接决定了人们怎样去对待

①《中国大百科全书·哲学卷》。

和探究自然，自古希腊以来西方所形成的为自然立法的精神深刻地体现了近代西方科学的精神或实质，这种观念导致中国传统文化与西方古代文明存在着根本差异，也直接导致了中西科学之间在科学发展形态及科学的质的不同。在中国传统文化中自然与神性、天、人以及处世中的无为交织在一起，合为一体，难解难分，尤其是神性无时不有、无处不在、无物不存的观念，致使中国传统文化中自然与迷信常常合而为一。在古希腊，“论自然”是哲人们普遍关心的问题。他们认为，自然运行具有某种必然性或规律性，即”自然之法”或“自然理性”。著名的古代科学奠基人亚里士多德宣称，人是理性的动物，把自然当作一种独立于人之外的研究实体，充满了对自然的理性态度。此外，无论是赫拉克利特的逻各斯还是柏拉图的理念说，都蕴涵了自然理性的观念。古希腊科学在哲人们重视现实、重视实验、追求理性的风尚影响下，取得了巨大的成就，为近代科学作最初奠基的科学理论与方法纷纷确立，如亚里士多德在学科分类以及在力学等科学门类中所作研究，欧氏几何、阿基米德的杠杆定律与浮力定律等科学理论，及亚里士多德的三段论、归纳——演绎推理程度，欧几里得的公理方法，阿基米德的观察方法与数学方法等，奴隶制社会科学文化进入高峰。古希腊哲学中这种对自然的认识一直沿袭下去，成为西方理性的科学主义传统的源头，也是西方科学技术不断发展的强大精神动力。

中世纪的基督教文化一直被认为是束缚西方科技发展的重要因素，其实在某种程序上，基督教哲学中也蕴含着促进科学发展的精神动力。自巴比伦专制制度流传下来的“法”的观念在西方以基督教文化中“上帝为自然或宇宙设定秩序”的观念表现出来，基督教经院哲学中对自然理性的肯定及分析精神为中世纪西欧聪明睿智之士提供了研究自然的信心和训练分析能力的场所，他们在竭力探究自然，为上帝的统治寻求更完善的理性解释的同时，也成为近代科学的催生者。比如，大科学家培根、伽利略、开普勒、牛顿、哥白尼等人无不笃信宗教。中世纪的西欧还有一项伟大创举——建立了众多大学或学院，实验家、理论家纷集于此，作为专门研究事业的科学由此产生。相比之下，中国古代的科学技术发展始终处于个体性的民间研究状态。此外，基督教并不反对人们可以在服从上帝统治下改善自己的生存状况，故中世纪的技术传统其实是比较发达的。5 世纪至 10 世纪，一些根本性工艺和手工业的变革就在欧洲发生了。11 世纪至 15 世纪的中世纪后期，工艺、手工业在表现形态及运行规模上再次发生了一场根本性变化，即由原来的工艺和手工业劳作转变为技术的发明、研究及实验操作，并且规模从个体向群体及精密化方面发展，技术成果丛生林立，如风车、纺纱车、水力鼓风机、水泵、冶金技术、机械时钟等，中国的四大发明等也纷纷传入欧洲。这些技术的发明、创作及其应用刺激了规模化及密集化技术合作的出现，如1198年法国建立了第一座纸厂。可以说，欧洲人仅在中世纪就学到、创造并使用了中国人从古至20世纪初四五千年的技术文明，这的确是人类技术创作的一次奇迹。更重要的是，随着这种技术的规模化与密集化程度的增加，产生了工程师与工匠、建筑师与瓦工，尤其是实验科学家与巫术家之间的分化，产生了实验科学，导致了近代科学的产生。遗憾的是，这种分化及实验科学是中国在20世纪之前的全部技术文明中所不具备的。

13世纪到16世纪末，世界科学技术中心从东方转移到以意大利为中心的欧洲，西方在世界史上扮演的角色日益重要。随着工艺复兴运动的蓬勃开展，整个西方科学意识觉醒，科学精神复兴、科技文化转轨变型，宗教改革运动、思想启蒙运动、社会革命和工业革命，汇合成一种强大的社会潮流，为进一步扫清科学技术前进道路上的障碍，确立近现代工业科技文化的重要地位做了全方位的社会准备。近代西方科技文化以意大利为辐射源迅疾向西欧其他国家乃至全球辐射。哥白尼的天文学革命、伽利略的实验物理、笛卡尔的变量数学、牛顿经典力学、康德的天体演化学等革命性科学成果相继诞生，19世纪整个西方自然科学已经完成了从经验形态向理论形态的转折，经典自然科学的理论大厦建成。

与此同时，西方科学界彻底地改变了原来科学与技术分离的整体格局，自然科学和产业技术的有机结合，专家学者和能工巧匠的结合，导致了技术科学的诞生，大大加速了科学技术的社会化进程。英国哲学家培根的“知识就是力量”，反映西方人已经看到了科技技术的重要作用；马克思提出“科学技术是生产力”，是人类历史上“最高意义”的革命力量，反映了西方已经看到了科技在人类历史进程中作用的质的根本性、深刻性。科学技术从此作为一个有机整体，不仅成为西方工业生产的命脉、物质财富增值的依托，而且完全改变了传统的西方文化结构，并全方位地影响到人类历史进程和人类文化走向。

19世纪末20世纪初发生的物理学革命，将自然科学推进到一个崭新的历史阶段，以太阳能、电子计算机、空间技术为主要标志的现代技术迅速成长，带来了近代以来的第三次科技革命，出现了第五次生产力发展高潮。当代西方，科技技术成为提高劳动生产率与整个经济增长的第一生产力，成为影响经济发展的决定性因素，也是各国进行综合国力竞争的焦点之一。西方工业国家生产的年平均增长率，在两次大战之间为1.7%，1950年—1972年猛增至6.1%，造成增长的因素中科技进步的因素在20世纪70年代占50%~70%，80

年代达 80%，90 年代更超过了 85%。同时，科技转化为生产力的周期大为缩短，18 世纪科技成就转化为生产力应用约 100 年。19 世纪以来，科技成果转化为生产力的周期比过去缩短了许多倍。现今两方一些发达国家更新产品只需几年，甚至几个月。

西方理性主义的科学传统是人类文化长河中一条极富生命力的主流，其所蕴含的科学精神——尊重实践理性，从实际出发，破除迷信，追求真理，勇于创新，推动西方科学技术界在短短 500 年内创造出了超过历史人类创造发明的科技成果总和的伟绩，也带来了西方乃至全世界精神和物质生活的巨变，工业科技文化成为当代人类文化体系的主体，这种主体地位还将一直延续下去，深刻地影响着人们的生产生活和世界的面貌。

## 四、蓬勃发展的学术民主

蓬勃发展的学术民主是西方文化的一个鲜明特征，自古希腊、罗马文化时期起，除了一切以基督教学为中心，将与基督教教义相违的思想均视为异端加以扼杀和迫害的黑暗的中世纪外，西方的学术氛围一直是十分活泼、开放的，各种新的学术思想不断涌现，百家争鸣，流派纷呈。

民主，是一个含义极为丰富的概念，就其本来意义而言，是指人民管理，意即大多数人的统治。西方蓬勃的学术民主源自其政治的民主。在人类进人社会前，曾存在过氏族民主制，此时财产公有，不存在任何阶级、私有财产和剥削压迫，人人平等互助。氏族成员无论男女，都享有广泛的权利义务，他们有选择、罢免氏族首领和酋长的权利，成年的男女自由地表达自己的意志；氏族男女成员都可以参加氏族会议并有平等的发言机会，最后由氏族会议通过一切重大决议。从现有的历史资料看，东西方共有的氏族社会，特别是作为这个社会主要制度的原始民主制是没有差别的。但随着氏族社会的最终解体，奴隶制社会的形成，原始民主制在西方过渡到了作为国家制度的民主制，而在中国却未顺利地完成这一过程，中、西方的发展自此分道扬镳，形成了各自独特的发展过程。在中国历史上，自夏、商、周到近代资产阶级革命以前，一直推行君主专制，没有出现过任何民主共和制。从西方文明发展史看，氏族社会解体后，古希腊、罗马在原始民主制的基础上，创造了人类第一个剥削阶级，即奴隶主阶级的民主共和制，此后，西方社会不断出现各种作为国家制度的民主制形式，即使在封建神权专制的中世纪，还有一些城邦国家仍然实行民主共和制，例如恩格斯曾经提到的 15 世纪至 16 世纪波兰贵族的民主共和国。1640 年英国资产阶级革命后，资本主义制度在西欧各国确立，并逐渐在地球上大部分国家占据统治地位。可以说，西方的学术民主是伴随着西方的政治民主思想和实践的演进而不断向前发展的。

古希腊是西方文化的发祥地、欧洲文明的摇篮，西方现代的自由平等观念、民主制度和科学精神无不来源于古希腊。正如恩格斯所说："在古希腊哲学的多种多样的形式中，差不多可以找到以后各种观点的胚胎、萌芽。因此，如果理论自然科学想要追溯自己今天各种观点的一般原理发生和发展的历史，也不得不回到希腊人那里去。"[①]公元前 8 世纪前后，希腊进入氏族社会解体、奴隶制出现的时期，当时在希腊各地遍布小国寡民的城邦制国家，大多实行奴隶主贵族民主制。这一时期，古希腊人喜好思想自由的传统成为西方世界学术民主的源头。现代美国史家汉密尔顿指出，在希腊人那里，"世界第一次有了思想自由"。思想自由与自由思想在希腊城邦中首先萌发，是由奴隶制经济与民主政治的高度发展造就的，丰裕的物质条件、欢愉的精神生活和足够的闲暇时间以及政治民主的希腊城邦制度，加之在城邦生活中没有形成一个有势力的僧侣集团和一种钳制人们思想自由的统一的宗教意识形态，较之当时古代世界的其他地方，这里有其独特的与内在的历史条件。这种优越的文明条件，为各种学派及学术思想的产生提供了沃土。在文学创作方面，诗歌、悲剧、喜剧的辉煌成就为世界留下一笔丰厚的文化遗产；在哲学和科学上，米利都学派、犬儒学派、伊壁鸠鲁学派、斯多噶学派、怀疑学派各出机杼，天文学、数学地理学等迅猛发展，出现了西方哲学的肇始人泰勒斯与之并称为"七贤"的思想家赫拉克利特、德谟克利特、苏格拉底、柏拉图、芝诺、皮浪等哲学家，毕达哥拉斯、亚里士多德、欧几里得等科学家，以及其提出的原子论、活火论、理念说、道德哲学、不可知论等，从而奠定了现代哲学、数学、天文学和地理学的基础；在宗教上，泛希腊的和个体城邦的宗教体系形成；在艺术上，雕塑、建筑成就斐然，《米洛的维纳斯》、世界七大奇迹之一的亚历山大里亚灯塔都是这一时期的杰作。

古罗马历经千年，"罗马政府是个集贵族政治、寡头政治和民主成分于一体的奇特的混合物"[②]，在一定意义上，"它超越了城邦制狭隘的政治框架，创立了一个将地中海世界的不同国家合为一体的世界国家[③]。民主传统自王政时代、共和时代、帝国时代，一直延续到西罗马帝国灭亡。古罗马政治民主渗透到了社会生活、思想文化、科学技术等各方面。同时，随着罗马扩张的过程，希腊、西亚、埃及、迦太基等东、西方文化都融会到了罗马民族文化中，加之罗马对外来文化，特别是希腊文化采取兼收并蓄、拿来主义的态度，

①《马克思恩格斯选集》。

② 威廉、哈迪、麦克尼尔：《西方文明史纲》。

③ 马文·佩里：《西方文明史》。

使得辉煌灿烂的古代罗马文化与希腊文化共同成为西方文化的古典传统，在文学、哲学、政治学、法学、艺术、科学等方面百舸争流、千帆竞秀。以哲学为例，罗马哲学的主要功绩虽在于对希腊哲学的继承和发扬，但自身也出现了卢卡莱修、西塞罗、卢西安等著名哲学家在唯物主义、唯心主义上的尖锐对立与共同繁荣，并成为近代唯物主义和自然科学、基督教神学的理论源头。在世界文化史上最负盛名的罗马法学，也是众多法学家在理论和实践上的辩争和互促中不断发展和完善的，博大精深的罗马法的影响大大超出了孕育它的社会，成为近代西方各国在资产阶级革命胜利后纷纷效仿的法律蓝本，它不只是罗马人的文化遗产，更是全人类的文化遗产。

中世纪，封建宗教文化占据了西方文化的统治地位，宗教渗透到西方社会文化生活的每一个层面，学术民主被基督教神学所扼杀，哲学成为宗教神学的附庸，教育成为宗教扩张的工具，文学成为宗教教义的衍生物，艺术成为宗教神的物化剂，相对于此前此后的时期，此时西方文化中的学术流派是较少的，学术研究的热情相对淡薄，所涉及的领域较为狭小，内容的局限性也比较大。

西欧文艺复兴、英法资产阶级启蒙运动照亮了西方文化中世纪的宗教黑暗，资本主义制度在西欧各国确立为西方学术民主的复兴提供了政治基础，人文主义思潮的兴起为各类学术研究的拓展提供了强大的思想动力，经济和科技的发展为学术进步提供了巨大的物质推动，在西方文化的天空，学术民主的传统重又熠熠生光，各种学术流派不断涌现，宗教信仰、自然科学理论、社会制度、国家体制、道德体系、哲学思想、文学艺术等各个领域，从理论到实践都出现了不胜枚举的杰出人物和伟大成就，文艺方面的但丁、薄伽丘、塞万提斯、莎士比亚、达·芬奇，哲学上的培根、笛卡尔、卢梭、伏尔泰、孟德斯鸠，科学领域的哥白尼、牛顿、伽利略等人，对当代和以后的社会、文化、科学的发展都有划时代的重要作用。现代社会，由于西方国家民主制度的日趋完善、经济的发展、科技的进步，对于学术研究、思想自由的桎梏越来越少，学术研究的领域不断扩大，学术研究的门类不断增多，学术交流日益频繁，学术民主较之以往空前兴盛，各种学术流派更是异彩纷呈，令人眼花缭乱。这一点从我们的日常生活中可以鲜明地看到，毋庸赘言。

总之，西方文化中的学术民主传统比较深厚。反观古代中国社会，除了在春秋战国时期曾有过并不长久的“百家争鸣”的学术民主兴盛期外，学术民主一直因封建统治阶级的利益而备受压制：秦始皇“焚书坑儒”，进行文化上的清洗；汉武帝“废黜百家，独尊儒术”；此后儒家学说在中国思想文化领域独占鳌头、雄霸千年，使其他诸多学派的学说或中道而绝，或只能改头换面依附于儒学，或只作为少数学人孤芳自赏、不为统治阶级和大众认同而得普遍传习流布的“异端”；隋唐开科取士，科举制度化成为统治阶级扶植正统思想、压制非主流文化的有力武器，把广大学者士人的注意力集中到少数几本儒家经典上，极大地限制了人们的思想自由以及进行多方位学术研究的可能和热情；清朝还曾大兴“文字狱”，学者们人人自危，思想自由和学术民主更无容身之所。加之中国地理环境是三面陆地、一面临海的地形，容易造成一种隔绝机制，阻断中国与外部世界更多的交往，历史上大多数朝代均奉行闭关锁国政策，加之中国“大一统”的封建宗法社会结构和自给自足的自然经济的影响，中国吸收外来文化可说是桎梏重重，中国学术界唯我独尊，以华夏天朝自居，视外邦为夷狄心理日盛。特别是随着中国封建社会走入末期，中国文化的保守性排外必不断增强，汉唐时兼容并蓄的包容性文化古风已明显减退，明清之际有大批知识分子积极关注西方传教士带来的先进科技文化，但反对势力更为强大，甚至有人盲目地认为：“中国之教，自伏羲以迄周礼，传民有要，阅道有宗，天人之理，发泄尽矣。”

西方这种对学术民主的重视、积极谋求对外文化交流和学术更新的心态，和中国长期封建专制对学术民主、思想自由的钳制以及在封建社会末期的夜郎自大、盲目排外的学术心理形成了鲜明对比，也成为西方创造灿烂的资本主义文化的强固思想基础，而曾辉煌一时、为四方崇仰效仿的文明古国——中国，却因在政治、经济、文化、科技方面的落后，成为近代资本主义列强竞相欺凌、压迫的对象，直到中华人民共和国成立后，重塑学术民主，改革开放，强调百花齐放、百家争鸣，才使中华民族在21世纪实现伟大复兴有了现实可能性。

# 参考文献

[1] 张岱年，方克立. 中国文化概论[M]. 北京：北京师范大学出版社，1994.
[2] 阴法鲁，许树安. 中国古代文化史[M]. 北京：北京大学出版社，1989.
[3] 张岂之. 中国传统文化[M]. 北京：高等教育出版社，1994.
[4] 袁行霈. 中国诗歌艺术研究[M]. 北京：北京大学出版社，1996.
[5] 龚红月，王培林，等. 智圆行方的世界[M]. 广州：暨南大学出版社，1994.
[6] 朱贻庭. 中国传统伦理思想史[M]. 上海：华东师范大学出版社，1989.
[7] 乔长路. 中国人生哲学[M]. 北京：中国人民大学出版社，1990.
[8] 张文勋. 华夏文化与审美意识[M]. 昆明：云南人民出版社，1992.
[9] 徐仪明，陈江风，刘太恒. 中国文化论纲[M]. 郑州：河南大学出版社，1992.
[10] 徐万邦，祁庆富. 中国少数民族文化通论[M]. 北京：中央民族大学出版社，1996.
[11] 李子贤，段炳昌，刘鸿武. 中国少数民族文化简史[M]. 昆明：云南人民出版社，1996.
[12] 林耀华. 民族学通论[M]. 北京：中央民族大学出版社，1997.

# 后　记

曹晓宏

从 1992 年起，我就一直在本校中文系开设“中国传统文化专题”选修课，目的是向中文系高年级学生系统介绍一些传统文化的相关知识，以进一步增强同学们的人文素养，改善其知识结构，帮助他们认识和反思中国传统文化，探寻中西文化的异同，为弘扬优秀的传统文化、建设新时代的新文化做出应有的贡献。这门课程开设以来，得到了广大师生的支持和肯定，本系和其他系室的一些教师常常抽空前来听课，而外系的很多学生也纷纷前来听讲。师生们的热情，对我努力讲好这门课程是一种巨大的鼓舞，同时，他们的支持，也让我深切地感受到了开设这门课程的价值和意义。学校领导对这门课程也十分重视。为了在课程结构的改革中不断增强人文精神的含量，推进素质教育，让大学生们进一步了解和认识中国传统文化，学校决定将“中国传统文化”作为全校性的公共选修课来开设。就在这时，曾校长热情鼓励我将多年写成的选修课讲义以个人专著的形式出版，但我考虑，此书还是以集体编撰为宜，因为通过编写，可以培养和锻炼一批教师。参编者在编写过程中批阅大量著述，这就必然为他们今后继续研究相关问题打下坚实的基础，同时也必然有助于将来在学校形成一个中国传统文化教学与研究的基本阵容。

这本《中国传统文化指要》是以我的选修课讲义为基本框架，由我提出具体的编写思路，写出编撰大纲，其后组织了校内相关专业的部分教师参与了编写工作，具体分工情况如下：

第一章：刁国庆；第二章：刁国庆；第三章：王翼祥、洪丽霁；第四章：赵晓梅；第五章：赵晓梅（第一、二、四节）、马粼（第三节）；第六章：王翼祥、杨涛（第四节）；第七章：王翼祥、曹晓宏；第八章：马粼；第九章：马粼；第十章：马粼；第十一章：刁国庆；第十二章：赵晓梅。

全书完稿后，由我作了两次统改，在出版社校对的过程中，我又对部分章节的内容进行了一次调整修改。尽管如此，书中可能还有不少疏漏之处，尚需学界专家指正。此书之所以能够顺利出版，要感谢我的恩师张文勋先生，没有他的支持和指教，这本书就没有质量的保证；同时也要感谢汪启明博士，没有他的支持，就不会有这本书的问世；这本书里，凝聚着参加编撰的全体同志的心血和团结协作的精神。最后需要特别说明的是，此书在编写的过程中，参阅了大量专家、学者的著作和论文，尤其是一些基础知识部分和一些较普遍的观点，限于篇幅，未能一一注明，为此，我谨代表全体编撰人员，对他们表示深深的谢意。

2017 年 2 月